文化国家と「文化的生存配慮」

ドイツにおける文化政策の理論的基盤とミュージアムの役割

秋野有紀

Kulturstaat und „kulturelle Daseinsvorsorge"

Yuki Akino

美学出版

カバー／本扉図版
Erinnerungsblatt an die Freie Stadt Frankfurt,
Frankfurt am Main, 1867,
Prägedruck; farbige Lithographie; Papier
Historisches Museum Frankfurt, Foto: Horst Ziegenfusz.
フランクフルト・アム・マイン市歴史博物館提供
(C15528 Vertragsnummer: 013_19) 図版の一部を使用

文化国家と「文化的生存配慮」

ドイツにおける文化政策の理論的基盤とミュージアムの役割

文化国家と「文化的生存配慮」 ドイツにおける文化政策の理論的基盤とミュージアムの役割◎目次

第二章　ドイツにおける文化政策の起源　52

［凡例］

・ドイツ語、英語の史資料および文献資料からの引用は、原則として私訳による。

・邦訳を第一に活用し、原文も参照した場合には、対応する原文と頁数を［　］内に記載した。邦訳を最大限に活用したが、文脈に応じて訳文を変更した箇所もあることを断っておく。

・本書の鍵概念となる重要な概念や引用した語句などには括弧を付けた。

・引用文中の（　）内の記述は、原著者によるものであり、［　］内の記述は著者（秋野）による注釈を付記したものである。

・ドイツについては、第二次世界大戦前はドイツ帝国、ヴァイマル共和政（ドイツ国）、戦後はドイツ連邦共和国（西ドイツ）を指す。

・文書館史料については、註にその文書館の略記号と資料番号などを併記した。

・引用頻度の多い文献については、煩雑さを避けるため、略記を示し、各章註の初出に掲示した。

序章　公共文化施設の必要性と存在理由をめぐる今日の議論

一　国際的な研究の文脈における二つの潮流とその背景

今日の文化政策研究において、ミュージアムや劇場に代表される公共文化施設への支援のあり方は、重要な論点の一つである。この背景には、第一に福祉国家時代の終焉があり、第二にグローバリズムの拡大および自由主義経済の深化に伴う公共事業の市場自由化がある。

第二次世界大戦後に急速な経済発展を経験した西側先進諸国には一九七〇年代から八〇年代にかけて、公共事業の一環として積極的な芸術文化振興を行ってきたという共通点がある。しかし福祉国家時代の終焉後、各国は文化予算を縮小あるいは凍結し、公共政策の対象となるべき範囲は徐々に限定的なものとしてとらえられつつある。一九九〇年代から二〇〇〇年代にかけて生じた新自由主義的な発想により、ミュージアムや劇場などの公共文化施設も「数量的評価」や「効率的な運営」の導入を迫られるようになり、それに応じた運営手法の研究が進められている。こうした流れは現在も続いている。

他方で、グローバル化に伴う市場自由化の波は、各国の公共事業に対しても押し寄せつつある。この議論は国際的には「一般利益サービス論」の文脈にあり、従来は公共事業と考えられてきた領域（水道や電気など）に各国が外国企業の参入を認め、グローバルな規模で、市場の自由化を加速させている。公共性のあるものは民間で提供できる場合も本来、この議論の対象外なのだが、芸術文化には商品化が可能なものもあり、文化施設は観光資源と見なすと、経済効果も発生する。欧州ではとりわけ、ミュージアムや劇場の設置運営はその大半が公的政策による行政サービスの一環として行われてきた。そのため、一般利益サービス論に触発されて、芸術や文化にも焦点が当たり、民営化の是非、公的芸術文化振興の是非、公的文化政策の中核が、国際的な文化政策研究の文脈における重要な論点となるのである。

今述べた二つの傾向は、公的文化政策の射程を限定的なものとしてとらえようとする点で、極めて似ているように見える。しかし前者は、福祉国家の終焉を機に、十分な文化予算がもはや確保できない状況の中で、公的な文化政策を限定的なものととらえ、趨勢を受け入れ、究極的には様々な行政サービスの民営化も止むをえないという視点に立つ。日本の研究では、この文脈の延長線上で、他国の文化施設の運営状況と手法を参照することが頻繁にある。後者の議論では、公的文化政策の範囲をもはや漠然と広くとらえることができなくなりつつあることは理解しつつも、公共サービスが担うべき責務の「中核」を議論し、それを見いだすことによって、芸術文化に対する公的支援を根拠付けようとする方法論をとる。

両者の議論とも、市場原理に適うもののみが生き残るという経済領域での商業主義的な原則が、芸術文化の領域にまで拡大されることで、長期的な視座から見ると芸術や文化の多様性がそぎ落とされていくことを懸念する。その上で後者は、削ることのできない文化政策の核心や、今日的な文化政策の根拠を改めて問い直し、そこだけは守るための理論的基盤を見いだそうとする。前者が発展的に新しい制度の工夫を模索するのに対し、後者は根本への回帰が基本になる。そのため両者は、どちらも公的文化政策の射程を限定的にとらえる文脈にはあるものの、その方法論は真逆なのである。

1　日本での議論の特徴

本書はドイツについて考察していくが、それに先立ち、日本の状況についても概観しておきたい。というのも、日本で長らく望まれてきた文化施設での専門職員の拡充と、ドイツにおける公的文化政策の中核をめぐる議論は、実は深くつながっていくからである。ここには、芸術文化や文化施設と社会との関係をどのようにとらえるかという視点が決定的に関わっている。

日本では一九七〇年代から九〇年代にかけて、全国の地方自治体が、県政百周年やバブル景気をきっかけに、公立ミュージアムや文化ホールを設置した。しかし二〇〇〇年代に入ると景気の停滞とそれに伴う新自由主義的な行政改革を背景に、国立施設には独立行政法人化、公立施設には指定管理者制度の導入が求められた[1]。この点で、文化施設の運営手法が模索される今日の日本も、先に見た国際的な文化政策見直しの議論と関心を共有している。二〇一六年から二〇二〇年にかけて、これらの施設の多くは、建造物としての寿命を迎えると言われており、修繕か廃館かを迫られることになるという。そのため既存の文化施設をどのように運営していくべきなのかが、日本の文化政策研究の大きな関心事となっている。

日本におけるこの議論の過程では、文化施設を民営化する方向が確かに批判され、国、都道府県、地方自治体という全ての次元で公的な文化予算を増やすべきだという声も聞かれる。しかし日本の議論は大枠としては、先に見た国際的な議論で言うと前者の方法論を採っており、民営化の動きを批判しつつも文化施設での活動に数値的評価を導入する手法を他国の事例を参照しつつ模索している。

換言すれば、国際的に今日極めて重要なものと見なされている、文化政策の「中核」を見いだすことで、現代的な公共政策としての根拠を提出し、それによって芸術文化活動の多様な展開を可能とする環境を用意するという後者の視点に乏しく（二〇〇〇年初頭から半ばにかけては「公共性」の概念を問い直す研究会やシンポジウムが広く見られたものの、近年は下火になっており）、そうした視点に立つ研究も、まだ非常に少ない現状にある。すなわち、文化政策の現代的な根拠や文化施設の存在意義は、十分には言説化されてこなかった。社会に十分な説得力を提示できていないことは、長らく増強を訴えてはいるものの、劇的な変化の見られない文化予算の水準に如実に可視化されてきたと言える。

日本の議論が前者に偏りがちである背景は、以下のように説明することができるかもしれない。先に述べた一九七〇年代から九〇年代の日本での地方自治体による積極的な公立文化施設設置の過程では、博物館・美術館に対しては、作品蒐集や、研究、展示、教育普及などの様々な事業を実際に展開し、有機的に組織を運営していく費用が十分には用意されなかった。また文化ホールについては、オーケストラや合唱団、バレエ団などを専属させる人件費がほとんど計上されなかったため、こちらも高度な芸術創造活動の実質的拠点とは言い難いものとなった。この二点を理由に、「ハコモノ行政」という厳しい批判が投げかけられたのは、周知のとおりである。

芸術文化施設を運営する際に、そこでの実質的な活動支援をも公的政策の中で発展させてきた戦後欧州と比較すると、一般的に日本の文化行政は、施設は用意するが、活動支援については不十分な体制しか提供しないという傾向が見られた。つまり、そもそも公的文化政策自体が確たるものとして成立していないと考えられてきた。この分野に商業的な勝機を見いだす他国から、公共サービスの中で自由化できるものは市場に委ねるよう迫られることもなく、公的政策の中核を抽出することでその部分だけは防衛するという発想は、今までは想定されえなかったのである。

日本の文化政策をめぐるこうした現状を踏まえた上で、本書は、先に述べた二つの国際的な文化政策の議論の潮流のうち、後者の視点に着目していく。具体的には、「一般利益サービス論」の文脈で、今日の公的文化政策の核心をとらえるためにドイツで提起されている「文化的生存配慮（kulturelle Daseinsvorsorge）」という行政理論に立脚し、今日の公的な文化政策は何をなすべきで、それはどのように根拠付けられうるのかを考察していく。本書で扱う「文化的生存配慮」の理論は、後者の議論における鍵概念であるが、日本でこの概念に着目した研究や、中核を防衛するという視座に立った研究は、未だ少ない状況にある。「文化的生存配慮」の議論では、「インフラストラクチャ」の意味内容が文化領域では水道事業や電力事業とは異なるとらえ方がなされなければならないことも示されていく。「文化的生存配慮」ついては、第一章から第三章で考察する。それに先だち、なぜそもそも現代ドイツを参照するのか、その意義を明らかにしておきたい。

二　ドイツにおける文化政策理論化の出発点──公的文化政策が自明ではない国

「文化政策」と「ドイツ」──この結びつきは、否応なしに暗い過去を思い起こさせる。周知のようにナチス・ドイツの時代には、芸術に対する様々な侵害がなされた。そのため今日でも、ドイツと文化政策という結びつきは、しばしばナチ時代の芸術統制政策を連想させる。だからこそ、戦後自由主義陣営に置かれた西ドイツでは、公的な文化政策には懐疑的視線を投げかけられこそすれ、その根拠や公立文化施設の存在意義などは、自明のものではありえなかった。

ドイツは今日でこそ、国内総額（連邦・連邦州・自治体合計）で年間一・三兆円規模（二〇一八年現在。一人当たり文化予算は約一万六〇〇〇円弱。一ユーロ一二八円で計算した）という世界でも突出した公的文化予算を持ち、様々な芸術家を世界中から呼び寄せ[2]、欧州のいわゆる「文化大国」と評価される国の一つである。しかしながら戦後は、公的文化政策に向けられる懐疑のまなざしの中で、根拠そのものの再構築を模索せざるをえない位置から出発している。こうした事情があるために、ドイツはどこよりも、公的な文化政策を根拠付け正当化させるための制度的そして理論的枠組みを意識的に発展させていく。

1　ナチ時代克服のための権限配分の工夫──「文化連邦主義」

以下では先行研究を整理しつつ、本書の問題意識を述べていきたい。日本における現代ドイツの文化政策研究では、戦後西ドイツの公的文化政策の権限配分がすでに明らかにされている。ドイツの文化政策には、「州の文化高権（Kulturhoheit der Länder）」と「補完性の原則（Subsidiaritätsprinzip）」という二つの原則があり、これらがドイツの「文化連邦主義（Kulturföderalismus）」を支えている。

「州の文化高権」とは、ドイツ国内の芸術文化に関する立法権を連邦政府には委ねず、州政府に独占させるという、戦後西ドイツで成立した地方割拠的文化政策の原則である。小林真理はこの「州の文化高権」の背景にナチ時代の反省を読み取り、ドイツ連邦政府が、文化政策への関与を控え、その権限を州政府に委ねてきたことを明らかにしている[3]。

「補完性の原則」とは、芸術文化活動の主体が、人格の自由な発展を保障された個人であることを大前提とした上で、自力では文化活動の展開が不十分にしかできない場合には、住民の生活に一番近い施策の次元である基礎的自治体が、それでも不十分な時には州政府が、補完をするというボトムアップの原則を言う。この原則は、中央集権体制が採られたナチ時代を例外として、文化政策に限らず広くドイツの様々な公共政策領域で採用されてきた伝統的な政治理念である。藤野一夫は、この原則の由来はカトリックの互助的な精神にあるとし、「国家によって組織された支援と公的な福祉プログラムより、個人の慈善と連帯が優先するカトリック圏に特有の考え方」[4]であると指摘している。

つまり今日の文化政策領域において、立法によって芸術文化振興の枠組みを形成するのは州政府であるものの、実質的かつ具体的な芸術文化振興を担うのは、基礎的自治体である。このことをドイツでは、「文化政策は第一に、自治体政策である（**Kulturpolitik ist in erster Linie Kommunalpolitik.**）」[5]と表現している。

中央政府による文化政策への関与をなるべく回避する現代ドイツのこうした地方割拠的な文化政策は、国際的にもよく知られており、ドイツの伝統的な政治のあり方とも親和性が高い。これが「文化連邦主義」と呼ばれるのである[6]。

しかし、文化行政がしばしばハコモノ行政との批判を受けてきた日本のような国からドイツをまなざすと、一つの疑問が生まれる。現在のドイツの文化政策は、確かに地方割拠的に行われているが、国家権力が芸術文化を侵害したことを危険視するのであれば、日本のように文化施設の管理・維持のみを行う手法の方が、つまり公権力と文化芸術との距離を可能な限り広くとる方が、むしろ安全であると考えはしなかったのだろうか。

実は西ドイツにおいても、ハコモノ行政と酷似する文化行政を行っていた時代があった。終戦直後である。戦後の荒廃の中では、戦前に創設された長い伝統を持つミュージアム[7]や劇場のうち、自力で再建できる財力がないものの大半は、民間財団資本のものであれ公立のものであれ、西ドイツの州や自治体が引き継がざるをえなかった。けれどもそこではナチ時代の公権力による芸術侵害を理由に、自治体の文化政策さえも、極めて消極的な姿勢をとり、既存の文化施設の修繕・管理のみを自己の任務と理解したとされている[8]。

日本から欧州の文化政策を参照する際には、その文化予算がしばしば「垂涎の的」となってきたが、国（連邦政府）レヴェルの文化予算が二〇〇〇億円弱とそれほど多くないドイツはこれまであまり参照されてこなかった。しかし一九九〇年代末に連邦政府には、それまで八省に分かれて扱われていた文化的事務を統合する形で文化案件を所管する担当官（文化とメディアのための連邦政府委任官、以下ＢＫＭと記す。事実上の文化国務大臣である[9]）が創設されている。二〇〇〇年代後半以降は、実質的にドイツの憲法であるドイツ連邦共和国基本法（以下ボン基本法と記す）の次元で、文化振興を国家目標として明文化する議論も本格的に開始されている。そして中央政府の文化政策が比較的小さなものに見えることは、それとは対照的に地域割拠的に文化政策を担ってきた大きな地方政府（州、基礎的自治体）が存在するという事実と表裏一体でもある。先に述べたように、連邦制をとるドイツでは、地方政府の文化予算が連邦政府の額を大きく上回るために、国全体の文化予算の全貌をとらえるならば、約一・三兆円となる[10]（この大規模な予算には、日本でしばしばその少なさが批判されてきた文化施設内部での事業運営費や事業活動のための人件費が含まれている）。つまり今日のドイツはまぎれもなく積極的に公的文化政策を行う国の一つなのである。

けれども地方政府も、連邦政府同様、国家権力の担い手であり、国民・住民に奉仕すると同時に一種の権力を持つ。確かに中央集権国家と比べれば、権限配分に複数多層性が認められるものの、政治権力の介入の危険性は、地方政府レヴェルでも生じうる。そのような公的文化政策に対して、それらが中央政府ではないという理由だけで何らかの躊躇も批判もなく、簡単に正当化されえたと考えるのは難しい。終戦直後の西ドイツ自治体の控えめな態度からはなおさら、州や自治体であれば「安全」であると見なされて、今日に至る積極的な文化政策が自動的に開始されたわけではないことを推察することができる。

2 「文化概念の民主化」による批判と積極的ミュージアム整備の非親和性

一九七〇年代から九〇年代にかけて、西ドイツは地方レヴェルで文化振興を積極化させている。日本とほぼ時を同じくして、その過程で目立ったのは、何よりもミュージアムの振興であった。

ドイツでの文化施設の代表格は、劇場である。ドイツでは領邦国家から近代国家を成立させる途上で劇場は、標準ドイツ語普及機関として特殊な地位を授けられた[11]。現在もドイツには一四〇あまりの公立劇場があり、公的文化歳出の約四割近くが、劇場に注がれる。こうした劇場偏重は、他国では見られない。

他方、今日につながる自治体ミュージアムの多くは、一六世紀にイタリアから「驚異の部屋」の思想が輸入され、領主が各地で様々に蒐集を重ねたことに起源を持つ。その後、ドイツの「遅れた」近代国家/国民成立の過程で、理性と科学的分類方法に秩序付けられた今日のミュージアムの原型が、教養と財産を持った市民層によって整備されると、この過程で「驚異の部屋」は急速に衰退していく。近代市民とミュージアムについて、どのような思想が展開されたかについては本書第六章で検討するが、こうした源流を持ち高度な研究機関として成立したミュージアムは、第二次世界大戦終結直後の荒廃の中で、自治体の運営下となった。

現在、日本とドイツは世界で突出してミュージアムの多い国である。大小様々ではあるものの、日本はおよそ五六〇〇館、ドイツはおよそ六七〇〇館を持っており、約一八〇〇館の英国、約一二〇〇館のフランスと比べても、突出した位置にある[12]。興味深いことに、欧州のミュージアムや劇場などの文化施設運営には長い伝統があるというイメージとは対照的に、一九八〇年代にはドイツでも自治体レヴェルでのミュージアム建設ブームが起きており[13]、戦後に新たに誕生したミュージアムも少なくない(図1[14])。ただドイツの場合は先に述べたように、これらは作品の蒐集、研究、展示、教育を行う人件費予算をも含むものとして整備され、こうした人件費の充実は日本と対照的であるとしばしば指摘されてきた。

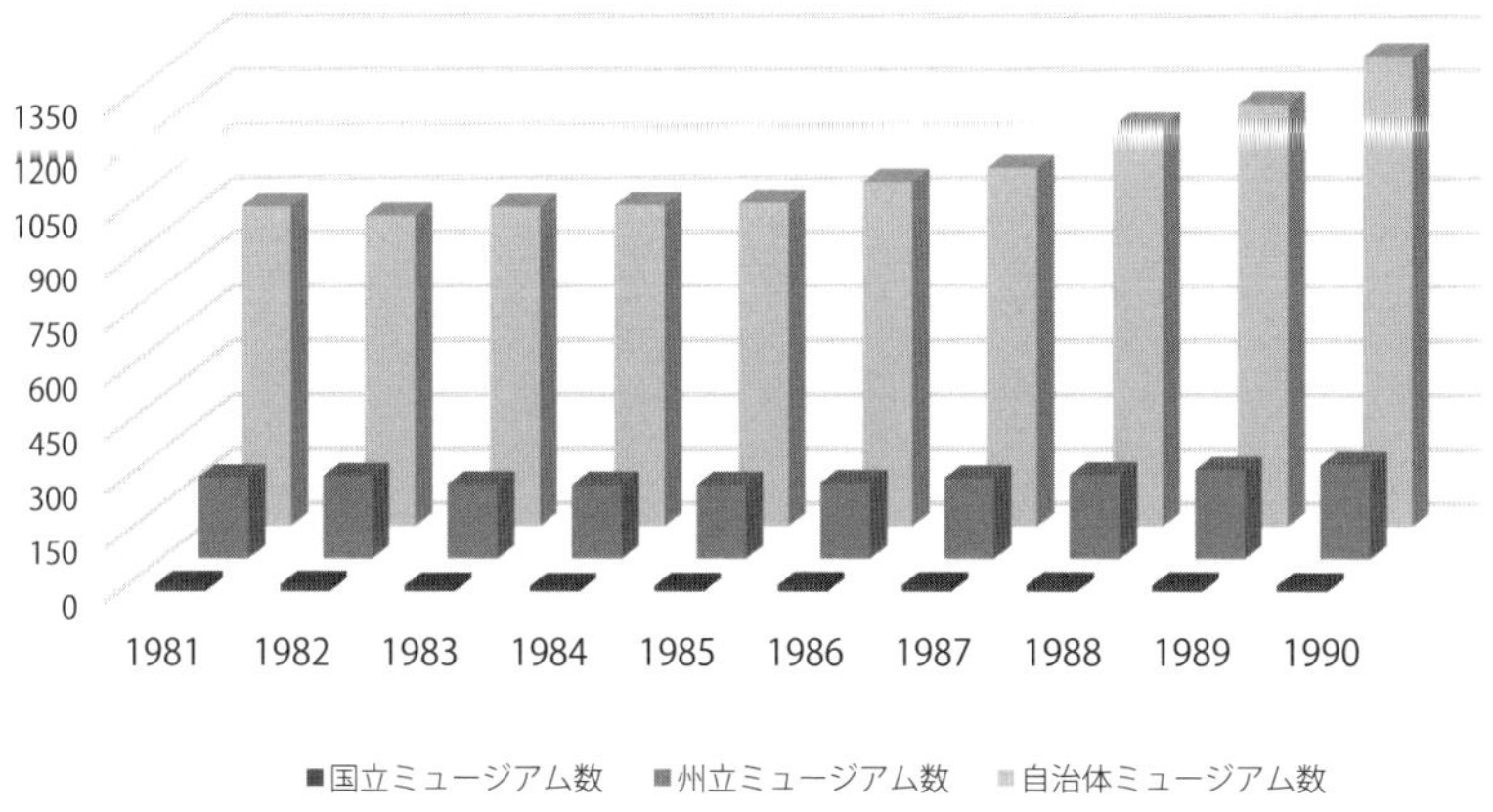

図１　1980年代西ドイツでのミュージアム数の推移

それにしても、なぜ両国は対照的な道を歩んでいったのかという点もさることながら、戦後、ナチ時代の負の遺産として、どこよりも公的政策と芸術文化との距離をとらざるをえなかったドイツで、戦後から一九八〇年代の間にどのような意識の変化が生じて自治体文化政策がこのような積極化へと転じたのだろうか。

詳しくは第四章以降で見ていきたいが、この時代には英国、フランス、西ドイツなどで学生運動を背景に「文化の民主化」運動が同時多発的に起きており、西ドイツではこの過程で、既存の劇場やミュージアムといった「高級文化施設」はむしろ厳しい批判にさらされている。この運動はドイツでは、一九六八年を頂点とする学生運動と歩調を合わせて進展し、教養市民的な高尚な文化（Hochkultur）への対案として、社会文化（Soziokultur）が誕生している。学生運動の文化批判はすなわち、政治的経験に乏しいまま、抽象的思考のみを先鋭化させていった教養市民層が、知識人としての批判的役割を果たさず、ナチスのような野蛮な体制の成立に間接的な土壌を提供した過程の追及でもあった。

谷和明はこの運動が理論的に依拠したヘルベルト・マルクーゼの「現状肯定的文化（affirmative Kultur）」という批判に着目し、

マルクーゼの批判の具体的な標的は、市民文化の巨人の営為を高級「文化」として聖別・権威化し、博物館など文化殿堂のうちに隔離して脱政治化し、それを教材にして権威に従順な国民性を形成していった一九世紀の教養市民層であると述べている。谷は、政治的および社会的なものを、精神的なものと〈教養〉の高みから見下してきたドイツの教養市民の精神をトーマス・マンが自己批判したことはよく知られているが、こうした文化のあり方をマルクーゼは「文化の現状肯定的な性格」と表現したのである、と言う[15]。

戦後ドイツでは、そのような過去を不問に付したまま、市民文化のよき伝統に復帰することによってナチスを逸脱現象として忘却しようとする〈肯定的〉傾向が支配的であった。その下で、オペラ座のような豪壮な文化施設を再建し、振興する〈旧い〉肯定的文化政策が推進されたのである[16]。

ここでの〈旧い〉肯定的文化政策とは、先ほどのハコモノ行政的な管理維持の時代を指している。「社会文化」が投げかけたこうした批判的問いかけを背景に文化概念を広くとらえようとする先進的な自治体が、西ドイツの戦後文化政策の性格を一九六〇年代後半から転換させていった。この理解は、ドイツの研究においては定説となっている。すなわち先に述べた「文化の民主化」はドイツでは、文化資本を「遺産相続」する者たちが身分文化を継承していく際の補助装置と見なされた、「高級文化施設」への住民の幅広い層の平等な接近要求（芸術の民主化／芸術へのアクセス権の保障）を前面に出すものではなかった。むしろこうした既存の施設こそを糾弾の的とし、文化概念の民主化を目指した、「文化」の意味内容をめぐる再構築運動だったのである。

アレックス・デミロヴィッチはこうした施設の維持のみを行っていた自治体の文化政策も見直しを迫られ、文化政策の射程に入る「文化」の意味内容が広くとらえられるようになる過程を社会学の視点から明らかにしている[17]。また、この文化政策転換期に実際にフランクフルト・アム・マイン市で文化政策の理論形成と実践を担い、その後西ドイツ全土に影響を与えることとなるヒルマー・ホフマンによると、社会的課題を創造的な方法論で解決したいという機運が高まったこととも相まって、自律した芸術のみならず、住民の日常生活レヴェルでの文化活動にまで政策的配慮をすることが、この時期には社会的な需要となっていたという[18]。こうした社会的な要請に応える中で、ドイツのみならず英仏でも、既存の高級文化中心であった芸術振興政策の射程を、広くとらえた文化概念にまで拡張する動きが見られたことについては、今日異論はない[19]。ここに、高級文化を中核とする戦後の「芸術振興政策」が、今日に繋がる拡張された文化概念に立脚する「文化政策」へと転換する。

けれども、従来のドイツの文化政策研究によるこうした理解を参照するならなおさら、この当時「美の殿堂(Musentempel)」と揶揄されたミュージアムが、その後、一九八〇年代には積極的に建設されていったことは、不思議だと考えざるをえない。

確かに世界的に、一九八〇年代には「都市化《アーバナイゼーション》」によって企業誘致を行おうとする発想から、空前のミュージアム建設ラッシュが起きてはいる。ドイツも単にこの都市開発計画の潮流に乗ったのではないかと考えてしまえば、物語は単純になる。実際ドイツの先行研究も大半が、一九七〇年代の文化政策の転換と「社会文化」の登場にはしばしば肯定的な評価を与えるが、八〇年代は国際的都市間競争の中で文化施設の建設ラッシュが起きた時代と見なし、九〇年代に入るとドイツ再統一に伴う不況でそのブームが止み、文化にも効率性と数値化された評価が導入されていくという定型化した語りを繰り返してきた。しかし仮に大半がこの流れに追従したものだったのだとしても、そうした建設を根拠付けたのは国際的なブームのみだったのだろうか。この点についての文化政策研究の視点からの再検討は、ドイツでも未だ極めて乏しい現状にある。

ひとつ着目すべき手がかりは、一九八〇年代のミュージアム建設ラッシュは、（日本ではしばしばハコモノ批判がなされるのとは対照的に）専任のミュージアム教育員を置くこととそのための人件費を予算化することを主題化した議論と並行して進められており、何よりもミュージアム教育員の制度化が際立って論じられていた点である。欧米のミュー

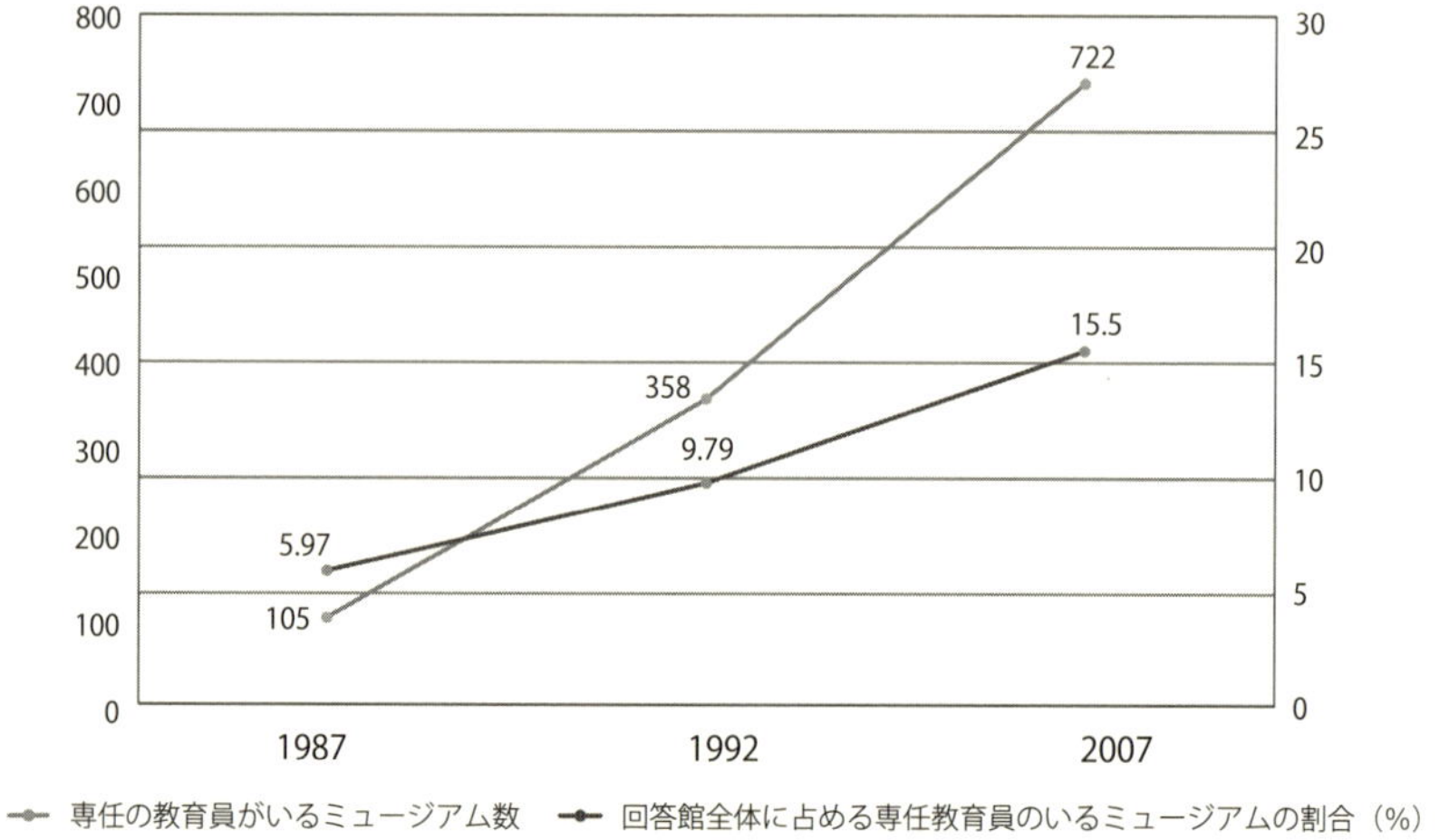

図２　ドイツ全土のミュージアム教育員制度化の推移

ジアムでの人件費の充実は当然の前提であるかのように日本では語られがちであるものの、ミュージアムのエデュケーション機能を重視してきた米国とは異なり、少なくともドイツではミュージアム教育員という職務は、この時期までは、予算制度化される人件費の中で専門職員の項目として必ずしも確保されるものではなかった[20]。ドイツ全土で見ると、教育員の拡充が数値としてもはっきりと可視化されるようになるのは、建設ラッシュが落ち着いた一九九〇年度以降で、その傾向は現在も続いているのだが（図2[21]）、こうした専門職員配置の意義と必要性に関する議論自体は、第四章以降で詳述するように、建設に先立って進行している。ここに、先ほどの違和感を説明する何らかの手がかりを見いだし、今日の文化政策の「中核」をめぐる議論に対して一つの枠組条件を提起できないだろうか。

背景にあった政策理念を見落とさないために、本書では戦後ドイツの文化政策を次のような仮説のもとに理解したい。

戦後西ドイツの文化政策は、権力を中央政府に集約しない文化連邦主義のみをもって、公的な文化政策の出発点としたわけではなかった。一九七〇年代に入って文化政策が積極化に転じていく過程で、文化政策には社会的な意義が求められた。きっかけはナチ政権の成立に間接的に加担した教養市民層的な「現状肯定的文化」やその非政治的精神への鋭い批判だった。しかしだからといって、劇場やミュージアムはその存在意義を否定され、閉鎖されたわけでも時代遅れのものと見なされたわけでもない。それどころか八〇年代にはドイツでもミュージアムの建設ラッシュが起きている。

ここから推察されるのは、社会的な意義は何も社会文化や住民の自主的文化活動にのみ見いだされたのではなく、既存の文化施設でも同時に見直されていったのではないかという仮説だ。ナチ時代のような状態に再び戻らないための何らかの存在意義が、こうした芸術文化の領域にこそ、見いだされたのではないだろうか。

つまり戦後西ドイツの文化政策は、文化連邦主義という一輪のみで進んでいたわけではなく、それと同じほどに大きな、芸術文化の固有の価値を社会との関係の中にいかにとらえ直したのか、という点に関わるもうひとつの車輪との二輪で展開されてきているのではないか。そしてそうしたとらえ直しへの社会のコンセンサスが可視化されたのが、ミュージアムへの振興の積極化だったのではないか。つまりミュージアムこそが、戦後ドイツの文化政策が何らかの存在理由を再び見いだす舞台のひとつとなったのではないだろうか。

本書では、文化政策がなぜ積極的に展開されているのかではなく、ハンディキャップを背負うかのような背景があるにもかかわらず、なぜ積極的に展開することができるようになったのか、というまさにその根拠とそれを見いだしていく過程を見つめる。ミュージアムを、文化政策の存在理由を根拠付ける観点から論じることで導き出される答えは同時に、現代ドイツの公的文化政策の姿勢を理解するものとなり、今日の文化政策の「中核」を検討する大前提となる基調をとらえることに繋がっていくだろう。

つまり本書では、文化施設を維持するために文化予算の根拠を模索するのではなく、何らかの社会的意義が見いだされてこそ、文化施設が整備される、そしてそうした政策思考が可視化された事例の一つが、一九八〇年代のドイツのミュージアム領域に立ち現れたととらえる。

結論を先取りするならば、そこでは、戦前の教養市民層的な「文化」概念の理念的克服が、ミュージアムをも舞台に展開され、いわば民主社会の「防波堤」としての存在意義が見いだされていく。その生命線の一つという位置付けで、ミュージアムに専属の専門職員を拡充することの重要性が、浮上してくる。従来は「歴史の違い」のもとに捨象されてきたこうした「人材」に向ける政策のまなざしが、ドイツでどのように成立してきたのかを慎重に吟味するならば、このことによってはじめて、日本でのハコモノ行政批判や不十分な専門人材配置の現状を相対化する議論の出発地点をもとらえることができるだろう。

三　鍵概念としての「文化的生存配慮」

1　ドイツの研究における主要な議論の現在位置

以上のような問題意識を持ってドイツの文化政策の理論的展開と実践を辿る本書は、ドイツにおける文化政策研究の数々の成果を出発点にしている。中でも二〇〇〇年代以降は、芸術文化に対する公共的な責務とは何か、またそれはどのように果たされるべきなのかを扱う研究が活発になる傾向が見られる。最初に述べた一九九〇年代の統一不況以降、各州と自治体が文化予算の縮小あるいは凍結を進めていたことや[22]、グローバリズムの拡大により行政サービスの市場自由化が進みつつあることが、この背景にはある。本書が鍵概念として着目することになる「文化国家」と「生存配慮」は、今日のこうした文脈上に浮上してくる。文化に対する公的な責務の中核を見いだし、それだけは防衛するという関心を見せる理論的枠組みには、大きく分けて以下の二つの代表的な方法論が見られる。

第一は、文化領域における公的政策を「生存配慮（Daseinsvorsorge）」[23]の一種とみなし、その行政理論の枠組みに則って、公的文化政策の基軸を検討しようとする方法論である。この議論は、ドイツ全土の市民自治的な文化協会を包括する上部組織であるドイツ文化評議会が二〇〇四年九月二九日に提起した、「生存配慮としての文化」を求める声明に端を発している。この声明の中でドイツ文化評議会は、欧州、ドイツ連邦政府、州、自治体に対し、施策を通じて芸術文化に対する基礎的な責任を果たすように強く要請している[24]。

ドイツ文化評議会が「生存配慮としての文化」、ないしは「文化的生存配慮（kulturelle Daseinsvorsorge）」という表現で意図したのは、サービス業を自由化する国際的な流れが文化領域の市場化を推し進めつつあるという危機意識を下敷きに、文化を一種の「生存配慮」とみなすことで、その流れを食い止めることであった[25]。

第二は、ボン基本法の改正をも射程に入れ、国法学および憲法学の理論的枠組みに依拠しつつ、文化に対する公的な責務を論じようとする方法論である。具体的には、国の文化保護と振興に関わる基本法改正を行うことで、明文根拠をもって公的な文化政策の基軸を確立していこうとする方法論である[26]。国家の最高法規の改正をも視野に入れての文化政策のあり方が、そこでは問われている。この文脈ではドイツ文化評議会も、「文化的生存配慮」の実現を支える憲法基盤として基本法に「国家目標としての文化」を挿入することを要請し、それによりドイツは「文化国家と定義されることになるだろう」[27]と述べている。基本法改正と「生存配慮」、「文化国家」は、現在のドイツの文化政策を議論するうえで、密接に関連し合う主要な鍵概念であることを、ここにうかがうことができる。

本書は基本的にこれら二つの理論的枠組みをまずは参照しつつ、考察を始めたい。オリバー・シャイトとミヒャエル・ツィンマーマンは、今述べた二つの方法論はいずれも、市民の多様な文化的生活に対して政策が果たすべき基本的な責務が再構築される時期に来ていることを鋭くとらえており、そうした現状に対する危機意識から生まれていると指摘している[28]。ノルベルト・ジーバースは、それゆえに、公的政策が文化領域に対する責務をなおざりにしていくのを食い止める意図で、基本法において文化に対する国の責務を明確にすることの必要性が論議されていると解釈する[29]。

第一の議論としてのドイツ文化評議会の呼びかけには、文化協会の上部組織という性質上、芸術文化領域への予算防衛の呼びかけというアドヴォカシー的な意図が前面に出ている。第二の基本法改正の議論についても、公的な政策と芸術文化との距離を無批判に接近させるかのような方法論に対しては、危惧が表明されることも少なくない。

そうした様々な矛盾は各章の中で具体的に扱うとして、まずは「生存配慮」について概観的な定義の把握をしておきたい。これは、文化や教育に代表されるような非侵害行政の領域における行政の責務を意味する。

戦後西ドイツは、労使関係における最低賃金や電気、水道整備などの分野で公的政策の基本的水準を定義する根拠として「基本扶助・供給（Grundversorgung）」という考え方を採用してきた。ベルント・ワーグナーは、文化政策もこの考え方を援用し、公的芸術文化振興の基本水準を「文化的基本供給（kulturelle Grundversorgung）」と理解してきたと述べている。彼は、しかし一九九〇年代の統一不況を機に文化予算の見直しが進み、公的な文化振興のあり方にも効率化が求められるようになり、芸術文化施設の運営に民間企業の方法論を手本とする数的評価の導入や、一部サービスのアウトソーシング、民営化を進める議論などがドイツでも生まれ、この基本的な水準へのコンセンサスが揺らいだと指摘する[30]。

他方で、基本供給の孕む画一的・均一的な行政サービスの提供という性格は、卓越性や多元性が求められる芸術文化の領域にとって、そもそも親和的ではないのではないかという視点から、議論の理論的枠組み自体の見直しもなされるようになった。どの土地にも適用しうる均質的な基本的水準の確保を議論するのではなく、それぞれの地に根ざした文化的資源や歴史的文脈に寄り添うことのできる多様性のある環境整備を文化政策こそが主眼とすべきであるという立場から、多様性や多元性に目を向けた行政理論の形成に関心が移っていくのである[31]。見直しの過程で二〇〇〇年代に入り、前出の文化法学者オリバー・シャイトによって、市民社会と行政の協治を「活性化する文化国家（aktivierende Kulturstaat）」というガバナンス論でとらえ、あくまで「文化国家」に立脚し、その内容を現代化しようとする議論が提起されたり[32]、連邦議会の設置した文化諮問委員会が、ボン基本法において文化振興を明文化する改正を集中的に議論したりと、多方面の議論が展開されていく。そして欧州の一般利益サービス論の議論に刺激される形で二〇〇〇年代半ば以降には、「基本供給」のような画一的な視点や施策で十分とするのではなく、多様性に対して柔軟で、さらに実質的な文化的な生活を住民に保障することを目指して、「文化的生存配慮」が理論的枠組みとして提起される。それに準じて、今日の公共文化政策の中核的な責務を画定しようという論点が、二〇〇六年頃からドイツの学界では集中的に議論されていく[33]。

ただ、「文化的基本供給」も「文化的生存配慮」も、警察権力的管理行政ではなく、文化や教育に代表されるような非侵害行政の中核的な責務を論じており[34]、実際の理論上、具体的には両者にそれほど大きな違いはないようにも見える。「文化的基本供給」に特徴的な画一性を「文化的生存配慮」という言葉を用いることで克服しようとはしている。しかし後述するように、従来の政策への批判は鋭いものの、何を「中核」ととらえるのか、そしてそれは理念像の提示にとどまらず、実現可能性を持つものとして政策に落とし込んでいけるのかについての検証は、現在も研究の途上にある。

本書は大きな枠組みとしては、現在のこうしたドイツの文化政策研究の文脈において、「文化的生存配慮」を主題とする議論に対して一つの理論的貢献を試みるものである。また、従来の政策構造や制度的手法に着目した様々な日本の文化政策研究に対して本書が付け加えるのは、そうした現在の制度を背面で支えている文化政策の存在理由をドイツではどのようにとらえようとしてきたのかという点について、文化政策の中核をとらえようとする概念である「文化的生存配慮」をめぐる議論を手がかりに、政策理念と実践の側面から解明することである。

四　本書の構成と史資料

最後に、本書の構成を概観しておきたい。

第一章では、文化振興明文化をめぐるボン基本法の改正の議論から、「文化国家」「生存配慮」などの鍵概念を抽出する。第二章では、こうした鍵概念に向けられる今日の批判的視線に着目し、近代国民国家成立前後まで歴史を遡る。それにより公的文化政策の問題点が今日、どのようなものとしてとらえられているのかを明らかにする。第三章では、過去の反省を踏まえて、それらが現代の「文化的生存配慮」へと再構築される経緯を考察し、そこから今日の「文化的生存配慮」の理論的基盤を抽出する。ここまでの第一部は理論的な考察となる。

第四章から第七章では、第二部として実践面を考察していく。戦後西ドイツが「ミュージアムの危機」と呼ばれる時代を迎える中で、専門家たちが何を論じ、ドイツ全土に文化政策理念の転換をもたらすこととなるフランクフルトでは何が論じられたのかを、議会内での議論、政策理念と様々な実践から分析する。

終章は、第一部での「文化的生存配慮」の理論的条件と、第二部で考察した現実ベースで展開されてきた政策理念と数々の実践を照らし合わせる。それにより、今日の「文化的生存配慮」論に至るまでに、ドイツでは文化政策がどのようなものとしてとらえられ、必要性を根拠付けられ、現実的に見て何が中核と言えるのかを提示したい。

また本研究の関心は現代の文化政策にあるが、ドイツ連邦公文書館、ドイツ連邦議会、プロイセン文化財財団ミュージアム研究所、フラクフルト・アム・マイン市文書館、フランクフルト・アム・マイン市文化局、フランクフルト市歴史博物館資料室、フランクフルト・アム・マイン市統計局の史資料に加え、ドイツ連邦議会諮問委員会「ドイツにおける文化」事務局に複写いただいた第一五、第一六被選期間の内部資料など、未刊行あるいは非公開の多くの史資料を使用している。

さらに、フランクフルト市の一九六〇年代後半以降の文化政策を分析していくにあたっては、フランクフルター・ルントシャウ紙資料室保管の資料を使用した。市の文書館の公式な議事録や文化局の公式な記録のみでは、個々の政策が当時の世論によってどのように受けとめられ、また何が課題とされての施策だったのかという社会背景はとらえきれなかったため、政策が理念の提示の次元での「美辞麗句」にとどまらず、実際に民意を反映しようとしていたのかを新聞社の資料を利用することでダブルチェックするという手法を採った。（文書館の資料には事案によって資料の密度に不均等が見られ、市文化局のファイルにないものが各文化施設に保管されているかというとそうとも言えず、基本的に決議に向けた発議、答申、関連調査、決議が中心として残されており、議論の経過を知るための資料として十分とは言えなかった）。そのため、基本的には議事録などの公式な文書を基礎にしてはいるものの、マス・メディアによる情報の取捨選択や市の広報的な依頼もあったであろうことは念頭に置いた上で、細々とした事象の確認（催事の様子、読者投稿、議事録や決議の文書には残されていない政治家の発言、他都市の動向）と時系列整理の資料として、あえて新聞報道も資料として使用した。使用したのは主に「芸術一般」「ヒルマー・ホフマン」のファイル（内容問わず「芸術」「ヒルマー・ホフマン」という単語が一言でも入っていれば記事が全てクリッピングされるファイル）で、一九六〇年代から九〇年代初頭までのフランクフルター・ルントシャウ紙の全ての記事を網羅的に複写し、読み込むことで、第二部に関わる文化政策の全体像をおおよそ把握するための手がかりとした。ファイルには他紙のインタビュー・大型記事、雑誌の記事も同時にクリッピングされていたため（フランクフルト市文化局にはこれらと重複しない新聞、雑誌記事が保管されていることもあった）、時系列的に網羅することで全体像をとらえ、文書館資料に残されている案件の当時の社会での位置付けを確認した。またその上で、これらの文書資料の補足として、当時の政策担当者にも聞き取りを行っている。

これらの史資料に関しては、時代も性格も多岐にわたるため、分析の手法も含めて、詳細は各章で文脈とともに記述する。

第一部　ドイツにおける文化政策の野心と苦悩

第一章　ドイツ連邦共和国基本法改正案に見る「文化国家」と「生存配慮」

ドイツの分裂は、世界がドイツ民族に負うている偉大な業績をどれ一つ不可能にしたわけではなく、むしろこれらの仕事の多くを促進さえしたのである。〔中略〕文化に対してドイツ精神がなした、永続的な価値を有する寄与の全ては、それがもっぱら統一された大きなドイツから発することになったとしても、決して、今より偉大でもなければ美しくもなく、良くも幸いでもなかったであろう。〔中略〕小さな全てのドイツ諸国家は、まさにその狭い境界線に囲まれた範囲の中で、理想的な行政単位と真の文化の温床を形成した。

（ホイジンガ）

本章では、二〇〇七年にドイツ連邦議会諮問委員会「ドイツにおける文化」（以下、文化諮問委員会と記す）が提出した『最終報告書』[1]を主な分析対象とし、現在の議論における鍵概念をまずは抽出する。

文化諮問委員会は、連邦政府のみならず州・自治体も含めたドイツの公的文化政策構造の見直しと管轄を超えた協力体制の構築（協調的文化連邦主義）をはかる意図から、二〇〇三年に設置されている（詳細は後述する）。二〇〇七年には『最終報告書』が提出され、国による文化振興を明文化するためのドイツ連邦共和国基本法（実質的にドイツ憲法に相当する国家の最高法規である。以下、ボン基本法と記す）の改正が勧告される。文化諮問委員会は、ドイツ全土の芸術文化の配置状況、芸術家の労働環境や社会的地位など、ドイツの芸術文化を取り巻く環境の現状を多面的にとらえ直すことで、今後のドイツ全土の文化政策のあり方を検討するための起点をとらえることを目的としていた。各論として多様な論点が詳細に分析されたが、中でも、文化政策の根本的枠組み構造を変化させる可能性を持つのが、ボン基本法を文化振興の明文化を目的として改正するという論点である。

序章でドイツ文化評議会が「文化国家」という表現をしていたことに触れたが、これはドイツ連邦政府が国家として文化を積極的に振興する意図なのだろうか。

一九九八年にシュレーダー（社会民主党、以下、ＳＰＤと記す。在任期間一九九八―二〇〇五年）は、文化とメディアを所掌する連邦政府レヴェルのポスト（Beauftragte/r der Bundesregierung für Kultur und Medien、以下、ＢＫＭと記す）を首相直轄のものとして連邦首相府に設け、公式に連邦文化政策を開始、連邦議会には文化メディア委員会と文化諮問委員会を設置している。連邦文化政策に着目した数少ない先行研究として、レーバーの研究がある。レーバーはシュレーダー政権期に文化政策ほど、大きな構造転換をとげた政策領域はなかったと述べ、こうした転換には、再統一後の文化をめぐる国家的課題の顕在化と州の財政難、そして欧州統合やグローバリズムの拡大に伴う国家的窓口の必要性などの複合的な背景があったことを指摘している（連邦文化政策開始以降のドイツの文化政策の現状は、「協調的文化連邦主義」と呼ばれる）[2]。しかしレーバーの考察は、連邦文化政策が開始されていく過程を知るには貴重な資料ではあるものの、考察は二〇〇二年までであるために、その後の議論を十分にはくみ取れていない。

本章では、未だ研究が不十分な基本法改正の議論を主に以下の二点から考察する。（一）文化諮問委員会の勧告の要諦は何か。（二）この勧告以前になされた文化をめぐる基本法改正の議論の過程ではどのような議論がなされたのか。それにより、現在のドイツの文化政策が、どのような鍵概念と理論的枠組みのもとで議論されているのかを、まずはとらえたい。

一　第二〇ｂ条新設という勧告

二〇〇七年一二月にドイツ連邦議会文化諮問委員会「ドイツにおける文化」は、五一二頁に及ぶ『最終報告書』を提出し、基本法に第二〇ｂ条「国は、文化を保護し、振興する（Der Staat schützt und fördert die Kultur.）」[3]を新たに設けるよう、勧告した。この改正は未だ実現していないが、連邦議会の議場でも毎年取りあげられており[4]、直近の二〇一七年九月のドイツ連邦議会総選挙でも、この文言どおりの基本法の改正とドイツ連邦文化省の設置が、芸術家や文化協会など芸術文化の担い手の意見を代弁するドイツ文化政策評議会から提起されている[5]。実はこの改正案は、文化諮問委員会が突如として勧告したものではなく、基本法に文化振興の明文根拠を求める議論には一九八〇年代以降の議論の蓄積がある。

しかしこの改正案は、極めて両義的にとらえられている。ドイツ再統一の際、旧東独地域の規模の大きな文化遺産（プロイセン文化財財団など）の維持・管理は、「ドイツ全土に関わる案件」として連邦政府の所管に入っている[6]。けれどもこれは、特殊な事情による例外的な措置と見なされ、連邦政府が国内の文化振興に一般的な権限を有することへの社会的承認ではなかった。それ以外の劇場やミュージアムなどは、旧東独から編入された新五州においても、文化連邦主義が適用され、基本的には各地域が振興することとされた。ジーバースが述べているように「連邦政府に頼ることが特別なことでないと見なされ、旧東独の財政脆弱州が任意の行政事務の大半を事実上、連邦政府に委ねていった場合、文化連邦主義が誇ってきた文化的な多彩さが脅かされる」[7]との危惧があったためである。このように文化連邦主義への信頼が厚いために、基本法において国の役割を明確化することへの主要な批判は、いずれ連邦政府が州の文化高権を脅かす懸念に集中している[8]。

他方で、初代ＢＫＭであったミヒャエル・ナウマン（ＳＰＤ、在任期間一九九八―二〇〇一年）は、文化高権を主張する州政府とたびたび衝突したのだが、辞任直前の二〇〇〇年一一月にツァイト紙上に連邦文化政策を正当化する論考を掲載し、州の文化高権は基本法に明文化された原則ではなく、州憲法の慣習に過ぎないと批判している[9]。彼の後継者であるユリアン・ニダ＝リューメリン（ＳＰＤ、在任期間二〇〇一―二〇〇二年）も、二〇〇四年にはこの改正の検討を提案しているが、この議論に最も積極的に尽力したのは当時大統領であったヨハネス・ラウ（ＳＰＤ、在任期間一九九九―二〇〇四年）であったといわれる[10]。これまで文化政策を担ってきた州や自治体の関係者の懐疑的視線と連邦の政治家の積極的姿勢とのはざまで、法学者の間でも連邦政府の権限拡大についての解釈は一致を見てこなかった。

以上の経緯を見るに、改正の主旨とは、ＢＫＭ設置を皮切りとした公式の連邦文化政策の開始を背景に[11]、実践が先行している連邦文化政策の法的根拠を明文化し、積極的な展開を後押しする意図なのだろうか。

二　文化諮問委員会設置の背景と目的

そもそもこの文化諮問委員会は、どのような位置付けにあったのだろう。シュレーダーは首相府にＢＫＭを設置したのみならず、二〇〇三年に連邦議会内にこの文化諮問委員会を設置している[12]。諮問委員の任期は通常は四年であるが、当初は委員会の設置の是非をめぐる議論に時間がかかったために設置が遅れ、二〇〇三年七月三日の設置決議から第一五被選期間満了までは、わずか一年半だった。『最終報告書』を出した二〇〇七年の文化諮問委員会は、二〇〇五年の政権交代後にキリスト教民主同盟／社会同盟（以下、ＣＤＵ／ＣＳＵと記す）とＳＰＤとの大連立を敷くこととなったメルケル政権が引き継いだものである[13]。

文化諮問委員会は、政党中立的な立場でドイツ国内の文化環境整備の現状と課題を調査（Enquête）し、芸術創造活動に携わる人びとが置かれている環境の改善を連邦議会に答申するために設置されており、「勧告」しか行わない点で、立法を任務とする常設の各種委員会とは性格を異にする[14]。とはいえ、これまでにベルリン都市州が連邦参議院に、その後、自由民主党（以下、ＦＤＰと記す）が連邦議会にこの改正案を発議している[15]。先に二〇一七年の総選挙にも触れたが、こうした動きが現在でも見られるように、ドイツ全土の政策の方向性を極めて大きく左右する枠組的議論として、ドイツの各政策レヴェルがデザインを描くための集中的議論を行った場であった。そのため、本章では文化諮問委員会の議論の中でも基本法改正の論点に注目するのである。

諮問委員会は原則的に、被選期間ごとに包括的な報告書の提出を目指すが、先述の事由から第一五被選期間文化諮問委員会の『最終報告書』は提出されていない。第一五被選期間の委員会は、二〇〇五年六月一日に中間報告書『国家目標としての文化』[16]のみを提出している。基本法に第二〇b条を新設し「国は文化を保護し、振興する」[17]という条文を加える提案が公式に示されたのは、実際にはこの時である。これは中間報告であったとはいえ、国家と文化をめぐるその後の議論に決定的な影響を及ぼしていく。というのも公的文化政策を明文化しようとする姿勢は、第一六被選期間文化諮問委員会にも受け継がれていったからである。

第一六被選期間の諮問委員会では、二〇〇七年末に各党派一致で勧告をまとめることが目標とされた[18]。委員のほとんどは第一五被選期間から再任され[19]、各論としても様々に文化政策のあり方が議論されたが、公的文化政策の法的根拠と方向性を決定することとなる「国家目標としての文化」をいかに基本法に反映させるかという方法論が、最も重要な論題となっている。

最終的に第一六被選期間の諮問委員会も改正を勧告することを選び、中間報告の内容をほぼ再掲する形で二〇〇七年一二月一一日に『最終報告書』を提出する。改正の根拠として、欧州共同体設立条約は第一五一条に文化条項をもっているにもかかわらず[20]、ボン基本法においては、文化の保護と振興についての明文規定に欠けていること、「精神的な領域に関わる人間的実存については、適切な規定がない」「すなわち、憲法上の空所となっている」[21]ことを挙げている。

条文案は、様々に議論されたのだが（後述）、最終的に「国は文化を保護し、振興する」という文言の第二〇b条を新たに設けることが勧告されたのである。

三　勧告の主旨――公的文化政策の明文化

なぜ今回の改正では、芸術や学問といった文化に関わる基本権を規定した第五条ではなく、第二〇条が選ばれたのだろう。判例は、「芸術は自由である」と規定する第五条第三項を根拠に拡大解釈をして、公的な文化振興を根拠付けてきた。またこの第五条第三項と酷似した規定を持っていたヴァイマル憲法は、同じ条文内に後文として、芸術に対する国の保護と奨励を規定していた。それなのになぜ、第五条第三項の後文という条文案ではなく、第二〇条が選ばれたのだろう。

公的な文化政策によって文化の保護や振興を行う際、その法的根拠は学説上、国家による侵害があれば裁判所への不服申し立てが可能となる個人の基本権を根拠に、これを実質的に保障する環境整備までが国家に求められていると拡張解釈をして、いわゆる社会権的自由までをも導きうるのかが争点となる[22]。連邦憲法裁判所（以下、憲法裁と記す）は拡大解釈の立場を採ってきた[23]。しかし今回諮問委員会が勧告した第二〇条は、民主国家・社会国家原則等を規定するもので、基本権を規定する条文ではない。

ここから分かることは第一に、改正案の主旨は公的な文化政策の基本法上の根拠を明文化することにあった点と、文化諮問委員会が判例のように拡大解釈の立場はとらなかった点である。ボン基本法は、Ⅰで基本権、Ⅱで国家の役割（連邦および諸州）を規定するという構造にある（理由は第三章で触れる）。基本権とは切り離して、第五条ではなく国家原則を規定しているⅡの第二〇条を選び、公的な文化政策の法的根拠を形成しようとする方法論に立ったことが分かる[24]。

第二に、「憲法上の空所」という言葉から明らかなのは、諮問委員会の主眼は、公的政策による文化の保護、振興（社会権的自由）のみに絞られており、自由権的自由を意味する個人の基本権は議論の射程に入っていないという点である。憲法というときにドイツでは州憲法を指すが、各州憲法のみならず、ボン基本法も第五条第三項で、基本権としてはいわゆる「芸術の自由」をすでに保障している。（ちなみにこの「芸術の自由」は、結果論として芸術作品が自由な公開や享受の状態にあることのみならず、芸術の創造過程に携わる創造活動従事者（芸術家）の公権力からの自由も保障されていると解釈されている。しかしその実質的保障を可能とする環境整備までもがボン基本法上、国に求められていると見なすことが可能であるかについては、先にも述べたように意見が分かれている[25]。）「憲法上の」ということで、文化振興の規定が、改正を議論している基本法のみならず、各州憲法においても州によっては欠けていることを指摘し、こうした現状を文化諮問委員会は「空所」と表現している。

以上の二点から分かることは、改正勧告での諮問委員会の主要な関心は、環境整備に関する点、すなわち公的な文化政策を、現行各州憲法の文化に関する条文の不十分さを念頭に置きつつ、ボン基本法でいかに規定するかにあるということである[26]。そのために基本権を扱うⅠでの改正とはならないのである。

1　国家目標と「文化国家」

Ⅱになる理由は明らかになったが、その中でもなぜ第二〇条なのか。長らく文化振興の根拠は、自治体に関しては基本法の第二八条第二項、州に関しては第三〇条が根拠とされてきた[27]。けれどもこうした解釈は、連邦の専属管轄に文化が列挙されていないことをもって、州や自治体の権限を根拠付ける消極的な論法によるものであったことも否めない。第二〇条は国家目標を規定する条文で、そのために改正には第七九条第三項による厳しい制限がある。またこの二〇b条は議論の過程で「文化国家」規定とも呼ばれるようになり、「文化国家」という語の政治的な正しさを含めて、議論がいくぶん拡張していった。けれども、国家目標として文化を規定することは、「文化国家」と同義なのだろうか。国家目標とはいったいどのような性質を持つのだろう。

国家目標の性質については、一九八一年の国家目標および立法委員会で、立法者を宛名とし、立法の責務を表す概念であるという見解が示され、文化諮問委員会も聴聞会に召集された専門家たちもこれに言及している。一九八一年に国家目標の性質が示されたことに続いて、一九八三年には以下の条文案が検討されている。

第二〇条第一項「ドイツ連邦共和国は、民主的かつ社会的な連邦国家である。それは文化と人間の自然的生活基盤とを保護し、奨励する。」

第二八条第一項「諸州における憲法的秩序は、この基本法の趣旨に即した共和政的・民主的及び社会的な法治国家の諸原則および文化と自然的環境とに対する国の責任に適合していなければならない。」[28]

その後一九九〇年代に、国家目標規定を基本法に新たに記述する場合は、基本権のいずれかの条文ではなく第二〇条の改正を行うことが妥当であるという見解が示されている[29]。このときに、国家目標は規範性としては、基本権よりは弱いという解釈も示された。文化に先行して戦後初めての国家目標の追加となったのは、二〇〇二年の第二〇a条における「自然的生活基盤及び動物を保護する」である。この改正ではもともと、環境保護に対する基本権を構成したいという背景が動機となっていたという。しかし不服申し立ての可能性が否定された上で、追加条文を新設するのに適した条文は第二〇条の国家目標規定であると結論付けられたことから、規範は示すものの、基本権のような性格のものではないという理解が定着していく。

一九八一年から八三年の段階では文化と自然的生活基盤という文言で検討されており、後の改正に成功することとなる自然的生活基盤と同等のものとして文化が扱われていた。しかし最終局面で文化の条文案が「国は文化を保護し、奨励する（pflegen）」となり、結局、文化は議題提出に十分な票を集められなかったのである[30]。

以上の経緯から分かることは、（一）今回の改正は公的文化政策を根拠付ける主旨である点、（二）そのために性質上、基本権の改正にはならない。この方法論からは、文化振興の積極化は意図されてはいるものの、個人は公的な文化振興の不備に対し不服申し立てはできないという位置付け、（三）文化諮問委員会は公的な文化振興を「国家目標」として第二〇条に新設することを妥当であると考えているという三点である。

（1）国家目標における「国家」の範囲と効力

それではこの第二〇条は、州、自治体、連邦に対して、どのような法的効力をもたらすと考えられているのか。各自治体や州の努力規定やプログラム規定のような宣言的意味しか持たないのか。そして管轄の変化はあるのであろうか。

効力と「国家」の範囲についての要点は以下の三点であった。第一に、文化の保護と振興の明文化は、国家行為として、とりわけ州政府とその財務行政が名宛人になる。特に、一九八一年の国家目標検討委員会では、「国家目標とは、立法者に対し、法の解釈や適用の際に留意するよう注意を促すような国の特定の責務のこと」[31]と定義され、国家目標は何よりも立法者を拘束する。そのため、文化高権を持つ州に対して、芸術文化振興の根拠となる立法の際のみならず、その他の領域（例えば建築や環境など）の立法の際にも、従来この条文が民主的で社会的であることを求めてきたのと同様に、文化に配慮することを求める効果を生じさせる。ゆえに、州・自治体レヴェルの既存の公的文化政策は、今まで以上に積極的な展開を後押しされることが分かる。

しかし第二に、文化的な国家目標の規定は、直接に自治体にまで義務的な責務を生じさせるわけではない。文化への「一般的な責務」は、この改正を待つまでもなく戦後西ドイツでは、第二八条第二項を根拠に自治体の自治的責務と見なされてきた。こうした自治的責務を持つ自治体に対して、「義務的責務（Pflichtaufgabe）」を生じさせることは、現状では、州憲法あるいは州の立法によって初めて、根拠付けることができる。つまり州憲法で相当する既存の規定、あるいは州レヴェルの新法制定という段階を踏むことで、それぞれの地域の実情に合った具体化がなされなければならないのである。国家目標も、この現状を変える効力は持たないようで、文化を振興する「一般的な責務」は生じさせるが、行政行為として文化振興を「義務的責務」とする効果は生じさせないと述べられている[32]。

そうすると、国家目標は自治体にはあまり変化をもたらさないようにも思えるが、ヘーベルレによれば、基本法における新しい文化条項は、自治体に対しても、文化を保護し振興する一般的責務を導くのだから、この意義は小さくないとされる[33]。つまり国家目標は、自治体に対しては、基本法の条文に文化的基本供給（Grundversorgung）を「法的形象（Rechtsfigur）」として、一般規定化するものであるととらえられている。この見解は『中間報告書』でも示されており、『最終報告書』もこのヘーベルレの立場をそのまま引用している[34]。

聴聞会ではほとんどの法学者が改正を支持したが、基本法の改正への異議を唱えた者もいた。そこでは公的文化振興の是非に対して異議が唱えられたのではなく、すでに他の条文によって、公的文化振興の根拠が見いだせることが根拠に挙げられている[35]。例えば第二八条から、住民の文化的福祉のために公共の施設を整備する責務が自治体には導かれることが指摘されている[36]。しかしすでに学説では認められているこの責務を実務上もより確実に担うことをうながそうとするならば、今回の基本法の改正案は、自治体を含めた文化に対する「一般的な責務」を発生させるため、州においてそのための適切な規定を欠いている場合においても、自治体は法規がないことを理由に文化領域への責務が、任意のものであると見なし、怠ることは極めて難しくなる。これが諮問委員会の論理であり、狙いであったと言えよう。

第三に、「国家」の範囲について『最終報告書』では、ここでの国（Staat）とは、州に限らず、国家的な行為を委任される基礎的自治体や公共団体、公共機関など、全てのレヴェルにおける公的権力の担い手であるとの解釈が示されている[37]。「国家」とともに公共的な役割を担う「社会」にもここで触れられており、国家と市民というような主体の二項対立ではなく、広くそれらが相互補完的に文化領域を支え、運営するという一九九〇年代以降積極的に採用されるようになっている文化ガバナンス的な視点もあることを読みとることができる。

さらに、この条項をほかならぬ第二〇条に規定することで、この案は（現在の「州の文化高権」に基づいてStaatを第一に州政府ととらえる解釈に抵触するにせよ）実質的に連邦文化政策をも視野に入れていると考えることも辛うじて可能である。実際にヘーベルレは、連邦と州の権限配分は現状を維持するものの、これまで書かれていなかった連邦の限定的な権限が明文化されるとの見解を示している[38]。またカーペンも国家権力という表現で、連邦、州、自治体という三つ全ての主体を念頭に置いている[39]。すなわち、「州の文化高権」があるために文化領域では法技術的に克服されなければならない問題は多くあれど、「国家目標」として勧告をなすこと自体が、連邦レヴェルにおける芸術文化への積極的な姿勢をも予期させると理解することも不可能ではない。

しかし最終的に諮問委員会は、文化への国家の責務を基本法で規定することが、公権力による不必要な干渉につながらないよう、その作用が及ぶ範囲について、慎重すぎるほどに留保をつけた。

「人間の尊厳」が最高位の国家原理であることを確認し、改正された場合にも、基本法上の文化の保護および振興は、国家に文化が何であるかの内容を決定する権能を与えるものではなく、それは、文化的な生活の形成過程に参加する者（すなわち国民）に専属する責務であると述べている。国家権力と文化との距離を可能な限り広くとり、文化を定義・形成する権能は国民にあるとする戦後西ドイツで形成された基本姿勢は、ここにあらためて強調されている。

文化的な国家目標規定は、既存の均衡を危険に晒すことはないし、連邦政府に対し、権限を生じさせることもない。文化的な国家目標規定は、これまでの連邦と州との権限配分に変更をもたらすものではない。州の文化高権は、侵害されることはない。[40]

国家目標条項は、文化連邦主義に対し中立であり、国家目標規定により連邦政府の権限が新たに拡大したり、「州の文化高権」が形骸化したりすることはない。連邦レヴェルの権限の拡大を促すのではないか、という先に見たジーバースの懸念を払拭する留保が、このように可能な限り並べられている。

ここまでの考察は、以下のように整理することができる。

基本法を改正し、国家目標として文化を規定しようとする動きがあるが、これは、国（連邦と州、およびそれらの国家的責務を委託されて実施する自治体や公共団体ならびに公共機関）による文化振興を、基本法に明文化しようとするものである。しかしそこに連邦政府の権限を拡大する意図はほとんどみられない。

このようにとらえるならば、実質的には芸術家たちの立場表明であるドイツ文化評議会が、基本法の改正を求めていることにも、ある程度納得はできる。それでも中央政府以外の公権力は「芸術の自由」に介入する危険をもたらさないととらえられているのか、という疑問は残る。（これについては後の章で検討する。）

（2）「文化国家」から「国家目標としての文化」へ

先に国家目標を論じる過程でこの議論が「文化国家」条項をめぐるものと表現されていったことについて触れた。最後に、最終的には採用されなかったものの、どのような条文がほかに検討されていたのかを見ることで、今日のドイツにおける芸術文化と公権力との関係がどのように考えられているかをふまえ、この改正案の狙いを、より具体的に把握できないかを考えたい。

文化を「国家目標」として扱うことの妥当性を検討するために、二〇〇四年九月二〇日に諮問委員会は「文化的な国家目標の規定」という聴聞会を開いている。そこでは「文化国家（Kulturstaat）」という国家像を提唱することの是非が検討されている。条文の新設ではなく、例えば第二〇条に「民主的、社会的」とならんで「文化的」を加えることで、「民主国家」「社会国家」とならんで、「文化国家」という国家理念を掲げることが、理論的には可能ではないかという検討がなされたのである。この諮問に対して、聴聞会に召集された専門家が提出した条文をいくつか以下に挙げる。ガイスは、「文化国家」という表現の孕む問題を研究してきた第一人者であるため[41]、彼が聴聞会に先立って書面提出した条文案にそうした表現は見られないが、対照点にカーペンの提出した条文案のうち二つには、言及があったことを読みとることができる。（傍線は著者による。現在の条文に加わる文言を表す。）

ガイス案

第一条　（1）「人間の尊厳」は不可侵である。これを尊重し、かつ、これを保護することは、全ての国家権力の義務である。（2）それゆえにドイツ国民は、この世界のあらゆる人間的な共同体、平和および正義の文化的な基礎として、不可侵にして譲り渡すことのできない人権を信奉する。（3）以下の基本権は、直接に適用される法として、立法、執行権および裁判を拘束する。

第二〇a条　国は、来たるべき世代に対する責任を果たすためにも、憲法的秩序の枠内において立法を通じて、また、法律及び法の基準にしたがって執行権及び裁判を通じて、自然的及び文化的生活基盤及び動物を保護する。

第二〇b条〔文化の保護と振興〕国は文化を保護し、振興する。[42]

カーペン案

（カーペンはすでに文化振興は基本法から導き出せると考えるために改正には基本的に反対であるが、可能性のある文言として）

文化、芸術および学問は、国家（州と自治体）によって保護、奨励、振興されうる。（ノルトライン＝ヴェストファーレン州憲法に倣って）

文化的創造は、国の保護と振興を享受する。（ザールラント州憲法に倣って）

ドイツ連邦共和国は法治・文化・社会国家である。それは公共の福祉に仕える。（バイエルン州憲法に倣って第二〇条[43]か第二八条に）

州および市町村は、真面目な芸術的および文化的な活動であることを立証する創造的な芸術家・学者および作家を援助するための特別の手段（資金）を用意しなければならない。（ヴァイマル憲法の影響を強く受けたバイエルン州憲法に倣って）

第二八条　州における憲法的秩序は、この基本法の趣旨に即した共和政的・民主的及び社会的で文化的な法治国家の諸原則に適合していなければならない。[44]

「文化国家」を使用したよく知られた事例に、一九七四年三月五日の連邦憲法裁判所の判決がある。この判決は、基本法第五条第三項は芸術領域を公権力の介入から守るという消極的な意味のみならず「それに加えて、国家目標のひとつの意味で、文化国家とも自己理解する近現代の国家に、自由な芸術生活を維持し促進する責務を課す」[45]と判示し、実質的に文化領域における国家的な施策（社会権的自由）を自由権的自由の規定から導いた点で画期をなした。それ以降、公的な文化振興の根拠として、ドイツではこの判例がしばしば引用されてきた[46]。

一九八四年一〇月三一日（第一〇被選期間）には連邦内務大臣がこの判決文を連邦政府の文化への関与を認めたものとして解釈し、戦後初めて連邦議会で連邦の文化振興政策について回答している。そこではドイツの基底には、一九世紀初頭に成立しはじめる法治国家とともに、常に「文化国家」という自己理解があったという伝統が強調されている。同時に、芸術と文化は他の目的に従属させられ、仕えさせられるのではなく、反対に国家が、各種の方法（財源）をもって芸術と文化の自律性とそれらの自由な発展を保障するという見解が述べられている[47]。けれどもこの一文以外に、公権力と芸術との両義的な関係に配慮する記述は見られない。むしろ芸術に対する公権力の介入への防衛のみを意味するのではないという憲法裁の判決を歓迎し、連邦政府の文化政策の合法性を強調する論調さえも感じさせる。けれども諮問委員会は、この「文化国家」という言葉をその由来にまで遡って検証し、二〇〇四年にはその使用の可能性を否定した。その経緯は以下のように述べられている。

ドイツの伝統において好ましくない前歴を背負っており、それゆえに問題があり、熟慮の結果、第二〇条に「文化国家」という文言を付加することは、受け入れがたいものとして退けられた。[48]

ドイツ統一条約にはこの表現が用いられており、今見たように憲法裁を始めとして、法学者や政治家の中にも、「文化国家」の使用に違和感を示さない者は少なくない。けれども二〇〇四年に諮問委員会で歴史的な経緯を理由に、「文化国家」という表現がドイツの今後の国家像を象徴する文言としてはふさわしくないと結論付けられ、以降の議論は、国家目標と文化との関係を検討する方向に向かったことが分かる。

四　「文化的生存配慮」の意図

『最終報告書』は、一九八三年には専門家委員会が、「自然的ならびに文化的生活の基盤」[49]という文言で両者を同等に扱う勧告を行ったことに触れ、文化は二〇a条改正の際には零れ落ちたものの、先に見た連邦憲法裁判所の判決でも文化への国の積極的な関与への理解が示されていることに注意を促している。そして、ただしこれを書かれていない解釈論で代用していくことには限界があるとして、文化の保護と振興の明文化が必要であるとの結論を導いている[50]。つまり先に述べたように文化諮問委員会の意図は、ドイツにはすでに「物質的な生活基盤」についての国家目標はあるものの、精神的な側面に関する国家目標が現行の基本法には欠けていると指摘し、「精神的な生活基盤」として「文化」に関する国家目標を基本法に設けることで、国に対して、文化的な遺産を維持、保護し、更に発展させる責任があることを明文化しようとしたことにあった。それゆえに社会国家規定や自然的生活基盤に関する国家目標と同格のものとして「文化」を置くことを勧告し、その過程で「文化国家」という可能性も俎上に載せられたのである。

そして、こうした議論と並行して、ここで言及されている責務が、本書の表題でもある「文化的生存配慮」として議論されてゆく。「生存配慮」の行政学的な定義は第三章で詳述するが、ここではまず文化政策の文脈でどのようにとらえられていたのかを確認しておきたい。カーペンは、聴聞会に先立って提出した書面で、以下のように定義を行っているが、この解釈を見るに、民間の貢献を含め、「生存配慮」の担い手は、広くとらえて議論しうることが分かる。

社会国家は、生存配慮の保証（Gewährleistung）を義務付けられている。そして生存配慮には文化的な役務《サービス》も含まれる。生存配慮とは、自由に対するあらかじめの備えであり、自ら選んだ人生の形成を可能にすることである。自由へ

> の事前配慮は、規範的な枠組条件をととのえ、公的主体が現物や役務を給付するほか、市民に対する現金給付（社会福祉）によっても成立する。生存配慮には、教育機関や病院のみならず、芸術機関への自由なアクセスや芸術の享受も含まれる。
>
> 生存配慮は、普通の生活、つまり、それぞれの生活状況に応じた生活を市民が送れるようにと国と民間が行うはたらきの総体である。それは、使用可能な手段（資源・財源）によっては単なる基本供給となるかもしれないが、最大限でもなければ、不十分な最小限の供給でもない。人間に値する生存を可能にするために（zur Gestattung eines menschenwürdigen Daseins）責任をもって面倒を見ることを意味する。[51]

つまり、公的主体の文化への「一般的責務」と表される公共的な責任の中核を、公的担い手であれ民間の担い手であれ、実際に提供していくことを包括するような概念が「文化的生存配慮」と表されていたことが分かる。

ところで、この時点まで検討されていた、「文化的な」「精神的な」という表現をそのままとれば、「文化」とは、芸術文化と狭くとらえるのではなく、広く精神文化的な生活の基盤という内容ととることもできる。けれども、先に挙げた法学者たちの提案条文から最終提案に変化したことから、「精神的な生活基盤」には、芸術文化を中核とする「文化」が不可欠であるという諮問委員会の理解を読みとることができる。このことは、社会国家規定や自然的生活基盤と同格に文化を明文化することによって文化が、予算の配分の観点からも、下位の政治目標に属するものではないことをはっきりと示したいという意図が記されていることからも明らかである。さらに諮問委員会が「文化的な生活を保護し、振興する」というベルリン都市州の州憲法の「文化的な生活」という一般的な文言について、不十分であるとわざわざ指摘していることを見れば、その姿勢はより明白なものとなる[52]。

より直截に言えば、この改正案の意図は、連邦政府に限らず、州・自治体とそれらから国家行為の委託を受けたあらゆる主体に対し、財政難を理由に芸術文化の振興を怠ることなく、芸術文化に配慮する「一般的な責務」を負わせる点に、主眼が置かれていたと解釈して間違いない。それゆえに「精神的な生活基盤」とは言いながらも、住民の一般的な日常生活文化に焦点が当てられることはなく、むしろ特定の――公的予算を必要とするような――「文化」をはっきりと念頭に置き、国家行為を委託された主体に対し、公的な文化予算を確保し公共文化施設を整備することで「文化」を保護、振興させる一般的な責任を負わせるという方法論に収束していったと言える。この点については聴聞会に提出した書面でガイスが、文化の保護や文化が求める保護とは、「生活基盤」に汲みつくされる内容にとどまらない、したがって文化的生活基盤という表現を採用するならば、文化的な責任は「最低限主義」に縮小してしまうとの危惧をはっきりと示しており、諮問委員会の意図を条文へ編成していく過程で看過できない影響を及ぼしたと考えることができる。

＊　＊　＊

本章では、協調的文化連邦主義が政治的実践として先行するなかで、並行して議論されてきた連邦議会文化諮問委員会の文化をめぐるボン基本法の改正論に着目し、以下の点を明らかにした。

（一）二〇〇七年の『最終報告書』で諮問委員会は、「国家目標」として、文化の保護と振興を規定する条文を第二〇b条として新設することを勧告した。「国家目標」という、国家のあり方を定め、具体的な立法や行政に落とし込む際に配慮を要請する条文を選んだことは、ドイツ全土における公的な芸術文化振興を一層積極的なものとする姿勢の表われである。これは連邦文化政策の法的根拠のみを確たるものとする意図ではなかったものの、財政難を背景とした文化振興の後退を回避するために、国家的な行為と芸術文化との距離を無批判に接近させる様子も垣間見られた。

この条文案の法的効果は、国家行為の担い手に文化振興の「一般的な責務」を生じさせることにある。これは、「文化的生存配慮」という概念でとらえられ、その後今日まで学界での議論が続いている。それは「最低限」のものではないことも示されていた。それが今日、果たして文化機関の設置・維持・管理のみを指すのか、現代に生きている芸術家の活動や施設内外での文化事業を振興することまでも含意するのかについては、第三章でさらに検討する。

（二）基本法に「国家目標としての文化」を挿入する議論は、一部の専門家によっても、またジャーナリストたちによっても、しばしば「文化国家」条項をめぐる話題として扱われ、実際に改正文言としての検討もされていた[53]。しかし、この表現は最終的に採用はされていない。

以上の考察から、現在のドイツの文化政策を議論する上での鍵概念として、国家目標、「文化国家」、「生存配慮」、基本供給という語が浮上してきた。国家目標と基本供給の性格については、すでに見たとおりであるが、「文化国家」と「生存配慮」という語は鍵概念でありつつも、その使用に慎重な姿勢もとられる。先に見たように「文化国家」という概念の復活自体に対し、強い危惧を表明する法学者も少なくはなく、文化諮問委員会も、「文化国家」という国家像の提示は、最終的に採用しなかった。他方で、ドイツ文化評議会やカーペンが使用していた生存配慮概念に対しても、慎重な理論化を促す意見がある[54]。こうした慎重論にはいずれも、歴史を振り返るように促すという共通点が見られる。

本章では、文化政策を積極的に推進する方向からの現代の議論を見たが、それにしても、ＢＫＭの設置や基本法レヴェルでの国家目標の新設は、予算措置が可能であれば、公的文化政策が際限なく芸術文化振興を展開する可能性さえも持つと考えるものなのだろうか。次章では、今日の政策につながる文化政策の系譜を辿る。それにより、ドイツにおける「文化国家」、「生存配慮」概念の起源と特徴とを明らかにしていく。この二つを手がかりに公的文化政策の由来を探る過程は、今日の文化政策に求められる内容を今度は、限定的な角度から画定していく理論的枠組みを導き出すであろう。

第二章　ドイツにおける文化政策の起源

ドイツが偉大であるのは、驚くべき国民文化が国のあらゆる場所に均等にゆきわたっているからだ。〔中略〕もしも数世紀来ドイツに二つの首都、ヴィーンとベルリン、あるいはただ一つの首都しかなかったとすれば、いったいドイツ文化はどうなっているか、お目にかかりたいものだ。いや、そればかりか、文化にともなって隅々までひろがっている富の状態はどうなっていることだろう。

（ゲーテ）

前章では、連邦議会文化諮問委員会の議論を中心に、今日のドイツに公的文化政策を積極化する議論がある現状を確認した。この議論からはいくつかの鍵概念が抽出されると同時に、「文化国家」や「生存配慮」という概念に対する一定の留保も観察された。このことは、現代の公的文化政策が、積極化を試みる一方で、何らかの限界にも自覚的であるということを意味するのではないか。この点をさらに掘り下げるために、「文化国家」と「生存配慮」を本章では歴史的な生成過程の側面からとらえ直す。それにより今日の留保の背景を具体的に明らかにしたい。

一　現在の議論の位置

1　「文化国家」の一般的な用法

あらかじめ確認しておくと、「文化国家」というドイツ語自体に今日、一般的な用法として好ましくない意味があるわけではない。このことは、以下の引用からも明らかである。

文化政策は、かつては文化と政治、精神と権力のように、一見結びつきえないものを結び付けることであると批判されたが、今日では文化国家との自己理解をもつ西洋諸国では、政治全体の本質的で放棄できない構成要素であると理解されている。[1]

また一九九〇年のドイツ統一条約第三五条第一項にも、この語は採用されている。

統一ドイツの世界における地位と評判は、その政治的な重要性や経済的な力と並んで、文化国家としての意義に左右される。[2]

さらにドイツ国内には州憲法で「文化国家」を掲げる州も存在する。しかし第一章で見たように、連邦議会文化諮問委員会は、「ドイツの伝統において好ましくない前歴を背負っており、それゆえに問題を孕んでいる」「熟慮の結果、第二〇条に文化国家という文言を追加することは、受け入れがたいものとして退けられた」[3]と記述し、この語の基本法上での採用可能性を否定しているのである。

2　諮問委員会が「文化国家」を採用しなかった二つの背景

(1)フーバーの文化国家論

文化諮問委員会はどのような点で、「文化国家」を「ドイツの伝統において好ましくない前歴を背負っており、それゆえに問題を孕んでいる」と判断したのだろう。

直接的要因としては、諮問委員会が二〇〇四年九月二〇日の聴聞会に専門家を招いた際、法学者のマックス＝エマヌエル・ガイスとフリートヘルム・フーフェンが強い懸念を示したことが一因になったようである[4]。この日の議事抄録を見るに、ガイスとフーフェンが、「文化国家」という語を戦後に用いた人物が、エルンスト＝ルドルフ・フーバーであることに警戒を示している。周知のようにカール・シュミットの愛弟子であったフーバーは、ナチ時代には共同体の利益に個人の自由を従属させる国制論を展開し、そのため戦後は「ナチの御用学者」と見なされ、学界への復帰にも時間を要した。聴聞会での説明は主にガイスによるもので、その主旨は以下のようにまとめることができる。

文化国家とは、ナチ時代に国法学者として活躍したエルンスト＝ルドルフ・フーバーが戦後、あまり注目されなかった小論の中で、新たに発展させようと試みた概念である。その後この言葉は、内容について批判的に検証されることなく様々な文献で用いられ、普及していった。しかしフーバーの主張は、一方に文化の自由を置きつつも、他方でヘーゲル的国家観に立つもので、国の「文化形成権力」や文化を「定義する権力」を論じている。今後も、文化国家という語がひとり歩きする中で、文化を形作る権能が国家にあるとする根拠に転化される危険がないとは言えない[5]。

ここには、今日なお用語の使用ひとつをも細かく批判的に検証し、ナチ時代に中央集権国家が主体となり、文化を定義し、形成しようとしたことへの反省と、その再来への警戒が改めて感じられる。そしてこうした批判からは、現在も公的文化政策は無制限に拡大しうると解されてはおらず、国家が文化を「形成」したり、「定義」したりする主体となることが否定され、ここに拡大の一つの限界が設けられていることが分かる。同時に、振興を通じた公権力と文化との接近を漠然と広くとらえ、包括的に忌避した終戦直後とは対照的に、今日では文化の形成と定義という側面への関与に照準が絞られていることも読みとることができる。

フーバーの『文化国家の問題について』[6]は一九五七年一一月一六日にフーバーがヴィルヘルムスハーフェンの社会科学単科大学で行った講演を一九五八年に出版したものである。最大の懸念点については、すでにガイスが指摘しているとおりである。内容をもう少し概観しておくと、この小論でフーバーは文化と国家の結合について無批判に論を展開しているわけでも、文化を操作し支配する国家を正当化しようとしているわけでも決してない。ナチ時代の芸術統制政策を正当化しようとするものではなく、そうした統制政策に対して批判的な距離をとる戦後意識を共有してはいる。彼が構想する「文化国家」は、芸術の自律や自由、自治などを尊重するものであり、国家と芸術の距離にも慎重に注意が促されている。

けれどもそうした尊重と配慮が示されると同時に、「しかし」と何らかの反論がなされていく論法がとられている。そして所々に表れる不協和音を感じつつも全体を読み終えたとき、読者は最終的に、実質的には制限付きと変わらない自由と、与える自由の範囲を決定する国家とがフーバーの文化国家像の構成要素として立ち現れることを予感させられるのである。ナチ時代に活躍した国法学者であるという先入観によって、言葉尻をとらえるような読み方で解釈を左右されないようにと慎重に、どちらかというと好意的に解釈しようと努めたとしても自ずと感じられるこうした不協和音のうち、明らかにフーバーが国益を文化に優先させる立場であると判断できる箇所が、先にガイスも挙げた「国の文化形成権力」を扱う章なのである[7]。こうしたフーバーの文化国家構想と自由に対する理解が、今日、第五条第三項で芸術の自由を保障するボン基本法の精神と著しく矛盾することについては、論を俟たない。

（2）一九世紀以降の闘争的な文化国家論

ところで、『最終報告書』は「文化国家」に反対意見を出した専門家としてフーフェンにしか触れていないのだが、フーフェンは聴聞会ではフーバーの文化国家論にしか言及していない。フーバーの『文化国家の問題について』が戦後の出版物であることを考えると、この小論のみを念頭に置いて諮問委員会が「ドイツの伝統」において好ましくない前歴と表現したとなると、それはやや大袈裟で、違和感が残るのではないか。実際には聴聞会でガイスが、フーバーについて述べた上で、一九世紀の文化国家理念についても、以下のように問題点を指摘している。文化国家はドイツ史上常に闘争的な概念であり、フィヒテがフランスの国民国家と一線を画すものとして生みだした。挫折した国民国家のいわば代替物を、「文化国家」の中に見ていたとも言えるかもしれない。ナチ時代の国法学者たちも、何が文化であるかは国家が定義する、それゆえにその国家は文化国家であるというふうに文化国家の一種の定式化を行った、と[8]。

つまり「文化国家」の語を採用しなかった理由は、二点あったことが分かる。第一に、ナチ時代の思想との明らかな断絶が見いだせないフーバーの文化国家論の国益優先的な視点、第二に、一九世紀以降のドイツの近代国民国家成立の過程で展開された文化国家論の闘争的、敵対的な意図——この二点を戦後も無批判に継承することを否定するという姿勢を採るためである。この二点を念頭に諮問委員会は「ドイツの伝統」において好ましくない前歴と表現したと考えることができる。

二　一九世紀の文化国家論

フーバーの戦後の文化国家論と、ガイスの述べた批判の後半部分に言及があったナチ時代の文化国家論の問題点は、国家が主体となり文化を定義、形成するという理解に見いだされる。他方でガイスの批判の前半部分、すなわちナチ以前で一九世紀以降の文化国家論には、どのような問題点があると言えるだろう。

先の引用からすでに、ナショナリズム的な国家観との共謀関係に批判が向けられたことは容易に推察されるし、実際ドイツが言語文化を中心として国民国家を形成しようとした歴史については多くの蓄積がある。その中でも本書では用語の使用そのものが問題となっているため、文化国民の成立史を包括的にとらえるのではなく「文化国家」の形成史に目を向けたい。文化国家の歴史を扱った研究も数多く存在するが、代表的なものに、一九六九年のフリッツ・リンガーの研究[9]、一九七三年のオットマール・ユングの研究[10]、一九九〇年のマックス＝エマヌエル・ガイスの研究[11]、一九九六年のゲオルク・ボレンベックの研究がある[12]。これら先行研究のアプローチは、大きく二種類に分けることができる。人文学的な思想史の観点をとるものと国制学の観点をとるものである。リンガーとボレンベックが文化・教養思想史的な特徴の描写に力点を置き、文化の意味内容に着目しつつ「文化国家」に触れる一方で、ユングとガイスはもっぱら国家学・法学・行政学的な観点から、文化国家論の生成と変遷を分析している。そのため前者二名と後者二名とでは、考察の対象とする論考や論者の重複が、意外なほど少ない。

文化・教養思想史として文化国家論の展開を扱う研究は、主に宗教、言語あるいは学問および教養を包括する概念として文化を用いており、ここでの「文化国家」は文教国家あるいは文治国家とほぼ同義である。しかし文化政策的関心からは、言語や学問を中心とした「文化」のみならず、芸術文化を主題化した文化国家論はあったのか、あったとすればそれは芸術と国家の関係をいかにとらえようとするものだったのか、という問いが生まれる。つまりそもそも「文化国家」は学問や教養のみならず、芸術文化振興とも関係があったのかという素朴な問いである。けれどもこの論点を正面から扱った研究は、ドイツでもほとんど見当たらない。日本では小林が、文化国家論がのちに「国家統合のスローガン」〔13〕となることに留意しつつ、知識人たちの初期の「文化国家」の理想とヴァイマル憲法への継承を次のように論じている。

たんに学問の自治を認めるだけではなく、学問への援助に国家自らの正当性を見いだすことを求めているのである。これはまさに「文化の自律性」を確保した理想的な、文化国家概念と言えるであろう。〔中略〕この文化国家概念が憲法の条文の中に活かされたのが、一九一九年に制定されたワイマール憲法である。ワイマール憲法では、第一四二条で「芸術、学問およびその教授は自由である。国はこれに保護を与え、その奨励に参与する」という条文を置いた。このような規定が置かれたことは、ワイマール憲法が世界で初めて、社会権の規定を置いて注目を浴びた憲法であることと決して無関係ではない。文化権というものを考える場合、それは「国家からの自由」を保障する自由権的な側面と「国家による自由」を保障する社会権的側面とがあり、この条文はその意味で両者を満たすものであるとみなしてよいだろう。〔14〕

フンボルトやフィヒテへの言及もあることから、ここで小林が前半で触れている文化国家論で念頭に置かれているのは、一八〇〇年代初頭のものであることがうかがえる。他方でヴァイマル憲法の成立は、一九一九年である。この百年の間に、文化国家論はどのように展開されていったのだろう。

近代国家と芸術について考えるとき、記念碑建設や協会運動については多数の研究がある。ナチ時代の芸術統制政策についても枚挙にいとまがなく、バイエルン王国の芸術王国論についてもすでにある程度論じられてきた[15]。しかし「ドイツ」の公的な芸術振興の一つの出発点となるヴァイマル憲法に至るまでに、国民国家と芸術の関係性はいかに編成されていったのだろう[16]。一九世紀以降の文化国家論における芸術の論じられ方や、それが今日の留保の背景となる理由について検討しようとしても、諸邦国の芸術奨励政策やナチの芸術統制政策とは異なり、ヴァイマル憲法で芸術の自由と奨励を規定するに至った経緯、そこに文化国家思想が関係していたのか否かについては、未だ不明な点が極めて多い[17]。

こうした研究の現状を踏まえて、以下では三つの論点を検証する。第一に、芸術を主題化した文化国家論はあったのか、あったとすればそれはどのような背景のもとに登場し、芸術と国家との関係をどのようにとらえるものだったのか。第二に、ヴァイマル憲法で公的な芸術奨励が規定された際の議論の過程から、どのような意図をとらえられるか。第三に、芸術を主題とする「文化国家」があったとすれば、それとヴァイマル憲法の芸術の規定との関連性はあるのかである。

第一章では公的文化政策を積極化させる方向の議論を見たが、そこに付された留保の内容を明らかにしてこそ、拡張の限界点もまた見定めることができ、今日の文化政策の中核をとらえる手がかりとなる。よって本章では現代の文化政策を限界付ける要因を、第一章で抽出された鍵概念である「文化国家」と「生存配慮」の歴史的生成過程を辿ることで明らかにしたい（「生存配慮」については、第七節以降で述べる）。

「文化国家」には当初より、教育国家、文治国家、西洋諸国、キリスト教圏、先進諸国などの実に多岐にわたる用法が見られた。地理的範囲も、広くドイツ語圏を指したり、統一後の「ドイツ」のみを指すものもあれば、アメリカやアジア、スカンジナビア諸国まで広く含む「先進国」としての用例も見られた。多岐にわたるこうした用法があるにもかかわらず、文化政策の文脈ではこれまで、あたかも均質的な一つの意味内容をもつかのように論じられている。諮問委員会も「文化国家」という語の使用は否定したものの、そこから今日の文化政策が向かうべき方向を具体的に示せてはいない。文化国家論の中から、芸術文化振興を論じている部分をいったんとり出してみることで、今日の公的文化政策の拡大に対する「文化国家」の課題をより具体的に検討する立脚点を得られないだろうか。

1　大学人たちの教育国家論

文化・教養思想史的な特徴の描写に力点を置く文化国家研究と国家学・法学・行政学的な観点の研究との数少ない共通点に、フンボルトとフィヒテへの言及がある。文化国家思想の萌芽は一八〇〇年代初頭に見られ、初期の提唱者としてフンボルトやフィヒテの名はしばしば挙げられる。書かれた書物の中で初めて「文化国家」という語を使ったのは一八〇六年のフィヒテの『現代の根本特徴』[18]であるとされ、ユングはフィヒテが四つの出版物で計八回この語を使用しているると集計している。他方でこの語を書物の中では用いなかったものの、話し言葉としてはフンボルトがそれ以前に使っていた可能性も示唆されている[19]。

国制論的視点からの文化国家論は後ろでより詳しく扱うが、文化・教養思想史的視点に立つ文化国家論の特徴にここで簡単に触れておきたい。特徴として、国家に対する「（学問を中心とした）文化」の特権性、「文化」の精神性、一種の非政治性、フランスの「文明」に対するドイツ「文化」の優位性という対置的理解などを、強調する傾向が見られる[20]。例えば、リンガーが、「文化国家」を論じる際に前提とする「文化」と「文明」の描写は、その典型である。

ドイツ語の「文化」はザムエル・プーフェンドルフとゴットフリート・フォン・ヘルダーによってキケロの「精神の耕作（*cultura animi*）」から借用されたものである。この言葉は一八世紀末まで陶冶の概念と非常に密接な関係を保ち続けた。「文化」は「人格の修養（persönliche Kultiviertheit）」という意味をもっており、心と精神（Geist und Seele）の陶冶（Kultivierung）に関わっていたのである。その後ドイツの学識的世界ではしだいにもっと一般的な用法が盛んとなり、社会における人間の洗練された業績（zivilisierte Leistungen）のいっさいをひっくるめて「文化」というようになった。〔中略〕「文明」と「文化」がそれぞれフランスとドイツで根づいてくると、まもなくドイツの知識人（Intellektuelle）は一連の魅力的な連想に誘われて二つの概念を対立物として見るようになった。〔中略〕勃興しつつあった市民的階級意識――そして国民意識――は往々にしてフランスかぶれの廷臣とか貴族に対する道徳的憤激の形をとった。一七八四年にカントは文明と文化をはっきり区別して、文明とはりっぱな作法と社交上の優雅さであり、文化は芸術（Kunst）、学問（Wissenschaft）、道徳（Sittlichkeit）であるとした。〔中略〕ともあれ、ナポレオン時代までにはすでに文化はドイツ的で、文明はフランス的ということになっていた。〔中略〕フランス人は、国際的な観点からする文明の使命こそわがものであると考え続けた。ドイツ人は、自分たちを一つの国民とするのは困難であるが望ましいことだと考え、文明に対して文化を優先することこそドイツにとってかけがえのない特質だと見るきらいがあった。[21]

そしてリンガーは、言語上に組み込まれたこうした観点をその後も育む役割を担った「社会的現実」として、「教養エリート（Bildungselite）」の存在を挙げるのである[22]。

ここでの文化の主な内容は学問であるが、教養を資本とする市民層はまず、支配者による恣意的な統治を忌避し、統治の予測可能性を保証する「合理性の理論」（後の「法治国家」の理論[23]）を編み出す。それによりまずは、君主を助ける官僚を養成するという名目で、大学に対する国家の理解と支援を得、政府に官僚を送り込むことで、徐々にその地位を固めていく。彼らはしかし、次第に合理化や技術主義の統治（官僚主義）からは距離を置くようになり、自分達の文化的理想（教養）とその理想を追求する場としての大学とを守り続けるために、国家そのものを、個々の利害から超越した存在として位置付けることを目指し始める[24]。その過程で、「魂」を持たない単なる「器」でしかない政府も、その支援する「（学問を中心とした）文化」の内容によって、存在価値を見いだすことができるという理論を生み出したとする（後の「文化国家」の理論。後述する国制学の視点に立つ文化国家研究も、こうした合法／合理性から「文化国家」へ、という理解とほぼ一致するのだが、視線は国家のあり方に向けられ、理論化が進められている）。

政府による学術振興を促すこの理論は、もっぱら教養を中心的な資本とする市民層にとって、新しく立ち現れつつある国民国家というものの中で、自らの強みを社会的に価値のあるものとして位置付け、守り、そこから生じる利益と自らの社会的地位とを確たるものとする一種の戦術であった。それゆえに彼らはここで国家の存在価値を「神」から導きはしない。世襲貴族や君主の恣意的な統治を避けるためである。しかし（当時の感覚としての）「臣民」から導くこともなかった。シュナーベルはその理由を、少数派であるために選挙を嫌うこの層が、共和政や民主政には非共感的であったためであると指摘する[25]。リンガーはさらに、ドイツが高度に産業化を進める中で財産を資本とする新興市民層が台頭すると、危機感をいだいた教養市民層が一八九〇年代から保守化と自己防衛を促していったと見ている[26]。

2　初期文化国家論 ――フンボルトとフィヒテの文教国論

本節では歴史的背景としての近代国家の成立を主に伊藤定良の研究[27]に基づき整理しつつ、文化国家論の展開を並行して観察する。それにより、文化国家論が必要とされた理由と芸術文化への近代国民国家の政策的関与の出発点へと近づいていきたい。国制論的「文化国家」の先行研究として先に挙げたユングの研究があるが、彼は歴史的背景と文化国家論の展開が影響を与えあった可能性については、ほとんど触れていない。けれども文化国家論は、国民国家成立を望むナショナリズム運動と検閲、さらには意見表明や宗教、学問、芸術の自由への希求などが密接に絡み合う中で生成されていくことが、歴史と並行してみることでより明らかになる。

伊藤によれば、ナポレオン戦争前後の時期よりすでに、バイエルンやプロイセンではそれぞれに「国民国家」を形成しようとする動きが見られたという[28]。当時、ドイツ統一は未だなされておらず、ドイツ語圏の大国の一つであったプロイセンは一八〇六年のイエーナの戦いに敗れ、翌年ティルジット講和条約を締結、フランス軍の占領下で全ての出版物にプロイセンの自主規制的な検閲が実施されている。この未曾有の危機を克服するためにプロイセンは「上からの改革」を開始している[29]。

この改革の中で内務省教育局長官として初等教育の義務教育化（国家の監督による民衆学校の振興）、独立のギムナジウム開設、教員の資格試験制度、ベルリン大学創設を行ったのが、文化国家論の萌芽期に名前が挙がるカール・ヴィルヘルム・フンボルトであった。西村は、「教育制度を整備したことは、教育に対する国家の監督権を強化したかに見えよう。フンボルトにはそんな考えは全然なかった。教育に国家的使命を負わせるよりも、むしろ国家に教育的使命を負わせる、いいかえれば国家を文化国家たらしめるのが本意なのであって、大学もそういう趣旨にそわなければならない。大学は国家の強権に服してはならない」[30]と見ている。そしてフンボルトの大学政策は『国家活動の限界』の新版であって、特殊な市民的、精神的利害を代弁する国家の在り方をフンボルトが否定していたことを強調する[31]。けれども伊藤も指摘するようにその後、「権威主義的なプロイセン国家の確立とともに、ドイツ・アカデミズムはその特権を享受し、教養市民層の担い手としてドイツ・ナショナリズムの展開に大きな役割」[32]を果たしていくようになる。こうした見解は、リンガーの「文化国家」の理解とも通ずる。この時点で、国家権力と（教育を中心とする）文化の共謀関係が、芽生えていく契機を認めることができる。

「文化国家」という用語の初出は確かにフィヒテの『現代の根本特徴』であるものの、『ドイツ国民に告ぐ』[33]および、その原案と見なされる『祖国愛とその反対――愛国的対話』（一八〇七年）[34]の内容が、彼の「文化国家」の本質的意味内容であり、萌芽とされる[35]。先に述べたプロイセンの未曽有の危機の中で、『ドイツ国民に告ぐ』はフランス占領下のベルリン（プロイセン）において当局の監視のもと、言語によってひとつの「国民」を画定することが可能かを検証する意図を持っていた。

彼の一連の講演は、分裂していたドイツ諸邦をひとつにまとめ、近代国家を形成することを目指した試論として読まれることが多く、それゆえに、後に文化（言語）ナショナリズムと結びついたと批判されることも多い。しかしそれは百年以上を経てであり、ここには確かに広い意味では、フランスとの文化的対比やドイツの優位性を示すかの記述は見られるものの、主眼はむしろ、一連のプロイセン改革に繋がる最初期においての、国民教育と文治国家思想の提示にあった。フィヒテは、プロイセンおよびドイツ民族が滅びてしまうのではないかという危急を救うために、それを回避するための論点を示している。その中には、堕落した教養市民層・読書人に襟を正すように迫るフィヒテや、学ぶことの重要性を為政者に説くフィヒテを読みとることができる。その中で、これからの歴史上常に敗者となり、いつしか滅びていくのではないかと不安を抱く「ドイツ国民」に、世界に求められてきた文化的成果と学問的強みを提示することで彼らを鼓舞する構造をとっている。

理性と啓蒙の思想を背景に台頭してきた知識人や大学人、芸術家は、読書サークルや文通を通じて領邦を超えた一種の「文芸的公共圏」を形成し、他方で官僚統治機構に啓蒙を応用した絶対君主を統御するほどの力を蓄えていた。この点で確かに、ドイツ語を共通言語とした集団が、領邦の境界線を越えて広がっていることに目を向けさせる素地は整っていた。しかし啓蒙の一方の担い手である知識人や芸術家が啓蒙主義的絶対君主制を統御するほどの存在感をもち、ハーバーマスをしてその後の「公共性の構造転換」を批判せしめたほどの役割を担っていた時代と比べると、危機に瀕したプロイセンでフィヒテの目にとどまったのはむしろ、堕落した知識人と大学人たちの姿だった。そのためフィヒテが国家建て直しに際して強調したのが、知識人と学問の建て直し、それらが本来の力を発揮して統治に貢献すること、国家に学問のそうした力を認めさせ統治に活かすよう促すことだったのである[36]。

　ところでわれわれは結果的にドイツという近代統一国家が成立して以降の時代からこの当時をまなざしているのだが、国民国家統一前夜の分邦時代において、このように当時の邦国の境界を越えて、言語文化を根拠に「ドイツ国民」を創出しようとするようなナショナリズム的論調は、プロイセン当局などには必ずしも歓迎されていたわけではない。フィヒテも、国民国家の統合を目指していたというよりは、敗戦の最中で自信を失い滅亡の危機に瀕している、ドイツ語を共通語としてもっている「ドイツ国民」を鼓舞しているのであって、領邦国家を解体して国民国家統一を成し遂げようなどと思っているわけではなかったようである。というのも演説の最後で彼は、この演説の名宛人を列挙している。そこにはドイツの〔領邦〕君主たちも挙げられており[37]、既存の領邦国家体制に対する穏便なフィヒテの姿勢からは、彼の意図が政体としての統一国家の形成にあったと断言するのは困難であるからだ。フィヒテの関心は、確かに一つのまとまりとしての「ドイツ国民」に向けられてはいる（「ドイツ国民」の抽出は画期的であった）。彼らが領邦国家の国境を越えて「ドイツ」に愛国心的なものと誇りを持つことで、フランスに対抗する力を得ることを求めはする。しかしそれが政体としてのドイツ統一国家であることには、あまり執着はなかったようである[38]。検閲も意識していたのかもしれないが、実質的にはフランス人と、ドイツよりも領邦国家に帰属意識を感じている人々を安心させるために、と断りつつ、誰一人として存命中にそのような独立を体験することはないとまで言い切っている[39]。

　ただし「文化国家」の発案者としてしばしば共に言及されるフンボルトとは異なり、フィヒテの草稿や諸演説には、文化国家論に対する今日の批判の焦点となりうるドイツ優位の思想やフランス批判は散見される。『ドイツ国民に告ぐ』よりも、それがはっきり示されているのは、当時それほど日の目を見なかった『祖国愛とその反対——愛国的対話』である。これは、主題的にも内容的にも一八〇七年一二月からの連続講演『ドイツ国民に告ぐ』の議論を先取りしたものと位置付けられている[40]。ここにはまず、「文化国家」という文言そのものも、確かに数回登場する[41]。ただこれが来るべき近代統一国家としてのドイツのみを指していると明確に断言できるような表現はなされていない。論考の全体的な傾向としては、領邦への郷土愛ではなくドイツに対する愛国心を鼓舞しようとする意図が、『ドイツ国民に告ぐ』よりも明確に示されているのみである。こうした経緯から、フィヒテの思想を、言語文化の共通性を根拠にドイツ国家統一を目指すものととらえることは確かに不可能ではないし、国家統一の途上ではそのような解釈に立って実際にナショナリズム運動に利用されていく。

ただしシュナーベルやリンガーの指摘するような、後の文化国家論における教養市民層の閉鎖性をフィヒテはそれほど共有していない。というのも、この論考でのフィヒテの主眼は、教養市民のみの地位向上を目指しているわけではなく、むしろドイツ国民全体に対する学問の重要性と、国家を学問で統治することの重要性を説くことにあるからである[42]。対話相手の言を借りて、自己批判を展開する以下の箇所には、学問による国家統治をことさら強調する文化国家論＝文教国家論の特徴を垣間見ることができると同時に、それが当時のプロイセンにおいては確たる政治力を持っていなかったことを示してもいる。

> 学問が人間の事柄や国家の整序にとってなにがしかの影響力を有するということや、実際おっしゃるように、こうした整序がただ学問にのみ基づくということ、そんなことは寡聞にして聞いたことがありませんし、まったく信じられません。そんなことをあなたが多少なりとも声を大にして叫ぼうものなら、あなたがとんでもない物笑いの種になることは間違いありません。[43]

けれども散見されるドイツの学問的優位性を説く部分は確かに、この論考で明らかに怪しい光を放っているとも言える[44]。フンボルトとは異なり、ペスタロッチに深く傾倒していたといわれるフィヒテは、教養市民層にのみ利するような学問の閉鎖性を否定しはする[45]。しかし同時にドイツ国民に自分たちの優位性意識を共有させることで国民の画定を急ぐあまり、他のヨーロッパ人や非ヨーロッパ人、すなわちドイツ国民以外の者たちが劣るかのような描写を度々重ねる。他のヨーロッパ人とは異なるドイツ国民の特徴を抽出しようと、しばしば一見ドイツ至上主義的な発言をする一方で、フィヒテは時折、世界市民主義的な姿勢も見せることから、自文化優位の思想ととらえるか、世界市民主義的ととらえるかについては、今日でも議論が分かれるようである[46]。けれどもドイツ国民を他のヨーロッパ人と区別して画定したいという望みを持っているがゆえのこの論法こそがまさに、第一次世界大戦の際には文化イデオロギーとして利用されていく元凶を自ら提供するのである。

以上のように、文化国家論の萌芽として、フンボルトは、国家と高等教育の相互依存関係を構想しつつ、国家の学問への介入は否定し、フィヒテは、言語文化を軸に「国民」というものをとりだし国民教育を構想した。いずれも、文化の意味内容を主に教育や言語としてとらえた文教国家論としての文化国家論であったと言える。

三　ステイトの語源 ——集権性への志向

ここでいったん、日本語では「国家」と訳されるStaatの由来について、検討しておきたい。というのも今見たように文化国家論はドイツの国民国家運動と親和性が高いということは朧気ながら観察されるものの、当時はまだ現代のわれわれが思い浮かべるような「国民」を下敷きにした国家統一を成しとげた「ドイツ」は存在していない。それゆえ戦後フーバーの「文化国家」とフィヒテらの時代とでは、国家《Staat》の指すものの意味内容にも相違があるためである。つまり文化国家論＝統一国民国家ドイツのナショナリズムという直線的な理解は常に成りたつわけではない。さらに文化国家論全体の地理的範囲も後述のように一義的ではないため[47]、「文化国家」が結局何を意味し、どこを指しているのかについて、混乱を招きかねない。

第一章では現代ドイツのボン基本法上のStaatの範囲が、州（や連邦）の立法、行政、司法機関（国家機関）のみならず自治体や国家権力の委託を受けた公共団体および公共機関をも含む今日の解釈をみた。日本からドイツの文化政策を理解する上でのそこでの注意点は、「国家《シュタート》」に含意されている一国内の政治の重層性であった。そして本章では近代国民国家成立前後の文化国家論を考察していくために、単に所与のものとして文化「国家」と言ってしまうと、ここでもやはり**Staat**が一体何を指しているのか、とらえにくくなる。

実は、文化国家論を起源から広くとらえなおし、今日の文化政策への示唆を得ようとするならば、国民国家との共謀関係以前に、注目すべきは、「集権性」という性質にあることを見落とすことはできない。それゆえ**Kulturstaat**《文化国家》を理解する前提として、日本語では「国家」と訳される**Staat**概念について、まずここでその元来の意味内容を佐々木隆夫の研究[48]を参照し、確認しておきたい。その上で、「文化国家」の意味内容の変遷の論点に戻りたい。

佐々木によれば、ステイトとしての国家は近代の産物であるが、中国語起源の「国家」という言葉をもってステイトの訳語にあててきた日本では、国家は古来のものと受けとめられやすく、国土と国民を総合した国か、皇室を長とする社会や共同体が「国家」という言葉にこめられているという。しかしステイトとしての国家は、統治・支配システムや政治社会一般を指すものでも、国（**country, nation**）を言い替えたものでもなく、ある一定の領域内部で正統な物理的暴力行使の独占を（実効的に）要求する人間共同体（ヴェーバー）として誕生しており、それゆえに「権力は国家の本質に属する」（マイネッケ）という理解が成りたつのだという[49]。以下、佐々木の研究に基づき要約すると以下のようになる。

ラテン語の *statio* は、「権力」を意味し、これに起源をもつ **Stato, État, Staat, State** を「国家」の意味で使用しはじめたのは、マキアヴェリ以降のルネサンスの政治思想家たちであった。ここで重要だったのは、立法、司法、行政、軍事などの合法的公権力の集約であった。つまり君主であれ国家であれ、一個の機構に集中もしくは系列化されることであった[50]。他方、それ以前のヨーロッパの政治社会、統治・支配システムは、誤ってしばしば「ステイト、国家」と表現されるものの、「旧き市民社会」にほかならなかったという（アリストテレス的政治社会が当時の公的政治社会であった）。国家形成に先立つ中世ヨーロッパの家もしくは団体を代表する自由人は、基本的に他者によって冒されることのない自力救済権を有していた[51]。「中世ヨーロッパ社会を、支配・統治システムの側面で本質的に特徴付けるのは、権力が排他的に集中あるいは系列化されずに社会の内部に分有され、複雑な様相をもって重層的に存在していたこと」[52]であり、社会の権力は、下から積み上げられた。

旧い市民社会では国家と社会は未分離であったが、ステイトとしての国家にあっては、公的なものは国家に属し、私的なものは、国家から排除されたものとなったという[53]。自治の権力が、権力の排他的独占を願う王権と絶えず衝突し、何世紀にもわたって変化を繰り返し、次第に王権によって抑圧されてゆくことを示しつつ、佐々木はステイトとしての国家の誕生を以下のように述べている。

中世の「旧き市民社会」の不安定性は、種々の契機をもちながらただ一つの地点に支配・統治システムを導くこととなった。それは、それまでの人々が経験したことのなかった権力を集中・系列化した機構・装置であった。人々は、それを従来の「旧き市民社会」やレス・プブリカとは区別して、「ステイト」と呼ぶようになる。この新しい統治・支配システムの原型は、自治都市、特にイタリアの都市によって生みだされた。[54]

皇帝の支配から遠く、商業の復活の恵みを受けたイタリアの都市は、諸王国よりも早くステイトとしての国家に成長し、やがて農業地域を含む国家形成がイングランドとフランスで進む。英仏とも絶対王制という形態で権力の集中・系列化をし、さらに市民革命でステイトとしての国家を確固としたとされる。最終的に「旧き市民社会」にかわって国家が正統性を得たのは、三十年戦争の終結となるウェストファリア講和条約（一六四八年）であった。中世社会の統治・支配システムが終焉を迎え、旧き「市民社会」から権力を集中・系列化した国家が疎外され、同時に国家と市民社会が分裂する[55]。

佐々木は、国家が社会から疎外される過程で市民社会が市場の発展を基礎に変貌を遂げ、国家がそこから権力資源を調達する「租税国家」が形成されたことに関心を向けている。市場を基礎とする「新たな市民社会」は、市場社会の不完全性ゆえに公共財の供給などを国家に依存するが、権力を集中・系列化した国家も市場社会によって経済的に調達をしなければならなかった。

佐々木はステイトが「旧き市民社会」の中に重層的に分有されていた諸権力を集中・系列化してゆく際に生じる政治問題を複数挙げるが、その一つに、権力の行使が一定の道徳・倫理・価値を基盤にする側面を持つ点がある。

……規範なしには権力が行う指示、制裁、奨励、統制などは存在しえない。その意味では、国家はヘーゲルの言うように精神を体現し、デュルケームの言うように道徳を本質とし、ブローデルが言うように精神生活に参加する。では、いかなる範囲で、いかなる精神を、つまり「公共善」を体現して国家は権力を行使すべきか。ここに、国家が体現する公共善の内容と範囲を選択する政治問題が、国制問題にみた価値の選択を超えて、さらに一層広い領域に不可避的に生じる。[56]

こうして国家への諸権力の集中・系列化は、国家の精神的活動範囲を広げていき、「旧き市民社会」の中で中間団体や共同体が体現していた精神生活に、国家が関与するものとなっていく[57]。旧き慣習が意味をなさなくなり、その適用外の諸問題が生じるにつれ、新しい「公的」規制が必要となる。こうして学校、建築、社会保障や保健衛生など、国家が規定しなければならない領域は拡大し、それは、国家が個々の市民に対して直接に道徳的規制を課すことを意味するようになったという[58]。

誕生しつつあった国家は、公共善が神によって与えられない時代の中に自己を位置付けてゆかなければならない宿命をもったのであった。国家が広範囲に市民の精神生活に関与するようになったことと、ヨーロッパ精神世界に宗教改革以来亀裂が生じたことは、いやおうなしに国家が選択する精神生活の原理、政治あるいは道徳哲学をめぐる係争問題を社会に提起することになる。〔中略〕。しかも、国家が国民生活のいたるところまで浸透するときに、国家が体現する精神的原理の圧力は途方もなく膨れる。〔59〕

芸術文化への政策的関与に焦点を絞り文化国家論の生成過程を具体的にとらえていこうと考えた際、佐々木の研究は国家《ステイト》の意味内容についての歴史的な背景を大枠で理解する手助けを提供してくれる。文化国家論を考えていく際、近代国民国家成立後の時代においては、多義性を考慮することなく「文化国家」と訳しても、現代のわれわれが思い浮かべる文化「国家」との大きな齟齬は生じない。しかし重要なのはステイトは元来、国家を言い換えたものではなく、権力の系列化と排他的集約を志向し、下から積み上げられた規範や自治や裁量といった重層的権力に対する緊張を孕むという性質である（アーベラインはドイツの「文化政策」の起源として、文化秩序維持行政《ポリツァイ》とビスマルクの文化闘争を挙げたが、これらはいずれも広い意味では「文化国家」の一形態としてとらえることもできると言えよう。）市民自治の権力は重層性をもち、そこから生じる不安定さゆえに権力の集中化・系列化が進み、市民革命を経て、近代国家が登場した。ここに国家と社会が分離し、中間的な市民相互の互恵社会が衰退した結果、必然的に行政の役割が膨大化する〔60〕。近代国家は権力を集約するとともに、その正当性、つまり「公共善」を探すこととなり、中間的な社会が担っていた道徳、価値観、規範などの精神的な領域にも介入していくことになるのである。

四　国民国家運動と文化国家論

ヨーロッパ社会におけるステイト概念のこうした生成過程と、そこから見いだされた権力の集約性という志向および「神」にかわる「公共善」の必要性を踏まえた上で、再びドイツに焦点を戻そう。

一八一三年のライプツィヒの戦いは、ドイツの国民意識を一気に高め、この戦いの義勇軍メンバーからブルシェンシャフト（学生組合）が結成されている（一八一五年）。一八一七年には運動が頂点に達しヴァルトブルク祭で、「非ドイツ的」書物の焚書を行い、立憲政府とドイツの統一を要求、諸邦の支配者層をひどく刺激した[61]。

伊藤は、この時期のドイツ・ナショナリズムはすでに「不倶戴天の敵＝フランス」に対する対抗結集の意味合いを持ち、一八二〇年代のナショナリズムはもっぱら学生・知識人など教養市民層を担い手として、ドイツの「自由と統一」を要求する国民運動を前進させたと記述している[62]。しかし一八一九年のカールスバート決議で保守反動が起き、ドイツ自由主義運動は二〇年代には一時期後退、ブルシェンシャフトは禁止され、検閲も強化されている。（一八一五年には君主主権の三五の君主国と四の自由都市からなる「ドイツ連邦（国家同盟）」が成立している。）

つまりフンボルトやフィヒテに「文化国家」思想の萌芽は確かに見られたものの、それが言語・文化を基底とし、領邦国家を超えて「ドイツ」を目指す統一国家運動に直線的に繋がったわけではない。学生や教養市民層による国民国家成立を目指す自由主義的な動きと諸邦君主によるそれぞれの「国民国家」建設への意欲は、緊張関係の中で拮抗していたのである。

ドイツ自由主義運動はフランス七月革命の影響を受け、一八三〇年代に再び勢いをとり戻す。伊藤は、一八三二年のハンバッハ祭に着目し、様々な潮流、集団、利害が交錯するなかで、それら全てを束ねたものこそ「国民的理念」だったと分析する[63]。ドイツに愛国心的運動を展開させるとりわけ大きな転機となったのは、一八四〇年のライン危機で、市民協会による国民的記念碑運動の活況にそれは顕在化していくが、ドイツのナショナリズムは、教養市民層の運動を超えてここに一種の大衆運動に至り、伊藤はそこに「文化国民」の成立を読みとっている[64]。そして一八四八年にはパリ（二月革命）、ベルリン、ウィーン（三月革命）で革命が起こり、ウィーン体制は終焉を迎える。

フランクフルトで憲法制定国民議会が開催され、民定憲法が起草されるが、参加した議員の多くは、かつてブルシェンシャフト運動を経験していた[65]。この章の後半で改めて条文を考察するが、学問の自由がこの時、まずは芸術に先だち、採用されている。しばしば厳しい検閲と取り締まりを繰りかえした領邦国家およびドイツ連邦に向けられる抵抗は、国民国家形成運動と強く結びつき、当初からその運動の中心的担い手であった教養市民層の共通の資本である「学問」は大きな存在感を放ったことが分かる。初期「文化国家」思想に見られた権力機構と学問との共存共栄関係という理想は、新しく生まれつつある国民国家というものの中で、教養市民層の手によって再生、この条文に具現化されたのである（ただしフランクフルト憲法は発効していない）。

1　芸術文化を中心とした「文化国家」

以上に見たように、この時期にはすでに対仏対抗意識を背景としつつ、言語や学問を中核とした「文化」を基軸としたまとまりを形成するという観念が、樹立されつつあった。

(1) 第一期　一八一〇年代―一八五〇年代

一八一三年のライプツィヒの戦いから一八一九年のカールスバート決議までの間にブルシェンシャフト運動を中心としてドイツ国民国家運動が高まったことを先に見たが、国制学の観点から「文化国家」を論じた最初期の考察は、検閲強化に先立つ時期に、ヨハン・ヤーコプ・ワーグナーの『国制論』（一八一五年）[66]の中でなされている。ワーグナーは、歴史上観察された国制（Staat）を六型に分類する。ユングは、ワーグナー自身の記述が不明瞭であることを断りつつ、多くの二次文献が、ワーグナーが当時のヨーロッパ世界の現実を「文化国家」の時代と診断していたと見なしていたことを紹介している[67]。ワーグナーの型の列挙は楕円を描いており、歴史上観察されている国制は「文化国家」までで六つである[68]。ワーグナーの「文化国家」の要点は、国家権力が身分ではなく「職権」に基づいて行使される点にある[69]。ユングは、ワーグナーの「文化国家」では封建制がもはや意味をなさない点にフィヒテとの共通点を、遊牧民族が含まれていることから空間的境界を西洋に限定しない点に相違点を指摘する[70]。ユングの統計では、その後二七年から四七年までは、「文化国家」という語を用いた論考は皆無である[71]。

本章の問題意識に照らし合わせて画期と考えられるのは、ヨハン・カスパール・ブルンチュリの一八五二年の著作『一般国家学』[72]である。これは法学の領域で「文化国家」を扱った最初の書物で、以後文化国家論が法概念としても語られるようになる契機を提供する[73]。ここに、芸術をも明示的に含めて「文化国家」が語られるに至る。

「文化国家」と認められるにあたっての文化的要求は、それほど高くなかった。地理的範囲もドイツ語圏のみを指すものではない。先に一般的なステイトの概念的変遷を見たが、ワーグナーもブルンチュリも、恣意的な君主制の先に当時の朧気に登場しつつある公務遂行者による、あるいは法による、予見可能な統治を行う体制（法治国家）を概念化するにあたって、単なる国家（Staat）との区別を示す意図で、そうした理想的な統治機構を「文化国家」と呼んでいる。ブルンチュリの念頭にあったのは、人民による統治ではなく未だ君主制であり、いわば立憲君主制を「文化国家」と称していたと言える[74]。ワーグナーの「職権」についても、教育水準から言ってやはり限られた層を指す体制に違いはなかった[75]。

けれども注目すべきは、ブルンチュリが「文化国家」について「民族・人民生活（Volksleben）の文化的関心をとりわけ決定することができ、それにより文化国家（Kulturstaaten）が成立する」[76]と定義している点である。ここでの文化的関心については芸術、学問、学校制度であるととらえられており、芸術愛好と学問の面ではペリクレスのアテネが挙げられ、フィレンツェ、ヴェネツィア、アントワープにもそうした時代があったという。また清はさらに長い伝統もあり、より先進的な「文化国家」であるとの言及も見られる[77]。

つまりこのブルンチュリの思想において、本章の最初の問いの第一の論点であった芸術振興をも明示的に念頭に置く「文化国家」の登場が確認される。法治主義を強調する立憲君主政の延長線上にブルンチュリは、「文化国家」を国家の目的（Zweck）と見なして、そのような「文化国家」の責務の範囲として、学問、教育制度のみならず、芸術を挙げたのである[78]。確かに、学問を「文化」の中心的意味内容として掲げてきた文化国家／国民論は当初から、新人文主義的な意味で西洋古典的芸術の振興をも暗に含意していたと推察することはできる。しかし後にヴァイマル憲法の

「芸術の自由」に繋がる国家の芸術への政策的関与をも明示的に論ずる「文化国家」の思想は、ようやくここに法学的観点から生成されていくのである[79]。

(2) 第二期　一八六〇年代―一八七〇年代初頭

一八六二年にはビスマルクが首相に就任するが、鉄血演説による軍備拡張が反発を招き、六三年の下院選挙では自由主義左派が勝利、出版条例も廃棄される[80]。一八六六年には普墺戦争が勃発し、ドイツ連邦は解体。ドイツ統一には三月革命以降、小ドイツ主義と大ドイツ主義との対抗が見られたが、言語による「国民」をフィヒテが抽出して以来、対仏意識により連帯を保ってきた「ドイツ」の二大勢力であるプロイセンとオーストリアが、この「兄弟戦争」[81]により、ついに袂を分かつ。伊藤はこの戦争が「ナショナリストの間で評判が悪かった」[82]ことも指摘しているが、他民族を国内に多数抱えるオーストリアと決別し、プロイセンが小ドイツ主義を選んだことは、結果的に近代的な国民国家としてのドイツ統一を大きく前進させる。一八六七年にはプロイセン主導のもと、北ドイツ連邦が結成され（南ドイツ諸邦とは攻守同盟を締結）、他方で一八六七年には、国内のハンガリー民族に譲歩をせざるをえなくなったオーストリアが、オーストリア＝ハンガリー帝国（―一九一八年）を形成している。一八六八年の関税同盟議会選挙では北ドイツ連邦との合併に反対する南ドイツの自立自治への強固な固執が表明されるも、一八七〇年の普仏戦争が「国民戦争」の形をとったことで南ドイツの反プロイセン意識は急速に弱まった[83]。この戦争ではフランスの「文明」への敵対心をあおる戦争報道が積極的に用いられ、プロイセンが勝利し、一八七一年一月にドイツ帝国が成立、ここに上からのドイツ統一が成し遂げられている。帝政は維持され、諸邦が独自の憲法と政府、特権などを保持する連邦主義構造が採られたが、プロイセンは大きな優位を確保した。この時期以降、ドイツを指して「文化国家」を論じる場合の地理的範囲は、オーストリア＝ハンガリー帝国を除くものとなり、今日のドイツが留保をつける文脈へと近づいていく。

先に一八六三年以降自由主義左派が勢いを増し、出版条例が廃止されたことに触れたが、この時期の文化国家論としては、一八六四年のロテックとヴェルカーにより編纂された『国家事典』（第三版。ヴェルカーとブロックハウスによる）の「文化国家」（Culturstaat）が着目に値する。ユングの研究からは、「文化国家」に芸術振興の「義務」があると定義した最初期のものであることが分かる。芸術振興を義務化する根拠として演劇・劇場の様々な好ましい効果が挙げられており、「文化国家」が、再び、ペリクレスのアテネのように劇文学の表現に対する公的な業務を見いだす理由として十分であると主張された[84]。ここでの国家が未だ立憲君主政を指すものであったか否かは、ユングの文献では定かではないのだが、統治の予見可能性という側面からさらに発展し、西洋古典的なものを中核とした芸術に対する振興と「文化国家」の結び付きを確かに読みとることができ、ブルンチュリの定式化の継承が確認できる。

（3）第三期　一八七〇年初頭—一九二〇年代

プロイセンによる上からの統一でドイツ帝国は成立したものの、実際の国民意識の形成は未だ途上にあった[85]。ビスマルクは労働者階級、社会主義者、カトリック勢力・中央党、ポーランド人、ユダヤ人を「帝国の敵」と見なし、様々な住民集団を「ドイツ国民」にまとめ上げるため、まずは分権主義者に狙いを定め攻撃をしかける。一八七一年に始まる文化闘争である[86]。加えて、一八九〇年代後半から一九一〇年代半ばにかけて普仏戦争勝利二五周年、諸国民戦争終結百年、ヴィルヘルム二世即位二五周年などが続き、国民的記念碑や国民祭典による「伝統の創出」が前進し、記念碑運動も活況を見せる[87]。

ドイツの国民意識がこのように未だ醸成途上で勃発するのが、一九一四年六月のサライェヴォ事件である。切迫する戦争危機を前にドイツ政府は、未だまとまっていない民衆の中に反戦意識が芽生えるのをおさえ、戦争に動員する必要があった。言論の自由は制限され、軍隊が新聞検閲の権限を握り、知識人や作家たちも国民意識の高揚を戦争記事で増幅させていく[88]。

ここに登場するのが、戦争を支持する知識人たちによるいわゆる「一九一四年の理念」[89]であり、第一次世界大戦はドイツの「文化」対西欧の「文明」を対置させるイデオロギー戦の色を強めていく。「文化国家」という表現こそ用いていないものの（声明での文化国民の原語は、Kulturvolkである）、当時の知識人が自国の国民性と文化（学問と芸術）とを強く結合させていたことが極めて明確に表されるのが、「九三人のマニフェスト（文化世界に告ぐ）」である。

われわれは、ドイツの学問と芸術の代表者として、全世界に対し、ドイツに強いられた生存のための困難な闘争において、われわれの敵がドイツの純粋な目的を汚そうと持ち出している虚偽と中傷に抗議する。〔中略〕われわれがこの闘争を、ゲーテ、ベートーヴェン、カントの遺産をかまどや土地と同じように神聖化する文化国民として、最後までたたかいぬくことを信ぜよ。〔90〕

防衛戦争の体裁を国際世論に訴えたこの声明は、九三名の著名な学者と芸術家の連署でドイツ全ての大日刊紙に公表された。ドイツ軍国主義への非難に対し、文化国民の誇りという返答が世界に発信された〔91〕。ドイツ革命により一九一八年一一月に皇帝ヴィルヘルムⅡ世が退位すると、エーベルト（社会民主党）政権が成立、一九一九年一月にヴェルサイユで講和会議が開かれ、同年二月には社会民主党、民主党、中央党からなるヴァイマル連合内閣が成立する〔92〕。

ドイツでは国家国民意識の形成が積極的に進展したこの時期、文化国家論も段階的に深化している。一八七七年にオーストリア＝ハンガリー帝国ではルドヴィク・グンプロヴィチが当時の国家を包括的にとらえる「文化国家」（Culturstaat）の要素抽出を試みている。ブルンチュリに見られた立憲的な君主政はここに否定され、「文化国家」たるに相応しい条件として、行政の合法性と適法性原則が挙げられる。これをユングは近代的な「文化国家」と位置付けている〔93〕。行政の合法性は最高権力者をも例外とはしないとされていることからは〔94〕、法治国家性の要求が、「文化国家」と表現されていることをうかがうことができる。しかし合法性を要求する法治国家と同一視することもできない。

ということでの「文化国家」には、さらに遂行すべき目標が挙げられている。それは、臣民の統治や戦争の遂行などといった従来の国家の役割を超えて、人民の福祉を全方面から振興するという目標である。農耕、交通、産業、商取引（貿易）という分野に対して、近代的な文化諸国家（Culturstaaten）は、保護と援助（Hilfe）を与えるほか、気高く理想的な人類の諸目的を遂行せねばならないとされ、公的な芸術と学問の奨励が要請されている。ユングによれば、グンプロヴィチは社会主義を否定するものとして「文化国家」を構想しており、教養上の優位性をもつ教養市民層が出版を通じて真価を発揮し、意見を形成することに大きな期待を寄せる。そのため、協会や社会に対して法で守られた活動の「自由」を保障する必要も説かれた[95]。グンプロヴィチの見解は大筋で、リンガーの強調している特権性を持つ学識市民層が支持した文化国家観と一致する。

他方で産業振興への寄与という関心に引き寄せられ、特権的な視点を離れて、国民の精神的生活に国民教育的に関与していこうとする文化国家論も一八九五年には登場している。そこでは、立法および行政のための国家権力の行使が計画的かつ予見可能な状態にあり、既存の法的秩序が維持されるにとどまらず、国民（Nation）およびそれぞれの国家構成員の精神的、慣習的、経済的な総合関心を、時宜を得て継続的かつ恒常的に促進し、これを成功させようとするのが「文化国家」であると定義されている[96]。

より一般的な概念で整理するならば、法治国家、夜警国家を超え、精神面への関与をも含む一種の福祉国家的なものとして、「文化国家」が構想されてきていることが分かる。思想の自由や刑法を「文化」の内容として議論し、人道が強調される点にも特徴がある。芸術振興にとどまらず、社会国家的な提案も見られることから、ユングはこれらを「進歩的」と評価する[97]。けれども文化民主主義を精神的教育の基盤と表現する一方で、エリート的なヒエラルキー型国家が念頭におかれていたために、ユングはここまでの思想をいずれも「貴族主義的な思想」と位置付けている[98]。

「文化国家」を扱った文献を集計したユングによれば、一八九五年から一九〇五年はいわば氾濫期であり、多数の論考が出版されている[99]。その理由についてユングは考察していないが、ドイツ語圏に新たに成立しつつある国民国家というものを念頭に置き、（君主政を維持したとしても）市民層による理念的な統治のあり方を模索していた時期であったこととは無縁でないだろう。統一ドイツでは一八九〇年代以降に国民的記念碑運動による伝統の創出が前進し、戦争を背景に西欧文明とは異なる「文化」に寄って立つことで自国を定義付ける思想が戦争を是とする知識人や芸術家の言説により増幅され、時勢と手を結んだ〔100〕。

2　「文化国家」についての小括

近代国家成立過程のこの時期については、文化政策の中でも国民教育に関して多くの考察がなされてきたことで知られるが、以上の考察からはヴァイマル憲法に先立ち、国制学において、芸術振興と異文化への寛容（今日の多文化共生論）の促進を国家の役割と見なす理論が、一八五〇年代より徐々に中欧で形成されていたことが明らかになった。国制学の文献にも、古典主義的芸術を理想と見なす新人文主義的傾向は見られた。多くの知識人が戦争のたびに文明に対峙する「文化」の意味内容を濃縮し、文化国家論の生成過程にもこうした芸術を中心とする文化の意味内容が反映していったとすれば、人文思想史的にしばしば指摘されてきた国家と芸術文化の共謀関係という特徴を国制学の中にも見いだすことは不可能ではない〔101〕。

けれどもこの時期の文化国家論には、二種類の方向があったように考えられる。つまりリンガーが特に強調していた第一次世界大戦頃に先鋭化された「文明」対「文化」を根底にした（大学人を中心とした）ドイツ的文化国家論と、ドイツに限定しない国家進歩史的な観点から、近代国家の性格と役割を規定しようとする国制学の分野で見られたような文化国家論である。そのため、後者の「文化国家」は、文脈によっては先進諸国という意味を持つ。芸術振興をことさら強調する文化国家論が登場する一方で、先進諸国を指す一般的用法も見られた。ドイツでは一九一八年一〇月一〇日にはすでに戦争終結に向けて、文化諸国家ではどの国家機関に、宣戦し、平和を締結する権限があるのかという調査がなされている〔102〕。ここでの「文化国家」の範囲もアジアも含め、君主国や連邦国家などと極めて広くとられている。

ドイツの国民国家形成の途上でたびたびフランスと対決してきた背景は確かにあり、「文化」の意味内容に文明を凌駕しようとする好戦的な意図が内在していた点を否定するのは難しい。しかし当時の文化国家論全てが、対フランス的にドイツを確定することに心血を注いでいたナショナリズムの思想なのではなく、将来的な民主政治の萌芽として、理想的な人民統治を行う国家機構のあり方を提唱しようとした側面も垣間見ることができた。ただ、フランス革命の顛末を目の当たりにし、「ドイツ」は君主政崩壊後に自由が無制限、無秩序に暴走することを非常に恐れたと言えよう。ここから統治機構には、予見可能性という信頼を、統治を構想する「市民」には分別を求めなければならないと強く考えるようになる。後世から見てこの判断はエリート主義と断罪されがちであるが、当時の不安定な社会状況で国民国家という新たな枠組みで今後をどうするかを考えて掲げられた統治の理想としては、むしろ合理的なものだったとも言える。ドイツではその分別を持った者こそ、まさに西洋古典の人間像を理想に、身分ではなく意志で自らを陶冶していく教養を持つ市民層だと見なされたのである。ただ対仏的な「文化」の言説の生産と増幅に積極的に関わった教養市民層と「文化」概念との分かちがたい結びつきから、哲人王ならぬ近代的賢人統治のようなものを掲げた文化国家論と、対抗概念的に「文化」を用いた国民国家運動とが、後世に入り混同され、ドイツにはまるで均質的な一つの「文化国家」という政治思想が当初より一貫してあったかのように論じられてきた点は、見落とされてはならないだろう。

以上の点に注意しつつ、芸術と「文化国家」の関係に戻ろう。以上の考察の狙いは、「文化国家」が学問振興のみならず、芸術振興とも確かに関わりのある概念として発展していたことを明らかにすることにあった。この間の文化国家論は、前提とする体制は時代によって変容したものの、国家《シュタート》に芸術への寄与を求め、振興や育成を掲げていた。封建時代までにしばしば見られた、芸術を国家の装飾の道具にするという発想はほとんど見られない点が、一つ注目に値する（国制学者たちも広い意味で教養市民層にほかならず、芸術に対する崇拝の念を持っていたから、とも言えるかもしれないが）〔103〕。一種エリート主義的ではあったかもしれないが、学問を中心とした自治を認められた文化に、国家によって保護が与えられるというフンボルトが描いた構想は、一八五〇年頃には芸術も明示する形で、国制学の文化国家論において継承されていた。他方でガイスが聴聞会で指摘した「文化国家」の好戦的で対抗的な特徴は、萌芽期のフィヒテの文化国民論を援用した国民国家運動に浸透しており、特に第一次世界大戦時の「文明」に対する「文化」の位置付け、つまり文化論としては明らかに認められる時期はあるものの、こうした対抗関係がもっぱら「文化国家」の国制学的な学説全体で一貫して展開された目立った特徴であるとは確認されなかった[104]。

以上のように、文化国家論はその初期には、国民国家成立を望む運動と検閲、さらには意見表明や宗教、学問、芸術の自由への要求などが拮抗しあう中で生まれ、次第に労働者による革命を恐れ、社会主義への否定とも共振していく。

現代の日本の文化政策論から見て、ドイツの「文化国家」の内容と成立をめぐる理解が複雑になる要因の一つとして、分邦時代のドイツでは、ナショナリズムあるいは国家統一を是とする思想が、国内の反統一的異分子を弾圧するために検閲を行う構造にはなかったという背景があることをここで強調しておかねばならない。つまり強い権限をもった統一国家を所与とし、それと結託した強者の思想として文化国家論が登場したのではない[105]。近代国家成立に向けての国家統一運動が展開されるときに、検閲と弾圧を行ったのは領邦国家であり、その対象は、領邦を超えてむしろ「ドイツ」という国民国家的まとまりの形成を目指していた自由民主運動の方であった。国民国家というものは教養市民層にとって、君主や貴族のような生まれや身分などの先天的な個人資本ではなく、教養や陶冶といった後天的に獲得しうる個人資源を持つ市民による統治を実現し、そうした資源に少なくとも承認と保護を与え、奨励するものになりうるとの期待を抱かせるものであった。つまり国家統一への要求と自由への要求とは当時、対立的図式にあったわけではない。

こうした関係にあったからこそ、領邦国家内の検閲により弾圧されがちであった意見表明、学問や芸術などの自由は、統一国家成立時には、この「国民国家」というものに保障を最も強く求めるべき自由の代表的領域としての認識が強まっていったのである。ドイツ統一後もヴァイマル共和政においても、文化振興も検閲も実際の力学上は邦国の権限にとどまり続けたものの、こうした背景を踏まえるならば、領邦国家の頸木から解放された統一ドイツ国家という理念的政治構想の中で、今挙げたような自由が保障されること自体が、大げさに言うならば、未だおぼつかない近代国民国家という国制が承認され、維持されていくことを予期させる意味合いをも持っていたと言える。

五　ヴァイマル憲法――芸術振興についての議論と意図

それゆえに、ヴァイマル憲法での芸術や学問の自由は、保障されなければならなかった。それは現実には、文化面での福祉を国民に供給する余裕のある国家をドイツの場合、前提としていたわけではない。国民国家の安定的確立と国家国民意識の醸成に向けられた意志を原動力として（近代国家体制が確立し、その暴走さえも体験した現代のわれわれから見ると些かに一見奇妙には見えるのだが）自由の保障と国家統一とは手を携えて伴走していく。

1　起草時の関心

ヴァイマル共和政では、学問のみならず芸術も明文上の自由を保障された。芸術の自由は、一九一九年八月一一日制定のヴァイマル憲法で初めて記載され、同時に国家による保護と奨励も記載される。

ナチ時代には今日のわれわれの目からすると明らかな芸術への侵害や弾圧が見られたことから[106]、ヴァイマル共和政の芸術の自由と奨励は、対照的にやや無批判に理想的なものとして肯定されてきた。ボン基本法第五条第三項は、ヴァイマル憲法の芸術の自由の規定を残したが、ナチ時代の再来抑止を理由に、公的文化振興の根拠であった後文は削除したことで知られる。けれども、同じ自由とは言え、ヴァイマル憲法の自由は、今日の自由と同じ保障内容をもっていたと考えてよいだろうか[107]。

フランクフルト憲法の基本権規定を下敷きに、学問の自由と併記して芸術に対する自由と保護、奨励を憲法で保障したことは、まさに近代国民国家ドイツの公的文化政策の出発点であった。けれどもどのような意図によりこの条文が誕生したのかは未だ明らかではない点が多い。

憲法学の視点からヴァイマル憲法で初めて芸術の自由を保障する規定が置かれた経緯を詳細に分析した初宿正典は、ヴァイマル憲法に「芸術」の文言が新設されたことについて、「何らの議論もなく採用されたといってよい」[108]とし、小林もこの見解を継承し、劇場検閲が背景にあったのではないかと推察している[109]。本章前半に国民国家成立への歴史と平行して見た考察からは、芸術を中心とする文化はむしろこの時期だからこそ、規定されたと理解した。けれども、目立った議論がなされなかったことは当時、文化政策について、それほど多くの構想がなされず、芸術も自由のカタログの一つとして列挙されたのみであったということを意味するのだろうか。

先に見たように第一次世界大戦は、文化をめぐる戦争であった。ドイツの学問と芸術の優位性が、国民国家運動と結びつき、この両者こそがまさに戦争プロパガンダの支柱となっている。覚束ない統一国家とその統一国家の支えとして見いだされた言語、学問、芸術の包括概念である「文化」の重要な位置付け、周辺国との軋轢、遅れてきた近代国民国家としての独自の政治理念の追求――こうした背景を考えると、「芸術」という文言自体に関してはそれ程の議論がなされなかったとしても、広い意味での文化政策に関しては何らかの議論がなされていた可能性は十分ある（教育政策についてはまさに極めて多くの議論がなされているものの、本書では、第一章で見た現代の文化政策における芸術文化振興に焦点を当てているため、教育政策は考察の対象とはしない）。さらにフランクフルト憲法の「学問及びその教授は自由である」をもとにしながら、ヴァイマル憲法であとから加わった芸術が「芸術、学問及びその教授は自由である」と先頭にきている点に、何らかの意図はあるのだろうか。

このような問題意識から、以下では（一）この時期の芸術の自由の保障は、公権力による介入の排除という今日的な意味であったのか、（二）「芸術」が学問の前に置かれていることに特別な意味があるのかを考察することで、当時の公的な文化政策の理念がどのようなものとして生成されていったのかを明らかにする。

2　芸術の自由

以下、まずは、フランクフルト憲法以降の芸術に関する規定を概観した上で（表1）、トリーペルによるヴァイマル憲法制定に至るまでの重要な法規、法案の形成過程の記録[110]、そして当時の国民議会でのヴァイマル憲法の審議の議事録[111]を資料として、初宿の先行研究も参照しつつ、芸術の自由の理念がどのように形成され、制度化されていったのかを時系列的に整理する。

ヴァイマル憲法制定の国民議会選挙は一九一九年一月一九日に行われている。先述の初宿や小林が着目した「芸術」の文言は、一九一九年二月一七日の諸邦委員会にドイツ国内務省により提出された政府第一草案に登場する。これはヴァイマル憲法の条文草案としては実際には三番目のもので、この草案以降が諸邦委員会の議論に付されている。それに先立つ一九一九年一月一七日の第二草案には「芸術」の文言はない（表2）。

Verhandlungen
der
verfassunggebenden
Deutschen Nationalversammlung

Band 336.

Anlagen zu den Stenographischen Berichten.

Nr. 391.
Bericht des Verfassungsausschusses.

Berlin 1920.
Gedruckt bei Julius Sittenfeld.
Mauerstraße 43. 44.

図1　ヴァイマル憲法制定国民議会審議録

しかし、トリーペルの編纂した革命後の重要な国法一覧によれば、まずは一九一八年一一月一二日のドイツ人民委員政府による施政方針の中で、エーベルト、ハーゼ、シャイデマンらの名で戦後の混乱の中、憲法起草を待たずにすでに演劇検閲の廃止、意見表明の自由が人民に保障されている[112]。このことは、芸術の自由や意見表明の自由が、民定憲法の制定に意欲的な新政府による様々な自由の列挙の過程で単に加わったものの一つにすぎなかったのではなく、当初より極めて重視されていたことの証左である。

表１　フランクフルト憲法以降の条文の変遷

1849年 3月28日	フランクフルト憲法 第二章　ライヒ権力 第七節 第四〇条 〔特許, 精神的所有権の保護〕発明特許は, 専属的にライヒによって, ライヒ法律を基礎として与えられる。また書籍の再版, 芸術作品, 商標, 図案及び形のあらゆる権限なき模造に対する立法, 及びその他の精神的財産権の侵害に対する立法も, 専属的にライヒ権力の権限に属する。 第六章　ドイツ国民の基本権 第六節 第一五二条「学問およびその教授は自由である」 第九節 第一六四条 ③精神的財産はライヒ立法によって保護されるものとする。
1850年 1月31日	欽定プロイセン憲法 第Ⅱ編　プロイセン人の権利 第二〇条「学問およびその教授は自由である」
1871年	ドイツ帝国憲法（ビスマルク憲法）[i]
1914年6月28日　サライェヴォ事件。第一次世界大戦、開戦	
1914年 10月4日	文化世界への呼びかけ（九三人のマニフェスト） 「われわれは、ドイツの学問と芸術の代表者として、全世界に対し、ドイツに強いられた生存のための困難な闘争において、われわれの敵がドイツの純粋な目的を汚そうと持ち出している虚偽と中傷に抗議する。〔中略〕われわれがこの闘争を、ゲーテ、ベートーヴェン、カントの遺産をかまどや土地と同じように神聖化する文化国民（Kulturvolk）として、最後までたたかい抜くことを信ぜよ」[ii]
1914年10月16日 ドイツ国大学教員声明	
1918年11月3日　キールの水兵反乱、ドイツ革命勃発	
1918年11月9日　社会民主党の臨時内閣による共和政宣言	
1918年 11月12日	ドイツ人民委員政府 「ドイツ人民へ！ 革命の中から生まれつつある純粋に社会主義的な政策指揮をとる政府は、社会主義的基本政策の実現を自らの任務とする。この政府は今ここに、法的効力をもって、以下を告知する。 〔中略〕 三、検閲は行わない。演劇検閲は廃止される。 四、言語および文書による意見表明は自由である。〔略〕」[iii]

註ｉ－高田と初宿によれば、「連邦国家ビスマルク帝国のほとんどの構成国はすでに基本権を含む憲法典を有していたことから、この憲法典には権利章典がないのが特徴的である」とされる。高田敏・初宿正典（編）『ドイツ憲法集第六版』信山社、二〇一〇年、七頁。本節の年表では、同書の訳を参照している。

ii －伊藤定良『近代ドイツの歴史とナショナリズム・マイノリティ』有志舎、2017年、178頁。

iii －この声明は一時的なものではなく、その後、ヴァイマル憲法起草中の三月四日に再度、政体移行法によって有効性を承認されている。Triepel, Heinrich: Quellensammlung zum Deutschen Reichsstaatsrecht, Neudruck der 5. Auflage Tübingen 1931, Scientia Verlag Aalen, 1987, S.1, SS. 31–32.

［出典：著者作成］

その後、フーゴー・プロイスを中心にヴァイマル憲法の起草過程で芸術文化に関してどのような文言が検討されたのかを整理すると、表2になる。（当時の新政府の大きな関心の一つに教育政策への管轄権をいかに教会勢力から国に移行させるかという論争の多い問題があった。結果的に芸術は教育の条文に加わるのだが、このような背景があったため、保障の対象が拡大していった経緯を確認するためにも、芸術の文言が登場する以前の時期に関しては、後に関連してくる教育関連の条文を記した[113]。）初宿や小林も言及しているとおり、当時の議事録によれば、芸術の文言が登場した理由について、確かにプロイス自身が、プロイセン文部省の提案によると明言している[114]。これは四月三日（第二一回会議）のことで、以下の質問への回答である。

トラップ議員（保守・右派政党ドイツ国家人民党、神学者）

「政府草案では第一項において芸術が先頭に来ているのはなぜか。私は、学問を先にすべきだと考える。」[115]

内務大臣プロイス（ドイツ民主党、法律家）

「われわれの元々の案は、以前の学問及びその教授は自由であるだった。私が思い違いをしていなければ、プロイセン文部省（Kultusministerium）の提案により芸術が加わり、適切にも芸術を先頭に置くことにした。なぜなら学問及びその教授はひとまとまりにしたく、芸術の教授を念頭におくものではないからである。」[116]

この発言からまず、芸術が先頭に来ている理由は、芸術を学問に優先させる何らかの意図があったのでも、そうした意図が当時の社会に共有されていたのでもなく、「その教授」の「その」が、芸術の教授にもかからないようにする文法上の意図であったことが分かる[117]。確かに原語では、一九一九年一月一七日のヴァイマル憲法第二草案までは「学問及びその教授」はひとかたまりで単数の概念とみなされており、芸術が加わった第三草案（政府第一草案）以降、複

表2　ヴァイマル憲法の条文案変遷

<table>
<tr><td>1919年
1月3日</td><td>ヴァイマル憲法草案Ⅰ（非公表）
第一章《ドイツ国とドイツ自由国家》
第四条　「さらに以下の案件がドイツ国による立法下に置かれる。
一二. 第一九および第二〇条の範囲内で教会と学校」[i]</td></tr>
<tr><td>1919年
1月17日</td><td>プロイス草案（ヴァイマル憲法草案Ⅱ・非公表）
第一章《ドイツ国とドイツ自由国家》
第四条「さらに以下の案件がドイツ国による立法下に置かれる。
一二. 第一九および第二〇条の範囲内で教会と学校」[ii]
第二〇条　「学問とその教授は、自由である (ist frei)。授業は全てのドイツ人に対し、その能力に応じて均しく開かれていなければならない」[iii]
第二一条　「いかなるドイツ人も、言語、文書、出版あるいは図画を通じて、刑法上の定めに抵触しない限りにおいて、自由に意見 (seine Meinung) を表明する権利を持つ。検閲は行われない。」[iv]</td></tr>
<tr><td colspan="2">1919年1月19日　憲法制定国民議会選挙</td></tr>
<tr><td>1919年
2月17日</td><td>諸邦委員会にドイツ国内務省により提出された政府第一草案（草案Ⅲ）
※以降の文面は公開され、議論に付されている。このとき、第三一条に「芸術」の文言が加わり、「芸術、学問及びその教授は、自由である (sind frei)」となる。[v]
第一章《ドイツ国と諸邦》
第九条「ドイツ国は以下の立法権を有する。
一六. 学校を卒業した青少年の保護と奨励 (Förderung)」[vi]
第二章《ドイツ人の基本権》
第三一条「芸術、学問及びその教授は、自由である。公立国民学校における授業は無償とする。青少年及び全国民 (Volk) の教育は公の施設によって十分に配慮されねばならない。学制および教育制度は全邦国において、授業が小学校（国民学校）教育の上に中等及び高等教育施設が積み上げられるように設置される。公教育制度は国家の (staatlich) 監督下に置かれる。」[vii]
第三二条「いかなるドイツ人も、言語、文書、出版あるいは図画を通じて、刑法上の定めに抵触しない限りにおいて、自由に自己 (sich) を表明する権利を持つ。検閲は行われない。」</td></tr>
<tr><td>1919年
2月21日</td><td>憲法制定ドイツ国民議会に提案された政府第二草案（草案Ⅳ）
第一章《ドイツ国と諸邦》
第九条「ドイツ国は以下の立法権を有する。〔中略〕
一六. 学校を卒業した青少年の保護と育成 (Pflege)」[viii]
第二章《ドイツ人の基本権》
第三一条「芸術、学問及びその教授は、自由である。公立国民学校における授業は無償とする。青少年及び全国民 (Volk) の教育は公の施設によって十分に配慮されねばならない。学制および教育制度は全邦国において、授業が小学校（国民学校）教育の上に中等及び高等教育施設が積み上げられるように設置される。公教育制度は国家の監督下に置かれる。」
第三二条「いかなるドイツ人も、言語、文書、出版あるいは図画を通じて、刑法上の定めに抵触しない限りにおいて、自由に自己 (sich) を表明する権利を持つ。検閲、とりわけ演劇および映画の上演における事前検査は行われない。映画上映とその他の公開の展示における青少年の保護は、法の規制の下にとどまる。」[ix]</td></tr>
</table>

註 i —Triepel, a.a.O., S. 6. われわれにとって重要になってくるのは、のちに第三一条になる第二〇条なのだが、トリーペルによるとこの時点で第二〇条は学校制度についての諸原則を含むべきものとされてはいたものの、原則の作成が保留の状態であったとされる。Ebd., S. 7.　ii —Ebd., S. 10.　iii —Ebd., S. 12.　iv —Ebd.　v —Ebd. S. 21.　vi —Ebd. S. 19.　vii —Ebd. S. 21.　viii —Ebd. S. 27.　ix —Ebd. S. 29.　［出典：著者作成］

数の主語を受ける動詞が使われている。つまり起草者の意図として、この条文は、芸術と、学問と、それらの教授という二種の自由を表現するものではなく、「芸術」と「学問と学問の教授」という二つの自由を表現していることが、ここにはっきりと述べられている。

芸術の文言自体に関するやり取りがあったのは、この部分のみである。しかし制定に先だち広く芸術文化政策について、興味深い議論が様々に繰り広げられている。その経緯を見るに、議論はまず公権力・検閲・外圧からの自由の確保に始まっている。その後、自由を実質的にも保障するために芸術家をどのように保護、支援すべきかという論点と、そうした政策を行うにあたってのドイツ国の管轄の論点へと移っていく。すなわち自由権的自由から社会権的自由へと議論が拡大する流れがあったことが分かる。ただ、この流れも段階的に一直線に進んだわけではない。政党間の妥協の産物[118]と批判されるヴァイマル憲法の制定の過程では、少なくとも二つの勢力が、それぞれにそれぞれの芸術文化政策を明文化しようと争っている。一方に広く芸術振興を含めた文教管轄を諸邦からドイツ国に移す、あるいは移さずともドイツ国の管轄を認めさせたいという関心を持つ勢力があり、他方に芸術家の生活環境を整え、芸術と芸術家そのものを振興したいという関心を持つ勢力があった。

それ以前の詳細は表2に譲り、要点のみを押さえておきたい。一九一九年三月三一日憲法委員会第一八回会議では、旧い／新しい基本権についての議論がなされている。主な論点は、歴史を振り返ることでフランクフルト憲法の基本権の意図に触れつつ、旧い基本権からどの程度を、どのような意図で新憲法に採用する必要があるかという点と、それに加えて新しく基本権となるものの可能性と必要性であった。第三一条に関してナウマンが「学問およびその教授は自由である。〔中略〕芸術は国民的案件（Nationalangelegenheit）である。」[119]という条文を提案している。教会と国家で交渉する必要がある分野については、憲法上の基本権になるか、その他の法律で扱うことになるかの結論は、まだこの日は出ていなかった。そのため、後文についてはまだ議論に付さないことがまずは断られている。その上でナウマンは、芸術、学問、学校を規定する条文は「まぎれもなく、宗教の自由の条文と同じように、基本権に属す」[120]と芸術の自由の基本権としての性格を主張している。しかし多くの国民の要請を根拠に、（諸邦のみならず）国が責任を引き受け、基本権の枠組みや形式よりも優位になるようなドイツ国教育および学校法を制定することを今後の論点として論じるナウマンの口調からは、個別法が、ヴァイマル憲法の基本権に優位するという考えがあったことを読みとることもできる（これは州憲法による具体化を求める今日のものとは性格を異にする）。

同日、第三一条に関してカッツェンシュタイン・クアーク・ジンツハイマー案（動議一〇〇）が以下のように提出されている。これはヴァイマル憲法起草過程において、芸術家への実質的な社会保障構想の萌芽があった証として、注目に値する。

> 芸術、学問及びその教授は自由である。〔中略〕全ての精神的創造をなすドイツ人、芸術家、学者又は技術者であって、真剣な芸術的又は文化的な活動であることを立証してもその作品で自活できないものは、国の保護と配慮を受ける。〔121〕

基本権を憲法に記載すべき根拠として〔122〕、第一にジンツハイマーは第三一条が政治的な意義を持つのみではなく、特定の重要な生活領域に法的意義が認められ、ほかならぬ憲法によって守られ、法に基づかない恣意的統治を回避し、理念の具体化を行うべき個々の法に対しても遵守すべき方向性を示す効果があることを挙げる〔123〕。その上で、このように理解される基本権というものをどのような方法で完成させるかを議場に問いかける。そこでは「不可侵である」と定式化されている条文の目的は、国（Staat）の専横に対する保護、すなわち法治国家の原則の確立であることが述べられている（しかし同時に、所管官庁からの介入は、法に基づきさえすれば許容されるとの解釈を暗示する）。第二に、第三一条の文言は、抽象的要求であるために、抽象的可能性しかもたらしえず、芸術と学問を営むための物質的基盤もなしにこの条文のみで個人は何も始められないと批判する。それゆえに先の国の保護と配慮の条文案を提起する〔124〕。

続いて芸術文化政策が実質的に議論されるのは、四月三日の憲法委員会第二一回会議で、ここでは第三一条の内容のみならず、第九条のドイツ国の管轄権にも言及が見られる。この関連でプロイスは、ドイツ国の文化政策、すなわち学校制度、学問および芸術の奨励に関する構想書を近いうちに回付すると述べている〔125〕。すでに経済の領域に関するドイツ国の管轄は合意を見つつあったが、この日はザイフェルトが、教会と学校の論点に関連して、精神的文化も経済同様にドイツ国の理念の中に採り入れ、ドイツ国の法律ではなく、憲法に規定しなければならないと述べている。そして自由をさらに具体的に表現した上で、かつ社会的保障も視野にいれた以下の条文案を提起する。

芸術、学問及び教授は、いかなる外圧にもさらされてはならない、それらは自由である。ドイツの大学では、全ての学問的見解が力を発揮しなければならない。ドイツ国と諸邦は一般的国民教育の普及のための財源を用意する。〔126〕

芸術家への関心も国民教育への関心も、財源を必要とする点では共通していた。そして財源の問題を解決しないかぎり、具体的な進展は生まれず、芸術と教育は未分離のまま、ドイツ国の管轄権の設定と諸邦および教会の論点へと向かっていく。

この日はラインレンダーが、「文化国家」について言及している。旧ドイツ帝国憲法も帝国を、統一的な「文化国家」にすることを目指したが、邦国が学校に対する主権の喪失に強く抵抗を示し、実現しなかったと。起草議事録全体で、「文化国家」の語が用いられているのは四度しかないが、単数で用いられ、ドイツを指していたのはこの発言のみである。ここでの「文化国家」の文化は明らかに国民教育を意味している。ラインレンダーは、各邦国の学校制度がある程度模範的な水準にあることを認めた上で、「邦国の寄せ集めではなく、何か独自のものを形作る、全く新たなドイツ国の意義」〔127〕に期待を寄せる。ヴァイマル憲法の起草過程では、国民統合のための学校の利用という意図が通奏低音にあり、全体的に教育管轄の設定と国民教育については極めて多くの時間が割かれている。そのことを踏まえると、ドイツ国の新しい任務として国民教育に関心が寄せられている背景は、明らかである。

ドイツの人民（Volk）を一つのドイツ文化に向けて教育するという、ドイツ国の新しい任務と並んで、あらゆる人民層がこれを実現するために、この文化への同権が認められねばならず、さらにその他の実用的な理由からしても、ドイツ国はドイツ全土の学校制度の均等な発展の面倒を見ねばならない[128]。

こうした発言からは、個人に対する教育や広い意味での文化への権利の保障は、統一ドイツの国民意識の醸成・深化と統一国家体制の安定という関心と表裏一体であったことがうかがえる（芸術文化に対する当時の関心にはどのような背景があったのかについては、後ほどさらに検討したい）[129]。

芸術文化振興に関して最も興味深い議論がなされるのは、この日の午後である。カッツェンシュタイン、ダーヴィットゾーン、クアーク、トリンクスによる先の第三二条第二項案について議論が繰り広げられている。カッツェンシュタイン（SPD、編集者）はこの条文の意図を精神的活動のちょっとした社会化と呼び、「精神的あるいは社会的領域における真面目な労働者が貧困の中で消耗しなければならないという障害を除去したい。なぜなら彼らは主流をなす意見や動向に合わせることができず、そのために自己の活動で自活することができない。スカンジナビア諸国には古くから作家に年金を与える風習がある」[130]と説明している。（この説明の直後に、先述のトラウプの質問が投げかけられる。）他方、議長のハウスマンからは、国民学校に関する提案との関連で、芸術、学問およびその教授は、自由であるという条文のみでは不十分であるとして「国はこれに保護を与え、その奨励（Pflege）に関与する」[131]という文案（動議一二一）が提起される。

カッツェンシュタインらの提案に対し、強く批判したのはドイツ民主党で、アープラスが、以下のように様々な問題点を指摘している。現代の文化政策とも課題を共有する興味深い議論であったため、少し長いが引用したい。

カッツェンシュタイン議員たちの動議第一〇〇号では「全ての精神的創造をなすドイツ人、真剣な芸術的又は文化的な活動であることを立証してもその作品で自活できないものは、ドイツ国（Reich）の保護と配慮を受ける」とある。この文は憲法に相応しくない。この点からのみでも拒否に値する。いったい誰が「精神的創造」的なのか？　どのような方法でドイツ国の配慮が実施されるべきなのか？　精神的領域で新しい道を行こうとする者は通常、同志国民の大多数とは反対の位置に身を置いているというのに。誰が決めるべきなのか？　議会か？　考えうる限りで最も不適切な機関が議会だ。同様に、新しい潮流をほとんど理解しない多数派の代表であるその道の専門家たちの単なる評議会も、むしろ現在支配的な方向を代弁するものだ。〔中略〕さらにリヒャルト・ワーグナーへの初期の反応を思い起こしてごらんなさい！　「タンホイザー」を！　有能で才能のある者は、しばしば援助が要る時期には未熟であるか、まだ認知されていないかだ。彼の未熟さを理由に、精神的創造であることの証明を拒否し、真剣な業績であることの証明を提出できていないと見なす同業者の合議体は、彼がその後に何か偉業を成し遂げたあかつきには、時代遅れという非難にさらされるであろう。絵画の分野での最新の進歩も思い浮かぶ。キュビズム、未来派、表現主義。それらに未来があるのか、あるとしたらいかなる未来か、今日誰が言えようか？[132]

アープノス自身は、この提案の構想自体には、とても共感できると述べている。ただ目下のところ、実現はあまりに不可能でもあるため、この件は、今憲法で規定することはできないとして、実施レヴェルでの今後の具体化に期待を寄せる[133]。

アープナスのこの発言は、公的文化政策を実施する際に直面するアポリアを的確に表している。誰が、ある人を芸術家であると認定し、その作品の芸術的価値を判断し、どのように実施しうるのか、という今日のわれわれも抱えている難問である。中央集権国家による芸術文化への蛮行を経験し、今日ではアームス・レングスの原則に代表されるように、公権力は芸術の価値判断には携わらず、距離を保ち、支援対象の選定（および資源配分）をその分野の専門家たちの評議会に委ねる手法を採っている国が多い。そこでは、公権力に対する芸術領域の自律性という二項対立が念頭に置かれているため、評議会に対する批判的考察はほとんどなされようがない。けれども、評議会自体が主流派・多数派の代表者で占められるという傾向はないか、新しい潮流に理解を示し、そうしたものも否定されずに支援する道はひらかれているのか、すなわち同業者の合議体が、芸術が自律化する以前の中世の同業者組合のようなものに逆戻りしていないか、内部にヒエラルキー構造がないのかという点を常に再検証する余地は、現代にも関わってくる。こうした点を念頭に置いておかねばならないことをアープラスの発言は現代のわれわれにも思いださせる。

一九一九年四月四日の憲法委員会第二二回会議[134]では、カッツェンシュタインの激しい反論[135]は見られたものの、動議一〇〇は否決され[136]、政府草案第三一条に特別の項は設けないことが決まる。ここで第三一条の条文案は「芸術、学問及びその教授は、いかなる外圧にもさらされてはならない、それらは自由である。国はそれらに保護を与え、それらの奨励（Pflege）に関与する。」[137]に固まり、決議される。

この後一九一九年五月二八日の憲法委員会第三二回会議で第三二条（自己表現の自由）に関して「いかなる労働関係又は雇用関係といえども、この権利を妨げることは許されず、何人も、この権利を行使する者に対して不利益を加えてはならない」という文面案についての議論を挟み、六月四日の憲法委員会第三七回会議で、ドイツ国の立法管轄についての議論が行われている。この時、文化政策についての管轄の問題は忘れかけられていたようで、そのことに対する微笑ましい発言がそのまま残されている。しかし最終的には、文化政策と劇場・映画館に関する管轄拡大の是非についても議論の応酬が見られた。そして、劇場・映画館については、教育でもあり労働の問題でもあることを理由に、民営のものと商業的なもののみ、経済領域の延長線上でドイツ国の管轄とすることで議論がまとまる。

以上の経緯からは、以下のことが分かる。芸術の自由がまず議論され、自由を実質的に保障するために国の責任が議論されたものの、積極的かつ具体的な保障にまで踏み込むことは叶わなかった。管轄についてはその後に議論されており、教育と労働という視点から最終的にドイツ国の管轄が芸術分野にも設定される。けれども、それは諸邦の管轄とは競合しない範囲であった。この限定は、芸術が、教会勢力や南ドイツの諸邦から激しい抵抗を受けていたほかならぬ教育の章に入ることになっていたために、生じたものである。他方それと同時に、文化的に統一され安定した国民国家の形成が未だ最重要の課題であったこの時代に、ドイツ国による国民教育は、議員たちによって「多数の国民の要請」[138]を根拠に極めて強く求められていた。そのため、教育に対する財源を確保する議論と国民教育のための機会均等が主導的ではあったものの、それに絡んで適用されるかたちで、芸術も含めた文化の保護・奨励という規定が、誕生したことが分かる。

このような議論を経て検証された草案Ⅳを、国民議会憲法委員会は一九一九年六月一七日に決議し、翌日は草案Ⅴが提出されている。草案Ⅳまでは第二編はドイツ人の基本権という名称であったが、草案Ⅴに至り、基本的義務という文言が加わる[139]。そして草案Ⅴに若干の修正が加わったのち、最終的に、同年七月三一日に国民議会本会議で可決されている。一九一九年八月一一日、エーベルト大統領により調印・制定されたヴァイマル憲法は、以下のとおりである。芸術文化に関する条文のここに抜粋した部分の文言は、草案Ⅴと最終条文で違いはない。他の条文での変更に伴う条文番号の移動のみである。こうしてヴァイマル憲法は、八月一四日に公布・施行される[140]。

第一編　《ドイツ国の構成と任務》

第一章　《ドイツ国と諸邦》

第七条（草案Ⅴでは第八条）

「ドイツ国は、以下に関する〔競合的〕立法権を持つ[141]。

〔中略〕

二〇．演劇及び映画」

第二編《ドイツ人の基本権と基本的義務》

第一章《個人》

第一一八条（草案Ⅴでは第一一七条）

「いかなるドイツ人も、一般的法律の制限内で、自己の意見（seine Meinung）を、言語、文書、出版、図画、又はその他の方法で、自由に表明する権利を有する。いかなる労働関係又は雇用関係といえども、この権利を妨げることは許されず、何人も、この権利を行使する者に対して不利益を加えてはならない。検閲はこれを行わない、けれども映画については法律によってこれと異なる規定を設けうる。低俗で猥褻《わいせつ》な文芸を取り締まるため、並びに公開の陳列物及び興行に際して青少年を保護するために、法律による措置をも許される。」[142]

第四章《教育および学校》

第一四二条（草案Ⅴでは第一三九条）

「芸術、学問およびその教授は、自由である。国はそれらに保護を与え、それらの奨励（Pflege）に関与する。」

第五章《経済生活》

第一五八条（草案Ⅴでは第一五五条）

「精神的作品、著作者、発明者及び芸術家の権利は、ドイツ国の保護と配慮を受ける。ドイツの学問、芸術及び技術の創作になる物は、国家間の協定により、外国においても尊重され保護されるものとする。」[143]〔傍線――著者〕

ヴァイマル憲法起草過程では、教育に関して、教会勢力や南ドイツの邦国が高権を失うまいと強く反発し、ドイツ国の国民教育への意欲と激しく対立している。けれども芸術に対するドイツ国の役割や管轄に関しては、相対的に議論が少なかった。ドイツ国はまず何より経済的な管轄を重視した。そのため、芸術に関しても当時の高度な技術であった映画や国外への作品の流出に関しては、文化財産という観点から、早々にドイツ国の管轄に入ったと考えることができる。他方で、最初に見た声明で明らかなように、検閲に対する市民の不満には根深いものがあり、帝政崩壊と同時に共和政は、検閲の再来を抑止すべく、意見表明や芸術の自由をまずは保障したのであり、決して無自覚に自由のカタログとして列挙されたわけではない。

2　自由の意味

ただ、当時重視されたのは法治国家であるという形式であったという側面にも留意せねばならない。ヴァイマル憲法に保障された自由は、法に基づけば制限しうるかのような脆弱性を当初より孕んでいた。莵原は、ヴァイマル憲法施行後当初、基本権は、法的拘束力を持たないプログラム宣言のようなものと見なされていたと指摘している[144]。起草過程でも実際に、基本権に優位する法を制定しうるという理解も見られたのは先に述べたとおりである。

芸術の自由の保障が文言どおりにはとれないことは、当時ヴァイマル憲法の解釈を主導したアンシュッツの見解にも読みとることができる。アンシュッツは『ヴァイマル憲法逐条解説《コメンタール》』[145]の中で、個人の自由を保障する条文の中でも、芸術と学問の二つのみには、意見表明の自由や宗教の自由に見られるような留保が何もついていないことに疑問を呈している。そして起草過程を見ても芸術の文言が加わった意図は明らかではないとしながらも、無制限の自由を認めた条文であることを以下の論理で否定する。

アンシュッツは、第二編の各種の自由は、判断に迷う場合には、立法者（ドイツ国および諸邦）とは対立せず、むしろ立法者には法による制限を許容するととらえる。つまり憲法が明文で規定をしていない限り、所管の立法権者には、どの基本権も制限する資格があると理解するのである。それゆえ個人の自由の他の領域と同様に、行政は芸術的創造、学術的研究と教授の自由の領域においても、法律による制限を理由に、ただしその法の範囲でのみ、干渉できる。けれどもそれは無制限のものではなく、意見表明や宗教の自由同様に、芸術家や学者も一般法には拘束されるという意味であり、芸術や学問を攻撃するような、あるいは個々の芸術や学問の方向性などを攻撃するような特別法の制定は禁止されている[146]。

こうした理解には、法治国家への信頼が先走ったがゆえに、法的手続きを経ることが個人の基本権の保障にいくぶん優先している様子を見ることができる。当時、制限を限りなく狭くとらえ、制限そのものを否定する解釈も存在した。しかしその後、プログラム宣言的なものから基本権へと解釈が再構成されていくと同時に、基本権というものを国家権力の制限から国家権力の強化に変質したと見なす学説を経て[147]、共同体の利益を個人の権利に優先させる法解釈によって、全体主義国家の芸術統制政策へと徐々に近づいていくのである。当時のドイツ国では、近代国民国家も、これが保障する自由と基本権も、未だ揺籃期にあった。

以上、憲法起草過程で明らかになったことは、以下のようにまとめることができる。「芸術」という言葉を持ちだした際、起草者たちの念頭にあったのは、国民一般ではなく、第一に才能ある芸術家、偉大な芸術家であった。社会権を広く保障しようとする先取的な憲法精神は、芸術家のような精神的・知的創造活動に従事する者たちへの社会的保障のあり方も議論していた。しかし、どのような者を誰がその対象と認定するのかという方法論を解決することができず、憲法では具体的な保障のあり方にまでは踏み込まず、この領域での議論は時間をかけて政策的に具体化していくこととなった。このような問題意識は、結果的に、芸術と学問の自由を規定した条文にではなく、経済の節で現在の知的財産権にも繋がる発想をもつものとして、部分的に規定されているのみである。

六　ドイツ国の文化政策構想

ナチ時代の国威発揚的な芸術統制政策は、広く知られている。けれども国家を表象させる意図でヴァイマル共和政が積極的に芸術文化を利用しようとしていたことは、あまり知られていない。先にヴァイマル憲法成立時には国家統一を果たしてはいたものの、未だ国民意識の醸成が不完全で、それゆえ国民国家の安定的かじ取りのために文教政策が重視されていた時代背景を見た[148]。これに加えて、ドイツ国が芸術に関してどのような政策を考えていたかを見ることで、政治的介入を拒否し、積極的に政治の道具とされることを否定する今日的な芸術の「自由」の思想が、戦後の産物であることが一層明らかになる。

ヴァイマル憲法発効直後に、ドイツ国を芸術的に演出する役目を担うドイツ国美術院長にエトヴィン・レーツロープが任命されている[149]。一八一七年のヴァルトブルク祭以降に盛り上がりを見せた国旗、鷲、ゲーテというドイツ国民意識の象徴は彼の仕事の中で、政治的演出に積極的に採用されていく。美術院長の役割に関する研究にドイツで着手がなされたのは一九七〇年代である。しかしそれ以降も芸術と権力や、芸術とプロパガンダ等を主題にした大規模展覧会でさえ、彼に言及することはなかったとされ、この人物がどのようなことを行ったのかを包括的に明らかにしたのは、二〇一〇年の美術史家たちの研究であった[150]。

ここで今後もさらに明らかにされていくであろう実践の詳細ではなく、文化政策的な関心として、そもそもヴァイマル共和政のこうした積極的芸術文化政策推進への足掛かりを築いたドイツ国の文化政策の発端、あるいは根拠はどこにあったのかについて最後に触れておきたい。戦後とナチ時代の文化政策については研究が蓄積されてきたものの、ヴァイマル共和政時代については、憲法の規定はやや無批判にとらえられ、実際の文化政策は諸邦が担ったという定説が支配的であるために、ドイツ国（ヴァイマル共和政）の芸術文化についての政策は、ドイツでもほとんど論じ

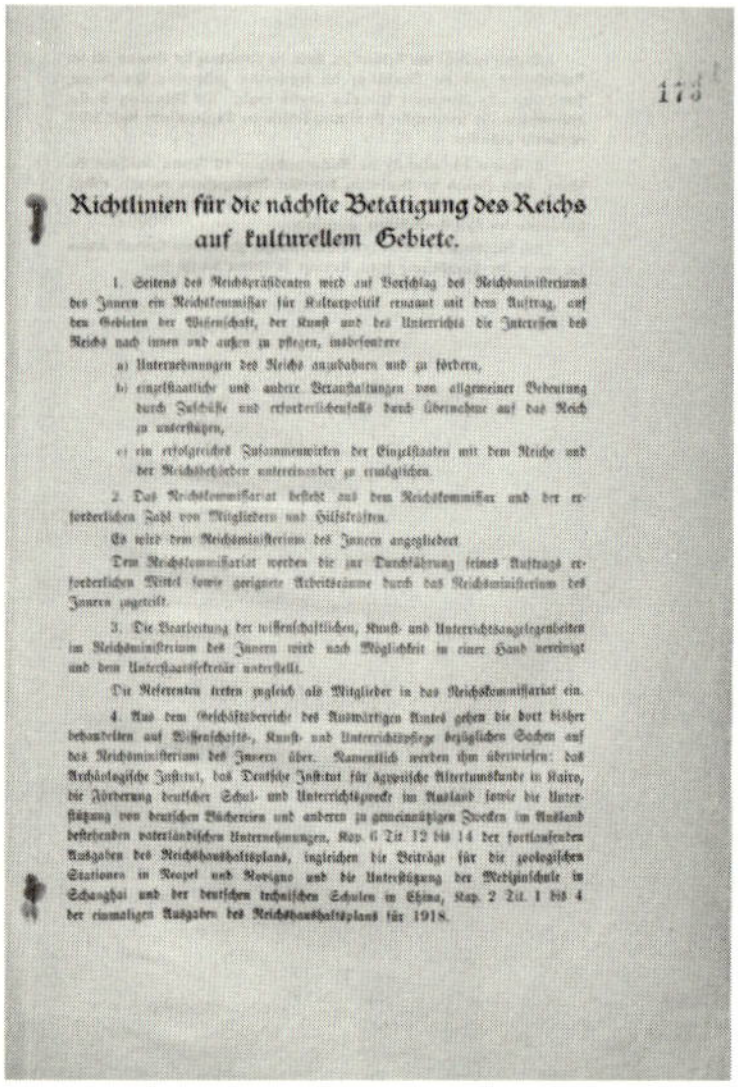

173

Richtlinien für die nächste Betätigung des Reichs auf kulturellem Gebiete.

1. Seitens des Reichspräsidenten wird auf Vorschlag des Reichsministeriums des Innern ein Reichskommissar für Kulturpolitik ernannt mit dem Auftrag, auf den Gebieten der Wissenschaft, der Kunst und des Unterrichts die Interessen des Reichs nach innen und außen zu pflegen, insbesondere

a) Unternehmungen des Reichs anzubahnen und zu fördern,

b) einzelstaatliche und andere Veranstaltungen von allgemeiner Bedeutung durch Zuschüsse und erforderlichenfalls durch Übernahme auf das Reich zu unterstützen,

c) ein erfolgreiches Zusammenwirken der Einzelstaaten mit dem Reiche und der Reichsbehörden untereinander zu ermöglichen.

2. Das Reichskommissariat besteht aus dem Reichskommissar und der erforderlichen Zahl von Mitgliedern und Hilfskräften.

Es wird dem Reichsministerium des Innern angegliedert.

Dem Reichskommissariat werden die zur Durchführung seines Auftrags erforderlichen Mittel sowie geeignete Arbeitsräume durch das Reichsministerium des Innern zugeteilt.

3. Die Bearbeitung der wissenschaftlichen, Kunst- und Unterrichtsangelegenheiten im Reichsministerium des Innern wird nach Möglichkeit in einer Hand vereinigt und dem Unterstaatssekretär unterstellt.

Die Referenten treten zugleich als Mitglieder in das Reichskommissariat ein.

4. Aus dem Geschäftsbereiche des Auswärtigen Amtes gehen die dort bisher behandelten auf Wissenschafts-, Kunst- und Unterrichtspflege bezüglichen Sachen auf das Reichsministerium des Innern über. Namentlich werden ihm überwiesen: das Archäologische Institut, das Deutsche Institut für ägyptische Altertumskunde in Kairo, die Förderung deutscher Schul- und Unterrichtszwecke im Ausland sowie die Unterstützung von deutschen Büchereien und anderen zu gemeinnützigen Zwecken im Ausland bestehenden vaterländischen Unternehmungen, Kap. 6 Tit. 12 bis 14 der fortlaufenden Ausgaben des Reichshaushaltsplans, ingleichen die Beiträge für die zoologischen Stationen in Neapel und Rovigno und die Unterstützung der Medizinschule in Schanghai und der deutschen technischen Schulen in China, Kap. 2 Tit. 1 bis 4 der einmaligen Ausgaben des Reichshaushaltsplans für 1918.

図２　1919年４月16日付で回付された構想書

られてこなかった。

先の憲法草案策定の過程では、芸術振興については、芸術家の生活の保護を論じる議論があったものの、それ以上のことはあまり詳しくは論じられていなかった。その理由は、一九一九年四月三日にドイツ国の文化政策構想書についてプロイスは予告していたがこの構想書の起草者が予定されていた六月四日の委員会を病欠しており、一六日に出席した際には、学問に関する質疑に主に答えていたのみだったからである[151]。こうした経緯があったために、この構想書自体が結局存在し、回付されたのかは不明であったと言える。ドイツの先行研究では、後述小冊子については言及があるものの、これに先立って内務省にその原案となる構想書が実際に供覧に付されていたことについては、これまで言及されてこなかった。

けれどもプロイスは、憲法発効に先立ち、文化政策国家弁務官を任命している。後に（一九二五年）プロイセンの文部大臣となるカール・ハインリヒ・ベッカーである。彼は、この当時は次官補であり、プロイセンの大学政策に力を注ぎ、一九一九年には『ドイツ国の文化政策的任務』[152]という全五八頁の小冊子を出版している。ヴァイマル共和政において大学政策を中心に「文化国家」設立に尽力した代表的人物としても知られている[153]。

実際にはドイツ国の文化政策については、憲法起草とは別の経路で、内務省を中心に議論されていったのである。起草過程においてその後議論が比較的少なかったのはこれも一因であると考えることができる。他方内務省では芸術に関するドイツ国の施策のあり方については、むしろ意欲的な姿勢がとられている。

ドイツ連邦公文書館に残されている当時の内務省の史料を参照するに、一九一九年四月一六日にはこの書物よりははるかに短い全一二頁のベッカーによる構想書が、プロイスの秘書を通じてドイツ国宰相（首相）官房次官補たち宛に回付されていることが分かる[154]（図1[155]）。

文言や小見だしの削除や文の追加が多少あるものの、構成および内容、結論は、小冊子版の八頁から三四頁とほぼ一致する。目立って異なるのは、構想書では高等教育および大学制度と芸術と学問の節の間で論じられていた外国学校についての記述が全て削除されている点で、その結果、結論の第四点目からも対外的な論点が削除され、短くなっている点である[156]。

芸術文化振興についての方針は、構想書の段階でほぼ固められていた。ベッカーが強調しているのはひとえに、ドイツ国もが対外的な側面でのみならず、国内においても文教政策の管轄を持つことの重要性である。彼の念頭にあったのは、大戦時のフランスの文筆家たちの戦争広告の威力であり、それゆえに国家的な芸術家の育成が強調されている[157]。

教養市民層は産業化に向かう社会の中で有産市民におされ、次第に官僚化・軍事化するプロイセンで居場所をなくしていく反動のように「文化国家」を掲げたといわれてきた。「曲げられた小枝（シラー）」のコンプレックスと反動の代名詞であるかの語りも繰り返されてきた。けれどもヴァイマル共和政はむしろ積極的な姿勢で、「文化国家」の孵卵器となろうとする。共和政憲法に因む都市となったヴァイマルは、非プロイセン的＝非軍国主義的なドイツ人文主義の象徴的意味付けを強めていく[158]。

一九一四年の「九三人のマニフェスト」に顕在化されたように、「ドイツ文化」の卓越性という価値観が知識人にくすぶったままヴァイマル共和政は成立した。教養市民層の理念としての人文思想的「文化国家」が新しい共和政と親和性を見いだすのはそう難しいことではなく、ベッカーはまさに敗戦後にその延長線上に「文化国家」を構築しようとした人物であったと言える。本章の第三の問いについては以上のように分析した。ヒトラーが戦時プロパガンダを駆使したことは周知のことであるが、ヴァイマル憲法起草期においてすでに、国家統一と対外宣伝に対する芸術の寄与（芸術による国家の演出）への期待とが入り混じり、芸術を国家の目的のために利用するという関心も、芽生えていたのである[159]。

七　フォルストホフの「生存配慮」理論

さて最後に「生存配慮」についても触れておきたい。「文化国家」は、一部の説が問題視されるものとなったことが明らかになったが、「生存配慮」はどこに起源と問題があるのだろう。これはナチ時代に理論化を見た行政理論であった。「生存配慮」の理論的生みの親である国法学者エルンスト・フォルストホフは、行政に権力を集中させるように理論を発展させた。

代表的な行政作用が権力的な侵害行政であった時代は一九世紀後半には終焉を迎え[160]、教育や文化のような分野からも、行政の責務となるいわゆる「非侵害行政」が生まれている[161]。こうした行政機能の拡大を分析したイェリンクハウスは、社会の変化とその結果として官僚制度化が必要になったことを時代の趨勢としては認めてはいたものの、自治を自らの誇りとしていた市民たちは、大きな葛藤を抱かずにはいられなかったと指摘する[162]。プロイセン型官僚制度は、統一後に各地に波及していくが、第一次世界大戦の敗戦を機に、公権力の役目を求める世相を背景に、ヴァイマル憲法ではその上に社会権規定も登場した。非侵害的行政作用の拡大は、ナチ時代の一九三八年についにエルンスト・フォルストホフにより包括的に「生存配慮」へと理論化される。しかしそれは、個人の自由を犠牲にしてでも、急激に国家に権力を集中させていく理論であった。「非侵害行政」は、ドイツが産業化社会へと向かう黎明期である二〇世紀初頭には、社会情勢の変化に対応すべきものとして、次第に存在感を増している。資本主義の発展過程で、個々人は「自由」を利己的に解釈し、熾烈な経済競争が繰り広げられた。そのような社会情勢を背景に、個人のこうした利己的な経済活動に任せておいては欠けてしまいがちなものを、利他的、補足的に国家が提供することが必要だという認識が生まれる[163]。

フォルストホフは、一九世紀以降の急激な人口増加と都市への過剰集中が、人々の生活環境を変質させたことに着目する。農業社会とは異なり、産業化する社会において人々はもはや、自らの生活環境を自分だけで管理することはできなくなる。そのためお互いに他の人間がなす仕事により一層依存しあう状況が生まれる。こうした社会では、他人との関係を前提に様々な利益を見越して行動する必要性が何より増大してくる[164]。フォルストホフは、時代の変化を根拠に、行政の課題も変化する必要があると考えた。社会における数々の危険から住民を守る警察国家的な活動のみならず、社会生活基盤の一種として、人々の生存のための需要を満足させられるような「生存配慮」というものが必要であるという理論が、ここに登場する[165]。

こうした考え方は、夜警国家から福祉国家への欧州での動向に適っている。しかしドイツには国家権力にその実現を強く委ねる事情が潜んでいた。第一次世界大戦に敗れたドイツでは、一九一八年に帝政が崩壊、ヴァイマルで共和政憲法が発布され、ヴァイマル共和政が成立した。ヴァイマル共和政では福祉行政活動、医学、衛生学が専門組織化され、秩序維持、危険防止の警察の専門化が試みられた。けれども大戦後の政治的混乱と経済の停滞の中で、それは未発達なものに終わっている。宮田が指摘するように、この混乱の中で国民からは、次に政権の座に就く国民社会主義ドイツ労働者党に、停滞していたいわばこの「行政改革」を実効力のあるものにする期待が寄せられていたのである。フォルストホフは一九三三年に『全体国家』という書を著しているが、時代の要請を受けた集権的国家へのこうした期待が、「生存配慮」の理論形成過程にも強く反映されている[166]。生存のための需要に対する適切な配分が、個々人の責任において摩擦を起こすことなく実現される可能性に、フォルストホフはそれほど信頼を寄せはしなかった[167]。公の責任において、すなわち国家による政治的権力の行使によって、市場メカニズムとそこで享受される自由という「混沌としたもの」を排除し、社会的な生産物の配分をしっかりコントロールする可能性に彼はむしろ信頼を寄せる。

フランス革命での暴動を目の当たりにしたドイツでは、当初から「自由」[168]を際限なき混乱と暴力の元凶のように見なす傾向がないわけではなかった。そのため際限なき自由の展開が社会を混乱させ、帝政を崩壊させないよう、上からの近代国家化が進められたのであった。この過程で国家に批判的な自由主義者などはまさに鎮圧すべき対象となった。そのため「自由」と言いつつ、必ずどこかの次元の政治レヴェルが対をなすように「管理」してきた歴史が目に付く。自由に対する支配層のこのような理解が、ここに再び姿を現す。

今や時代が変化したのだから、それに対応した新しい秩序が必要だと考えるフォルストホフにとっては、個々人の自由や財の所有といったものは、行政のあり方を考える上での参照項にはならなかった。フォルストホフは、時代が変わったのだから制度も変わる必要があるという考えに基づき、基本権の尊重さえも時代の流れに従属させる。そのような視点に立つことで彼は、個々人にもれなくサービスを提供するための「生存配慮」の主体を、市場ではなく政治的権力に見いだしていく。こうしてフォルストホフの理論は、実際に際限のない国家権力の拡大を促す土壌を提供していくことになったのである（フォルストホフ自身の言葉を借りれば「占有の必要性」[169]である）。

彼は、時代が変わったことを根拠に、立法の行政への優位という関係もまた変わるべきであると考えていた。社会的な問題は、法によって解決されるのではなく、行政が効率的に解決して行くべきなのだと。フォルストホフは、行政サービスによる個々人への配分を確たるものにすることを目標にし、「生存配慮」に資するような組織・企業に対しては、市場原理に従うことを免除する[170]。産業社会への移行期において、時代の変化に対処する必要性を根拠に行政への権力拡大を正当化していくフォルストホフの理論は、以下の引用に特徴的である。

こうした発展段階においては、個々人による生存への責任というものに基づいて話すことは、もはやできない。個人は、その生存の可能性を社会的な集団の連帯のなかにしか見いだせない。こうした社会構造は、ヴァイマル期に切迫したものとなった。もはや社会的な集団の連帯によっては明らかに果たしえないような集合的な生存の安定を、国民社会主義は、政治権力（国家と政党）を生存の責任の担い手として打ち立てることによって、克服したのである。すなわち進歩は、個々人によるものから、集合的なものを経て、政治的な生存の安定と責任へという道を辿るのである。[171]

このように個々人の「生存配慮」への責任を個人や地区・教区の集団的解決ではなく、政治的権力に一身に担わせていく過程で、フォルストホフの理論は、法のコントロールを受けない政治的な統治を正当化している。第一次世界大戦後の賠償などで経済的にも社会的にも疲弊していた時代を背景に、対処法として提唱された側面もあるものの、このような思考回路が、法を超越した巨大な政治的権力を第三帝国とナチスに集中する理論的基盤を用意したことに疑いの余地はない。

現代のわれわれなら、「補完性の原則」にあるように、個々人の自由な活動の余地を残したまま、補足的・調整的な役割を国家が担えばよいと考えるだろう。しかし「生存配慮」の生みの親であるフォルストホフは、個々人の自由を混沌の元凶と見なし、自由を制限してでも、国家の積極的な活動の必要性に理論的な正当性を与えることに関心を寄せたのである[172]。

＊＊＊

今日の議論にとって「文化国家」の変遷とヴァイマル期の「芸術」と「自由」との議論が重要な示唆となるのは、自由を保障した上で、その実質的な保障のために公的な支援を行うことが可能なのか／行うべきなのか、それとも実質的な保障のためという論理は否応なしに、芸術に対する公権力の干渉を呼び込むことを避けられないのか、を考える上での歴史的証言の一つであるためである。

以上の考察からは、「文化国家」は一八五〇年頃から、芸術振興をもその射程にいれて展開されたこと、そして「文化国家」には人文思想史的に研究されてきた比較的よく知られている「文明」に対抗する教養市民層たちのドイツ的「文化」

を意味内容とする戦闘的概念のほかにも、ドイツに限らず封建制以降に成立しようとしていた近代国民国家に対して、立憲主義——君主政か民主政かを問わず——を採りつつ、芸術振興や国民教育などの国民福祉を考える国家論、そして本書では詳しく考察しなかったものの教養市民層の支持した「文化」とは異なる「文化」を意味内容とするナチ時代に展開されていく「文化国家」の理論の三種類があることが分かった。このような「文化国家」概念の発展は、確かにドイツの近代国民国家成立に向けた運動と並走したが、文化国家論が全て、対仏闘争的な概念であったわけではない（諮問委員会に「文化国家」という用語への留保の根拠を提供したガイスはドイツの国家理論と言うことで、第一と第三の種類のみを強調したと言える）。

こうした土壌の中、ヴァイマル憲法において芸術の自由が規定される。本書のはじめに立てた問いの第二点については、以下のように結論付けることができる。ここでの自由は、現代とは異なり、法に基づきさえすれば比較的容易に制限が許されるかのようにとらえられる脆弱性を持っていた。保護・振興の名宛人については、芸術家が念頭に置かれ、国民の権利については、それほど議論されていない。そうした中で、実現はしなかったものの、芸術家個人を経済的に援助しようという議論があったことは、注目に値した。けれどもこうした芸術の奨励は全体の基調として、教育政策で見られた関心と相似するものであった。つまり国家と国民を実質的にまとめ、対外的表象も担う役目への期待とも表裏一体をなしていた。こうして非侵害行政への国家の関与は拡大していく[173]。近代国民国家同様に、「自由」も、「行政」も未だ実験段階にあったこの時期、フォルストホフが個人の自由に優先する行政権力の集約を「生存配慮」として唱える。これがナチ時代の法に優位する行政に基盤を提供する。

以上のことから、「文化国家」、「生存配慮」に対する現代の留保の背景はいずれも、国家を主として、芸術文化や基本権、広く一般的な国民の意志は従ととらえる点にあることが明らかになった。次章では、こうした課題を現代のドイツがいかに克服しようと試み、そこにどのような政策思想が生まれたかを明らかにしたい。自由は、戦後どのように変質し、文化への国民あるいは人間の権利を論じる視点はいつ、どのように誕生するのだろう。

第三章　「文化国家」と「生存配慮」――戦後の理論的克服

『一般利益サービスに関する緑書』に対する立場表明の中で、欧州議会はいくつかの一般利益サービスを一般経済サービスと区別する。前者は複雑な性格をしており、加盟国の文化的背景により、サービス提供組織も様々だ。欧州議会は市民が「手の届く価格帯で、あるいは社会的事情によっては無償で生存配慮としての質の高い包括的なサービスを受け取るべき」だと強調している。〔中略〕「文化的生存配慮」は、既存の文化サービスの維持にとどまるものではない。文化政策は継承されてきた文化を維持するのみならず、革新を義務とする。歴史に無自覚な社会は根を無くし、革新無き社会は衰退する。まさに文化領域にこそ、伝統と革新との適切な関係構築が要求されている。「文化的生存配慮」の根底には、文化的な多様性の思想がある。あらゆる芸術的分野を射程に入れねばならない。「文化的生存配慮」は文化施設のみの話ではなく、芸術家たちの要求も同じように考慮せねばならない。個々の芸術家への支援にかぎらず、プロジェクトの振興も「文化的生存配慮」に含まれる。手ごろな価格でアトリエや練習場所といった彼らの作業場を提供することも含まれるのだ。

（二〇〇四年　ドイツ文化評議会）

前章までの考察では、現代の公的文化政策は、芸術や文化がより花開きやすいように環境を整備する責任を担う一方で、振興は無批判・無制限に積極化されうるものでもないととらえられていることが明らかになった。過去を反射鏡にして照らしだされる限界の認識は、拡大と限界との均衡の中から今日の文化政策の中核をとらえていくことをわれわれに求める。

戦後西ドイツでは公的文化政策を州と自治体が担うことになり、ここに「文化国家」が内包していた権力を集約し系列化するステイト的性質のある種の見直しが、文化連邦主義という形で立ちあらわれる[1]（「文化国家」については、第四章以降でさらに詳しく克服の過程を考察するため、本章では「生存配慮」の克服を主に扱う）。「生存配慮」の理念も戦後、文化政策の領域で直ちに懸念材料になり、序章で触れた終戦直後の「ハコモノ行政」的な消極的管理・維持の時代はまさにその証である。けれども一九七〇年代には各地の文化政策が積極化へと転じる。八〇年代には既存の施設の維持を超え、一種の「ミュージアム建設ブーム」〔2〕さえ見られた。「文化国家」と「生存配慮」の顛末にもかかわらず、文化政策を公的な政策領域にとどめ、さらにはその積極化も可能となったことは、その背景に何かしらの理論上の克服や、存在意義の再構築があったと考えられる。本章では、当時の代表的な判例と文化政策理念とを主な手がかりとして、克服の要点を明らかにするとともに、今日の「生存配慮」の理論的枠組みを抽出したい〔3〕。

一　克服の前提

1　ボン基本法における基本権の優位

フォルストホフの「生存配慮」の理論は、個人の基本権や立法を軽視し、行政を優越させ、個人を国家の給付に与える存在に矮小化していた。この例にかぎらずナチ時代には基本権が軽視されたが（あるいは、そもそもドイツでは未確立のままであったと理解した方がよいかもしれないが）、戦前体制の克服は第一に、ボン基本法の構成に表れている〔4〕。ヴァイマル憲法は「ドイツ国の構造と任務」を冒頭に置いたが、対照的にボン基本法は「基本権」に関する章を先に置く。個人の自由と法の前の平等が最上位に置かれ、立法権を含む全ての国家権力は、基本権により拘束される〔5〕。基本権の尊重は、フォルストホフが考えたような歴史や時代の変化によって制限を受けるような性質のものでは決してないことがここに明示され、不可侵の「人間の尊厳」を尊重し保護することが、国家の責務となった（第一条第一項）。個人はさらに、自らの人格の形成について決定する権利を持つと同時に、生存のあり方に責任を負う（第一条第一項、第二条第一項）〔6〕。個々人の生存に配慮する権利と責任とを唯一行政のみに負わせ、それを個人の自由に優越するものと位置付けたフォルストホフの前提は、ここに改められている。

3　芸術に対する極めて強い「留保なしの自由」の保障

基本権に関連して、以下では芸術文化の領域に焦点を当て、国家が芸術を道具化したことへの反省と、戦後のいわゆる「芸術の自由」と国家との関係性が、どのように見直されたのかを各種の判例を参照し、確認しておきたい。

現在のボン基本法の規定は、以下のとおりである。

第五条

（一）何人も、言語、文書及び図画によって自己の意見を自由に表明し流布させる権利、並びに、一般に近付くことのできる情報源から妨げられることなく知る権利を有する。出版の自由並びに放送及びフィルムによる報道の自由は、これを保障する。検閲は、行わない。

（二）これらの権利は、一般的法律の規定、少年保護のための法律上の規定、及び個人的名誉権によって制限を受ける。

（三）芸術及び学問、研究及び教授は自由である。教授の自由は、憲法に対する忠誠を免除するものではない。

芸術の自由を定める第三項は、ヴァイマル憲法の第一四二条第一文とほぼ同じで、後文は削除されている。この条文に関する戦後の判決の特徴は、以下の三点となる。

第一に、第三項は国家からの自由、すなわち自由権的自由を意味する。この点の確認こそがナチ時代の反省の要諦であり、今日の明確な防禦的自由の主張はこうした判例を根拠とする。つまり第二章で見たヴァイマル憲法の保障した自由とボン基本法の自由では、自由の実効性が明らかに異なる。ヴァイマル憲法の自由は、権力者の恣意的な介入からの芸術の自由を掲げつつも、そこには起草段階からすでに法の留保が想定されていた。暴走する可能性を十分検討せずに法治国家という形式へと寄せられた絶対的信頼は、芸術の自由の保障を結果的に無効化した。自由という文言は同じであるものの、実質的な「国家からの自由」は、ナチ時代の経験を経て初めて、戦後の産物として形成されたと言えよう。

第二に、第五条第三項の芸術の自由は、極めて強い保護のもとに置かれ、相対的に広範な自由を享受する。第五条は第一項で、意見表明の自由、知る権利、出版の自由、報道の自由を規定し検閲を禁止しているが、これらは続く第二項の制限を受ける〔7〕。対照的に第三項は、第二項の制限を受けないとされ、留保のない自由を認められていると判例は見なしている〔8〕。ヴァイマル憲法での芸術の自由についてアンシュッツは、無制限の自由ではなく一般法の制限は受けると解釈し、このことは「悪法も法である」状態がまかり通る土壌を用意した。戦後の判決がこのことに触れつつ、第三項の留保のない自由の保障について繰り返し言及を重ねる姿勢に戦後の芸術と国家権力との関係を読みとるのはそう難しいことではなく、過去の反省とその再来抑止の意思が明示されている〔9〕。また第一項の各種の自由には、個人への自由の保障のみならず、公的な議論を形成するための「奉仕の自由」という性格が見いだされるものの、芸術にはそのような奉仕の論理は認められない。何かしらの理由を付けて芸術領域に介入し、活動を弾圧し、芸術や芸術家を国家に奉仕させてきた時代への反省は、ここにも極めて強く反映されている。

つまり文化芸術に関しては何よりも「自由」が戦後強調され、国家の関与を招きかねない「奨励」を犠牲にしてでも――たとえ経済的に芸術家が不自由な状態に置かれることが予測されていたとしても――まず国家からの自由の確たる保障が第一に優先されているのである〔10〕。

第三に、国家権力（司法）は、それが芸術であるか、非芸術であるかの判断、およびそれが芸術の創造過程であるのか、伝播の過程であるのかなどの「段階的審査」はなすものの、良い芸術か否かという「質的判断」は一切行わない。こうした前提に立った上で、作品の伝播の過程など社会的な関わりの中で、芸術の自由が他人の基本権を侵害してしまう場合には、いずれを優先するかについて（学説の批判は様々にあるものの）一定のルールの下で判決が下されてきた。

対象となる表現が、「芸術」であると認められた場合[11]、その自由の保障については、まず、芸術の自由による侵害が、第一条第一項の「人間の尊厳」に抵触するか否かが問題となる。この場合は、憲法的価値秩序に則って解決されるべきであるため、個別具体的文脈に応じた比較衡量の余地はなく、「人間の尊厳」が優先的に保護される。

その他の憲法上の法益（第二条第一項の他人の権利や憲法的秩序、道徳律、民主社会の秩序など）や他人の基本権（第五条第二項の名誉権や親の教育権、所有権など）を侵害する場合には、比較衡量により個別具体的に判断され、その結果、必ずしも芸術の自由が優位にならないことはある。法の留保はなくとも、法益の比較衡量はなされるのである。ただしこうした相対的保護が適用されるのは、芸術作品の伝播や上演など、社会との関わりを持つ作用領域のみであり、芸術家の芸術活動自体（行為領域）は絶対的に保護されている[12]。

二　現代の「生存配慮」の限定的性格——要請される「中核」の定義

第一章では、文化領域の政策を広く積極的にとらえる今日の議論を見たが、一般的な行政分野での「生存配慮」は、基礎的自治体や公共団体が、特定の必要なものや財を供給（調達、用意）することに限定されてきた[13]。連邦憲法裁判所（一九八四年）は、「生存配慮」を「市民が、人間に値する存在を確かなものとするために必然的に必要とするサービス」[14]と定義している。学説上、イェリンクハウス、シャイデマン、ヘーシュらは共通して、戦後の「生存配慮」は事実上、暗黙のうちに社会経済基盤の給付に限定されているとみてきた[15]。戦後の「生存配慮」がこのように給付行政の一部でしかないとみなされる点には、「生存配慮」の理論が行政への著しい権限集中を招いたことへの反省を読みとることができる。

今日、立法は、国民・市民を代表する議会の責任において[16]、行政の「生存配慮」に対する民主的な抑制の機能を担うとされる（第二〇条第二項）。基本法第二〇条第三項は、「取りくみ」を可能にするための執行権が法の秩序に逆らうことを許しておらず[17]、立法に対する行政の優位を唱えたフォルストホフの理論に対するもう一つの克服をここに見ることができる。

これらに加えて、「生存配慮」には大きな理論上の変更点がある。基本権の保障と法に則った行政のこうしたあり方が、最終的には議会制民主主義が機能することによって初めて、意義のあるものとして「完成」されるととらえる点である。

1　社会国家の原則

樋口と吉田は、ボン基本法の規定の多くはフランクフルト憲法以来の古典的・伝統的な基本権を受け継いでいるが、ヴァイマル憲法に含まれていた詳細な社会権はごく一部を除いてほとんど姿を消し、かわりに第二〇条第一項に社会国家条項が置かれ、それにより社会的・経済的・文化的諸権利の実現は立法者に広範に委託するにとどめていると解釈している[18]。第一章の議論でもこの第二〇条がまさに主題化されていたが、第二〇条の社会国家と「生存配慮」との関係は戦後どのように構築されたのだろう。

ヘーシュによれば第二〇条は、「人間の尊厳」を尊重・保護することを「国家の責務」とするための条文ととらえられている。つまり基本法は、誰もがその生存を形成するための「充分な分け前」にあずかる機会を持てるという人間像を基底にしているため、国家権力には、誰もが実際に自ら決定できる人生を実現できているかどうかを「見張る使命」が生じると解釈されている[19]。

2　自由と社会正義の均衡

この解釈の根拠をヘーシュは、戦後西ドイツの経済政策と関連付けている。個人による人格の自由な発展や生の実現の追求は、不可侵のものとして尊重されなければならないという原則が、戦後ただちに確立された。しかし現実には自由に基づく競争が激化することで、やむをえず競争から零れ落ちてしまう人々も出てきた。そこで西ドイツはこうした人々を想定し、全ての人々の生存になるべく配慮し、自由と社会正義との間にバランスをとろうとしたという。ここでヘーシュが注目するのが、当時のオルド自由主義と社会的市場経済であり、個人の自由な人格の発展という理念を実現するための両輪となったと理解している。

オルド自由主義は、個人の自由と自決を経済活動の前提条件としてとらえるが、再配分の必要性にも目を配る。社会的市場経済は、社会的正義と物質的な安定なくして個人の自由と自己決定は実現しえないとする。全体主義を否定しつつも、単なる自由市場主義的な経済秩序は修正すべきだという認識が、憲法学者や経済理論家に共有されていた[20]。ヘーシュはそれゆえに国家には二つの使命が委託されるとする。第一に、個々人の人間的な尊厳を守るために、問題が生じている場所において機会を均等にする使命である。第二に、問題が生じていない場面でも個々人の生存に関する自己実現の可能性をよりよく準備するための機会があるのであれば、それをあらかじめ調達するという使命である。けれども「問題が生じていない場面」や「あらかじめ」という性質からは、国家や行政の暴走を誘引するのではないかという懸念も生じる。

7　個人に委ねられた民主政治の形成と「生存配慮」

戦後も国家は、個人の生存にあらかじめ配慮するという役割を確かに担わされており、それは一般的には基本法第二〇条の社会国家条項に内包されている。しかし「生存配慮」は第二〇条の社会国家の規定から、「自動的」に導きうるのではない。社会国家の原則は立法者に対し、基本法に則った個人の行動の可能性を実際に保障し、維持するように立法の責務を包括的に規定している。つまり、社会国家の原則が要請する一般的な個人の生存への配慮の理念は、立法者によって具体化されてはじめて、「生存配慮」となるのである[21]。こうして確定された「生存配慮」がすなわち、「国家的な責務」になる[22]。ただし立法も恣意的なものであってはならず、究極的には基本権を持った個人が、議会制民主主義を機能させているという前提が、重複されている。つまり、第一条の「人間の尊厳」の尊重と、第二条の

「自由な人格の発展」が支える民主政治の存在こそが、戦後の「生存配慮」においては、成否を握り、民主政治から生まれる立法による段階を踏んだ行政の施行が、手続き上の正当性を保障するのである。

社会国家理念の実現は、物質資源を必要とする。このことは、ある人の利益のために、他の人の自由を奪うという関係の上に成り立っているととらえられている。そうであるならば、自助努力でうまく機能している領域に国家がわざわざ介入し、均衡を崩すことは極力避けなければならない。では国家の暴走を見たドイツが戦後、個別具体的な社会権の列挙を廃止しながらも、福祉国家的な意味合いの強い社会国家を国家目標として掲げたのは、市場競争で零れ落ちる個人のために単にセイフティネットを張っておくためだけだったと理解すべきだろうか。

ドイツやフランスは、自由競争を抑制することも多く、相対的に福祉国家志向が強いと見なされている。しかしこのような傾向を見て、ドイツであれば積極的な文化政策も当然に成立しやすいと推測してしまうと、積極的展開を可能にしている背景を見落としかねない。というのもこの社会国家は、過度な経済競争を背景にそこから零れ落ちた個人に、国家が行政を通じて何らかの手を差し伸べなければならないというフォルストホフの「生存配慮」の根拠付けを、戦後に批判的に継承したということにはとどまらないからである。

ヘーシュは社会国家を、個人がひとりでは存在せず、必ず誰かの存在によって助けられていることを思いださせる装置だと位置付けている。社会国家は、租税制度によって恵まれた人の自由をある意味で制限し、それにより人々の間にある社会的な不均衡をならすことを目指すものであるが、これは基本法が不可侵の「人間の尊厳」を保障する一方で、共同体秩序の形成を思いやることを個人に求めてもいるためであるとされる[23]。基本法のこうした共同体志向には、個人と社会との関係が戦後、どのような理念型でとらえ直されたのかを読みとることができる。これは「パーソナリズム」と呼ばれ、新自由主義的な競争を至上価値とする個人主義でも、全体主義国家が掲げる集団主義でもなく、その間に位置するとされている[24]。そのために、自由を基調としつつも社会国家の原則が基本法に国家目標として掲げられていることで、個人がひとりで存在するのではなく、誰かの存在によって助けられていることを思い出させようともしていると解釈することができるのである[25]。

ここに、フォルストホフ的な「生存配慮」に頼り、国家の「分け前に参与」するだけになってしまった「個人」のあり方の見直しも行われていることが分かる（第四章以降で詳述するように、この点は一九七〇年代以降の文化政策でしばしば立ちかえられる点になる）。同時に共同体も、基本権の保障を大前提とした個人が、他人への思いやりを忘れずに形成していくものとして、慎重に理念的な見直しがなされてきたと言える。

つまり第二〇条は確かに、国家のあり方を規定する場所（連邦および諸州）にあるが、個人と共同体のこうした理念的再構築を念頭に、「人間の尊厳」や「自由」の戦後の強調をもふまえるならば、社会国家の原則は単に国家による国民に対する手厚い福祉を無条件に約束するような性格のものとしてとらえられているわけではないことが見えてくる。この条文はむしろ、国民が自立的なあり方を模索しつつ（人間の尊厳、人格の自由な形成）、議論によって民主政治を動かすことができれば、共同体に必要な政策（生存配慮）を、立法を通じて引き出せる用意がある（社会国家）ということを規定しているのみだと言える。国家の「生存配慮」に頼り、手厚い社会保障に自らの生を喜んでゆだね、ハーバーマスの言葉を借りるなら「福祉国家のクライアント」と化してしまいがちな国民に、課題を投げかけているとさえ言えよう。

以上の考察からは、戦後も「生存配慮」の必要性は継続して認められたが、それは基本法体系において、「人間の尊厳」を筆頭に各種基本権の尊重と立法の行政への優位を明言することで、行政を基本権や立法に優位させたフォルストホフの「生存配慮」理論を克服することではじめて可能になったことが明らかになった。基本法の社会国家条項は、フォルストホフ的に理解する「生存配慮」の名残ではなく、個人の自由の追求を最大限に尊重する一方でその自由が、必ず共同体の中の誰かによって支えられていることを他方で各人に思い起こさせ、個人主義でも集団主義でもない、共同体のことも考える個人像を提示しようとする意図さえ持っていると言える。社会国家のこうした前提を踏まえるならば、社会的な不均衡の調整原理とはいえ、社会国家の意味内容を広くとらえ恣意的に広汎に「生存配慮」の射程をとることは許されない。「生存配慮」の見直しは、社会国家の規定を通じて、国家行為のあり方を見直したのみならず、民主社会を形成する基礎としての個人の「自由」と責任とを再認識させるものでもあったのである。共同体との関係において示される個人の理念的なイメージは、行政の手厚い給付のクライアントになるのでも、自由競争の中で自らの利益のみを追求する、利己的で社会関係から断絶された孤独な個体でもない。共同体や国家も理念的には、個人が従わねばならない所与で抽象化された全体意志ではなく、自己決定を行う個人が集まって、自分たちの共同体の課題に具体的に向きあい、常に民主的に形成していく中から生成され、営まれるものとして描き直されたのである[26]。

以上のように、フォルストホフの理論の非民主的な性格は、一般的にはドイツの行政学としては、基本法によって克服されたと考えられ、「生存配慮」は今日、基本権を最上位とする憲法秩序の下で、一般的に第二〇条の社会国家の規定に組み込まれていると理解されている[27]。「社会国家」の規定を大枠として、実質的に「人間の尊厳」に値する生活を送れるよう、一般的（特に経済的・物質的）な「生存基盤」の整備は、立法を通じて具体的に確保すべき国家的な責務となる[28]。基本法を制定する過程にたずさわった者たちがあらかじめ社会権を列挙するのではなく、社会国家条項によって立法者に委託したことこそがすなわち、国家の責務を国民が民主的に議論することから発生する性格へと転換させる作用を持っていたと言える。

第二〇条を根拠に、民主的な選挙によって選ばれた議会の議決を経た立法（州憲法や連邦法）によって[29]――住民の合意形成を一種の法源のように見なした上で――その内容（どのような環境整備を施策によって行うか）を定義していくというボトムアップへと、今日の「生存配慮」の性質は読み替えられている。戦後の大きな変更点が、基本権の保障と法に則った行政のあり方のみにあるのではなく、最終的には議会制民主主義が機能することによって初めてそれらが「完成」を見る点にこそあると第二節の冒頭で述べたのはこのことを指す。

つまり民主的な立法による内容確定という手続きが機能し続けることにこそ、戦後の「生存配慮」の成否がかかっており、それは一度きりの制度設計で戦前理論の克服が完了したと言えるような単純な性格ではない。こうした戦後の制度的枠組みの中でさえ、国家権力と個人の自由との均衡が崩れるとすれば、何よりそれはもはや国家権力の性格のみに帰せられるものではなく、「自由」に伴う責務を果たさなかった国民が招いた帰結に外ならないことになる。はたして民主的立法という理想が実質的に機能するのか、一部の利益のみを代弁することにならないのかという現代の議会制民主主義に付きものの難問を免れないのも確かだが、理論面で戦前の克服は、明らかに意識的に目指されてきたと言える。

第二〇b条で文化政策を考える際もこうした個人像と、社会国家を前提とした戦後「生存配慮」の理論を考えれば、個人は自らの責任で国家権力による文化への保護と振興、すなわち公的文化政策を引きだす構図になる。つまり各国で積極的に展開される文化政策全てが、パターナリスティックな性格のものであると理解することはできない。少なくとも現代のドイツでは権能と責任を持つ個人を前提とするために、国家が介入しては危険だと何もせずに一方的に批判することはむしろ行政の怠慢と結託する無責任と非難されかねず、積極的な政策の源泉として少なくない責任を個人は持たされていると言える。

三　欧州の一般利益サービス論

一九八〇年代以降には欧州統合深化の過程で、公共サービスの全体的な傾向として、提供主体の見直しが進んでいった。域内市場の自由化を進めるための対象を見定めるために、従来は各国の国家行為の担い手が公共事業として提供してきた行政サービスについて、民営化をしても公共の利益が確保できる／すべき領域と、できない／ふさわしくない領域とに整理が進められた。これは、「一般利益サービス」の論点として二〇〇〇年代初めに集中的に議論されている。一般的な人々が関心を持ち、彼らの利益になるようなサービス（日本語でほぼ公共サービスととらえられる事業）が、念頭に置かれている。今日これらの提供主体は必ずしも国家である必要はないが、市場を通じては確保できないような公益的性格のサービスを提供するという性質上、ある程度は社会経済的にサービスが提供されなければならないと考えられている。二〇〇三年に欧州委員会により政策提案検討資料として詳細な『緑書』が出され[30]、「一般利益サービス」はドイツの文化政策の専門家たちには、「生存配慮」の概念と同義ととらえられた（このことはますます文化政策の議論における「生存配慮」概念の今日的な受容と定着を後押しした）。

欧州委員会の『緑書』に対し欧州議会は、遅くとも二〇〇四年四月までのフォローアップを求め、「一般利益サービス」のうち、特定のもの（衛生、教育、公営住宅、および情報の複数性と文化的多様性を維持、促進するような一般利益サービス）については競争原則から除外されるべきであるとの見解を示した[31]。しかし『緑書』での芸術文化の位置付けが明白でなかったために、二〇〇四年にドイツ文化評議会は欧州議会のこの見解を根拠に、文化は「生存配慮」であると反応する。ドイツ国内での「文化的生存配慮」の理論形成が二〇〇〇年代初めから活発化した背景は、こうした欧州の動きとも無縁ではなかった[32]。

四　今日の「文化的生存配慮」の性質

以上の考察から、「生存配慮」の理論については、戦後に理論的な克服が行なわれた上で今日も使用されていることが明らかになった。重要なのは、戦前に機能不全に陥った民主政の蘇生が、第二〇条の実効化の前提にも含められている点である[33]。ヴァイマル憲法が明文化していた学問と芸術の公的な奨励を、ボン基本法は削除したが、そうした国家行為は第二〇条に立法者への広範な委託として掲げられたと考えると、諸権利の実現のために委託されたものこそが戦後の「文化的生存配慮」だということになる。

それゆえ公的文化政策の根拠は、基本権からではなくこの第二〇条を法的な根拠として理論形成するのが妥当であると考えられ、諮問委員会も二〇〇七年にその立場を採ったのだと考えることができる。そして立法者に委託される文化的諸権利の実現に寄与する施策の形成を基本法上も明文化し、未だ規定の不十分な州に一定の方向を示す試みこそ、第一章で見た第二〇b条の新設であると位置付けることができる。

けれども、再びここで疑問が生じる。第一章で扱った「国家目標の文化」を求める改正論とそれに対する連邦議会諮問委員会の結論は、基本法の第二〇条に二〇b条として「国は文化を保護し、振興する」という条文の新設を求めるものであった。しかし本章で明らかにされたのは、戦後の「生存配慮」は限定的な性格で、一般的には最低限の社会経済基盤整備を主要な意味内容として理解されてきた傾向である。文化政策において社会経済基盤整備とは、文化施設の設置、維持、管理になろう。だがもしそれだけを指すのであれば、既存の第二〇条の社会国家から州の立法を経て、「生存配慮」とすることが、理論的には可能である。社会国家に並ぶものとして「国家目標」として文化振興を定める条文の新設を行う必要性は、無い。実際、基本法の第二〇条第三項[34]は、人間的に生きるために必要なものの多様性を表し、経済的な問題に限らず、文化的、宗教的、健康上必要なものをも含むとする立場もある。このような立場は、国家的な行為は確かに市民の経済的な必要に向かいがちだが、公共の目的は、経済成果のみによって決められるのではないと指摘している。そうであるからこそ、なぜ第二〇b条が必要なのか、それは妥当なのかを再度問い直す必要が生じてくる。

再度、諮問委員会の改正の根拠を注意深く検討すると、ドイツの現行基本法が掲げている「国家目標」が、人間の実存（Existenz）の「物質的な条件」の保護のみであり、「精神的な領域に関わる人間的実存（Dasein）については適切な規定がない」[35]ことを根拠にした改正勧告であったことを改めて確認することができる。第二〇条に掲げられる国家目標は現在、法治国家、社会国家原則と、自然的生活基盤（Lebensgrundlagen）の保護である。ここで「物質的」「精神的」という対比に着目するならば、「物質的生活基盤」については、社会生活上必要な社会経済基盤《インフラストラクチャ》整備を指しており、文化施設の設置や維持は「物質的」な条件の保護（すなわち社会国家規定）にすでに含まれうる[36]。さらに実際、各自治体や州政府は公共の責務としてドイツ全土に網の目のように広まる文化施設をすでに維持、整備しており、これは現行の基本法でも可能だったものである。文化施設の設置のみを求めるのであれば、改正に大きな意味はない[37]。均等な社会経済基盤整備であれば、基本供給（Grundversorgung）と表現しても十分なはずである。「文化的基本供給」という概念は、連邦憲法裁判所が公共放送の責務に関する議論の中で言及し、その後、社会民主党の政治家達が九〇年代初頭から一般的な文化領域に使い始めたものである[38]。「生存配慮」も、治安や秩序維持などの警察的権力ではなく、水道や電気、教育、労働、文化などの非侵害行政を内容とする点では、基本供給とほとんど違いはない。そのため、二〇〇〇年代に入っても、ドイツの専門家たちが「文化的基本供給」と「文化的生存配慮」とをそれほど厳密に使い分けていない議論はしばしば見られた。二〇〇四年には、文化政策協会も、「文化的基本供給」についてまずは特集を組んでいる[39]。

他方、諮問委員会は『最終報告書』の脚注で、フォルストホフの生存配慮論について触れ、「生存配慮」も基本供給も、公的に社会経済基盤《インフラストラクチャ》を供給（Versorgung）として住民に差し出すという理解から出発していることに言及している[40]。そして、「文化的生存配慮」や「文化的基本供給」は、公的なものをまずは意味する表現であると限定している。これらの表現は、様々な担い手による文化活動のうちの一部のみを指すとの解釈を示した上で、より包括的な概念として「文化生活基盤《インフラストラクチャ》」という表現を提起している。ここで示された文化的生活基盤は、日本でいわゆる「ハード」と呼ばれる文化施設の設置（公共施設の設置は既存の概念である社会経済基盤《インフラストラクチャ》にすでに含みうる）のみではないことに注意をする必要がある（そのため、この文脈での諮問委員会の意図を明示するために文化の方の邦訳を「生活基盤」とした）。示された内容は、①文化施設の設置と維持、②芸術、文化、「文化的な人格形成」の振興、③文化行事の発案と資金の調達、④芸術家と文化を生業とする者、市民活動、文化領域で働くフリーランスの者、文化産業のための条件整備の四点であった。

けれどもそのすぐ後で諮問委員会は、これらの「文化生活基盤」の保障において国家（Staat）と自治体がどのような責務を果たすのか、という論点に戻っており、近年の主要な議論で用いられている「文化的生存配慮」と意図的に表現を区別したことで、広く論ずるわけでもなく（例えば義務的責務と任意的責務を区別するなど）、その境界線は極めて曖味なものにとどまった[41]。ただ方向性を理解するための条件として参考になる点は、文化生活基盤の「水準」に関して、最小限という理解も（形式的）平等主義という理解も否定している点である[42]。

第二〇b条の議論は、社会国家の規定に基づき立法による具体化によって導き出されてきた従来の社会経済基盤整備にとどまらず、加えていったい何を求めているのだろう。この内容こそが、今日の公的文化政策の中核をとらえる上で一つの手がかりとなるに違いない。諮問委員会は今見たように、二〇〇七年にはそれを「文化生活基盤」と表現した。けれども一般的には「生存配慮」の理論でとらえられてきたものとの意味内容の差が、十分には示されなかった（主体の差で、民間によるものも含めた場合「文化生活基盤」、公的なものは「文化的生存配慮」と区別する意図だったようだが、「生存配慮」の提供主体も基本的には民間事業者も含むことができる）。そのためかこの用法はあまり議論のための用語としては定着しなかった。本書では、その後の議論で統一的に使用され続けている「文化的生存配慮」を文化政策における公的責務の中核をとらえる概念として使用していく[43]。その内容をとらえる上で重要なのは「精神的な実存」に関する規定が欠けている点を連邦議会文化諮問委員会が基本法改正の勧告の決定的な根拠としている点である[44]。一九世紀以降のドイツの文化思想史においては、この「精神的」というのが、表現の自由や内心の自由や信仰のような内面性を広く一般的に広く指すのではなく、文化の中から精神的とされたもののみを自律的な芸術や高尚な文化へと構成する要素となった。そのように考えると、二〇b条は、教養市民的な文化概念に回帰する道を無意識的に、あるいは意図的に孕むのではないかともいう懐疑も生まれる。

＊＊＊

本章では、今日の「文化的生存配慮」が提唱される前提に、フォルストホフの理論の多方面からの見直しが基本法の中で行われ、今日の「生存配慮」を根拠付ける根底に国民の代表である議会が制定する立法の抑制機能があるという理念的要件までは、明らかになった。しかしこの抽象的な定義のみでは十分ではなく、文化政策の領域で考えるときに、その意味内容は、社会経済基盤以上の何を求めるのかが不明瞭である。市場自由化の中でも削りとることのできない公的文化政策の中核を「文化的生存配慮」と表現することが妥当であることは明らかになったものの、基本法改正をしてまで、具体的に何を求めようとしているのかについては、未だ議論の余地があることが判明した。他方で諮問委員会の「文化生活基盤《インフラストラクチャ》」は、芸術文化に関わる公益的なもの全てを包括しようとする概念（①―④）であり、公的文化政策の補完的性格を大前提とするならば、中核をとらえなおす必要があり、この概念をそのまま援用するには、広汎に過ぎる。社会経済基盤整備以上の何を文化政策の中核として求めようとしているのかについては、未だ議論の余地があることも判明した。

ドイツ文化評議会の「抑えられた価格と敷居の低さによって、継続的に安心して様々な芸術部門からなる包括的な文化を幅広い層の国民に提供すること」[45]という二〇〇四年の定義や、二〇〇四年の文化政策協会の特集にもみられたように、当時は「文化的生存配慮」と基本供給とが概念的に未整理で、その内容も十分に練られていたとは言えない。そしてその後「文化的生存配慮」に書き換えられている現状に明示的に言及したのが、二〇〇七年のドイツ連邦議会文化諮問委員会の『最終報告書』であった。

さらに先の判決からは、芸術が戦後は極めて大きな自由を保障され、憲法裁がそう判示することで一定の方向を示そうとしてきたことを読みとることができた[46]。ただこれらの判決から、国民へのまなざしは十分に読みとることができない。「生存配慮」の見直しが、「人間の尊厳」と「人格の自由な発展」を前提とし、今日の「文化的生存配慮」はその前提を実質的に機能させるためにも適切な環境を整備しようとしていることは、十分理解できる。けれども戦後、芸術家ではない一般的な国民・住民の芸術や文化に対する権利はどのように考えられていくのだろう。基本法の改正案で、ドイツは具体的にはどのような文化政策像を今日描こうとしているのか。

第一部では国民国家成立期から長きに亘って、政策と芸術文化とのあるべき関係を様々に試行錯誤するドイツの姿を考察してきた。「文化国家」や「生存配慮」の極端な先鋭化は、戦後まずは連邦政府と芸術文化とを切り離すという反省を導いた。権力を集約・系統化する「ステイト」の思想は、国民国家運動の時代に、従来の教区や領邦といった一次的帰属から飛躍した「国民国家」という集団の同質性を「文化」により強調しそれに対する帰属意識を醸成することで、集団と統治単位とを一致させようとするナショナリズムの理論に取り込まれている。ナチ時代には全体主義の強烈な経験をしたために、戦後の反省もまずは、中央集権的統治を克服するという側面に見いだされた。

「州の文化高権」や自治体による文化行政は、中央政府ではないがゆえに公権力と芸術文化との分離が主題化されにくいまま、「文化国家《シュタート》」が国民国家運動以前にすでに内包していた集権的性質を温存させる可能性を残した。そのように考えると相対的には小さな単位であるとはいえ、州や自治体の権力が芸術文化を侵害してしまう危険性は根本から解消されていなかった。領邦国家時代の恣意的な統治に対する防御を抽象的な国民国家という統治単位に求めた時代の人々が抱いていた問題意識へと、いつでも後退しうる。

こうした後退を防ぐために、戦後、他方では基本法が、国民を権力の発生源とすることを明確に定めることで、立法を通じて行政に一定の抑制をかけた。多様な見解に触れることで形成される民主的意見を重視する連邦憲法裁判所の見解にもみられたように、国家権力であるという理由のみをもって公的政策の関与を排除することは、現代におけるもう一つの巨大権力である市場経済による画一化されたサービスの供給を招きかねず、それはそれで実質的に自由を損なうと見るのである。つまり一九七〇年頃には経済復興とその副産物である市場主義の生活圏への浸透とを背景に、国家権力の担い手という点のみに懐疑的なまなざしを向けるのではなく、意見形成をする国民が、画一化された見方に動員されることなく、人格の「自由な発展」をできるよう、提供されるサービスの多様性をも考慮にいれる姿勢へと向かうのである。実質的に権力を行使することになる組織については、多様な意見の代弁者を意思決定機関の人員に含める内部構成員の多元性（内部的多元性）が、暴走の一つの抑止力と見なされた。

戦後に民主的な理論への転換を経た「生存配慮」の主旨は、以下のように見いだされた。利己的に自由を追求することから否応なしに生じてくる社会の歪みや、複雑化した社会のあり方を前提とし、基本権の名において保障されている人間の生の自由な実現が、名目のみならず実質上も全ての人にとって可能となるよう、あらかじめ国家権力の担い手が多元的に配慮を行う。しかしそれがパターナリスティックなものになり、住民が「福祉国家のクライアント」化しないよう、「生存配慮」には立法を通じた国民の合意というコントロールが、理論上は、なされる。

文化領域における基本権は、「芸術の自由」を規定した第五条第三項によるのみならず、第一条第一項、第二条第一項とともにあり、各人は国家からの不当な介入を受けることなく、文化的な側面においても自由に生を形成し、発展させていくことをボン基本法上に保障された。こうした理念的な人間的実存のあり方を実質的にも保障するために、「文化的生存配慮」が今日問われ、そこから政策の中核が見いだされようとしている。しかし第二〇b条新設の議論があることからは、これが文化行政に社会経済基盤の整備のみを求めるものではないことをうかがうことができた。ここでは文化的な生活基盤《インフラストラクチャ》とは何かという問いが投げかけられ、従来の社会経済を念頭に置いた「インフラストラクチャ」の意味内容の再構築が提起されたのである。この議論においてしばしば参照を促されていたのが「万人のための文化(**Kultur für alle**)」と「住民の文化への権利」という一九七〇年代以降広く参照されてきた理論である。

二〇〇四年に「生存配慮としての文化!」を提議したドイツ文化評議会は、一九八〇年代には「万人のための文化」を全自治体文化政策への基本方針として採用していた。また文化政策協会も「万人のための文化」との関連を分析している[47]。そして「文化的生存配慮」を二〇〇四年にまさにその現代版と位置付けている[48]。さらには諮問委員会も基本法改正や「生存配慮」を論じる際は、文化を「公共の資源・財産《グート》」として扱うための方法論を強調し、「公共の関心」を一つの立脚点としている。そして文化の公共的な側面を考察し、社会に対する芸術と文化の意義を記述した箇所では、諮問委員会もやはり「万人のための文化」を参照するよう、うながしている[49]。この「万人のための文化」という理念は、もともとは一九七〇年代初頭にフランクフルト・アム・マイン市の文化政策において登場したもので、当地の実践を象徴するものとして知られている。基礎的自治体の焦点は住民にある。ここまでの章では芸術や国家を対象に考察してきたが、ドイツの文化政策が住民に対してどのような政策を行おうとしているのかが自治体文化政策の考察では見えてくるのではないか。

以上を手がかりに、次章では連邦議会諮問委員会やドイツ文化評議会が参照を促す「万人のための文化」の特徴を分析し、しばしば参照をうながされる要因を探る。それにより、ここまでの考察で理論的基盤の抽出された「文化的生存配慮」の今日的意味内容の中核とその意義をより具体的に描き出せないかを検討していきたい。

第二部　民主社会の基盤としての自治体文化政策とミュージアム

第四章　「万人のための文化」の登場——芸術振興から住民のための文化政策へ

ヒルマー・ホフマンは常に私の先をゆく模範であり、私の憧れであった。
（ジャック・ラング／二〇一二年一一月ヘッセン文化賞受賞式にて）

第一部までの考察で、戦後にどのような政策構造の転換があり、文化政策を公的性格が強いものから公共的なものへと再編する意識があったのかという大きな前提枠組みは、明らかになった。けれども実際に社会国家のもとで公的な文化振興を要求する源と位置付けられる「国民」への目線は、連邦レヴェルの議論においては十分には感じ取られなかった。それゆえに第二部では、基礎的自治体に着目する。本章では第一節で、「文化国家」とフォルストホフの「生存配慮」を理念的にも実践としても克服しようとする試みであった「新しい文化政策（Neue Kulturpolitik）」の意図と特徴を明らかにする。続いて第二節で、その中でも先鞭をつけたものとして、ドイツでしばしば肯定的に評価されてきた理論であり実践でもある「万人のための文化」の意図のうち、「新しい文化政策」と親和性の高い側面を中心に考察していきたい。ここには序章で言及した一九七〇年代以降なぜ自治体文化政策は積極化を見せたのかが関わってくる。

結論を少し先どりすると、「万人のための文化」に代表される「新しい文化政策」の時代に入りようやく、芸術家のみを名宛人に高度な自律を侵害しないという防禦の考え（公権力と芸術の二項対立）や、都市や国家の権力を装飾したり、外界との差別化で域内集団の帰属意識を育んだり、集団を統合したりといった、政治の次元から見た芸術文化の利用可能性（芸術の道具化）とは異なる考えが登場する。第二章で詳述したように、「文化国家」は、①先進諸国、②教養市民層のみが特権を享受する「文化」を尊重する国、③他者に対する差別化、優越の理論として「文化」を掲げる国という一種の意味内容を形成してきた。この②③を意味内容とする「文化国家」の反省に立ち、「人間の尊厳」の実質的保障を具体化するために、住民への目線が制度構造上の理念としてのみならず、政策実践の次元にも加わるのである。文化行政を公共文化サービスととらえる今日から見れば自明となっているこの姿勢がどのような議論を背景に登場したのかを、本章では当時の議会議事録や新聞記事、関係者への聞き取りをもとに分析し、なぜ、どのような点で文化諮問委員会が「万人のための文化」を今日振り返ることを求めているのかを探りたい。

一　基礎的自治体による「文化国家」の解体――「新しい文化政策」の登場

「州の文化高権」と「補完性の原則」は、今日のドイツの文化政策の代名詞として広く知られているが、地方割拠的な文化政策は、一九四九年のボン基本法の制定より先に、州によって実質的に開始されている。それを象徴するのが、一九四八年の州文相連絡会議の発足である[1]。戦前の集権的管理統制体制を制度的に克服しようとする姿勢は、芸術文化の管轄権を分権化し政策を多層化することで、「上から」基本法のみに基づいてなされたわけではない[2]。

そして住民への視線は、判例よりも自治体文化政策の理論や実践に読み取ることができる。今日、文化活動の主体は住民であるが、「補完性の原則」により、「文化政策は第一に自治体政策」[3]と表現される。本節では「万人のための文化」が登場した背景として、序章でも少し触れた一九七〇年代に始まる「新しい文化政策」の特徴と当時の社会的背景を確認しておきたい。「新しい文化政策」はまさに文化国家の「文化」に関して、ナチ時代の反省のみならず、さらに遡って、第一次世界大戦期に先鋭化した理解をも反省するものであった。制度構造としては、文化「国家」のステイト《集権》的性格が、唯一の集権国家《ステイト》という意味に転じたことへの見直しが文化連邦主義によりなされたが、「文化」の見直しはむしろ自治体文化政策の次元で行われている。

「文化国家」には様々な意味があったが、とりわけ批判の対象となるのは、法治国家的な意味（第二章で見たこの用法は国法学のアプローチを除けば、存在したことすらもはやあまり知られていない）でも、一般用語として今日受容されている先進国としての意味でもなく、第一次世界大戦を文化イデオロギー戦争として特徴付けることになった教養市民的な「文化」の性格とそれを中心概念としてきた文化国家論である。教養市民的な「文化」の概念は、戦後分権化した基礎的自治体の文化行政においても、一旦そのまま温存された。当時、集権体制は克服に向かったものの、「文化」の意味内容については、新人文主義的な陶冶への志向を中核とする高度に自律的な芸術文化という観念がそのまま継承されている。

そのため戦後の復興期には、ナチ時代の「野蛮」から目をそらし、ゲーテやシラーのような偉大な精神的文化遺産に回帰することで自信を回復しようとする傾向が、西ドイツ全土を支配した[4]。州や自治体の文化政策は、戦後の荒廃の中で経済的復興を最優先しなければならなくなった市民（富裕層）に頼らず、大戦中に破壊された既存の劇場やオペラ劇場、ミュージアムなどのいわゆる高級文化施設を修繕し、地域の歴史や伝統が断絶されないよう、その象徴的施設を維持することに当面の役割を見いだした。これは一種の公共建築物の保存・維持の延長でしかなかったのだが、芸術文化を積極的に「奨励」「振興」するという発想は、むしろ控えられた時期であった。

教養市民的な「文化」の概念が批判的に見直されるのは、一九七〇年代に入ってからである。その契機は、一九六八年を頂点とする学生運動を機に西ドイツ社会全体に広まりつつあった「権威主義」や「現状肯定的精神」への批判と直接民主主義を求める時代風潮であった。フランクフルト学派の市場合理主義批判を下敷きに、教育制度や環境問題などについても対案的な市民運動が様々に起こり、提起された問題意識は次第に公的な政策にも反映されている。批判を真摯に受け止めたヴィリー・ブラントが一九六九年一〇月二八日の西ドイツ首相として初めての施政方針演説の中で内政上の指針として「われわれはより多くの民主主義を敢行する」と宣言したことは、西ドイツの政治風土の民主的転換を象徴するものと位置付けられている[5]。今日のドイツへの国際的信頼を担保しているリベラルな政策の大部分は、こうした社会運動やそれを経験した世代が政府や行政に携わる中から生まれてくる。

ブルーメンライヒ、ワーグナー、ジーバースなど多くのドイツの文化政策研究者が指摘し、すでに定説となっているように、自らのナチ時代における振舞いを隠蔽・正当化し、古典的教養の世界へと立ち戻ることで自尊心を回復しようとする父親世代（教養市民層）に対して、この潮流の中でとりわけ一九六〇年代後半に大学生たちが反発し、鋭い批判を投げかけている[6]。一九六八年を頂点とするこの学生運動が、西ドイツの文化政策のあり方、とくに「文化」の意味内容の転換を迫っていくのである。

ヘルベルト・マルクーゼは、教養市民的な「文化」に潜む野蛮な性質や既存の体制を維持する「現状肯定的」な態度を一九三七年に鋭く指摘していた。ザウバーツヴァイクによれば、この「文化の現状肯定的性格」[7]というテーゼが、学生たちに「文化」批判運動への理論的基盤を提供し、教養市民的な「文化」の拠点として象徴的存在であった高級文化施設を修復、維持する自治体や州の文化政策にも懐疑的な視線を向けさせたという。彼らはこうした施設の戦後の継承を、ナチを成立させた間接的な土壌の一つであった「文化国家」的な精神の密かな温存であると見なしたのである。

ここに至って初めて、連邦政府のみならず、分権的な担い手である州や自治体なども、文化と政策それぞれの公共的な意義や文化政策の抜本的な見直しから逃れられなくなっていく。学生運動は文化政策に対しても、権威主義の克服を求め、「文化」に纏わりつく「過去」を清算するよう、強く要求した。谷和明は、こうした時代の中でより広い公共性を要求された文化政策は、もはや高級文化施設の再建と維持のみを使命とするだけでは許されなくなっていったと述べている[8]。

つまり文化政策は自らの制度的権限配分の見直しのみで過去との決別を認められたのではなく、一九六〇年代後半に入って質的な転換を社会的に迫られ、ここを起点に、文化と社会との新たな関係性の再構築を模索していくという二段階を踏むのである。

1　対話の媒介項としての文化

学生運動の影響で文化領域に登場した代表的なものに「社会文化運動（Soziokulturbewegung）」がある。フランクフルト学派の批判理論が、この運動の理論的基盤となった言われる。「社会文化運動」は、市井に日常的にある文化に着目し、その位置付けを問うことで、教養市民的な「文化」に限らず、広い意味を持つものとして、文化をとらえ直すことを試みた〔9〕。

この運動は以下の前提に立っていた。近代化の過程で、文化の中から精神的なものには非対称に高い位置付けが与えられ自律した芸術を特権的に享受することになった一部の者と、文化的に貧困化した（ということになる）日常生活を送るその他大勢の者が登場した。文化が社会と分断されてしまったのである。しかし今こそ、自律的な芸術を中核としてそれのみを尊重する特殊ドイツ的な「文化」概念を批判的に見直し、社会と文化とを「再架橋」することで、文化概念を再構築し、広く一般住民の日常生活の中にある文化こそを再発見し、認め、それらを促進していこう、と〔10〕。

一九七七年から八一年までベルリン文化相（Senator für Kultur）を務めることとなるディーター・ザウバーツヴァイクは、この運動の本質を一九七四年当時、以下のように総括している。

ドイツの文化政策は常に、一見非政治的で〈純粋〉な精神世界を日常と政治の現実性から切り離すという伝来のやり方を甘受してきた。〔中略〕けれども現代の文化、〔つまり〕民主主義的産業社会の文化は、現実を拒絶するのではなく、むしろ社会批判的かつ政治的に参加し、行動するものでなければならない。このような文化が社会文化（Sozio-Kultur）である。すなわちそれは芸術を了解と対話《コミュニケーション》の媒体《メディア》としてとらえる。社会文化に対応する文化政策は、もっぱら受容を求めてきた肯定的（affirmative）な文化理解から離脱し、芸術と公衆との間の交渉過程を重要な社会的な政策の問題であると考える。〔11〕

ここに見直された文化の定義は、「対話《コミュニケーション》の媒介項としての文化（Kultur als Medium der Kommunikation）」というものであり、現実を超越するのではなく、現実に立ち向かう性質を持っていた。媒介する性格を持つものであることの意義や自覚的な双方向性が、情報《インフォメーション》でも表象《プレゼンテーション》でもなく編成性を持つ「対話」という語の選択に表れている。文化と社会とを再び架橋しようとする姿勢が、対話の媒介項という側面を強調させたのである。この定義は、ザウバーツヴァイクのみならず、各都市で文化政策を担っていく社会民主党系の政策担当者の共有する理念でもあった[12]。そして学生運動を機に直接民主的な志向を強めていた西ドイツの社会と高い親和性を見いだし、七〇年代には次第に党派を問わず公的な自治体文化政策の理念として採りいれられていく。

教養市民的な「文化」を意味内容とした「文化国家」がナチへとつながる間接的な土壌を醸成していたという歴史認識に立ち、「文化」の意味内容の見直しをもってそれを克服しようとする方法論が、ここには見られる。文化とは、一定の自律が必要な領域であるものの、社会から乖離したユートピアであってはならないという認識が、こうして承認を得ていく[13]。

2　住民の文化への権利

谷がザウバーツヴァイクと並んで参照するヘルマン・グラーザーは、一九六四年からニュルンベルク市学校・文化局長を務めていたのだが、こうした見解を「住民の文化への権利（Bürgerrecht auf Kultur）」[14]と表現したことで知られる[15]。これも今見たような社会全体の権威主義への反発と直接民主的な政治とそれに必要な主体性の確立を求める批判的な社会風潮の文脈上に登場したもので、教養市民的な高級文化施設へのアクセスを全ての住民に開放するという啓蒙的なまなざしに支えられたものではない。

3　文化政策は「社会的な政策」——旧い生存配慮の見直し

学生運動の後、文化へのこうした新しい理解の試みや、それを採用した政策理念、実践が、同時多発的に登場しているが、こうした動きは西ドイツにおいて当時、必ずしも容易に受けいれられたわけではない。芸術文化の領域はとりわけ富裕知識人層の嗜好と見解を代弁するものとして醸成されてきており、一つの自治体が行った実験的な試みがドイツ全土で激しい論争の的になるほど、向かい風も強かった。復古主義的な芸術観が残る当時、保守層はこうした政策を共産主義的文化政策と絶えず批判しているが、冷戦の渦中にあった西ドイツにおいては、受けいれがたく思われる側面もあったのである。

その一方で学生運動は社会を大きく揺さぶり、多くの住民が政策に何を求めているかを察知した先進的な自治体は、既存の劇場やミュージアム、図書館などに限らず、社会文化活動にも公的な支援を行っていく。市民の文化的な活動に場所と財源を提供し[16]、彼らと交流を重ねることで、市民の発案を政策に取り込んだ。この意味で、「文化政策は社会的な政策」であるとされ、結果的に政策による振興の対象となる文化概念は大きく拡がっていった。代表的都市は、フランクフルト・アム・マイン（以下、フランクフルトと記す）、ニュルンベルク、ドルトムントなどであったが、これらの一連の転換が後に「新しい文化政策」[17]と総称され、戦後西ドイツの文化政策に民主的な転換をもたらしたとして、今日では政党を問わず高い評価を受けている[18]。

社会文化と「新しい文化政策」はさらに、全てを決める行政とそれに頼る住民という戦前の「生存配慮」の性格を見直すことにも繋がった。「国家」の集権的性格の意識的改善と、教養市民的な「文化」概念のとらえ直しは、「文化国家」の反省に立っていた。直接民主的な発想から政策のあり方を変えていった戦後の問題意識は、このように、様々な次元で、段階的に公的政策を変容させていった。現代の文化政策が、中央集権国家に権力を集中させた「生存配慮」や、他者の文化に対する自らの優位性によって意味内容を確定しようとする志向性を帯びた「文化」や「文化国家」を逆照射し、そこに立ち返らせない防衛線を幾重にも張り巡らせた上に成立している様子をここに読みとることができる。

過去との対比で考えるならばフランスの「文明」を超越するものとして教養市民的な「文化」を振興することが「文化国家」としての自国の性質を充実させるとの理解に表れた、他の文化を蔑むことで自国の文化的同一性《アイデンティティ》を画定しようとする姿勢や、身分制度内での限られた者の自由のみを尊重する非民主的な姿勢（それは今日の文化エリートに独占される公共文化施設と相似関係にある）のもとで文化と向き合おうとするような姿勢は今日、明確に否定されていると理解することができる。

二　万人のための文化——二つの意図

今日、「新しい文化政策」の代表的理論の一つになっている「万人のための文化」は、一九七〇年代にフランクフルト・アム・マイン市の文化政策理論として登場した。フランクフルトはドイツで一人あたり最大規模の文化予算を持つ都市の一つである。諮問委員会の報告書でも言及されていたように、当地は文化政策の先進都市とみなされているが、その理由はひとえに予算規模のみにあるわけではない。国際金融都市フランクフルトはすでに一九六〇年代には西ドイツ最大の文化予算を持っていた。しかし七〇年代に入ってようやく徐々に文化政策の先進都市として、内外から高い評価を受けるようになる。

転機は、全国からの公募で弱冠四〇歳のヒルマー・ホフマン（社会民主党。以下、ＳＰＤと記す）が市の文化局長に着任し、市の政策と実践の方向転換を試みたことにあった。彼の政策理論には、第一の次元として行政における文化概念の民主化（多様性の尊重）があり、第二の次元として文化による「対話」への期待（民主社会の形成に不可欠の文化）という二つの問題意識を読みとることができる。こうした特徴を持つ理論とそれに支えられたフランクフルトでの数々の実践が、今日のドイツでは「万人のための文化」と総称されている[19]。

この表現はホフマンによって一九七〇年にフランクフルター・ルントシャウ紙上ですでに用いられていたのだが、一九七九年に同名の著書[20]が出版され一躍人口に膾炙した。七〇年代以降は徐々に先進的な自治体によって自治体文化政策理論として受容されていき、フランクフルトのみならず「新しい文化政策」の基本方針の一つにもなった。

1　広くとらえた文化概念――第一の意図

フランクフルトの「万人のための文化」を政策的に対応してきた課題の変化の視点から分析したデミロヴィッチは、一九七〇年代から八〇年代半ばの文化政策を文化活動への参加の民主化を実現しようとした供給の時代、八〇年代以降は都市部と周辺部の格差を埋める配分の時代だったと考察している[21]。この考察にかぎらず一般的にホフマンは「新しい文化政策」の先駆者としての文脈で語られることが少なくない。そしてその場合には、当時のフランクフルトがいかに芸術中心の旧式の文化概念から離れ、住民の文化活動を支援したか、という「対案的性格」に注目が集まる傾向が見られる。ホフマンは一九九〇年まで二十年間文化局長を務めたが、一九七〇年から七七年までの市政がＳＰＤ政権にあった前半期に、広い文化概念は、様々な実験的事業として可視化されている。七〇年代以降、各地区に設置されていった市民文化の家[22]や、文化施設への入場料無償化、屋外および既存の高級文化施設での市民文化活動への様々な助成などが行われている。

本節では「新しい文化政策」の代表都市としての評価の拠り所となってきたフランクフルトの「万人のための文化」の第一の次元に着目する。つまり広くとらえた文化概念、すなわち多様な文化を尊重するという問題意識を下敷きになされた政策が、どのようなものであったのかを具体的に検討したい。

教養市民的な「文化」理解に立つ「文化国家」の克服を目指した「新しい文化政策」は、文化を対話の媒介項ととらえ、高級文化施設を鋭く批判する傾向を持っていた[23]。当時の行政が一般的な傾向として何を文化ととらえていたのかを見れば、文化を広くとらえようとするホフマンら「新しい文化政策」の担い手の見解が特徴的であったことは、一目瞭然となる。一九七〇年代初頭には文化概念に変容の兆しが見られた。このことは、連邦外務大臣（当時副首相を兼任。在任期間 九六九―一九七四年）ヴァルター・シェール（自由民主党。以下、ＦＤＰと記す）が七一年に対外文化政策の議場で発した次の言葉に表れている。

これまでは周縁扱いだったことがらにまで、文化を拡大しよう。従来の美学的な枠は打ち破り、国際的、社会的協働活動の全ての領域に文化活動を広げよう。文化はもはや、少数者の特権ではなく、全ての人のものなのだ。われわれはデューラー、バッハ、そしてベートーヴェンへの畏敬の念の中にとどまっていてはならない。[24]

この引用からは、これ以前には美学的な枠組みを伴う、少数の特権を持った者たちが享受しているものが、政策領域にとっても「文化」の意味内容であったことをうかがうことができる。シェールが「美学的な枠」と表現したものに対し、ホノマンは七九年の『万人のための文化――その展望と雛形』[25]の中で具体的に列挙している。

文化概念の拡大を、下位概念の分裂、もしくは増殖であると理解してはならない。文化が、ミュージアム、劇場、コンサート・ホール、オペラ劇場、図書館といった施設文化に独占されてきた伝統を解消することなのだから[26]。

一方に教養市民的な文化観に基づく自律的な芸術、高尚な文化、制度化された文化施設を置き、他方に市井にある日常文化を置き、それらを二項対立とみなす思考に対する反省の上に政策の対象としての文化を再考しようとする「万人のための文化」の第一の特徴がここに表れている。

つまり『万人のための文化』とは、その響きからまず推測されがちな、既存の文化概念を所与のものとし、少数の富裕層に特権的に独占されてきた芸術文化に幅広い住民が触れられるよう、民主化をしようという大衆啓蒙的な性格のものではなく、むしろ文化概念の民主的な方向への拡張にこそ、意識が向けられているのである。この点で、近代化の過程で分離してしまった社会と文化を再び架橋しようとする社会文化運動と関心を共有している[27]。ホフマンはかつて文化国家論の一部の論者が拠り所とし、第一次世界大戦時に先鋭化を見た「文化」と「文明」の対抗的配置も、「文化」を「文明」より高い価値であると位置付ける姿勢も、著書の中で明確に否定している[28]。

(1) コミュナール・キーノ

こうした文化理解を掲げて、従来は政策課題であるとはみなされてこなかった市井の市民主体の文化活動にもフランクフルト市の助成対象が徐々に広げられていく。具体的にはどのような事業に文化のこうしたとらえ方が反映されたのだろう。当時新奇に富むと見なされた例には、地区ごとの住民文化活動施設の整備、市民文化の家、ストリート文化の支援、文学サーカス、ロック、ジャズ等の支援があるのだが[29]、以下では特にフランクフルトを代表するものとして高い評価を受けた二つの事例を簡単に紹介したい。

フランクフルトに着任する以前のホフマンはオーバーハウゼン短編映画祭でニュー・ジャーマン・シネマ誕生の土壌を用意している[30]。そして彼のフランクフルトでの実践も、映画の領域で始まった。戦後ドイツで初めてのコミュナール・キーノ（公営映画館）の設置である。自治体による非営利上演組織であるコミュナール・キーノは、商業映画業界の激しい抵抗に遭いつつ、一九七一年一二月にフランクフルト市に誕生する。商業映画の主流のみならず、あらゆる種類の映画に住民が触れられるようにすることで、彼らが多様な視角から意見や思想を醸成していけるような環境を整える意図があった[31]。この構想は西ドイツで大きな論争を招き、市は民間の映画館運営主体から設立目的の公共性に対する立証責任を問われた。しかし一九七二年一月二八日にフランクフルト市行政裁判所が、劇場、コンサート・ホール、博物館などの施設と同様に、コミュナール・キーノも今日では文化財の担い手であること、そのような施設で上演される映画が人類の精神的な発露の多様な側面を提示し、それは商業映画と競合しないことを判示し、その後西ドイツ全土で一〇〇館を超えるコミュナール・キーノ興隆に契機を提供した[32]。住民の文化活動と比べると、映画制作には高い専門性が必要とされることから、むしろ芸術領域に含まれるのではないかと考えることもできようが、問題意識は文化政策の支援対象であったか否かという区別に置かれていたことをホフマンの回想に読みとることができる。

> 新しい文化政策は、〔中略〕公的に文化・芸術を支援する中で、社会に存在するありとあらゆる形をとる文化や、さまざまな形でなされる文化の発展を再発見し、その中で、社会と文化に多様な結びつきが可能であることが認められていった。〔中略〕その結果、文化振興には、芸術振興にとどまらない、従来なら排除されてきたような文化的な力と新しい領域――映画から文化雑貨店、コミュニケーション・センター――が含められていき、それらは今や常識的な項目となり、もはや後退はできない。[33]

（ア）ムゾン・トゥルム

従来の典型的な文化政策とは異なるもう一つの事例は、芸術家会館「ムゾンの塔《トゥルム》」である。これは、すでに一九七七年の政権交代でフランクフルトが保守政権となった後の八〇年代の事例である。ムゾン・トゥルムは、社会文化的な性格と、既存文化施設（制度化された劇場）の外で活動を行うフリーランサーからなる劇団《フライエス・テアーター》の支援という性格を併せ持っている（理由は、当初は住民のための文化の家としての構想であったものが、芸術家の制作過程支援を中心とする性格に変容したためである）。社会問題解決を志向しつつも極めて高い芸術的表現を用いた作品を制作するアーティストがレジデンスする施設でもあることから、典型的な社会文化施設の一つに位置付けることはできない[34]。この事例は、公立劇場に属しないフリーランスの実演芸術家に活動とコネクション形成の環境とを用意する点に主眼があった。その意味では、これも極めて芸術の概念に接続的で、高度な専門性を備えている活動の支援ではあるのだが、当時の主要な助成の対象からフリーランスへの支援は外れていた点で[35]、対案的な文脈にあったのだと考えることができる。

今日でもドイツではムゾンの石鹸を買うことができるが、「ムゾンの塔」のムゾンはこの企業に由来する。一七九八年にアウグスト・ヨハン・ムゾンによって建てられたこの石鹸・香水工場は、一九二四年に拡張工事が行われ、一九七六年に文化財保護により塔が保護されていた[36]。文化活動に使われるようになったのは一九七七年以降である。ディーター・ブロッホ（後に館長となる）が、グループ・オムニブスと行った多文化行事「オクトーバー・フェスト」には九日間で二万人が訪れた。この成功がムゾン・トゥルムを市の「市民文化工房」とする契機を提供する[37]。

ホフマン就任時のフランクフルトには、使われなくなった工場などを利用するフリーランスのアーティストたちの充分にプロの域に達した活動が広く展開されていた[38]。政策担当者としてホフマンはこうした現場に二日に一度は足を運び、市の文化事情にすぐに精通したといわれている。市がいくつかの活動を助成対象にすると、噂は直ちに広まった。応募が殺到する一方で、当時の行政担当者は、行政の能力はその質の判定をできるほどには円熟していなかったと認めている。そこで個別の活動助成と並行して、制度化された公立劇場の文化といわゆるオフ・シーンの中間に位置するアーティストの作業場のプロトタイプとして選ばれたのが、ムゾン・トゥルムであり、市の予算で改修工事がなされることになる。現在はこうした実験的・革新的な創作・稽古・上演施設も普及しているが、当時はアーティストのノマド的要請に適う施設の数は限られており、国内外からもアーティストを惹きつけていく[39]。

2　文化を提議／定義する主体——第二の意図

当時は国際的な傾向としても、人類学的文化概念を文化政策の中に採りいれ、文化概念を広くとらえることを重視する動きが、西側資本主義諸国に共通して見られた[40]。けれどもフランクフルトの場合、「万人のための文化」は、第二の問題意識を持っていた。それは文化を通じて究極的には、幅広い住民層による文化的で民主的な社会の形成を理念とするものであった。そしてそういう社会を「文化」と呼びさえする。広い文化概念は、助成対象の事実上の拡大を最終目標にしていたのではなく、その先の理想への第一段階でしかなかった。文化は自分とは縁が無い高尚なものだという認識を消し去り、文化とは何かを提議／定義する権利を広く一般の住民に取り戻そうという意図がその先にはあったのである[41]。

「万人のための文化」という言い回しは、簡単に口にしうる。それはもっともらしい民主的な要求を表しているからだ。〔中略〕民主的な文化政策とは、万人に向けての形式的な供給ではない。文化の発展そのものが、民主的道のりを進んでいかなければならない。そのような道筋に芸術作品、歴史的な文化遺産、民主的な社会が含まれるのだ。[42]

民主的な文化政策の役目は、異なる背景を持つ者同士がお互いに排除し合うことなく、民主的な道のりで文化をそして社会をも発展させていくような環境を整えることであると考えられていたことが分かる。

「万人に文化を」とは、決してパンと余暇の充足という国民の福祉を意図したものではなく、日常生活の人道化と民主化に、自由な文化や芸術が刺激を与える可能性をひらきたいと思ってのものだった。[43]

文化政策の領域では「万人のための文化」が、文化的な民主社会の再構築をも含めたこうした構想を牽引していくが、こうした文化と政治のとらえ方自体は、広く西ドイツの政治においても共有されていた。いわば戦後西ドイツ自身の「文化国家」再構築構想とでも位置付けうるものであった。ホフマンも新聞のインタビューで初代連邦共和国大統領のテーオドア・ホイス（FDP）が「政治が文化を形成するのではない。文化が政治を形成するのだ」と常に口にしていたことにたびたび言及している。

文化的な社会は、それを唱える政治家によって実現されるのではなく、住民がそれを肯定的なものとして受け入れ、日常的に実践することで、次第に形成されていく[44]。その点は「新しい文化政策」も、社会文化運動の能動的な性格が文化領域にとどまらず、社会に刺激を与えることに大きな期待を寄せていた。

社会文化は「文化的な実践」であろうとするものだった。文化や芸術に気軽に触れ、「文化の消費」ではなく、より多くの人に自発的な実践を促し、生活世界をとりこみ、そのようにして発生してくる芸術や文化の形式が持つ訴求力を、現実の社会に引き入れようとするものなのだ。[45]

つまり広い文化概念は、文化を提議／定義付ける権利が住民にあることを示す意図を内包していた。この点こそが、文化を媒介項に対話し判断の能力《コンピテンシ》を成熟させることで、全体主義やポピュリズムに容易に動員されない自立した市民が、民主政を機能させるという構想に接続されるのである。近代国民国家形成の出発点で迷走してしまった「民主社会」を再建するという位置付けで、文化政策こそが、機能不全に陥った民主社会再生の土壌を整備すると主張されていく。

戦後の文化政策には、権限の分配と並んで、自立した市民の判断力の成熟を文化の領域から支えるというもう一つの戦後体制の克服が組み込まれていたことをここに確認することができる。つまり、公的文化政策が一九七〇年代に再び積極的に存在価値を見いだされていったのは、ナチ時代や父親世代の教養市民層を批判した学生運動が直接民主主義的な社会を求める風潮の中で、大衆動員に対する防波堤として市民の主体性の形成に寄与するという役割を言語化し、そうした市民が政治権力の暴走の抑止力となるという永続的な構想を提示したためであったととらえることができる。それゆえに文化政策は、社会国家による給付を待つだけの受動的な住民像を連想させる福祉政策（Sozialpolitik）領域の一つでは決してなく、民主的に議論し政治文化を住民が自ら形成していく基盤をなす「社会的な政策（Gesellschaftspolitik）」と定義されるのである[46]。

文化分権主義と自立した市民の両輪が揃って初めて、「文化国家」と「生存配慮」の戦後の克服を超えてさらに、民主社会形成への貢献という存在理由を見いだし、出発点に立つことができたと言える。そしてそうであったからこそ、その後の公的文化政策の積極化への道がひらかれていったのである。

（1）多様性と多数決

「万人のための文化」は、一九九〇年代にはホフマンも表現を修正しているように、究極的には、「万人による文化」の形成を目指す民主的志向を持っていた。ただしそれは多数意見によって何が文化であるかを決定することを是とする思想ではない。ホフマン自身、広い文化概念を多様性の保障との関連で一対として理解しており、多様性については、少数にしか益しないサービスを、それにもかかわらず提供することと解釈している。

「万人のための文化」とは実際、個々の集団もしくは一部の住民のみを対象に提供を行う多彩さに他なりません。それが専門的知識や慣習や教養によってかくされていようと、ひねくれて「対案的な文化」を称して開かれていようと。気軽な大衆のための余暇の提供であれ、エリート向けの伝統的で専門性の高い芸術であれ。[47]

文化行政は、説明責任を問われるがゆえに、最大多数の最大幸福の理論に基づき、一般的な傾向としては、より多くの人に役立つ可能性を選択し、住民のコンセンサスを得やすい事業や施設を優先しがちである。しかしこの引用にはホフマンが逆説的に、少数派の社会集団にしか益しないプログラムを提供することこそが、多様性の実現に繋がっていくと考えていたことを読みとることができる。

（2）公共文化政治／政策

一九六八年を頂点とする全国規模の学生運動とそれに続く社会の価値規範の動揺とを背景に、教条的で権威主義的な高級文化施設への対抗を意図する文化活動が、一九六〇年代後半に発生し、発展を見せた。社会文化施設の多くは、一九世紀末に利用され、その後再開発の波から取り残された古い工場などを有志の手で改築、利用し、七〇年代後半から次第にその意義を行政にも注目され、助成を受けるようになった。社会文化運動と協働していた当時の自治体行政の根底には、経済的には豊かになる一方で都市が人間的な生活の場という意味では機能不全に陥っていくことへの危機感があった。このことは、様々な政策者の言説からも感じとることができるが、「万人のための文化」をはじめとして「新しい文化政策」はドイツ史上初めて、作品の価値ではなく、人間を中心に据える視点に立ち、広く社会的に受容されることにも成功した政策であった。芸術の質や自由のみならず、人間らしい社会の自由の基盤として文化が語られるようになり、活動の担い手が意思決定にも多層的に影響を及ぼし、公的芸術振興政策の性格はここに、公共性の高い文化政策／政治《ポリティーク》へと転換していく。

市井にある社会文化を支援していった背景には、文化が持つとされる対話や交流を促す機能に着目した市民活動がまずあり、それに理解を示し、積極的に支援していく行政があった。ここでの文化は、「芸術のための芸術（*l'art pour l'art*）」という性格のみに拠ってたつ理解を見直し、文化を媒体に他者と交流し[48]、文化活動を通じて住民が地域の課題を解決するという意図でとらえられており、ここから今日的な表現でいうところの「ダイバーシティ政策」の先駆例も次々と生まれている。

けれども実際には、住民の文化活動の一種といえども社会批判的な文化活動は、広く世間に容易に受け入れられたわけでもなかった。当時の新聞には、「炎上」記事も少なくなかった[49]。

> 今日では賞賛さえされているが、当時このような新しい形態の大衆文化参加者は、高尚な文化寄りの偏見を持つ勢力によって、社会に新たな不協和音を生み出す危険分子と見られた。高尚な文化支持者にとって大衆の文化は決して単なる大勢順応主義として片付けられるものではなかった。〔中略〕これらの新しい創造力は本質的に大衆

的であるというわけでもなかった。彼らは実に政治的なことをとりあげもし、外国人排斥などの社会問題を目に見える形で大衆に突きつけた。[50]

「新しい文化政策」は一般的な傾向として、対話が紡ぎ出す寛容や理解の生成過程の持つ社会的重要性を、市民の手による文化を強調することで、幾度となく説いている。シュナイダーは「新しい文化政策」は地域社会を、精神的な討議と文化的豊かさを育む場と定義したと述べている[51]。そうした理念が、「万人のための、万人による文化」や「住民の文化への権利」や「文化を媒介項とした対話」といった様々な標語を生みだした。「文化政策は社会的な政策」であると理解され、その具現化の典型例が「社会文化運動」だったのである。

三　文化局の外での意見の集約

他方で、次章以降で見ていくように「万人のための文化」は、社会課題を創造的な手法で解決することのみを目指すものではなく、自律的な芸術活動をも含めた実践であろうとした。多様性についての見解で示されていたように、ホフマン自身は、制度化された文化施設や高度に専門化された美学的な芸術を全面的に否定するという立場はとっていない。

「万人のための文化」は、初期市民文化との理念的連続性に意識的に言及し、既存の高級文化施設にも性格の転換を迫っていくというもう一つの側面を持っている。つまり元来は芸術領域こそが好んで掲げてきた「平等」や「自由」という理想に再度目を向け、新人文主義的な陶冶と、文化国家論の差異と優越性を強調する部分の読み替えをしていく。自律的な芸術や芸術領域の自律性を全面的に否定するのではなく、芸術に触れる過程で、想像力や感性、思考の自立を養い、社会を形成する基礎的判断力《コンピテンシ》を培う可能性を見いだしていくのである[52]。「万人のための文化」は、将来的に文化を媒介項とした住民同士の対話の活発化が、行政の政策を統御し、民意による政策への正当性が担保されるという（第二章で見た第二〇条から「生存配慮」を引き出す手法とも一致する）可能性に、無批判なほどに大きな期待を寄せるのである（この内容とそこで依拠される初期市民文化の理念像については、第六章で詳述する）。このように「万人のための文化」が複合的な性格を持っていたために、文化概念を二項対立的にとらえる立場から、「万人のための文化」を対案的な政策の一つとして理解しようとすると、矛盾をはらんでいるようにも見えることは否めない。

複合性の理由は二点考えることができる。一つは、ホフマン自身が高尚な文化も含めて、文化を通じた他者との対話で自立した市民が形成され、彼らが民主政を機能させると確信していた点にある。文化の細分化やレッテル貼りついてホフマンは当初より批判的であり、文化概念の拡大という点をどこまで重視するかについては、「新しい文化政策」の主流をなした他の論者たちの傾向とは、少し立場を違えていたようである。強調されている市民の成熟を軸にすると、全施策で一貫性は見いだされるが（第六章）、文化を媒介項とした対話よりも概念の広さの観点から見てしまうと、矛盾のようにとらえられやすい。

二つめは、それぞれの政策の方針が定まってからのホフマンの主導力は確かに強いものに見えるが、政策の指針を決定するまでの過程で、様々に利益関心の異なる現場の多くの主体の意見を集約し、それを実際には政策に乗せている。そのことがホフマン時代のフランクフルトの実践の複合性や多面性に拍車をかけたように考える。「万人のための文化」は確かにホフマンの名前と分かちがたく結びついてはいるものの、市民が行政を統御するという想定に見られるように、その標語のもとでなされていった数々の具体的施策は、ホフマンが一人で発案し、上意下達で実現させたのではない。ホフマンはほぼ半世紀に亘り、一貫して文化政策の役割を仲介人《フェアミットラ》であると言ってきた。市の文化委員会に残されている、実現しなかった構想、当時の同僚の声、新聞報道、彼自身の回想録に共通して読みとることのできる点として、舞台裏での様々な立場からの意見集約と党会派での折衝[53]こそを自身の本分と理解していたようである。

文化政策の理念がどのように方向付けられているかを検討する際、最も目に付きやすく、入手もしやすいのは、議会や新聞での「公式」理念表明である。けれども事前には、多くの主体によるインフォーマルな理想の表明や情報、要望などの集積があることには、あまり注目されていない。「新しい文化政策」を代表する「成功例」と見なされた都市は、実際には、先進的な理念を無から「発案」したわけではない。政策担当者を始めとして行政が、住民やアーティストの潜在的な要望をどこまで広く深く調査し、把握することができたか、そしてそれらを政策課題として顕在化させ、議会政治を「説得」できたかの差を表していたにすぎない。文化行政をより民主的に変革しようとする動きは欧州の他の国々でも見られたが、文化分権主義のもとで文化政策は第一に自治体が実施するドイツでは、若手のＳＰＤの政策担当者を迎えたフランクフルトやニュルンベルク、ドルトムントなどの自治体で、そうした意見集約を熱心に行う文化ガバナンス志向が、当初より強かったのである。

最後に、公式な政策指針に先立って様々に影響力を持ったこうしたインフォーマルな（議会や委員会と部局外のという意味で）意見交換について、簡単にではあるが、三種類触れておきたい。

第一に、フランクフルトの文化政策の理論的側面は、毎年開催されるレーマーベルクでの文化と社会的課題を扱う討論会に登壇するフランクフルト大学の社会学者や哲学者の構想から多くの着想を得ている[54]。それ以外の場での芸術関係者、大学人や出版業界人、文芸批評家たちとの交流も無視できない影響や刺激を与えたと考えられる[55]。

例えばホフマンは政策に関連して直接的には名前を出さないものの[56]、若いころからハーバーマスと交流があった。現状秩序を批判し、既存の制度の外に理性的な認識と実践の可能性を探し求めたアドルノやホルクハイマーとは異なり、ハーバーマスは批判の拠点を社会の内に見いだそうとした。日常のコミュニケーション実践に内在する理性に期待し、市民の対話の中から実践の目標への妥当性を得ようと考える。日常的なコミュニケーションと制度化されたコミュニケーションとを仲介する中間の言論の批判的公開性が行政の民主性を測定するととらえるのである[57]。「新しい文化政策」とホフマンの「万人のための文化」で繰り返される「対話」への期待も、こうした理論的下地からの影響と、当時のそうした社会学理論に影響を与えた社会風潮が交差する中から生まれた側面を無視することはできない。

第二に、地区住民の要望を反映させる地区評議会がある[58]。地区ごとの市民の代表からなる地区評議会には、様々な政策部会があり、文化部会も存在する。つまり、「フランクフルト市の文化政策」とはいえ、地域住民の要望は「市」という広域単位で抽象的に把握されているのではない。こうした小さな地区評議会が、定期的に政策担当者と会合を開き、要望を伝えたり、市の政策担当者と住民との対話フォーラムを開催したりすることで、いわば直接民主制のような形で住民の声が市政に媒介される構造が存在している。市議会への動議提出には、案件に利害関係のある地区はどこか、地区評議会の承認が必要かどうかを記す必要があり、最終的な議事録の表紙にも、地区評議会の承認日が記載され、意見書なども全て一緒に保管されていく。

こうした意見交換の相手には、政党の地区支部、教区、多様な背景からなる住民のそれぞれの出自に基づく協会や外国人代表者会議もある。また市民と行政の対話を意図した場でなくとも、文化施設の展示のオープニングや、演劇やオペラなどの作品上演後のホワイエ、芸術家の集まる居酒屋・喫茶店なども含め、文化政策担当者が一般市民と夜中まで対話することを厭わない姿勢も特徴的である。

第三に、芸術関係者と行政とは文化シーンを形成する共同事業者と考えられている。意思決定に至る過程が住民の意見に開かれ、意見の反映が書類上の手続きとして制度化されていることはもちろん重要だ。しかし文化局の職員に彼らの政策資源として一番重要なものをたずねると、「信頼関係」という答えが返ってくる。文化局長を始め、助成課の職員も芸術家たちの活動を理解するために、上演時のみならず制作現場にも日夜足を運んでいる。継続されていた補助金や助成金が打ち切られる際、それは芸術家の表現の質が理由ではなく市政や財政状況が理由であることも少なくない。そのため、削減が予測されるときには、行政はその時点で直ちに芸術家たちと状況を共有し、内容や質の問題ではないことを伝え、市が苦しい状況にあることへの理解を呼びかけるという。そうしてしばらく続く厳しい状況を乗り越える打開策を共に練り、時には必要な支援ができそうな住民や企業と芸術家を繋ぎ、状況が再び改善したらまたともに市の芸術文化シーンを盛り上げていく。事業の予算年度は目的ごとに一年から五年の区切りがあるが、文化シーンの醸成は永続的な過程である。景気変動や予期せぬ外圧の中で最も重要なのは、結局住民と芸術家と行政との信頼関係なのである。実情は様々で複雑な問題への対応も多々あり、一概には言えない面もあるだろうが、こうしたことが市の職員の基本姿勢（あるいは理想）と考えられていることがうかがえる。

以降の章では（案件ごとに関わった行政以外の主体にも可能な限り言及していきたいが）ホフマンを中心に「万人のための文化」をさらに分析していくことになる。けれども今見たような過程は常に背景に存在していることをふまえた上でのことであり、ホフマン一人の強大なイニシアティヴが様々な実践を可能にしたという理解に立つものではない。

＊＊＊

本章では、戦前の「文化国家」や「生存配慮」を克服することを目指していたはずの芸術文化の領域で、一九七〇年代以降、公的文化政策の積極化が見られる点について、それが過去の早々の忘却を意味したのではなかったことを「万人のための文化」を含む「新しい文化政策」の「広い文化概念」と「文化を通じた対話」の理論とを分析することにより、明らかにしてきた。

終戦直後、中央政府と芸術文化との距離を可能な限りとる文化連邦主義がまずは制度化されたが、それは戦前体制の克服の片方の車輪でしかない。「新しい文化政策」を契機に、芸術振興を中心とした管理維持行政がその性格を変えたことも、自治体文化政策の存在感が増したのである。これは、ナチ時代に経験した公権力による芸術への侵害を早々に忘却したことを意味したわけではない。全体主義、大衆順応主義、そして新しく社会問題になっていた経済至上主義など、何らかの画一化した視点に、多様なはずの生が動員されていくことへの対案として、自立的な市民こそを政治の基礎とする直接民主的思考が西ドイツの風潮として再認識され、そこから「文化」や「文化政策」の意味内容も再構築されたゆえの現象なのである。

フランス革命の顛末を教訓にドイツ語圏の知識人たちは、近代国民国家の形成において、無制限な「自由」の無秩序状態への転落に警戒心を抱き、「文化国家」を理想像に掲げた。そこには人格の陶冶というある種の高潔な理想が胚胎されたが、「文化」が他者との差異の原理として優位性を示す傾向を強めるにしたがって、その理想は空転し、「文化国家」には否定的な翳が差した。そのために戦後西ドイツでは、経済的に豊かになっていく国々で余暇と文化に関心が向けられていったのとは別の観点から、「文化」や「陶冶」と「社会」の関係の見直しという階段をもう一段多く踏む必要があったのである。

第五章　ドイツにおける「ミュージアムの危機」

文化活動は、表象的な成果を中心に理解されており、いまだに祝祭に都合のよいものだとされている。今日の文化活動は、自治体の名声を高めることにあるのではなく、住民の福祉に資するような実践的な教育《ビルドゥング》＝人格形成の活動にこそある。文化とは人間的な都市を形成するものであり、その中でわれわれの将来が築かれるのだ。

（一九七〇年一一月一二日ヒルマー・ホフマンのフランクフルト・アム・マイン市文化局長就任演説）

フランクフルトで一九七〇年に始まる「万人のための文化」を標語とする理論と実践は西ドイツ全土に刺激を与え、今日では政党や地域を問わずドイツの自治体文化政策の一つの雛形と見なされている。七〇年から九〇年の間にフランクフルトは金融経済のみならず文化の面でも注目を集めていく。これはヒルマー・ホフマンが市の文化局長（Dezernent）を務めた時期であった（図1）。ジャーナリズムによって「文化の教皇（Kulturpapst）」[1]と名付けられたホフマンは、二〇〇〇年代にも「ベルリンの人々は今でも、フランクフルトの文化局長はヒルマー・ホフマンだと思っている」[2]との発言が見られるほど、フランクフルトを象徴する文化政策者となる[3]。

一九七〇年九月にホフマンは社会民主党（以下、SPDと記す）[4]と自由民主党（以下、FDPと記す）の公認候補となり、当時、SPD政権が市政を担っていた議会での彼への賛成多数は確実となる[5]。次期文化局長への就任がほぼ確定したホフマンはこの時点で、「古典的な文化概念を超えて！　現代の大都市の文化局長という者は、何をなすべきか」と題した論考を、フランクフルター・ルントシャウ紙に掲載する[6]。ここでホフマンの考える文化の概念が示されたのであるが、それは七〇年代当時の文化行政においては目新しい点が多かった。前章で見たように、「広い文化概念」

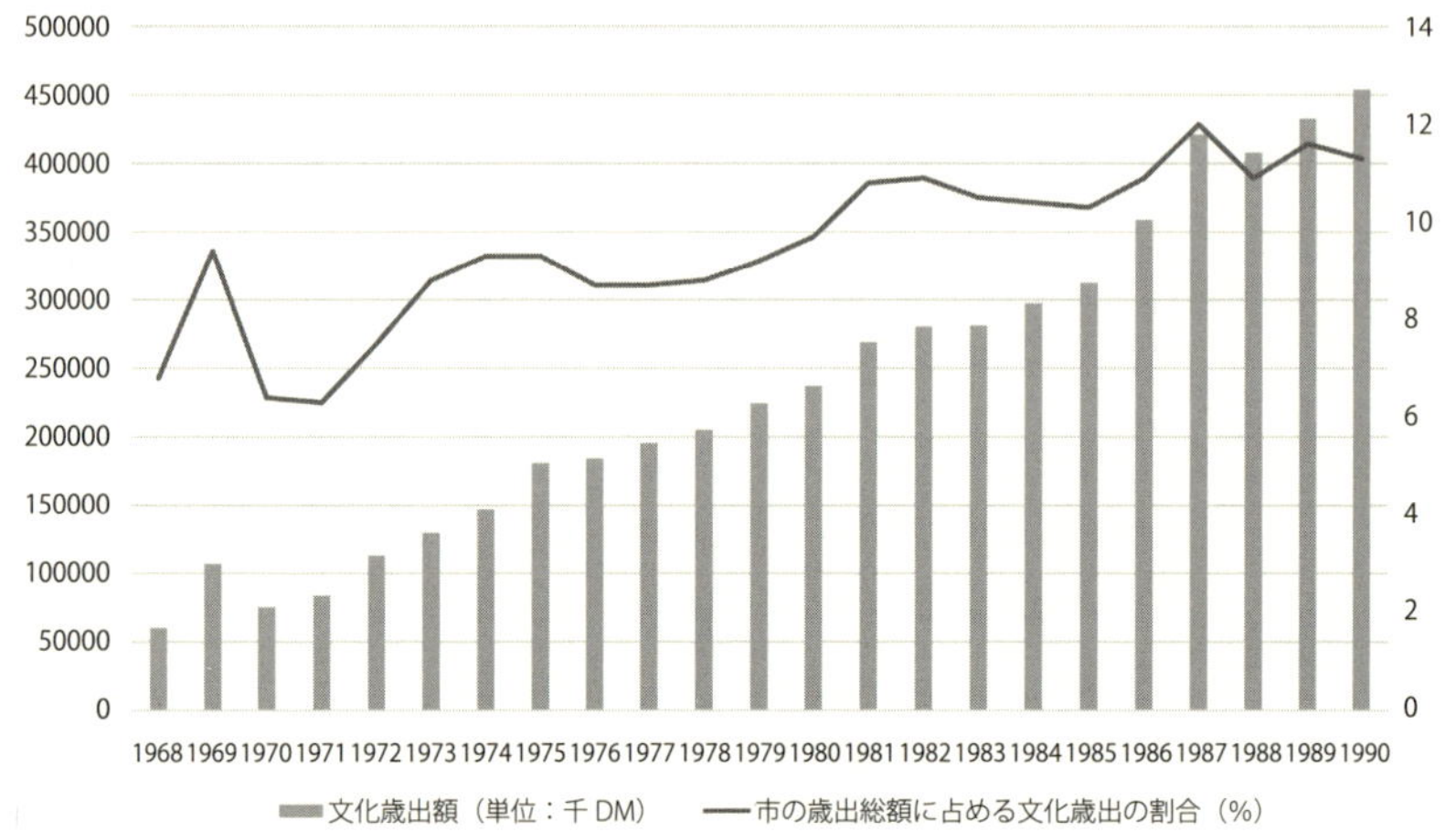

図1　フランクフルト・アム・マイン市の文化歳出予算の推移

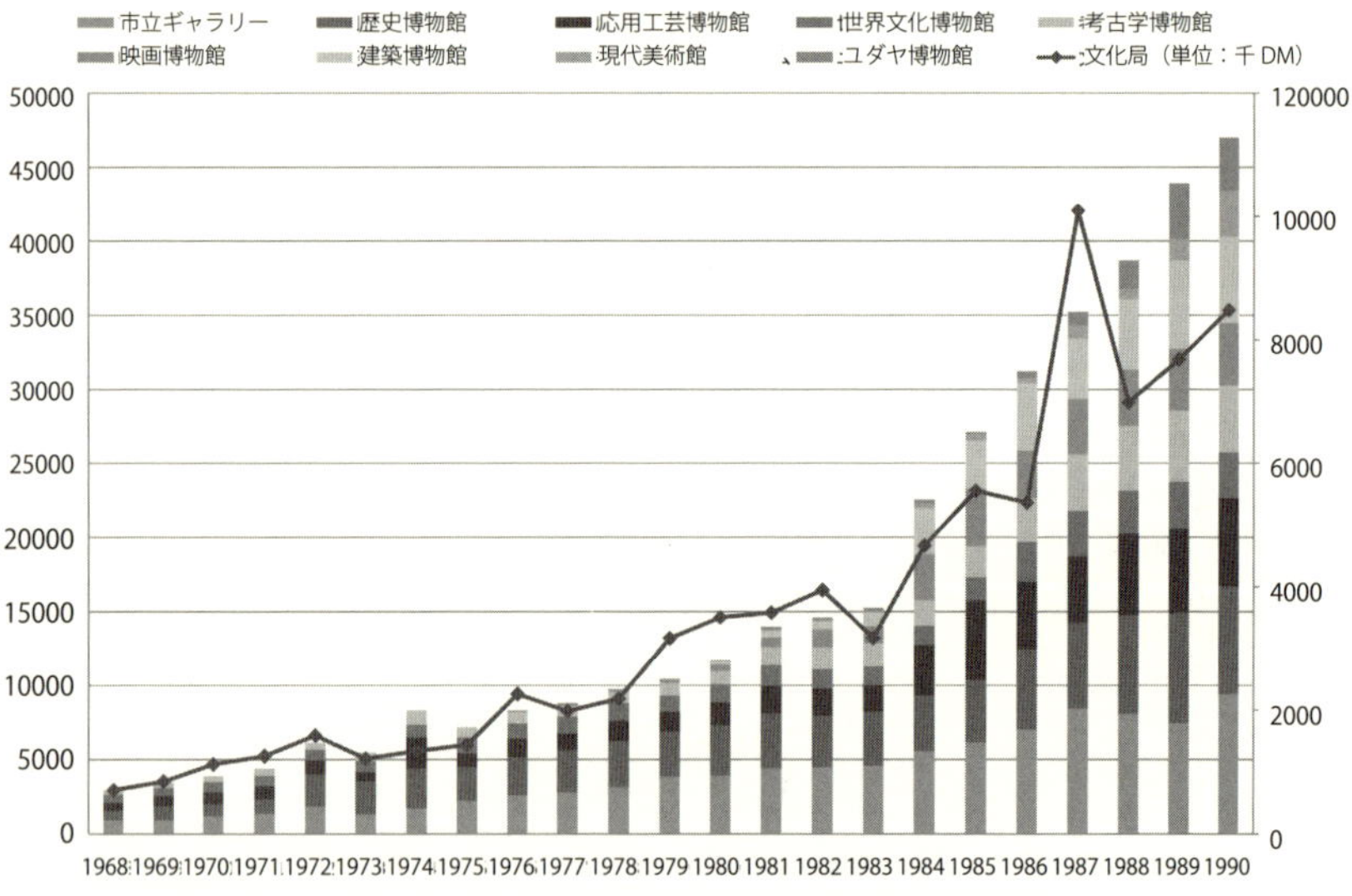

図2　ホフマン時代のフランクフルトのミュージアム関連歳出予算額と文化局の歳出予算額の推移

［出典：フランクフルト市統計局所蔵の各該当年の予算書より著者作成］

に根差した市の政策や助成は、「新しい文化政策」の嚆矢として、その後西ドイツ各都市に影響を及ぼした。そのことは、一般的にホフマンの政策で高く評価されるのは、教養市民的な「文化」とは対照的な、社会文化的で対案的な「新しい」政策や実践であることも意味した[7]。以下のシュヴェンケの引用からも読み取ることができる。

対案的な文化政策の理論を発展させ、実行していく過程で、ホフマンは大きな役割を担った。最終的に彼は、万人のための文化という分かりやすい表現をもって、理論と実践の発展を大衆的な概念を下敷きにするものにした。〔中略〕ドイツ連邦議会の諮問委員会「ドイツにおける文化」は最終報告書で、州や自治体に、社会文化的なセンターを対案的な文化政策の場として振興するよう、求めている。[8]

そしてシュヴェンケは、一九五四年の欧州文化条約以降、欧州評議会が既存の文化政策の再構築をますます重視していったことに触れ、一九七二年のアルク＝エ＝スナン会議での総括宣言で、文化的表現の多様性が保障されるための諸条件を整えることが、あらゆる文化政策の中核的任務であることを記している箇所は、ホフマンの発議に基づくものであったと記している[9]。肯定的な意見の多くは、ホフマンを「広い文化概念」の擁護者として、位置付けてきたのである（そしてこの頃の欧州ではすでに、文化政策の中核の一つに「表現の多様性」があるととらえられてきたことも分かる）。

一　「新しい文化政策」の聖地でミュージアム？

しかし一九八〇年代には、よりにもよってそのフランクフルトで、一般の意識としては高級文化施設の代名詞であったミュージアムの存在感が増した（図2）。ミュージアムは保守派政党が好む建造物政策の代表格であると理解されてきたために、一連のミュージアム関連の施策は七七年に保守に政権交代したフランクフルトの文化的保守反動とらえられ、文化局長にとどまったホフマンも保守へと「転向」したと批判されることになった。ホフマンの在任期間は二十年間であったが、キリスト教民主同盟（以下、CDUと記す）政権下でのミュージアム政策は、「新しい文化政策」を主導した者として彼を評価する言説からは暗黙の了解のように除外されるという奇妙な研究傾向さえ存在する。「万人のための文化」は既存の制度化された芸術振興に対して対案的で、住民の幅広い文化活動を支援する挑発的性格を確かに持っていた[10]。けれども同時に、ホフマン時代のフランクフルトの実践の全貌を眺めるならば、労働者運動的な姿勢にとどまらなかったことも見えてくる。高度に専門的で、世界的な評価に繋がる芸術家の育成も行っており、極めて複合的な性格を有していた。（後述するように諮問委員会は、その全ての時期を、つまりミュージアム政策をも含めて、参照しようとしている。）

非政治的で、社会を超越するかのような精神的遺産のみを「文化」の意味内容とするのではなく、近代化の過程で乖離した文化と社会を再結合し、文化を媒介とする対話的な過程から、間主観的に人格の形成をしていく――「新しい文化政策」に共通した「文化を媒介項とした対話」の理念を具体的施策にする過程で、一九七〇年代から八〇年代にかけてフランクフルトで徐々に存在感を増していくのが「文化的な人格形成（kulturelle Bildung）」の議論である。これはフンボルトの新人文主義的な陶冶《ビルドゥング》の理想と、初期ドイツの国民国家形成運動が目指した、市民の手による文化的な国家の形成という理念を、現代的により民主的な性格のものとなるように批判的に読み直そうとするものであった。「広い文化概念」を「万人のための文化」の第一の意図であったとすると、「文化的な人格の形成」は「新しい文化政策」で言うところの「文化を媒介項とした対話」をより具体化する第二の意図である。これらはともに、「文化国家」の「文化」の性格を自治体の次元から克服する意図であったが、戦前の修養や陶冶《ビルドゥング》とは異なる意味内容で「文化的な人格形成」の可能性に目を向けることが、現代社会における公共文化施設の存在意義を編み直す起点となっていく。これが可視化された舞台の一つこそが、一九八〇年代のフランクフルトに立ち現れてくる「ミュージアムの河畔」である。

しかし様々な演説で強調されていた「対話」への期待と、民主社会形成には経済的安定のみならず芸術文化も不可欠であるというホフマンの理論は、事業になったとたん、極めて読み取りづらくなってしまった。議論が繰り返されていたことは議事録などで確認できるものの、議会では保守派議員の理解を得られず批判の争点となり、予算折衝の過程でミュージアムと「対話」とを接合しようとする意図をもつ項目は十年近くに亘って全て削られている。

「万人のための文化」には理念の複合性があり、さらには今見た二つの意図を事業実現化する過程にも時差があった。このことを考慮すると、意図が二つあったことをとらえた上で、分けてアプローチする必要が出てくる。前章では、「新しい文化政策」の「広い文化概念」と、「文化を媒介項とした対話」という二つの特徴を考察し、「万人のための文化」との共通点を主に「広い文化概念」の側面を中心に論じた。けれども主にホフマンの在任後半期に可視化されていくミュージアムは、自律的な芸術文化の表現形態の多様性と、芸術文化を媒介項とした対話への期待の上に成立し、後者が、「文化的な人格形成」と表現されていくのである。次章以降でこれをより具体的に事例とともに読み解きたいが、本章では、「広くとらえた文化」への振興と、それとは通常対照的なものととらえられがちなミュージアムの振興とを繋ぐ接点としての「文化的な人格形成」に注目する。そこではミュージアムでの「教育」は「誰が」行うのかという議論について、西ドイツの主流とフランクフルトの想定とが、異なるものとして示される。それによりフランクフルトの「文化的な人格形成」も、「文化国家」の「国家」の集権性や行政に依存する住民を生みだす旧式の「生存配慮」を批判的に再考する意図であったことを次章で事例に基づき検討するための手がかりを得たい。

1　ミュージアムの河畔

今日のフランクフルト・アム・マイン市（人口約六六万四千人、面積約二四八平方キロメートル、二〇一七年）において、その文化シーンの独自性をあらわすものの一つにミュージアムの集積地区《クラスタ》がある。旧市街地と南のザクセンハウゼン地区の間には、二つの地区を隔てるマイン河が流れている。このマイン河に臨む両岸に連なるようにミュージアムが建ち、まちの文化的ハイライトの一つをなしている[11]。大規模な拡張整備が行われた一九八〇年代半ば以降、この

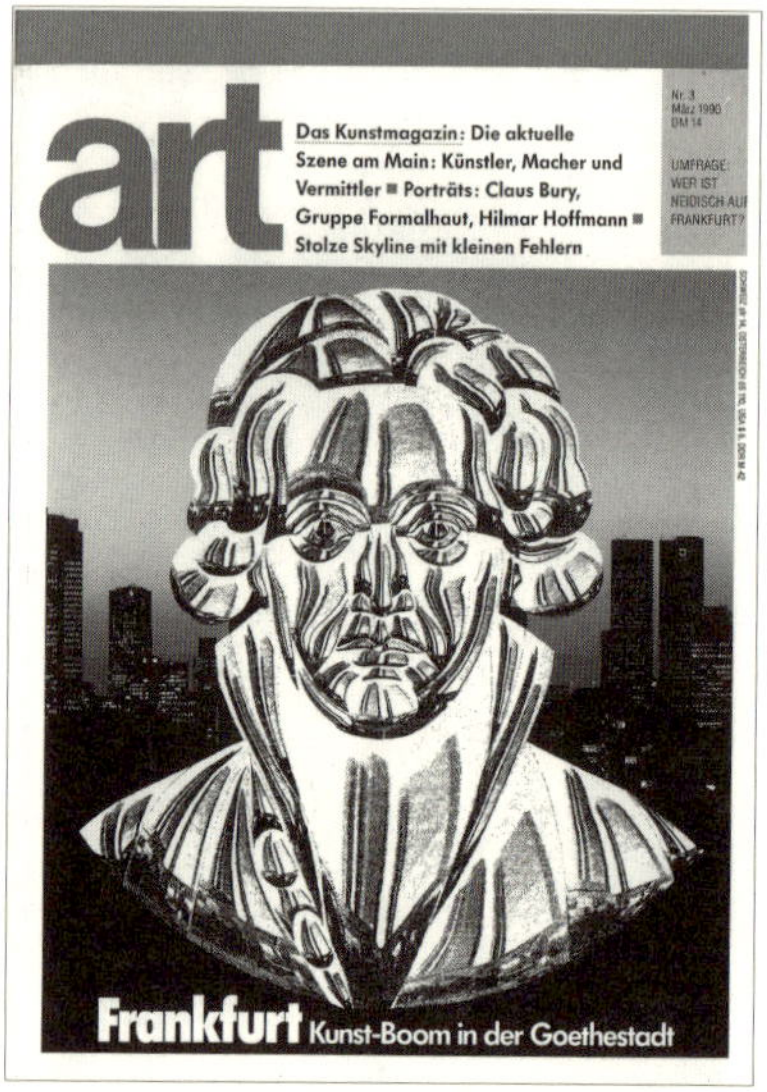

図3『art』1990年3月号
フランクフルト：ゲーテのまちで美術ブーム

一帯は「ミュージアムの河畔」と呼ばれている[12]。

　フランクフルトという地名は、「フランク族が利用した渡し場《フルト》」が語源である。しかし戦後から一九七〇年初頭にかけてのフランクフルトは、「やまい」という意味のドイツ語「クランク」と「フランク」の音の近似にかけて、「やまいの渡し場《クランクフルト》」や「文化砂漠」[13]と揶揄され、文化面での評価は必ずしも芳しいものではなかった。地元フランクフルター・ルントシャウ紙には、「フランクフルトにおける文化というものは、ドイツ全土が永遠にそれを笑いものにするための哀れな冗談でしかない」[14]という自虐的な身振りをともなった論評が載るほどでさえあった。

　しかしフランクフルトは一九九〇年までにはそうした不名誉をある程度返上する。一九九〇年の美術専門誌『art』三月号が、フランクフルトのアート・シーンについての特集を組んでいる。その中には芸術文化にたずさわる九名の著名人へのインタビューがあり、「フランクフルトが羨ましい?」という質問さえ見られた（図3）[15]。この問いは、場合によっては嘲笑的な問いかけとなり、あるいは心からの感嘆ともなりえたが、いずれにせよ金融都市としてではなく、芸術文化をめぐる問いでフランクフルトが名指されたこと自体が、大きな変化であった[16]。こうした問いの前提には何よりも「ミュージアムの河畔」の存在があった。

　フランクフルトは一九七七年に市政が中道左派ＳＰＤから、中道右派キリスト教民主同盟（ＣＤＵ）に交代している。ホフマン（ＳＰＤ）はこの政権でも文化局長にとどまり続けた。一九八〇年代以降に修復や新設で存在感を増していくミュージアム政策への評価は、都市政策や観光政策の視点からはおおむね好意的に受け止められた。しかし「新しい文化政策」

の対案的性格を評価してきた文化政策研究者たちからは、市の文化行政の転向が批判され、フランクフルトほど言行不一致が甚だしい都市はないと否定的にとらえられることになる〔17〕。

3　ホフマンの就任演説

ホフマンが文化局長に就任した一九七〇年の時点ですでに人格形成《ビルドゥング》への志向は、ある程度読みとることができる。一九七〇年一一月一二日にホフマンは文化局長就任演説で「文化活動は今日実践的な人格形成活動である」〔18〕というテーゼを掲げ、人格の自由な発展を重視した文化政策を理想とする立場を明らかにしている〔19〕。この就任演説においてホフマンは、ミュージアムにはそれほど大きな時間を割いてはいない〔20〕。また実際には、七七年三月に市政がCDU政権に交代してから、「ミュージアムの河畔」整備は目に見える形で本格化している。そのため「ミュージアムの河畔」は、SPD所属のホフマンが当初はまったく重視していなかった保守路線のミュージアム重視への「転向」であり、政権交代の産物であると一般的には図式化されるのである〔21〕。広くとらえられた文化概念に特徴付けられるSPDの対案的性格の強い文化政策とCDUが好む保守路線の豪華な建造物ありきの文化政策〔22〕という単純対置構造は、ドイツではよく指摘される。

それではホフマンの政策理念は、CDU政権のもとで保守的なものへと「転向」したと言えるのだろうか。実践と理念が乖離しているとしたら、ここまでに見た様々な政策の理念的見直しは、建て前であったことになるかもしれない。しかし「新しい文化政策」における社会と文化を再架橋する抽象的な「対話」の視点が、フランクフルトの「万人のための文化」においては、「文化的な人格形成」に読みかえられているのではないか。一九八〇年代に存在感を増したミュージアム政策の意図を次章で事例から考察する第一歩として本章では、西ドイツの当時のミュージアムの議論の傾向とホフマンの就任演説から読みとることのできる構想との相違点を明らかにする。

ホフマンの就任演説では確かにミュージアムは最後の三十分で「残り時間が少なくなってきた」〔23〕という言及の後、

簡単に触れられた程度であった。そのため、フランクフルター・アルゲマイネ新聞もフランクフルター・ルントシャウ紙も、ミュージアムではなく劇場における入場料の免除を大々的にとりあげている[24]。他には、コミュニケーション・センター構想の持ち上がったアルテ・オーパー（旧オペラ座）や、当時は目新しい構想であった自治体映画館（第四章で見たコミュナール・キーノ）に注目が集まった。フランクフルター・アルゲマイネ新聞は、「働く人たちの大半がミュージアムに行く機会は夜間の開館によってのみ可能であるから、夜間開館が不可欠であるとされた」「こうした理由から予算の負担は正当化される」[25]と、夜間開館の論点においてミュージアム政策について触れ、フランクフルター・ルントシャウ紙は現代美術分野の強化への着手と開館時間の延長、入場料の免除とを列挙するかたちで、記事の最後でわずかに、今後のミュージアム政策にも言及している[26]。

3　主体の転換

けれども実際のホフマンの就任演説におけるミュージアムの「今後の活動の重点」は、改善すべき行動提案が列挙されており、むしろその後のミュージアムと幅広い住民層の人格の発展（文化的な人格形成）を結び付ける構想の起点を具体的に読みとりやすいものであった。新聞各紙の耳目を集めるには至らなかったとはいえ、注意して読み返すならばここにおいて初めて、美術に関する「教育学（Pädagogik）」について、従来の政策からの方針転換が、簡潔にではあるが表明されている。それは、「教育」を行う「主体」の転換である。

『フランクフルト市行政週報』の一九七〇年第四七号に五頁にわたり掲載された演説原稿（図4）を要約すると以下である。

①郊外と市の中心部との生活環境格差の是正。

②現代美術分野の強化——展示に国際的な動向を反映させる。民間ギャラリーとの連携を強化し、地域の現代美術家の育成を図る。しかし美術領域における商業化を推し進める意図はない。

③オルタナティヴを育てる――こうしたことはシュテーデルのようなエスタブリッシュメントにとっても刺激を与える。
④広報戦略の改善
⑤入場料の免除、夜間開館、日曜開館の実施
⑥市民大学（成人教育）以外でのミュージアムにおける一般人向けの美術教育・グループ学習――ミュージアム同士が集まって協力しあい、意見を出しあい授業を考案する。〔傍点――著者〕[27]

当時の西ドイツの主流は次節で見るように、学校を介在させることでミュージアムを子どもと青少年に対する教育活動に積極的に開いていくという方針であった。ホフマンの前任者であるフォム・ラート（自由民主党、以下FDPと記す）[28]の時代のフランクフルトもそうした構想を温めていた[29]。しかしホフマンの就任演説において、対象は児童・青少年のみならず「住民一般」にまで拡大し、平日に仕事のある人々への開館時間の「見直し、調整に努める」[30]という前任者時代の議事録に確認される表現は、はっきりと「夜間開館」[31]と「日曜開館」という具体案に変わる。同時に、低所得者層に配慮した「施設への入場料の免除」という新案も加わっている[32]。

最も注目すべきは「誰が」教育を行うのかという点である。前任者の時代は、学校の教員を教育の主体とし、ミュージアムには専門的な観点からの協力を要請したのみであった。しかし一転し、「ミュージアム主体の教育」がホフマンの就任演説で提起されたのである。

47

Amtliches Bekanntmachungsblatt

21. November 1970

Preis 30 Pfennig

Mitteilungen der Stadtverwaltung Frankfurt a. M.

D 4811 C

Kulturarbeit ist heute praktische Bildungsarbeit

Einführungsrede des neuen Kulturdezernenten Hilmar Hoffmann

Frankfurts neuer Kulturdezernent, Stadtrat Hilmar Hoffmann, ist in der öffentlichen Plenarsitzung der Stadtverordnetenversammlung am Donnerstag, dem 12. November 1970, von dem amtierenden Stadtverordnetenvorsteher Hans-Ulrich Korenke in sein Amt eingeführt worden. In Vertretung des Oberbürgermeisters überreichte Stadtkämmerer Rudolf Sölch dem auf sechs Jahre gewählten Kulturdezernenten die Ernennungsurkunde. Stadtrat Hilmar Hoffmann, der bisher als Kultur- und Sozialdezernent in Oberhausen tätig war und sich als Gründer und Leiter der Westdeutschen Kurzfilmtage in Oberhausen einen Namen gemacht hat, beschäftigte sich in einem Einführungsreferat mit Schwerpunktsfragen gegenwartsnaher und zukünftiger Kulturpolitik. Die Rede von Hilmar Hoffmann hat den nachstehenden Wortlaut:

Kultur ist kein absoluter Wert, der an sich selbst gemessen werden kann, sondern nur an den gesellschaftlichen Entwicklungen, die sie bewirkt oder deren Bedingungen ihre Entfaltung unterworfen ist. Ihr in Traditionen behaupteter Eigenwert ist heute fragwürdig: Was noch im 19. Jahrhundert Leistungen der Kultur genannt wurde, wird heute vielleicht zu ihren Versäumnissen erklärt werden müssen, besonders wenn man sie an den Privilegien mißt, die sie gewährte — oder voraussetzte. Kunstwerke verwirklichen sich aber nur in dem Maße, in dem Gebrauch von ihnen gemacht werden kann. Theater, Konzert, Bildende Kunst, Literatur waren früher nur jenen zugänglich, die den durch sozialen Besitzstand prädestinierten Bildungsgang durchlaufen hatten, die also Bildung „besaßen". In ihrer Exklusivität hebt Kultur ihre praktische Kommunizierbarkeit weitgehend auf und damit ihre Eignung zur Soziabilität. Kultur, die sich außerhalb des gesellschaftlichen Prozesses stellt, ist jedoch steril.

Auch wenn man diese Erkenntnis als bekannt voraussetzt, so muß sie doch von Zeit zu Zeit wiederholt werden, um an ihr die Fragwürdigkeit zu diskutieren, unter der auch in einem modernen oder sogar in einem progressiv demokratisierten Gemeinwesen die kulturellen Prioritäten noch immer traditionell statt aktuell (und das heißt auf der Höhe der Zeit) geregelt sind. Dementsprechend sind die einzelnen klassischen Kultursparten zu ihrem jeweiligen sozialen und humanen Effekt unverhältnismäßig dotiert. Stadt und Gemeinde sind im Zeitalter der mechanischen Reproduzierbarkeit von ziemlich allen kulturellen Leistungen in Sprache, Ton und Bild nicht länger deren alleiniger Vermittler. Die Bewußtseinsindustrie hat per Buch, Kunstdruck, Rundfunk, Film, Fernsehen, Schallplatte, Kassetten- und Video-Rekorder Kultur als Ware für jedermann verfügbar gemacht. In dieser Situation der geteilten Verfügbarkeit von Kulturreproduktionen, die zur Befriedigung kultureller Ansprüche, von Informationshunger oder von Freizeitbedürfnissen taugen, wird verantwortliche Kulturpolitik sich selbst neu definieren müssen: Nicht nur auf der Folie einer angeblich bewährten Bildungsnomenklatur, sondern auf dem Prospekt dessen, was der Einzelne braucht, um sein Leben selbständig zu gestalten und entsprechend seinem so gewonnenen besseren Verständnis zu handeln. Damit ihre gegenüber jedem Einzelnen der Gesellschaft übernommene Verpflichtung keine angemaßte sei, muß ihm das Optimum an Information verschafft werden, um ihn schließlich zu selektiven Entscheidungen darüber zu befähigen, was er sich vom kulturellen Fortschritt aneignen will, wobei Fortschritt keinen Wert an sich darstellt. Diese Aufgabe kann sich nicht erschöpfen in ihrer die breiteste Teilhabe sichernde Administration. Vielmehr müssen die Inhalte dessen, was vermittelt und wie sie vermittelt werden sollen, neu artikuliert werden. Moderne Kulturpolitik hat ihren öffentlichen Auftrag so zu verstehen, daß sie im Katalog der Erfordernisse für das Einrichten der Zukunft auch alle (gesellschaftlich relevanten) Zuleistungen zum kommunalen Kulturleben, oder was dies idealerweise sein könnte, berücksichtigt. Ferner wird sie gegen das nicht selten altertümliche kulturelle Repräsentationsbedürfnis der Gemeinden Alternativen entwickeln.

図４『フランクフルト市行政週報』1970年第47号掲載のヒルマー・ホフマンの就任演説
［フランクフルト市文書館蔵］

市民大学で提供されているコースと並行して、知的なアプローチも可能にするために、ミュージアム自体においてすばらしい美術教育員《ペダゴーゲ》を用意すべきである。美術になじみのない訪問者に対して機会を提供し、美術に対する彼らの理解を促していくために〔傍点——著者〕。〔33〕

ミュージアム政策におけるこうした提案を受けて最後に結語として繰り返されたのが、この就任演説の表題となっていた次のテーゼである。

　文化活動は、表象的な成果を中心に理解されており、いまだに祝祭に都合のよいものだとされている。今日の文化活動は、自治体の名声を高めることにあるのではなく、住民の福祉に資するような実践的な教育《ビルドゥング》＝人格形成の活動にこそある。文化とは人間的な都市を形成するものであり、その中でわれわれの将来が築かれるのだ。〔34〕

ただし、この演説が「ミュージアム教育員」制度の導入に直ちにつながるわけではない〔35〕。市議会議事録を辿っていくと、「芸術と住民の距離を縮める」という構想は、終戦直後からホフマンの前任者のフォム・ラートの時代まで、市では一貫して考えられている。しかしホフマン時代にはそれまでの時代と比較すると、新たな制度が具体的に誕生している。入場料免除、夜間開館・日曜開館の開始、ミュージアム主体の美術教育学の専門化である。ホフマンは、広い文化概念に基づき、「新しい文化政策」の嚆矢となる構想や実践を数々提出したことで一般的には知られてきた。しかしそうした政策が始まるのと同じ時期にはすでに、就任演説で「ミュージアム教育員」という構想を発表していたのである。このことへの着目は、けれども今日のドイツの研究ではあまりにも少ない。

二　西ドイツの「ミュージアムの危機」

本節ではこれがフランクフルトにおけるミュージアム政策の特徴的な面であったことを確かめるために、一九六〇年代以降の西ドイツにおいて、ミュージアムは社会的にどのような議論の中にあり、そもそもどのような性格のものとして理解されていたのかを、ヘンゼの記述を参照しつつ代表的な論点を中心に確認する（ヘンゼは研究を完成する前に亡くなっており、彼女の記述は分析が多いというよりは、当時の催しや西ドイツの動向をほぼ事実に即してとらえるための貴重な資料としての性格を持っている）[36]。ミュージアムと一口に言っても、国や地域、時代によって運営形態はもちろんのこと、来場者とどのような姿勢で接しようとしてきたのかも様々である。

1　「知識の伝達」の工夫

西ドイツのミュージアム関係者たちはすでに一九六〇年代半ばには、ミュージアムと地域住民をつなぐにはどうすべきなのかについての議論を始めている[37]。この背景には、六〇年代に「ミュージアムの危機」との表現を生んだ現状認識があった。これは、広く社会に認められる公共性をミュージアムがほとんど持っていないことをとらえたものであり、西ドイツ全土のミュージアム関係者が危機感を共有していた。当時の議論では、この表現が一種の流行語のように、たびたび用いられている。当時についてヘンゼは、以下のように記している。

> 教養市民に数えられない多くの大衆にとっては、ミュージアムの公共性 (Öffentlichkeit) とは、幾分皮肉をこめて言うならば、定められている開館時間 (Öffnungszeiten) に建物が開いている (die Öffnung des Gebäudes) ことを意味したに過ぎない。[38]

一九七二年にフランクフルト学派のネークトとクルーゲが、政治的なことからかけ離れ、一部のエリートにしか開かれていないミュージアムは、「ブルジョア的公共性の一種」[39]であると批判する。すでに六八年の学生運動がマルクーゼの「現状肯定的な文化」という一九三〇年代に提起されていた批判を復活させ、既存の文化施設は、性格の見直しを余儀なくされていた。学生運動の批判は主に、ナチ時代を成立させた間接的な土壌としての教養市民層と、その「文化」概念の精神的で非政治的で権威主義的な傾向に向けられていた。ネークトとクルーゲの批判は、富裕層が主な利用者となった戦後のミュージアム関係者に、より強い危機感を抱かせるきっかけとなった。この批判は六〇年代から「ミュージアムの危機」を意識として共有してきたミュージアム関係者にとって、「ブルジョア的公共性」しか担っていないというさらなる診断を意味した。（脆弱な公共性はフランクフルトにおいても、とりわけ市立のミュージアムで顕著に見られた傾向であったと言われ、同様の危機感は共有されていた[40]。）戦後復興途上の西ドイツでは、経済基盤の安定が自治体の最優先政策課題であった。市立ミュージアムに対する自治体の相対的な関心の低さは、公共の関心に十分に応えられない傾向を助長してもいた[41]。

公共性の脆弱化に対して、西ドイツのミュージアム関係者たちは一方では、自治体が予算を増やすことを望んだ。他方で自分たちができることとして、作品の内容を「知識」としてより幅広い層に伝えることで、この危機を乗り越えようと考えるようになる。そこで成人教育を参照し、ナチ時代の空白期間を飛び越えて、一九世紀の終わりから一九二〇年代までの「文化の仲介・媒介・伝達（フェアミットルンク）」にその模範が求められた。とりわけ一九六〇年代当時は、学校とミュージアムとを連携する方法論が西ドイツ全土で支持されていく[42]。

今日の文化施設運営の考え方では、芸術と人々を媒介できるのは必ずしも「知識」の伝達に限られるものではない。しかし当時は知識の伝達を中心として媒介方法が考えられた。そのためにまずは何よりも、教育学を美術分野にも応用することで、事態の改善が目指される。すなわち、媒介や伝達の意味内容は当時、第一に「教育学」の援用ととらえられたことが分かる。

２　ミュージアムと学校教育を結びつける制度の登場

学校教育とミュージアムとを結び付ける見解は、いくつかの自治体で文化政策に採用され、西ドイツには大きく分けて二つの先駆的制度が誕生する。

第一の制度は、一九六五年にケルンが全ての市立ミュージアムを総括するジェネラル・ディレクターの下に設置した「外部専門部」である。この外部専門部は、ミュージアム教育学《ペタゴーギク》に重点を置く機関で、ケルン市内にあるミュージアムと学校との連絡調整を任務とした。西ベルリンも同様に、ミュージアムと学校の協働を促すことを目的とした外部専門部を創設し、ケルンと西ベルリンは、ミュージアムと学校との協働を制度化することに成功した先例として西ドイツの自治体から参照されることになる[43]。

第二の制度は、同じ一九六五年に創設されたニュルンベルク市の「美術教育学センター」である。これは学校とミュージアムとの連携を調整し、促進するのみならず、センターを拠点に市内の学校で用いることのできるミュージアム授業プログラムを開発する点で、他に類を見なかったと言われる[44]。

先進的な自治体におけるこうした実験を背景に、一九七一年にはドイツミュージアム連盟の会員会合で、ミュージアム教育学の役割についての勧告が出され、今述べた二つの形態の先進例を雛形に、全国的な標準化が促されている[45]。ドイツミュージアム連盟はまた同じく七一年にその機関紙『ミュージアム学』において、今日の美術教育者にふさわしい条件や資格はいかなるものであるべきかの考察を行っている。そこでは一方で、学校教員にミュージアムに関する重要知識についての講座を受講させ、ミュージアム教育を担わせることが考えられている。他方で、ミュージアムで研究に従事する学芸員の中でも、教育的な専門資格も持つ者（教員免許取得者や、副専攻で一般的な教育学を修めた者）が、ミュージアムの媒介・伝達の仕事にたずさわることが提案されている[46]。

これらに加えて全国規模で自治体の関心をミュージアム政策に向けさせることに一定の貢献をしたのは、自治体のあり方を協議するドイツ都市会議が一九七二年に出した一連の勧告である。特に一九七二年三月二一日には、ミュージアム領域でなされてきた議論をすくいあげる通知の中で「ミュージアムでの教育の機会は、いずれの種類の学校にも殆ど十分には利用されていない」[47]と批判し、自治体が政策的に現状を改善するよう勧告がなされている[48]。

自治体政策に対するこうした勧告と先進的自治体の組織化を背景に、西ドイツのミュージアム関係者たちの議論は次第に、自治体政策の関心を集めていく。一九七四年にはヘッセン州ミュージアム連盟が、「全ての社会層と年齢層の人々に包括的な一般教養を伝達する」ことが必要であるという見解を示し、ハンブルク都市州は「ハンブルクのミュージアムにおける生徒との話し合い」に着手している[49]。

しかし、脆弱な公共性を「教育学」を通じた伝達力の強化で克服するという、ミュージアム関係者たちの構想の進展ほどには、ミュージアムに対する自治体文化政策の相対的な関心の低さはその後も明らかな改善をみなかった。このことは一九七四年にドイツ学術振興会[50]が「ミュージアムは、不当なことに、今日でも図書館、劇場、オペラ劇場の次にくる重要性しか認められていない」[51]と批判していることに顕著である。当時の状況についてヘンゼは、「学校の教員がミュージアムで授業をする今日の形は、財源の少なさからくるもので、教育学とミュージアムの学問とは、最善の状態で結びついているとはいえない」[52]と批判している。

ミュージアム関係者は、開かれた「学習の場（Lernort）」へとミュージアムのあり方を転換することで「危機」を乗り越え、公共性を認められたいと考えていた。しかし、財源に恵まれずに改革が進まないために、公共性を認識されにくい現状を変えられず、そのためにまた結局は十分な予算を得られないという悪循環に陥っていた。そのため、新たな専門的職責者（ポスト）を設けるのではなく、すでに確立した制度である学校教員、あるいはミュージアム内の学芸員を教育業務にも活用し、彼らの任務を拡大する形でミュージアムでの学習を活性化していこうというのが、一連の議論の傾向であったのである。

日本でもしばしば批判されることだが、今見た案はいずれも、財政上の限界に伴う一種の妥協としての側面を持っていた。「ミュージアム教育員」というポストを創設する論点は、公立ミュージアムの場合には自治体の年次歳出予算と直結する。そうである以上、制度的な変更を伴う改革を、政治的な決定なしにミュージアムの理想のみで実現させられる可能性は低かった。それゆえにこの点に関しては、ミュージアム関係者のみならず自治体政治が関心を向けるだけの説得力を示す必要があった。学生運動で崩壊した「秩序」を取り戻そうという「教育への勇気」も一九七〇年代終盤には唱えられている。けれども「学習の場」としてのミュージアムという発想は、六八年運動で教養市民的な「文化」と批判された記憶の新しいミュージアムで、なぜ住民がそこにあるものを「学ぶ」必要があるのかを、この時点では十分には説得できてはいなかった。ミュージアムこそが自身で理解しているべき、芸術文化領域や文化施設の公共性を総合的にとらえて十分に言語化して伝えることなく、作品のみの「価値」を効果的に「伝達」することばかりを考え、そのための手法として「教育学」に着目したにすぎなかった。しかし社会が懐疑を抱いていたのは、美学的な枠組みでとらえられた秩序を「学ぶ」ことや、その作品になぜ「価値」があると言え、それはそもそも自分たちや今日の社会とどのような関係があるのかという点であった。

一九七六年には、ドイツミュージアム連盟の中で「ミュージアムと学校委員会」が、ミュージアムでの教育に関する新しい勧告を出しているが、趣旨はやはり学校の教員をミュージアムへというものであった[53]。ホフマンの就任演説のようにミュージアム教育を担う者を専門職とし、学校教員や学芸員と明確に区別する構想は一般的なものとして議論されてはいなかったのである。けれども、ミュージアムを学習施設へと転換していこうとする考え方自体は、七〇年代半ばにはすでにある程度の勢力を形するに至った[54]。そしてこれ以降の議論の傾向は、むしろミュージアムの「学習施設」への転換という趨勢そのものの是非を巡るものとなっていった。従来は「高度な研究機関」と理解されてきたミュージアムで「学習（Lernen）」志向が趨勢となり始めたからこそ、その是非を議論するほどの注目が集まるようになったのである。ボーベルクは「ミュージアムにおける文化教育学についてのテーゼ」の中で、美的認識から締め出されている全ての人たちのためにミュージアムは民主化されるべきだという見解を示し、文化教育学を通じた学習を擁護した[55]。またマイホーファーとツァハリアスも一九七六年に、「文化の教育化は結果ではなく、静止した美の遺跡に一線を画すもの」[56]であると述べる。これらは、ミュージアムにおける学習の重点化を好意的に評価する見解である。他方でルートヴィヒ・ツェルルは、こうした傾向に対して慎重な距離をとる。彼はミュージアムの学校化への恐れと財政的な安定性の欠如をミュージアム教育学の未成熟の理由として挙げ、「学習の場」への転換には問題があると指摘している[57]。

以上の議論から、「ミュージアムの危機」の中で一九六〇年代から七〇年代半ばにかけて西ドイツでは、ミュージアムと教育学とを結び付け、「美の殿堂」から「学習の場」に転換することで解決策を見いだそうとする見解が主流になった様子を読みとることができる。学校教員の教育力とミュージアムの持つ学術的専門性とに橋をかけるという構想は、ミュージアムを社会に開いていこうとする当時の問題意識に真剣に向きあうものであった[58]。

他方で教育学への関心の高まりを背景に、ミュージアム内部に「教育部門」を置くものも現れた。しかしミュージアムがこれまで享受してきた学問的な自治や影響力を失いたくがないために、新設した教育部門のポストを実際には学芸員で占めようとする傾向が見られたという批判もある[59]。教育学的な技能をとりいれることでミュージアムの伝達能力を高めることを当時の意図ととらえた場合、研究職の学芸員が教育部門のポストを占めてしまっては、状況の改善は、その学芸員の意識の変化に期待するしかなく、確かに実効性がない印象を受けるかもしれない。ただしここには、ミュージアム教育学を領域横断的な包括的機能ととらえる理解があったことも見落とされてはならない。ミュージアムにおける研究、保存、蒐集などの任務と並列されるものとしてではなく、ミュージアム教育学をそれらの上位の次元にあると考えていた可能性もある。研究・蒐集などと並行して独立した「教育」という任務があるのではなく、教育学はそれらとは違う次元に位置付けられるもので、ミュージアム全体に浸透する原理であるという考え方である[60]。

＊＊＊

教育学（Pädagogik）という概念は、本来は子どもを対象とする教育を意味する。このことからも、当時の西ドイツの議論は、主に学校や生徒とミュージアムとの橋渡しを想定し、社会的な意義を見いだそうとする傾向が主流であったことをうかがうことができる[61]。しかしそうすると、議論に成人は入ってこない。ヘンゼははっきりと成人向けの事業を構想し始めるものは皆無であったと報告している。彼女によれば、大人とミュージアムの関係は、「余暇」で結ばれるのが一般的であり、教育政策的な視点に立ち、大人向けの教育学のようなものを確立する必要性を認めていたミュージアムはほとんど無かったという[62]。

以上のように、西ドイツのミュージアム関係者たちは一九六〇年代以降、学校教育との連携を主眼とし、研究機関と自己理解してきたミュージアムの「学習の場」への転換を構想した。それを支援する制度を新設する自治体もあった。西ドイツが全体としてこのような議論をする中で、フランクフルトでのホフマンの就任演説の関心は当初から（教育員《ペダゴーゲ》という用語は使うものの）成人を含めてミュージアムにおける専門教育員の設置に向けられるという特徴的なものであった。しかしそれはなぜなのだろう。次章では事例とともにその背景にあった意図を分析し、「転向」とは異なる視点を示したい。背景にあった意図を探っていくことでこそ、文化概念を広くとらえ多様な文化活動を支援するという「万人のための文化」の第一の意図と並ぶ、第二の意図として、ホフマンが「文化的な人格形成」を重視していたことを理解することができる。それにより、今日の「文化的生存配慮」を構想していくにあたり、「万人のための文化」がなぜ参照をうながされるのかが、明らかになるであろう。

先取りするならば彼はそれを、実質的に富裕層のみに開かれていた「文化とは何かを議論し、提議／定義付ける」特権を広く一般住民の権利ととらえ、ミュージアム教育員はその実効的な導き手となると考えていた。「万人のための文化」第一の意図は、教養市民的な「文化」の見直しであった。第二の意図は、その非政治性の克服を試みている。

つまり、「自由」や「平等」を掲げていたはずが、近代化の過程で痩せ細ってしまった市民の担う芸術文化領域の社会を「耕す」潜在的な可能性への信頼の上に築かれていたと読みとくことができるのである（旧い「生存配慮」の克服）。

第六章　「万人のための文化」を可視化するミュージアムの河畔の成立とその意図

社会の発展と批判的に対話し、常に自らを更新していく討議的ミュージアムへの支援は文化遺産の保存に資するのみならず、文化的革新を呼び込む未来への投資である。

（ドイツ連邦議会文化諮問委員会）

文化局長就任時にヒルマー・ホフマン（社会民主党、以下ＳＰＤと記す）が、ミュージアム領域そのものを重視する発言をしていたか否かを問題にして「転向」ととらえるのではなく、ナチ時代の克服として「新しい文化政策」が見いだした「対話の媒介項としての文化」やホフマン自身の「万人のための文化」という理論的枠組みの中から、「ミュージアムの河畔」をとらえ直すことはできないだろうか。ミュージアムの河畔は一見「建造物《ハード》」の大整備という存在感をもって、当時の人々の前に現れた。キリスト教民主同盟（以下、ＣＤＵと記す）が政権をとり、ＳＰＤが下野した後もホフマンは文化局長にとどまった。一九七九年四月には、ホフマンの代表作でその後ドイツ自治体政策の理論的基盤となる『万人のための文化』[1]が出版される。

彼がミュージアムの河畔成立に尽力したことをめぐっては、政治信条の「転向」であると批判されてきた[2]。こうした批判を踏まえるならば、ドイツ連邦議会文化諮問委員会が参照すべきだと示唆した「万人のための文化」の意味内容とは、広い文化概念をもとにした対案的文化事業の尊重と振興のみを指すと理解すべきなのだろうか。フランクフルト市では、ミュージアムの河畔の成立とともに、ミュージアム教育員が一館に最低一人、予算化されている。前章で見たように、ミュージアムにおけるソフト面、とりわけミュージアム教育員の充実は、ホフマンが就任演説にすでに掲げつつも、一九八〇年代半ばまで実現を見なかったものである。この時差に着目するならば、ミュージアムの河畔は、七〇年代当初から一貫している「万人のための文化」の第二の意図（万人の文化的な人格形成によって立つ地域社会の形成、ひいてはドイツの民主政治の成熟）の延長線上にあったととらえ直せないだろうか。

欧州のミュージアム教育員は日本では一括りにされて同質的であるかのように語られがちである。しかし国によっても性質が異なり、ドイツの中でも各地の歴史によって位置付けや重点課題にマクロな異なりが無数にみられる。この制度が戦後フランクフルトで標準化していくにあたっても、文化局は、ドイツの文化政策の歴史上の反省と、フランクフルトの文化史の両面から深く調査、分析し、地域文化事情に知悉した市民活動家たちの助言も借りつつ、以下の二つの視角からの根拠付けを進めている。

（一）「新しい文化政策」の特徴である、文化が対話の媒介項となり自由な人格形成に資するという理論を、今日的な「文化的な人格形成」と位置付け、理論と事業の接合を可能にするための手法と制度の検討。

（二）芸術文化領域を、自由と平等に特徴付けられる自律領域であることを示す史実の検証。

本章ではこの二点を中心に、当時のフランクフルトがどのようにミュージアム政策と地域社会との関係を紡いでいったのかを見る。それにより、ミュージアムの河畔成立の背景にあった意図と戦略を事例から読み解きたい。

一　ミュージアム論争――討議への意欲

一九七七年に市政がCDUに交代する以前に、フランクフルト市が「文化を媒介項にした対話」を通じて民主的な地域社会を形成しようとしていたことを示す事例の一つに「ミュージアム論争」[3]と呼ばれた事件がある[4]。これはホフマンを中心とする文化局が、ミュージアムをどのようなものとしてとらえようとしていたかを示す好例である。そのため、ミュージアムの河畔成立に先立って示されていた理念を確認するために、ここで言及しておきたい。

一九七〇年に文化局長に就任したホフマンは、学校単位でのミュージアム訪問時に学校の教員が美術教育を担い、研究を不可分とする学芸員《ヴィッセンシャフトラ》[5]が、専門的な観点からそれを補助するという、西ドイツでこの頃主流であった議論とは、当初より距離を置いていた。第五章で見たように就任時にはミュージアムに常勤し教育職を主要な任務とする学芸員（以下、ミュージアム教育員《ペダゴーゲ》と記す）の構想が表明されているが、これは文化活動を人格形成と不可分のものと見なすテーゼの中核的制度の一つであった。

一九七一年にネークトとクルーゲが、ミュージアムをブルジョア的公共圏の一種と批判したことには前章でも触れたが、ホフマンの就任を機に芸術文化の社会的意味を巡る議論が前景化した一連の騒動が「ミュージアム論争」である。フランクフルト市では――「急進左翼的」[6]と内外から批判されつつ――ミュージアムこそが「対抗的公共圏」[7]としてあることが目指された。ミュージアムの広い公共性を検討する中で、ミュージアムと教育学とを結び付ける考え方が西ドイツの一般的な認識になるのは、七六年頃である[8]。しかし七四年のフランクフルトでは、「教育学」よりも、公共の「討議」に目が向けられていた。

例えば、「ミュージアムは、社会的な認識、討議、発展過程に資するものとしての自己理解も持たなければならない」[9]とする見解や、「社会的な使用価値にさらに目をむけ、社会の条件の共同編成に貢献しなければならない」[10]という問題意識に、文化を巡る討議を通じて、直接民主的な社会形成の道筋にミュージアムを位置付けることが試みられていたことが分かる[11]。「万人のための文化」においては、文化を巡る公共の議論を可能とするような「文化的な人格形成」が重要な位置を占めていたために、文化施設の公共性を巡る論点が、子どもを中心としたミュージアム教育学のみに向かうことはなかったと言える[12]。

こうした経緯を参照すると、議論する場という意味でミュージアムが担いうる公共性が一九七〇年代にはすでに見定められようとされつつあり、そうした定義のもとで八〇年代のミュージアム政策の積極化に向かった可能性も高い。

対抗的公共圏などの理念的宣言には、非政治性の克服への視線は感じられる[13]。しかし主流に対抗するような文化的公共性を担う議論は、二〇世紀の社会でミュージアムを拠点に実際にはどのようにすれば、可能となると考えられていたのだろう。文化的公共性を形成する論点は実は今でもドイツ国内で発展途上にある。そして発展途上の意欲的で実験的な試みが現在もみられる（第七章）[14]。けれども本章では、出発点となったものとして、ホフマン時代の二つの事例を考察しておきたい。一つめは、実験的性格が論争を招いたフランクフルト市歴史博物館の試み、二つめは、フランクフルトのミュージアムの現場の理念を結晶化させたミュージアム発展計画草案である。それによりフランクフルト市でミュージアム政策が、ミュージアム教育学《ペダゴーギク》や媒介《フェアミットルンク》を鍵概念としつつ、成人をも対象とした文化を巡る討議の土台づくりに段階的に向かっていく道筋を読みとりたい。それを踏まえてさらに、ミュージアムの河畔が地域史や現代の住民の世論を把握した上で、政治的ダイナミズムの中で成立する過程を明らかにしていく。

1　市立歴史博物館

ミュージアムと住民を媒介し、文化的な公共圏を形成する意図でなされた意欲的試みによって西ドイツ全土の毀誉褒貶入り交じる注目を最初に集めたのは、フランクフルト市立歴史博物館であった。フランクフルトは一八六六年にプロイセンの支配下に置かれたが、フランクフルトの市民と市政府は、都市の自治の伝統を誇る拠り所としてこの博物館を一八七八年に設置した。戦後この歴史博物館は一九七二年に改築され、一〇月に再び（一部）公開される[15]。

このとき、市立としては比較的広いこのミュージアムの面積の中でも七〇〇〇平方メートルが、情報と展示のために使用されている[16]。「展示」「情報」は当時、「研究」の一環ではなく来館者に向けた副次的なサービスだと理解されていた。そのためこれは、研究・保存をミュージアムの本分と考える当時にあっては、ある程度画期的なものであった[17]。ホフマンは五月半ばの記者会見で、歴史博物館では、歴史との「批判的な議論」が行われるべきだと述べ、広い年齢層を対象とする議論の形成へ向かおうとする姿勢を見せている[18]。

2　政治的なミュージアム

ホフマン就任後のフランクフルト市による対案的で実験的な文化に対する支援は、当時の世論によって概ね好意的に受け止められていた[19]。しかし制度化された文化施設であるミュージアムでの「実験」は、世論の支持を得られたものとそうではないものがあった[20]。新しくなった歴史博物館の試みは連邦全土を巻き込み、市が激しい批判を受ける「ミュージアム論争」へと繋がっていった。

歴史博物館という名ではあるものの、この博物館は一九世紀中葉の国民国家形成の最中に、反プロイセン的郷土愛を下敷きに、フランクフルト市民の強いイニシアティヴで建てられている。内容・性質から判断するに、まちの文化史の発展に焦点を当てた文化史博物館と位置付けられる[21]。一九七二年の再開館時の図録には、施設の透明性と、超人化された有力者の脱神話化が強調され、それにより広く住民の関心を喚起したいと述べられている[22]。展示では、歴史上の偉人、権力者、有産市民を英雄として市の輝かしい過去を代弁させた創設期とは異なり、各時代の庶民の生活に光を当てた。歴史博物館は開館時に、「すでに知識を持っているエリート層に向けた展示やインパクトのある歴史の点を集めることで集客を見込むのではなく、これまでは歴史と関わりあうことはなかったけれどこれからは関わってみたいと思っている人たちのために存在することを宣言した」[23]という。博物館の構想《コンセプト》は、イマヌエル・ガイスとフランクフルト大学の歴史・文化史のゼミナール修了者が共に考えていた[24]。ガイスの次の言葉にはミュージアムをトポスとした文化的な公共性を形成する意志を読みとることができる。

まちの名誉ある過去によって市民を勇気づけること（一八六六年以降の愛郷的な歴史博物館）、あるいは支配的権力のプロパガンダに仕えること（一九一六年）——そのようなことはもはや歴史博物館の使命ではない。そうではなく歴史は応用社会科学であり、現代に対する理性的な説明であり、移り変わる政治情勢に示唆を与えうるものである。[25]

広く住民の議論を促すという点で何より重要だったのは、解説壁板《パネル》を含めた展示全体の設計である。来場者の目に特異に映ったのは、当時はまだ珍しかったと言われる展示物の詳細な解説パネルであった。（図録も従来は名称、年代、素材のみで、ほとんど解説文がないまさに「図」録だったが、この時期以降、豊富な説明も加わり、文字が急増している。）けれども舞台裏では、企画段階から展示室と作品に系統番号が振られ、各部屋あるいは小グループが何を題材にし、それが全体主題とどのような関わりがあるのか、論理的な階層化が綿密に設計されていたことが分かる（図1[26]）。図2[27]のように、どの印《シンボル》が何の主題《テーマ》を表すのか、文脈も一目で理解できるように整理され、この印は解説パネルの上部に、主題によっては複数示された[28]。文化史を巡る一般住民の討論、歴史との議論が促されるように、情報伝達の設計は極めて精密になされていた（図3[29]）。

こうした工夫は、当時の傾向が「知」の伝達を重視していたことを具現化するものであった。当時、教育政策が全ての人に高等教育を受ける機会を開くことに成功していないことが、人々の社会的な能力の不均衡を生む土壌となり、社会的格差の再生産に繋がる社会問題として新聞に繰り返しとりあげられていた。ホフマンもこれに着目し、教育政策によって生みだされる不均衡を文化政策こそが広く開放された文化施設[30]において是正すると述べ、「万人のための文化」の重要性をしばしば強調している[31]。「知」の伝達を介することにより、民主的な議論へと繋がるという道筋が描かれていたことが分かる。

しかし歴史博物館の解説パネルの記述はジャーナリズムによりセンセーショナルに採り上げられ、フランクフルト市は、「教化」「歴史の歪曲」「偏った描写」をしているという非難を連邦全土から受けることになる[32]。一連の騒動は「ミュージアム論争」と呼ばれ、市議会においても議題となり[33]、歴史博物館は結局、解説パネルを書きなおさざるをえない状況に追いやられている。議員や歴史の専門家のみならず、一般市民からも「ホフマンへの批判」として「フランク

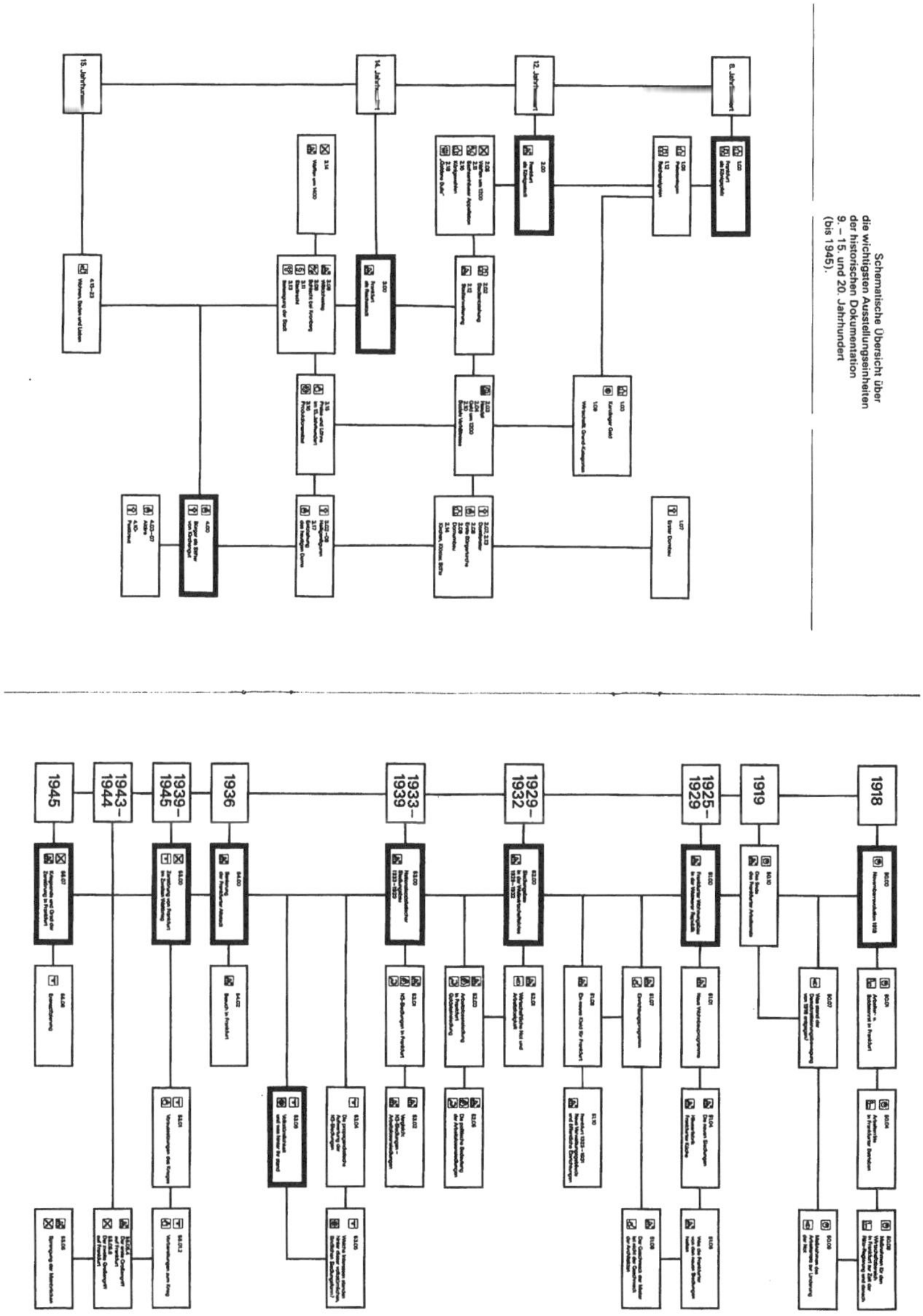
Schematische Übersicht über
die wichtigsten Ausstellungseinheiten
der historischen Dokumentation
9. – 15. und 20. Jahrhundert
(bis 1945).
1918
1919
1925–1929
1929–1932
1933–1939
1936
1939–1945
1943–1944
1945

図1 展示室の系統図

フルトが急進左翼に傾いている」「左翼的な傾向なら何であれ支援する」「決して公共の関心を呼び覚まさない」という投書が寄せられる[34]。これに対して、ホフマンは、「非政治的な歴史博物館とは自己矛盾である」という論文を一九七三年六月二〇日のフランクフルター・ルントシャウ紙に寄稿し、「文化的な人格形成」について説明している[35]。「ミュージアム論争」は、フランクフルトのミュージアムの「万人」のためにあろうとする事業への着手が、幸先のよいスタートを切ることができなかったことを象徴する事件として記憶に残ることとなる[36]。

当時の資料も議会議事録もすでに三〇年の非公開期限が切れ、現在では全て開示されている。実際にはこの騒動はジャーナリズムが煽った側面がないとは言えない。批判を受けて博物館は来館者にアンケートをとっていた。一般住

図２　カピツキ教授がデザインした展示主題が一目で理解できるよう作られた絵記号

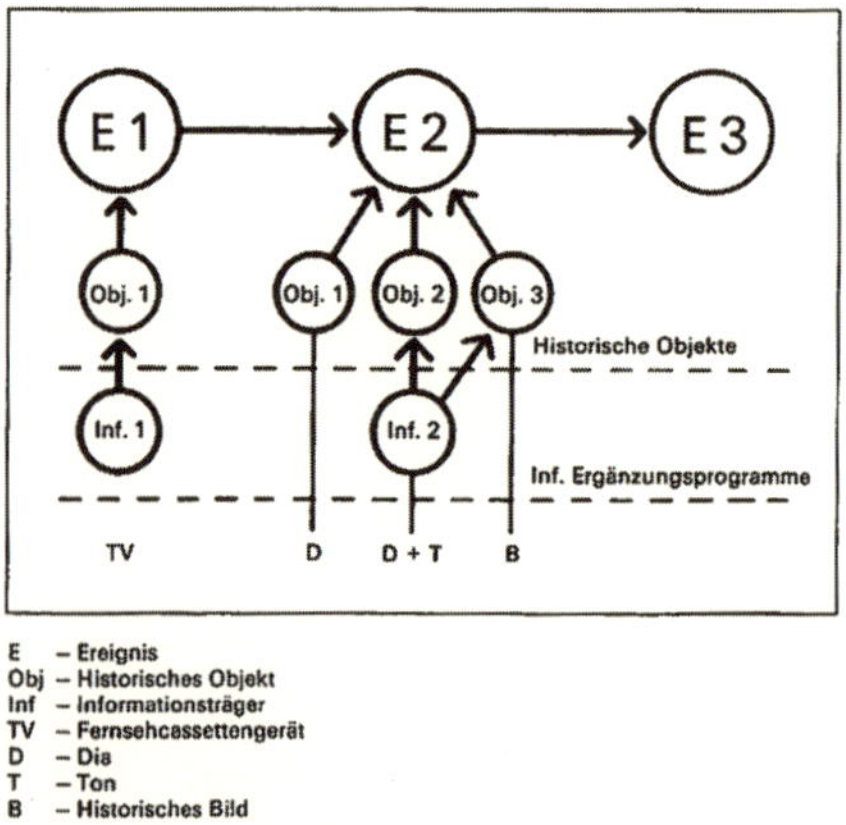

図３　当時の情報伝達のモデル図

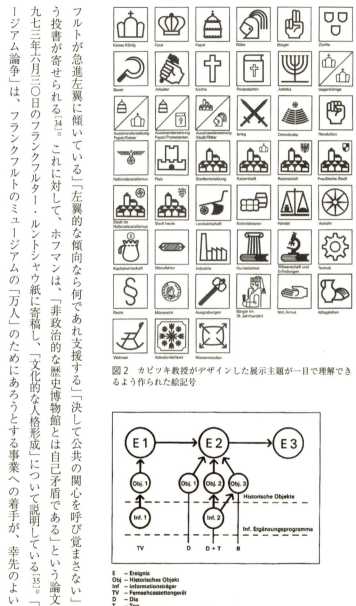

民の反応は概ね好意的で、文面変更の必要はないというものであった[37]。ジャーナリズムがいずれも批判的な反応を示しているのとは対照的に、当時この展示に訪れていたヘンゼは、「内容としてはとても複雑なものを伝達している。来館者は、その複雑さを減少された教育的な加工物を通じて所蔵品と出合うわけではない。ミュージアムを作り上げる人々は、様々な切り口の可能性を持つ歴史を様々な切り口があるままに伝えている。それぞれの空間には、賃金労働におわれる大衆がとりわけ関心を持つようなものに、動線としてのアクセントが置かれている。そうしなければ特権的なミュージアムの来館者の手元にのみ置かれているような支配的な知というものを、ここでは『社会化』しようとしている〔傍点――著者〕」[38]と肯定的に描写している。ここでのアクセントとは、図2にある絵記号《ピクトグラフ》であると考えられる。彼女はまたこの歴史博物館を「自由な選択に任せた提供を行っている『普通の』教育施設」と解釈し、来訪者を「美的に染め直す」ことはしていない[39]、感性の知覚がここでは来館者への教師ぶった世話焼きを伴うことなしに、知識の伝達と結びついている、そうした対話的でかつ、視覚を用いた知の獲得は強制的な学習に内在する不純物を除去してくれる、ここでは学習において否定的な経験をした人でも真剣になるだろうと[40]、論争を呼んだ展示の方法と内容について、概ね好意的に評価している[41]。

「不純物」や「否定的な経験」という表現には、ナチ時代が念頭に置かれていたと考えることができる。悪名を馳せた「退廃芸術展」には、手厚い美術教育プログラムが「来館者サービス」として用意されていた。そこでは、様々な文脈がある文章を、政治イデオロギーに沿うように切りとり、引用をすることが行なわれていた。そうすることで、誰もが理解できるよう、極めて単純明快に図式化し、ナチズムの美学イデオロギーを来館者に植えつけるという意図が、会場中に浸透していた。こうした「集団的学習」「言葉で操作された学習」をドクメンタの創設者の一人であるアーノルド・ボーデは繰り返してはならないと考えた。そのため、カッセルで開催されたドクメンタⅠ（一九五五年）は、同時代の美術の動向を遅ればせながら西ドイツ国民に紹介し、学ばせようとする大衆啓蒙的思想を持っていたものの、来館者サービスとして、集団を形成し、言葉を使用する「作品ガイド」や、言葉で説明を行う解説パネルなどは、あえて用意しなかった。ボーデは、言葉を使わず個人的に内面で作品と対話することが、来館者の思想的な安全を保障すると考えたのである[42]。終戦直後から一九五〇年代のこうした「個人的な内省的対話」を尊重する意識が、六〇年代に入り社会全体の教育志向で変容し、ミュージアムでの人格形成という論点に移っていく。すでにこうした反省があったために、そこでは、考えるための刺激を除去してしまうような主流の知を分かりやすく投入するという教育手法を否定した上で、住民とミュージアムの新たな関係の構築が構想されなければならなかったのである。

歴史博物館の記述に偏りがあったか否かの論争は、学術的な視点の議論というよりは、政治と宗教の信条の主張のような側面もあったため、ここでは具体的記述の一つ一つに深入りはしない。本書の関心にとって重要なのは、こうした試みにこそ、ミュージアムの公共性再構築は、子どもを主な対象とした教育学《ペダゴーギク》のみに縮小されるのではなく、広く公共の議論の場となることから始まるとフランクフルトがとらえていたことを読みとることができる点である。

歴史博物館に続いて再開した民俗学博物館[43]についても同様の批判が巻き起こった。二つの博物館への批判の要点は、情報が偏った理論に基づいているというもののほかに、解説パネルのせいで展示品同士が「離れすぎている」ということであった。図４[44]を現在のわれわれが見てもその距離感について特に違和感は覚えないが、大きな解説パネルがあることよって距離が開いてしまったことへの違和感はまさに、前提知識を持つ層にのみ意味が分かる場であった「美の殿堂」に慣れていた当時の人々の困惑ぶりを表している[45]。

一九七四年一月一八日のフランクフルター・アルゲマイネ新聞に、ホフマンは二つの市立博物館への批判に応えるべく寄稿した。その中で彼は、フランクフルト市のミュージアム構想を説明し、ミュージアムにおける「知」の伝達の「文化的な人格形成」に対する重要性を再び強調している[46]。「知」の伝達を「文化的な人格形成」の前提ととらえ、そこに重心を置くミュージアム構想は、六月二四日に市議会でも承認されている[47]。この議場では第一市長[48]のルディ・アルントも、「今日のフランクフルト市の住民は、単に作品が陳列されているのみならず、それがどの時代のどういった社会的関係あるいはどの国から生みだされたものなのかについての情報を与えるようなミュージアム政策を期待することができる」[49]と情報の伝達の重要性を擁護している。

この間の議論を報じたフランクフルター・ルントシャウ紙は、「今日のミュージアムの課題は、高い教養をもった市民だけのために、陳列された作品について整理する機会を与えることにあるわけではないようだ。より多くのフランクフルトのミュージアムがこれから、この構想に基づいて、眠りの森から目覚めるだろう」[50]と結んでいる。説明の内容が左翼的であるか否かという問題はひとまず脇に置き、全ての人にミュージアムを開いていこうとする姿勢自体は、肯定的なものとして評価されたと言える[51]。

図4　当時の展示室

ところで先に引用した文章からは、「支配的な知」を独占することなく、広く共有し「社会化する」ことに肯定的であるヘンゼの姿勢を読みとることができる。またホフマンは、住民による議論の前提として一方では美的体系に支配されたミュージアムのあり方を解体し、作品を社会的な文脈に組み入れることを提唱している[52]。しかし他方でホフマンの発言には、作品を理解するための何らかの知識の提供が必要だと考える傾向も見られた[53]。広く成人まで念頭に置く点では、第五章で見た西ドイツの主流とは異なる視点を持っていたものの、議論に必要な前提は果たして「知識」を多く持っていることのみなのであろうか。ホフマンの理念とその政策実施においては、文化的な公共性を担う議論を、芸術文化を媒介項とする「対話」の主な内容としてとらえ、念頭に置きつつも、その触媒としての「文化的な人格形成」を結局は、「知」の伝達に読みかえる傾向もあったと指摘することができる。切り口の複数性が強調され、見解を複数提示しようと試みられていたことは伝わる。けれどもそれだけでは（これ程に論争を呼ぶ展示は別として）一般的には、与えられた知識を受身の姿勢で習得し、既存の知を「正解」ととらえ、議論をせず無批判に再生産する状態に来館者をとどまらせる可能性はないのだろうか。結局この時代には、社会問題であった格差の解消（教育政策を補完し、労働者がまずは知識を得られるよう、万人に開かれた文化環境を提供する）と、公共の議論を形成する文化領域という理念とが混在していたと言える。

二　ミュージアム発展計画――媒介への期待

フランクフルト市は一九七二年に一度ミュージアム発展計画を立案し、ミュージアム教育員の制度化は市の合意事項となっていた[54]。けれども、人件費が予定通りに計上されず、市政がCDUに転換した七七年[55]に再度立案に着手されている。この草案では、ミュージアムと社会との関係はどのようにとらえられたのだろう。

一九七七年の政権交代に先立ち、フランクフルトの全ての党が、古くなっていたミュージアムの拡張整備が必要であるという点については合意していた。しかしミュージアム政策――とりわけその増改築を含む場合――は保守派政党の好む領域である[56]。そういう意味では、市政がCDUに転換したことは確かに、ミュージアム環境を整備してゆくための大きな契機となり、その第一歩がミュージアム発展計画への遅ればせながらの着手であった。七七年にCDUが政権に就いたときには決して市の財政状況はよくなかった。けれども「不況を理由に長年の計画を止めるわけにはいかない」という理由から、将来的にミュージアムの河畔と呼ばれるようになる一帯でのミュージアムの拡張工事と新築を行う方向が固まっている[57]。議会には自由民主党（以下、FDPと記す）がミュージアム発展計画作成を発議し、これを皮切りに、比較的スムーズに今日のミュージアムの河畔への道筋が準備されている。

ミュージアム発展計画草案は、一九七九年八月に市議会文化委員会を始めとして関係各所に回付されている[58]。しかし公式には成立せず、ミュージアムの改築・新築が先に予算に組み込まれてゆく。それでも七九年に提出されたミュージアム発展計画は、現在もフランクフルト市の文化局でミュージアム政策の理念的指針として、職員が立ち返る素材となっている[59]。というのもこれは、当時のフランクフルトのミュージアム関係者と文化局が、現場と政策の双方の合理性をすり合わせて、フランクフルトのミュージアム領域の将来像を描いた文書だからである。この発展計画は、ミュージアムにおける「媒介の行為《フェアミットルンク》」というものにとりわけ重点を置いていたのだが[60]、ここにも「万人のための文化」という市の文化政策の理念的な理論が、ミュージアム領域において、どのような方向を目指していたのかを読みとることができる。「文化的な人格形成」はここではいかに描かれていったのだろう。

就任演説でのホフマンのミュージアムに対する問題意識は、人格の形成にあり、具体的事業としてまずはそれをミュージアム教育員の制度化や知の伝達と結びつけようとしていた。その後の委員会では、当時西ドイツ全土で先進的であると評価されていたニュルンベルクやベルリンの手法を意識し、採用しようと検討した資料も残っている。けれども発展計画は、他の都市の先進モデルをフランクフルトのミュージアムにもとりいれる方法を検討した上で、この可能性を否定している。

発展計画は、フランクフルトの文化資源の歴史と現状を棚卸しし、むしろフランクフルトにとってより適切な内容を考える方法論をとった[61]。その結果、当時の主流になりつつあった美術教育学センターや外部専門部を各々のミュージアムの上部教育組織として新設し、学校教育とミュージアムとの連携拠点をつくるのではなく、フランクフルトは他都市にはないミュージアムの多様性を持つのだからこそ、それに鑑みて、個々のミュージアムに具体的な実施方法を委ねるという結論を導いている[62]。

以下では、ミュージアムの現場からは何が必要で、可能であると考えられ、政策に対してはどのような意見が示されたのかをより詳しく見ていく。

1　「対話」へと導く教授法とミュージアムの「社交性」

現状把握として、ミュージアムの古典的な任務は、展示、蒐集・保存、研究と三種類が列挙されている[63]。そして研究者や知識人のみの高度研究機関となってしまったミュージアムの今日の問題に言及し、一九世紀における学問の専門化の過程で教育と研究とが別の専門として分裂したことに、原因が見いだされる[64]。

> 研究、保存、展示の構造的関連性がミュージアムの全体的業務の特徴である。そうした関連性はミュージアムの歴史の中で重心を移しこそすれ、決して無用とされたことはなかった。〔中略〕学術研究の分野と保存の分野は、伝統的に専門化しやすく、学問・手法・技術の発展と精緻化に伴い、予算内に制度化される正規定員が細分化され、増やされていった。〔中略〕ミュージアムの仕事のうち、媒介の部分は、まったく専門化が進まなかった。[65]

発展計画は、古典的な任務の重要性や学術的専門性について否定するのではなく[66]、専門性の細分化の歴史に目を向けている。そして学術的水準を維持したまま、改善点を「ミュージアムの仕事における（再）均衡の問題」[67]に見いだし、すでに専門化している三つと同等の重要性を教授法（Didaktik）にも認め、「媒介の仕事《フェアミットゥルンク》」をすることを要求する[68]。展示などの中に学術的な専門性を反映させていくことと並行して、今後は教授法を利用し、来館者の鑑賞能力に応じた伝達力も専門的に付け加えていくという方針である[69]。そのため、形式的に教育学の部署をミュージアム内に設置してその部署を従来どおりの研究を主とする学芸員が占める傾向に対しても、批判的な距離を置いている（教育学《ペダゴーギク》は児童・青少年を対象とするやや一方的なもののみを指し、教授法《ディダクティク》は後述のように教える側、教わる側の双方を問題とするものとして定義され、人格形成の間主観的道筋が強調されている。発展計画では両者の自覚的な使い分けがなされている）。

今日のフランクフルトの市立ミュージアムにはまったく媒介の仕事が無いというのではなく、研究職学芸員《ヴィッセンシャフトラ》たちの日常的な仕事にガイドや展示の準備は含まれている〔70〕。彼らが最終的に下す個々の決断においては、教授法的にあるいは教育学的に大事かどうかは重要ではない。彼らは決定を学術的な仕事と同じように下す。〔71〕

「媒介の仕事」を担う者はここでも「教育員」と呼ばれているものの、「媒介の仕事」は学校教育に縮小されるものではなかった。次の箇所では、学校を軸としたミュージアム教育学のみを念頭に置いて、プログラム内容や財政を重点化しないよう、注意が促されている。

ミュージアム教育員は、ミュージアムの外にあるカリキュラムをミュージアムに採りいれる。〔中略〕学校や学校以外の教育機関との協力は疑いなく仕事の一部である。しかし一部である。〔72〕

これまでに発展してきた媒介の仕事において、その重点は、西ベルリンやケルンの外部専門部という解決策に見られるように、グループに対して専門化された世話を焼くことであった。とりわけ学校がその相手であったし、今もそうである。〔中略〕しかし学校や学齢前の教育施設との協働と同じようには、ミュージアムでの成人の人格形成は組織できないという問題がある。〔73〕

専門知識を伝達したいという部分には、教授法を介し、一般の人に伝わりやすくしようとする意図が見られた〔74〕。けれども専門学術的に定義された内容を来館者の理解に応じて易しく噛み砕くことのみが役割なのではなく、両者は対等であるとも述べられてもいる。

教授法が、専門知識の「通訳」ではありえないのと同様に、学問は社会的関心を直接反映するものでもない。〔中略〕美術や歴史を自分のものとして習得したり、それらと対話したりすることは今や多様である。〔中略〕同列ということは、専門知識と教授法・教育学との対話の重要な前提である。〔75〕

専門知識との対話という表現には、来館者との接触を専門的に扱う教授法や教育学を介して、来館者が媒介する社会の多様な関心をミュージアム内にもとりこむ意欲が示されている〔76〕。この部分に、芸術文化とは何かを提議／定義し、編成していく機会を、専門家に独占させることなく、芸術文化に対する理解の多様性を尊重しようとする「万人のための文化」と通ずる意図を見ることができる。こうした姿勢は、住民に対して、芸術文化を自ら定義する権利（それは実定法に則る権利という意味ではなく、人間の自然法的な権利として考えられている）を実質的に保障し、議論を開いていく土壌をミュージアムが準備する際の鍵となる〔77〕。

発展計画が、芸術文化を提議／定義する権利を広く住民に対して開く意図を有していたことは、以下の箇所においてさらに顕著である。媒介の際は来館者の年齢のみならず、社会文化的な差異を考慮する必要があることに言及した上で、それを（ミュージアムの）「社交性」と言いかえ、以下のように述べられている。

「社交性」は狭い意味での教授法や教育学のきっかけとしてのみとらえられるべきではない。そうではなく、ミュージアムと公衆の対話を構成するきっかけである。〔中略〕媒介の仕事は基本的に、ミュージアムと公衆との対話が民主的な性格を確実に持てるようにする責任を背負っている。〔78〕

ミュージアムの教授法とは、教えることや学ぶことを内包するものだが、施設による型にはまった学習を義務付けるものではない。もっぱら社会的な実践の中で習得する、人格形成のための個人的かつ集合的な行為と理解され、そこに具体的な学びの形が開かれている。この意味で、美術、歴史あるいは自然が根本的な貢献をできるなら、ミュージアムは公共的な役割を形成するのだ。[79]

このような発想を見るに、高度な専門性を持つ「制度化された文化施設」であり、教養市民的な高尚な文化の代表格ととらえられてきたミュージアム領域とはいえ、発展計画草案も、文化活動における主体の実践を重視する「新しい文化政策」と理論的な基盤を共有していたことは明らかである。学習のみならず、「個人的」「集合的」な人格形成のための行為という表現からは、文化を媒介項とした他者との「対話」という社会性のある行為が重視されており、そうした行為のトポスとなる点にこそ、ミュージアムの公共性が根拠づけられていることを読みとることができる。

以上のことから、媒介《フェアミットルンク》に重点を置く一九七九年のミュージアム発展計画草案は、ミュージアムの公共性を、教授法および教育学とその先にある文化を媒介項とした多種多様な対話によって形成することを目指すものであったと解釈することができる。ここでの「媒介の仕事」は、二つの意味を持っていた。第一に、来館者サービスの改善である。この意味での媒介の仕事の強化は研究職《ヴィッセンシャフトラ》の学芸員のみならず、修復員や監視員にも求められている[80]。第二は、本章が主題としている、ミュージアムの位置付けや作品の意味を巡る議論への「媒介《フェアミットルンク》」である。発展計画草案においては、子どもを対象とする教育学《ペダゴーギク》への矮小化[81]、学術的専門性の簡易化、大衆迎合には明らかに否定的な立場がとられている。

2　より広い「媒介の仕事」

こうした「媒介の仕事」の強化は当時、どのように実現すべきだと考えられたのだろう。その答えがミュージアムの河畔の整備だったのだろうか。

ミュージアムの仕事の中でも伝統的には、研究と保管の専門化が進んだことが、今日の問題に繋がる背景として冒頭ですでに触れられていた。こうした経緯を踏まえて発展計画は、すでに専門化したこれらの分野と同じく、媒介も「制度化された機会を得るべきだ」[82]と述べ、媒介の仕事の専門化を促すための高等教育が必要であると示唆する。発展計画が意図していたのは、美術教育学の学科のみを設置するのではなく、学術的研究と媒介の同列化を実現するための包括的な「ミュージアム理論のような上位部門」[83]の設置であった。発展計画においては、これをミュージアム学《ミュゼオロジー》と理解するのが妥当であるが、ドイツの大学ではまだ制度化されて教えられてはいないため、フランクフルトでミュージアムの仕事の全体を網羅するような「ミュージアム学を学部横断的な科目として設置する」[84]ことが好ましいと勧告されている[85]。また大学の専門課程のみならず、実践的な職業訓練についても「ミュージアムの仕事に特化した後継者を育てる道筋が欠如」している現状に触れられており、研修生[86]や大学生の実習生《インターン》のための十分なポストを確保するよう、勧告されている[87]。

　ミュージアムの「媒介の仕事」を研究や保存の仕事と同列に並ぶほどに専門化することにより、ミュージアムがより広い公共性を将来的に担うための土台を提供しようとする長期的な視点があったことを以上から確認できる。実現を支えるために、五年間の期限付きで「媒介の仕事」を強化するための特別な予算を組むよう、文化局に勧告がなされている。また「媒介の仕事」をどのように改善するか、どのような人材を必要とするかの決定は、個々のミュージアムに委ねられ、各館の結論が出ないうちに教育員などの新しい費目を作るのではなく、現状と館の特徴にかんがみて、それぞれのミュージアムが媒介に関して毎年必要となったものを予算申請に組み込めるようにすることも勧められている[88]。

　発展計画の作成には、ミュージアムの館長や教育関係者、市の文化局の造形芸術に関する専門家たちが携わっていた。意外なことに、各館への早急なミュージアム教育員の制度化のみならず、ミュージアムの河畔という一大事業に対しても、発展計画は消極的であった。このことはミュージアムの河畔が、ミュージアムの関係者の悲願であったというよりは、当時の政治的な野心であったという懐疑を抱かせる一つの根拠となる[89]。

以上の考察からは、発展計画の主眼は、ミュージアムの河畔を整備することにはなく、今あるミュージアムの媒介に関わる側面を強化することにあったことを読みとることができる[90]。ホフマンの就任演説時の構想とは異なる点として、ミュージアム教育員という新たな職務には一定の有効性を認めながらも、これを直ちに制度化することを促す直接的な勧告は見当たらない。発展計画草案は、議論を通してミュージアムの関心と社会の関心とを交渉的にすり合わせることを意図しており、むしろミュージアム教育員《ペダゴーゲ》の設置に限らない広い媒介《フェアミットルンク》に着目していたのである。その点で「新しい文化政策」や「万人のための文化」が掲げていた「文化を媒介項とした対話」や「文化的な人格形成」と方向性を確実に共有するものであった。

三　第一市長の期待――都市の表象への野心

フランクフルトにあったミュージアムは、有産市民たちがコレクションを一般に公開したことに始まる歴史を持ち、もともと私的な住居として建てられた邸宅を利用していた。そのために室温管理などの側面に不安があり、所蔵品の保存状態を考慮するならば、既存のミュージアムのある程度の改築が望まれることは、発展計画も認めていた[91]。しかし改修作業の必要な既存のミュージアムは別として、新しいミュージアム[92]を建設する費用（ミュージアムはその後、維持費もかかる）を使わなければ、長期的に既存のミュージアムの仕事を多面的に強化するという選択肢もさらに検討できた可能性もある。勧告からは、ミュージアム関係者はむしろそれを求めていたように思える。

結果的にミュージアムの河畔の大整備の正当性の評価は、非常に難しいものとなった。発展計画に読みとられる既存のミュージアムの主張をそのままに政策に反映すれば、既得権益を持つミュージアムが我田引水的に予算を増やそうとする意図があったととられかねない。他方でミュージアムの新設は、都市の美装化で権力を表象させるという古

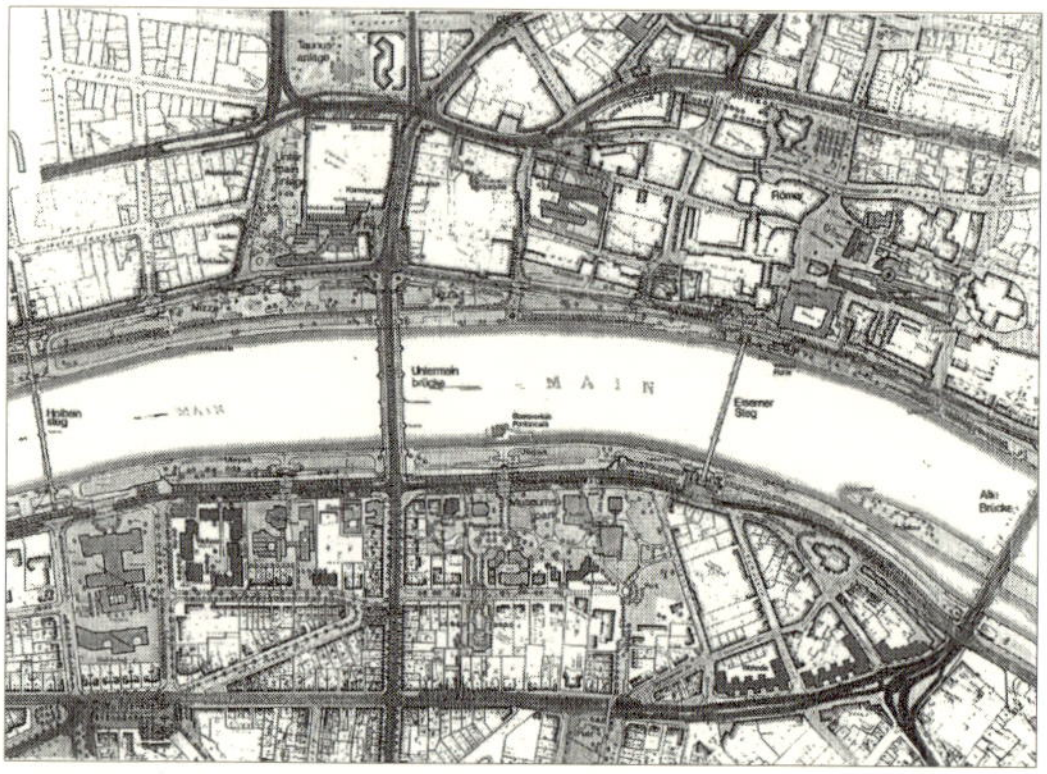

図５　シュペーア事務所作成のミュージアムの河畔計画

典的手法を好む政治家たちの野心にすぎず、ミュージアム職員の希望ではなかったとの批判も容易に可能である。

　実際、増設工事の予算化が極めて迅速に進んだ背景には、第一市長の野心があったことも指摘されている[93]。一九七七年の政権交代で第一市長となったヴァルター・ヴァルマン（CDU）は、ミュージアムの大整備に、非常に積極的であった。彼が都市における芸術文化の役割を高く評価していたことは、「文化は政治への触媒となる」や「フランクフルトを欧州文化首都にする」という台詞に確認する事ができる。ヴァルマンとホフマンを擁するフランクフルト市の市政は当時「文化連立政権」とさえ呼ばれ、それぞれがそれぞれの党を説得することで次々と文化政策上の懸案に対し、市議会の議決をとりつけている[94]。ミュージアムの河畔についての整備計画は、次第に政治の次元で、既存ミュージアムの改築整備のみならず、大規模なミュージアムの新設をその射程に入れていく[95]。

　第一市長の強い思い入れを象徴的に表していたのが、名称をめぐる攻防である。文化局は、この整備を仮の事業名として「ミュージアムの河畔計画」と呼んでいたのだが、ジャーナリズムもこの表現を使用し始めると、住民にも一躍この呼び名が膾炙した。このことは、ミュージアムの河畔の大事業が、文化局長のホフマンの名と結びけられていくことに繋がっていくことを予感させた。そこで第一市長のヴァルマンは、事業の公式名称として「ミュージアム・パーク」という代替案を出す。このことは地元新聞によって、以下のように説明されている。連邦政府への入閣を目指していた第一市長は、一連のミュージアム整備によって、自らの名をドイツ中に知らしめたいと考えていた。それにもかかわらず、ミュージアムの河畔という名前でこの一大事業がホフマンと結びつけられていく。これを快く思わなかったためにヴァルマンは、新たに「ミュージアム・パーク」という名前を提唱した、と。しかし、市の委託を受けたシュペーア事務所が『ミュージアムの河畔計画』（図5）という名前で詳細な計画書を提出したために、「ミュージアムの河畔」が事業の公式名称となってしまった。そのため市の建築諮問委員会は『ミュージアムの河畔に関する質問に対する調査意見報告』において「ミュージアム・パーク」とは、工芸博物館を取り囲む公園のみを指すとわざわざ説明した経緯がある[96]。

こうした経緯から分かることは、当時は政治の側からも、建造物としてのミュージアムの一大整備には強い関心が向けられていたという点である。CDU政権への交代が、保守派の好むミュージアム政策という典型的傾向を後押しした点についても否定できず、この点が市の文化政策の「転向」批判に根拠を与えている。ミュージアムの河畔をめぐっては、文化政策の理念と現場の希望、そして政治家の野望という複数の意図が、入り乱れていた。

四　ミュージアム集積地帯

このような中、最終的にフランクフルト市がとった戦略は、ミュージアム集積地帯《クラスタ》[97]の形成と一館に最低一名のミュージアム教育員の制度化であった。集積地帯形成で特徴的であったのは、各館の多様性と唯一性の追求である。ニューヨーク・シティのミュージアム・マイルを模して、一九九〇年代にはボンなどにもミュージアム・マイル方式で集積地帯が形成されている。しかしフランクフルトにはすでにミュージアムが集まるように存在する一帯がそもそも存在していた。それらを原点としてさらに拡張するにあたって、文化局は、ありきたりでどこでも見られる分野を扱うミュージアムを建てることは避けている[98]。戦略的には、ミュージアムと親和性があるとは考えられていなかった分野の専門性を深く追求し、非西洋世界を含めた世界の文化を結集し、全体的にミュージアムの河畔に学際性を持たせるという構想が重要であった〔99〕。世界を特権的にまなざす西洋中心主義的な発想だという批判もあるかもしれないが、ミュージアムの河畔は、住民のためでありながら世界市民的思想に支えられてもいた。そのせいか、国民国家形成過程で見られたようなアイデンティティの画定というミュージアムの貢献機能を地域にも相似的に援用することについては、ほとんど言及されていない。一般的には最大多数の最大幸福的に説明責任《アカウンタビリティ》を果たすために、政策は安易にミュージアムを建てさえすれば地域アイデンティティの形成に直結するかのような言説を紡ぎがちであるが、当時の文化局では、こうした図式はそれほど重視されていなかったようだ。こうした典型的な内容の言説は当時の議事録にも新聞にもあまり見られない。ホフマンはむしろ、ミュージアムの河畔が人類の文化を有機的に繋ぎ、人々が横断的にミュージアムを訪れていくことで世界の広さを知り、思考を深め、アイデンティティの確認という欲求から解放され、視野の限界を拡げると定義していたことを回想的に語っている〔100〕。国際金融都市フランクフルトならではの多様な文化的背景を持つ住民や企業を念頭に置いた発想だったのかもしれない。既存の館に新しく加わったミュージアムはいずれも、自治体・州・連邦・欧州内で、他に類を見ない独特な領域を扱うものであった。住民の「文化的な人格形成」に対し、文化的な多様性を享受できる環境を整備しようとしたことをうかがうことができる（そしてそのことは、ミュージアムと観光の結束が強まった九〇年代に入るとまさに、独自性を持つ地域資源という強みも発揮することになり、事後的に世論に承認されていくのである〔第七章〕）。

1　市民イニシアティヴが与えたヒント

一九七〇年代当初よりフランクフルトには、ミュージアムを「美の殿堂」から住民の「文化的な人格形成」の拠点へと転換させる意図が見られた。また点として存在していたミュージアム同士の協働を促し、まち全体のミュージアム政策を構想する方向へと向かおうとする試みもなされている（作業チームの設置による館長同士の交流の促進）。ただ当初は、結んだ線を面に見立て、ザクセンハウゼン地区に「ミュージアムの河畔」という一帯を形成する発想を、政府関係者は持っていなかった。

ザクセンハウゼンが、ミュージアムに限らず造形芸術全般に強みを持つと市政に気付かせたのは、この地区に住む芸術家たちである。当時この地はドイツ騎士修道会の河畔[101]と呼ばれていたが、もともとフランクフルトの「グリニッチヴィレジ」あるいは「モンマルトル」という異名を持ち、造形芸術家が多く住み、アトリエの並ぶ一帯であった[102]。芸術家たちはお互いに知り合い、協力し、自分たちの発案主導権を発揮するための市民イニシアティヴ「アーティスト集団《コレクティブ》ザクセンハウゼン」[103]を結成していた。そして、フランクフルト書籍見本市の際に芸術家会議を開き、次第に注目を集め、市政の意見形成にも影響を与えていく。

この地区には、多くの芸術家が住んでいるのみならず、飲食店も多数あるため（当時は約七〇店舗）、毎晩人が集まるという利点があった。しかし文化資源はあっても、住民たちとは結びつきを見いだせないでいた。芸術家たちは次第に「反対のことが無理なら、芸術が人間の方に近寄っていかなければならない」と考えるようになる。そしてマイン河沿いで毎週末行われていた蚤の市を、市立ギャラリー（市に居住してきた／する芸術家の作品を主に展示する）まで延長することや、使われなくなった古い邸宅をアトリエとして使うための修繕費を市に負担してほしいと運動を行っている。彼らは就任後のホフマンを会合に招いており、直後の市議会でホフマンは「上から下への施策ではなく、こうした市民主導のよき伝統によって、フランクフルトの文化生活は活性化されるだろう」[104]と報告している。また彼自身がよく知るアメリカの状況からも、こうした芸術家地区の活性化ということが現実的であると判断してもいた。各地区が文化的な独自性を開花させるためには、こうした市民主導の発案こそが重要で、市はそれを補完する必要があると考えたのである。

芸術家地区の活性化については、一九七二年一一月に公式な計画として発表される。記者会見では、芸術と住民をより近付けることを目指し、地元の有名な芸術家のみならず、まだ無名の芸術家の作品も展示する場所やアトリエを作り、造形芸術・音楽・アマチュア劇団など様々なジャンルの芸術家が交流するプラットフォーム作りも行うことが宣言された。計画を実現する空間の一つとして、マイン河にかかるアルテ橋のたもとにあり、文化局が入っていたドイツ騎士修道会の館を、役所としてのみならず、文化的催事に活用していく計画が明らかにされる。当時の報道によると、それによって、ドイツ騎士修道会の館の名前をとっていたマインの河岸地域一帯が、将来的にミュージアムの河畔と呼ぶにふさわしい地域になるのではないかという期待を感じさせたことが分かる[105]。

五　政策根拠

1　初期市民文化の自由と平等

ミュージアムの河畔は、「文化的な人格形成」の理念を下敷きに、二つの視点からさらに根拠づけられている。一つは、市の歴史の継承という正当性、二つ目は、世論の可視化による正当性である。先に見た七九年の発展計画も現状把握として、多彩なミュージアムが一九世紀の市民文化の伝統に支えられてこの地区の邸宅に集積している点に触れている。本節では歴史の継承に着目し、次節で世論の可視化について述べたい。

ミュージアムの河畔は、市民文化と自治体政策の協働という市の「歴史」を振り返ることによっても、正当性が根拠付けられている。それはどのような歴史だったのだろう。実はここに、ミュージアムが「自由」と「平等」を旗印とした「対話」を可能にするという「万人のための文化」の第二の意図を支える根拠が、歴史からの証言として導かれている。発展計画での言及やホフマンの発言においてこのことは、当然の前提とされ、「自由」と「平等」がフランクフルトの市民文化の特徴として語られている。フランクフルトの住民にとっては当然の歴史認識なのか、それほど詳しくは説明されていない。そのため本節では、今日の研究を参照しつつ、フランクフルトの市民文化のどのような歴史や特徴を指してそう言いえたのかを理解したい。

「万人のための文化」という標語は、「広い文化概念」と並ぶ第二の意図として、文化的な民主政治と人間的都市の形成への芸術文化の寄与も念頭に置いていたことを先の章で見た。すなわち、万人が「自由」に人格を発展させることができてこそ、民主社会を形成する成熟した担い手の範囲も広く多様になる。それは制度的な視点で言えば、ボン基本法第二〇条の「社会国家」から具体的な「生存配慮」を導く根拠と安全弁として機能する（第三章）。そのために、政策を積極化するからには住民が文化的に人格を形成できる環境を整えることが極めて重要だと考えられたのであった[106]。（これは今日の「文化的生存配慮」における中核をめぐる議論を先取りした発想である。）

「文化的な人格形成」への信頼は、芸術文化の領域こそ「自由」と「平等」を培う土壌であるという信念から導きだされている。この視点は一見、教養市民的なエリート思想ではないかという懐疑を抱かせる。けれどもフランクフルトのミュージアムは、第一次世界大戦の頃には極めて偏っていった「文化」理解ではなく、地元の初期市民文化の理念を継承するものと説明されてきた。市民層が文化活動に理念的に見いだしていた「平等」と「自由」を芸術文化領域ならではの「固有の強み」として、再び現代社会に取り戻す構想がここから紡がれている。つまり、ミュージアムの河畔の整備は単に新たな建造物政策として登場したのではなく、（地元の芸術家が就任直後のホフマンにヒントを与えたように）もともとこの地区には一九世紀の市民が建てたミュージアムの集積地帯という地域文化が存在した。その精神を継承しつつ、現代的に再構築するものと位置付けられていったのである。

第二章で見たように、普仏戦争を経て第一次世界大戦の際には、対外的にはドイツ「文化」の西欧「文明」への優位性というイデオロギーが先鋭化され、国内での実質的、精神的な国民国家統一も広範な層に浸透した。当初は国民国家《テリトリアル・ステイト》を形成しようとしていた勢力には疎まれたものの、共通の言語文化の下に国民国家ドイツを形成する思想は、強い影響力を持ち、地理的政治的な統一後には、精神的統一に向けて内面化されていく。一定の集団の「同質性」を示す証拠として言語や文化が求められたときに、それらは祖国（邦国）や教区という一次的帰属集団から「国家」という「想像の共同体（ホブズボーム）」へと人々の認識を飛躍させ、「国民」的帰属意識を醸成するために一定の貢献をなす――「文化国家」の理論は（第二章ではドイツの思想に限らず大きく分けて三種類あったことを示したが）、一般的には第一次世界大戦の頃の「文化」と「文明」のこの二項対立を下敷きにしたドイツの国民国家形成理論としての意味で知られている。国民国家成立後は文化国家《ステイト》としての集権性は文化国民国家主義《ナショナリズム》に内包されていった。第一次世界大戦後のヴァイマル憲法に「芸術」が明記されたことにも象徴されるように、ヴァイマル共和政時代には、さらなる内なる公式国民国家主義《ナショナリズム》の深化のために、芸術文化には（「自由」が保障されつつも）積極的な「貢献」への期待も寄せられたのであった。

　しかし伝統的に領邦国家に分裂していたドイツで、フィヒテが言語国民というものを抽出した初期国民国家主義の時代から、プロイセンによるドイツ統一に向かう過程において、他の地域はそう簡単にその理念に染まったわけではないようだ［107］。実際、国民国家運動と手を結ぶ過程で、「文化」の意味内容は極めて「ドイツ」的なものとして編み直されていったものの、政治と結びついていった「文化」のこうした側面のみに焦点を絞らず、もう少し広い時空間軸をとり、美術史や市民協会史などの研究も見るならば、今見た意味での「文化」とは対極的に、「開放性」や「平等」を理想として掲げる初期市民文化が一つの自律的な領域として機能していたことを指摘する研究も少なくはない。「文化国家」に留保をつけざるをえない戦後の文化政策に対し、対案を提起するような思想の手がかりは、国民国家と結びつく以前のそうした文化領域に固有の理念から見いだされていくのである。ミュージアムの河畔はこの論法をとるものであった。

　ドイツ全土における初期市民文化の全体的な思想傾向の多様性についてここで深く考察することは、本書の意図ではない。本節では「万人のための文化」と一九八〇年代のミュージアム政策に関連する限りで、フランクフルトの初期市民文化の理念像がどのようにとらえられ、それが当時の文化政策にどのような根拠付けを与えたのかという視点で考察したい。最初に市民の文化の特徴、その後に市政と文化の関係を見る。

（一）芸術の自律と有産市民の登場

フランクフルトは中世以来、「大市」が開かれる商業都市であり、一八六六年にはプロイセンの支配下に置かれるものの、それ以前には皇帝直属自由都市としての自治の伝統を誇った。それゆえに、プロイセンに対してとりわけ対抗心が強いことでも知られる[108]。国民的記念碑建設などの国民国家運動も展開されてはいくのだが、その内情は実に複雑であった[109]。

一九世紀初頭のプロイセンでの学問の専門化と大学の制度化は、教養を資本とする市民たちが世襲貴族に対抗して地位を固める礎となり、その後一九世紀中葉以降、産業化が進むにつれて、もう一方の新興市民である有産市民が台頭、これに対抗するように教養市民はますます教養の有無を強調し、教養のある市民であることは一種の身分文化の色を帯びていく。

他方ロートによれば、フランクフルトでは市民層の半数が一八三〇年代にはすでに何らかの文化的な協会に関わっていたが、メンバーの大多数は経営者であり[110]、教養市民が大多数を占めたのは、職業的な限定のあった医師の協会と歴史協会のみであったという[111]。ハンザートは、プロイセンの教養市民とは対照的に、フランクフルトの有産市民たちは、自らが学問や芸術の担い手になったというよりは、むしろ芸術家の後援者として、地域の芸術文化の形成に携わったことを明らかにしている。

フランクフルトの状況をその少し前の一八世紀末まで遡ると、自律的な芸術活動を追求する芸術家たちは中世的な手工業組合《ツンフト》から次第に離れ、芸術の自律性を模索している。以下、ハンザートの研究を参照して簡単にまとめる。ツンフトは、職人たちが連帯し、職人仲間を部外者との競争から保護し、生活の安定を目指した制度である。しかし実力のある芸術家たちの目には、足並みを揃えさせる保護主義的な組織の性格が次第に「足かせ」と映るようになってゆく[112]。彼らが燻らせていた思いは一七六七年にフランクフルトにて決定的な転換点を生む。この年の四月二日に、当地で名を知られていた九人の画家が、ツンフトからの解放とアカデミー設立の建白書を市参事会に提出したのである[113]。自立の最大の障壁として、現実には資金繰りの問題が立ちはだかっていたし、市参事会の財政的な援助を求めてしまうと承認は下りにくくなる。ここで彼らが自立し、芸術が自律性を追求していくための後援者として登場するのが、こうした動きに手を差し伸べた有産市民たちであった[114]。一八世紀中葉にはすでに、芸術や学術などの精神的所産が中世的な制度から独立を試みる萌芽がフランクフルトでも見られた。しかし芸術家たちを支える新たな枠組を確立していく過程では、一八世紀後半から一九世紀にかけての有産市民の登場と彼らによる後援が、不可欠であった。

ハンザートの観察からは、一八世紀終盤までの芸術振興は、中世的な組織構造に縛られたものであったことを読みとることができる。各都市が芸術政策を担っていたといっても、それは財としての奉納を求めたり、検閲したりが実情で、管理や秩序維持の側面が強かった。芸術や芸術家それ自体を奨励するという観念はいまだ標準化しておらず、有産市民が芸術家たちの後援者としての役割を引き受けつつある時期であった。

（2）有産市民と芸術文化——平等で開かれた自律領域

技術工ではなく創作者という自意識を醸成しつつあった芸術家と有産市民との同盟関係は、一九世紀に入ってフランクフルト市民文化の最盛期を生む。一六世紀にイタリアから後に「驚異の部屋《ヴンダーカンマー》」に結実する蒐集の思想が輸入され、流行となって以降、貴族や有力市民たちによる芸術作品や希少な動植物の個人的な蒐集自体は、珍しくはなかった。今日の我々は、その後啓蒙の時代に差し掛かり、呪術や信仰に基づく中世的な制度の残り香のある「驚異の部屋」が衰退し、理性と科学に基づく「分類」と「秩序付け」を採用する「ミュージアム」へと繋がっていったことをすでに知っている。けれども転機を用意したのは啓蒙による科学的・学術的分類手法の発展のみではない（これらはミュージアムの学術的性格、つまり学問体系の中に秩序付けられた分類の性格を特徴付けた）。理性が産業革命と工業化された社会を生み、財力のある有産市民を登場させた点も見落とすことはできない。これが近代のミュージアムを機関《インスティトゥート》として成立させる要素となった。新興の有産市民が文化領域に積極的な役目を見いだすのと並行して、蒐集物は一般に公開される時代へと向かっていく。

ここで重要なのは、文化の繁栄は、政治的、（宗教）社会的、経済的な日常生活と並ぶもう一つの自律的な領域の形成を意味し、「市民文化」というこの自立領域は、異なる職業の市民たちを結びつけたのみならず、非市民を同等に扱う場所ともなったというハンザートの描写である（「文化的な人格形成」を下敷きにしつつ、同時にミュージアムの河畔の増改築をもともなう整備が、歴史の継承として正当化されえたのは、文化領域の性格についてのこうした認識からミュージアムが、開かれた対話の土壌として描かれたからであろう）[115]。一八三〇年代に入る頃には、フランクフルトの芸術文化領域には、理念的に開かれた平等を目指す姿勢をいくつも確認することができるという。その典型は、一般公開のミュージアムの登場であった（実際に地域の全ての人間が訪れたかは別として、理念的なものとして）。例えば、一八一七年のゼンケンベルク自然研究所設立の呼びかけには、明確に「全ての人（alle Menschen）」ということばが入っていた[116]。ロートはここに、諸侯の個人的で閉鎖的な「驚異の部屋」と自分たちの「博物館《ミュージアム》」とを明確に区別する意思を見る[117]。また一八三一年には『ミュージアム協会年鑑』にて、「真実の陶治を妨げる階級的排他心」の除去が求められており、市民文化と陶治における「平等」が訴えられている[118]。ロートはこの協会が、一八四〇年頃までには「学識市民の協会」からコンサート事業体への変貌を遂げ、知的交流の場から「社会的集会の場」[119]になったと分析している[120]。のちに教養に対し特殊に高い位置付けを付与し、「文化」と「文明」の対抗構造を先鋭化していった文化国家論と比較するならば、ここで観察されている市民文化には、理念的にではあれ、開放性や平等を志す側面を大切にしようとしていた様子が表れている。

ただ、理念的に平等を呼びかけたとはいえ、実際に交流をするにあたって、市民たちが社会的な区別を現実に乗り超えることができたのかという疑問は残る。実際に市民文化を形成したのはどのような人たちだったのだろう。ハンザートによれば、新しく設立されたゼンケンベルク研究所のメンバーは、大学卒業者、商人、金融業者、ガラス職人、仕立て職人などであった[121]。教養市民層のみならず様々な職業の市民が文化の領域に参入してきていることがうかがえる。またこの時代は日常生活における宗教、宗派、性別、出自、階級・階層は、政治参加の資格と分かちがたく結びついていた。それゆえ非市民、すなわちユダヤ人[122]、居留民（行商人）、および女性に公民権はない[123]。しかし、ロートは、政治的、社会的に制限された市民であったユダヤ人は、フランクフルトの市民文化の形成に多大な貢献をし、女性たちもいくつかの文化的な協会で活動をしていたことを確認している[124]。ロートは、ゼンケンベルクの創設メンバーにユダヤ人の医師ヨハン・ゲオルク・ノイブルクがいたことは一八二〇年代にあっては例外的だったとみなすが[125]、ハンザートは、ユダヤ教から改宗した医師のザロモン・フリードリヒ・シュティーベルが創設メンバーとして積極的に活動したことを明らかにしている[126]。これらは比較的早い段階でのユダヤ人の参加事例とされ、一八三五年以降にほぼ全ての重要な協会において、ユダヤ人の加入が認められたという[127]。市政がユダヤ人に完全な市民権を認めるのは一八六四年であるが、文化協会の領域では、すでに一八三〇年代にはユダヤ人に対しても門戸が開かれていた[128]。この意味でハンザートは、フランクフルトでの文化生活が、公民権の領域における差異を超える一種の解放と平等の理念によって形成された自律領域であったと言っていることが分かる[129]。

政治領域からは締め出されていたユダヤ人や女性も活躍したことは分かるが、フランクフルトの市民文化が、当時まだ制限された政治主体であったユダヤ人たちを積極的に受け入れた背景には、その財力をあてにした側面もあっただろう（両者ともにおそらく極めて裕福で、その意味ではある意味特権的であったのではないか。）ハスカラ運動の一環として教養の世俗化した精神を採り入れていったユダヤ人の活躍は、多くの地域で見られた。しかし経済的に裕福であるということと、文化的に陶冶されている（あるいはされたいと望んでいる）ことは、基本的に無関係であるとみなされていたことにも注目する必要がある。フランクフルトの市民文化はその萌芽期から、経済的な理由で機会が奪われることのないように財政的な支援制度を多く作り上げていたという。芸術家への支援、日曜学校、富裕層による奨学金などである。有産市民たちにとって芸術や学術に支援する動機は、単にそれらを愛する気持ちから発生したものではなく、その産物を開放することが、社会の総合的な発展に寄与すると考えてのことでもあった。社会を発展させ安定させるための芸術の「利用」という側面や慈善という側面もあることは指摘しておかねばならない。しかし「文化」と「陶冶」の開かれた思想が背景にあったからこそ、経済的な不平等が文化的な生活を送るための機会の平等を奪う——すなわち学校や劇場、コンサート、ミュージアムなどに訪れることができなくなる——ことのないよう、市民たちによって制度が整備されていく[130]。

こうした例からは、社会を形成する意思と、芸術、文化、教養などの精神的所産および表現活動とを結びつけることが、自ずと非民主性や排他性を生むのではないことが示される。つまり学生運動の際に「現状肯定的文化」と批判された、排他的で非政治的な文化国家的「文化」とは対照的な、開かれた性格を持つ、平等志向の「交流」の領域として初期市民文化をとらえ、それに言及することで公的政策と芸術文化の新しい結びつき方を提示しようとていたのではないだろうか[131]。そして経済領域や政治領域と並んで芸術文化領域も（他の領域に従属するのではなく）一つの自律領域として存在するという理解を下敷きにしてこそ、「文化的な人格形成」が、経済的合理性にのみ傾きがちな現代社会や政治的な不平等に対案を出しうるととらえられたのではないか。

（3）市政と市民との結束——なぜ自治体政策を信頼するのか

続いてこうした市政と文化との関係を見てみたい。第二章では、工業化が進むにつれ市民意識が高まり、国民国家運動が生まれると同時に、官僚機構としての行政も存在感を増し、非侵害的な分野が秩序維持行政に内包されていった過程を見た。市民が興り芸術文化を支援していくこの時期、フランクフルトの市政は芸術文化に対してのような役割を果たしていたのだろう[132]。

一七八一年にはフリーメイソンたちが、市参事会に自由で美しい造形芸術と実用的な科学アカデミーの設立建白書を提出するものの、否定的な扱いを受けている。一七九三年にはルーヴルを意識してシュテーデル[133]が美術財団の寄付行為を作成し始めるが、先のことがあったため市政の影響力を徹底的に排除する文面を作成している（一八一五年に発効）。

一八〇三年には教会財産の世俗化により、宗教的主題の美術品や文化財は市の所有財産となる。けれども市はこうした財の取得にも管理にも積極的な姿勢は見せず、関わらざるを得なくなったことに困惑さえ見せ、美術商に財の管理を委嘱する。彼らは修道院を展示空間として利用し、市が引きついだ文化財と美術品を展示していく。歴史上はこれが、フランクフルト市の美術品の初めての公開＝公共展示であったという。

これを受けて一八〇六年には市民たちが、市立ミュージアム創設請願書を提出する。けれども市はこれも認めず、新しくできた芸術協会（文学、絵画、音楽の保護と振興を目的とする市民の協会）に、市が管理せざるを得なくなった美術品の一部売却を決める。公立ミュージアム設立への市民の関心は一七八〇年頃から見られたものの、この後もしばらくは、市の真似をして芸術協会に美術品を寄贈する者や自身の財団を設立する者などが登場する一方で、市は展示空間の拡張工事などの側面支援をするにとどまっている。ゼンケンベルクやシュテーデルの活動が実を結び、一八一五年以降は市民の手によるミュージアム設立や協会活動が花開く。この頃まで芸術文化の領域は、市政ではなく有産市民が中心となり育成していたと言ってよい。

けれども市が無関心で非専門的な態度しかとらず、市民の愛好心と余裕が芸術文化を取り囲んでいたゆるやかな時代は、市政がプロイセン下に置かれるまでのことであったとされる。市が独立を失った衝撃は大きく、当時の市長が自殺するほどであったという。芸術文化に携わる有力市民たちは何らかの形で市長を始めフランクフルト市の政治家とは姻戚関係にあった。フランスに対抗したプロイセンは「曲げられた小枝（シラー）」のように文化を拠り所としてコンプレックスを封印しようとしつつも結局爆発させたが、まさにその姿勢の入れ子構造のように、フランクフルトの市民たちも自分たちの郷土愛を芸術文化に託し、郷土愛を守るための危機意識を磨いていく。しかしそれは優位性や排他性にはつながらない戦略的で静かな面従腹背の対抗意識の醸成となったようである。

文化協会活動を担ってきた有産市民たちは、プロイセン主導での「ドイツ」の精神的統一が具現化されたいくつかの芸術文化関連の動きをしりめに（一八五二年ニュルンベルクでゲルマン・ナショナル・ミュージアムが開館。フランクフルトでも「ドイツ」の精神的遺産としてシラーの記念碑が六四年に設置される[134]）、友愛と商業活動の延長線にあった一八〇〇年代の協会活動の穏やかな性格を捨てることを選択する。彼らの協会活動はそれまで緩やかな結びつきのものであったが、市全体の文化財の動きを見張り、互いに有用な人物を紹介しあう一種の「戦略的ネットワーク組織」へとその性格を変えていく。一八七七年誕生の歴史博物館もプロイセンの支配下に置かれたことで、地域文化史の郷土博物館としての性格を濃縮させたものになったと言われる。

フランクフルトの人口は普仏戦争前と第一次世界大戦前を比較すると五倍ほど膨れ上がっているが、工業社会の登場とともに一八八〇年代以降、ミケール（一八八〇―一八九〇年在任）、アディーケス（一八九一―一九一二年在任）両市長のもとで市行政は高度に専門化する。ここに近代文化行政の萌芽が見られ、市は市民と協働して文化行政に力を入れ、市民主導で創設されていく歴史博物館（一八七七／七八年）、旧オペラ座（一八八〇年）、シャウシュピールハウス（一九〇二年）、民俗学博物館（一九〇四年）、彫刻コレクションとリービークハウス（一九〇七年）を所掌とした。

注意を要する点は、ここで市民たちと市政は民と官として対立したわけではないし、市民活動が行政の「下」に置かれたわけでもないことだ。歴史博物館を筆頭に、市のミュージアムには市民の全権委任を受け確かな審美眼を持つとみなされた「ミュージアム・ディレクター」が置かれている。彼らは所属するミュージアムに責任を負う館長であったのみならず、市全体の芸術文化財の流れを見張り、館と市民の作品購入を主導する「地域アート・ディレクター」としての顔も持っていた。有産市民たちには、彼らの財団型ミュージアムに何を購入すべきかを助言した。その見返りとして、ディレクターたちの運営する市の館には有力な市民からの大型メセナや貴重な芸術作品の貸与・寄贈が行われ、さらには市民たちが商業活動で得た内外の広く有力な人間関係《コネクション》が仲介されていく。

こうして友愛と商業活動上の付き合いの延長線にあった市民文化協会活動は、市のミュージアムを拠点とし、ミュージアム・ディレクターを介在させる強力な「蒐集ネットワーク機構」へと発展する。芸術文化界のこうした情報網および人間関係は、一九〇〇年代に入るとさらに大きく発展する。第一次世界大戦ではいったん衰退したものの、すぐに息を吹き返したと言われ、三〇年代にナチの台頭によって有力なユダヤ人市民の協力を得られなくなるまで、市のミュージアムは地域の芸術文化水準を牽引する戦略的拠点として重要な機能を担った。こうした地域ディレクターは当時各地に見られ、彼らが、地域色豊かな文化を統一ドイツ成立後も容易には荒廃させずに継承していく役目を果たし、このことがドイツ文化の豊かな多様性、多彩さの土壌となっている（本書はフランクフルトを中心に考察しているが、他の都市も文化政策を根拠付けるためにそれぞれに特徴のあるこうした歴史に立ち返ることが可能であり、こうした土壌と誇りが今日でも地域割拠的な文化政策を支える源泉にもなっている）。

ミュージアムの河畔の構想時にはたびたび市民文化への示唆があったが、ホフマンやミュージアム関係者をはじめとして、当時の議論では、地元民には自明のことのように（しかし日本人の筆者からみると、あまりに簡潔に）言及していたため、ここではフランクフルトの市民文化とは、どのような特徴のものとして理解しうるのか、その性格をとらえようと試みた。対プロイセン的な地元の文化史観は、今日でもフランクフルトのミュージアム内覧日《ヴェルニサージュ》など芸術文化関連の催しでの政治家の祝辞にも読み取ることができるのだが（時間軸を教養市民的な文化国家論が先鋭化する前まで戻せば、こうした市民文化の開かれた性格はプロイセンにもあったはずではあるのだが）、当時のミュージアム政策策定に携わっていた関係者にも当然のように共有されていたようである。社会的及び経済的な不平等を芸術文化領域では超えることができるという「開放」「平等」「対話」を旗印とする政策理念は、その原型が市民文化という形でフランクフルトに確かに地域史として存在していたとの言及を繰り返すことで、政策の正当性を根拠付けるという理論武装をした。その背景は、おおよそ今考察したような市民文化のとらえ方が、遅くとも一九八〇年代初頭には標準的な理解となっていたからではないかと推察する。

つまり「万人のための文化」もフランクフルトのミュージアムの河畔も総合的には、極めて地域的にフランクフルトの文化中の文脈に根付いて考えだされた（あるいは根付いているように演出された）文化政策だった。芸術文化が開かれた自律領域を形成し、社会に対して平等という価値を積極的に提起する場として機能したという解釈を史実であるとして示し、そうした地域の歴史文化の土壌の上に文化政策を構想していく。この手法は、領邦時代が長く「遅れてきた近代化」こそがもたらした文化の豊穣に、多くの地域が気づく契機ともなる。今日、諮問委員会が「万人のための文化」を参照するようにいう背景には、自らの地域資源を発掘していくこうした政策手法への評価も含められるのではないか。

本節で観察した市民文化の理念像は、身分制を積極的に否定することなくその中で教養に特権的地位を与えることで自らの地位のみを高めようと、閉鎖的な性格を強めていった教養偏重の「文化」や、それに保護を与え、隣国に対する優位性を示す国家理論としての性格を帯びていった文化国家論の非民主性を対照的に浮き彫りにする。しかし、同時に「文化国家」のようなことは、文化と社会の結びつきの中でも一つの例外的な事例であったにすぎないのかもしれないと再考する余地を現代の文化政策理念に与えるのである。

発展計画でも、ミュージアムの河畔の原型となるミュージアム群はこの時代の市民たちによって形成されていることへの言及が見られた。このことは、一見すると教養市民的な制度化された高級芸術の戦後の無批判な継承と見なされがちであった。けれどもこのようにフランクフルトの文化史を遡ると、むしろ国民国家的な教養市民的「文化国家」思想の伝播に対抗する、有産市民を中心とする地域住民の文化活動の拠り所であったという歴史認識を下敷きにして、開かれた、平等を基調とする市民文化と市政との協働を信頼するフランクフルトならではの芸術文化領域の「伝統」へと立ち返る意図があったことが、浮かび上がるのである[135]。

2　潜在性の可視化

ミュージアムの河畔整備に対して、最終的に市政にさらに正当化の根拠を与えたのは、一九八〇年六月（市議会への報告は三月）のアレンスバッハ世論研究所による『都市のイメージに関する調査』[136]の結果である。市の観光局の委託によってなされたこの調査は、ミュージアムの整備が住民のミュージアムへの愛着に応えるものとなるという分析を提示した[137]。

報告は、（フランクフルト以外の）西ドイツの住民に対するインタビューの結果を示すことで、対外的な戦略としては彼らがフランクフルトに対して抱く「文化都市」としての肯定的な認知度を上げていくには、市が力を入れることが相対的に高い効果を発揮すると勧告している。対内的にもフランクフルト市民はミュージアムと旧オペラ座の整備を望んでいることが示された。このことは、ミュージアムの河畔計画を実行に移すための一つの肯定的な根拠を提供した。ミュージアム整備に焦点を当て、市政がより一層の力を入れていくことが、一九八一年度予算案に顕著になる[138]。

六　拮抗する三つの期待——ミュージアムの河畔の成立

一連の新設・拡張工事を経て「ミュージアムの河畔」は成立する。広くなった館内においては、ワーク・ショップやアトリエなどの空間が確保された。そして改築・開館を機に、一館につき最低一名のミュージアム教育員も制度化されていく[139]。これを機に、フランクフルト大学でも、ミュージアム教育員を養成するための美術教育学が開講されるようになる[140]。

一九六〇年代のフランクフルトではまだ、「ミュージアムでの教員者＝学校教員」という図式があった。しかし、フランクフルトでホフマンが中心となって活動する七〇年に「ミュージアム主体の教育」という構想が登場し、結果としてミュージアムに専属する「ミュージアム教育員」[141]という専門職員が公立ミュージアムの中に置かれた。華やかなミュージアム建設は一見ハコモノ政治に見えるが、その背景に、「万人のための文化」の第二の意図である「文化的な人格形成」の理念と地元の文化史の支えがあったこと、そして他都市にない主題とミュージアムとを結び付けた多様性の追求を見ると、「ミュージアムの河畔」の成立もまぎれもなく「万人のための文化」という理念の一つの可視化であったことが分かる。ミュージアムは、全ての住民層、年齢層に開かれた学習の場であるのみならず、「対話」の場として、多角的な視点から公共性を提示し、整備が推し進められていったのである[142]。

工事がひと段落するのは一九九〇年代で、ミュージアム教育員はそれ以来、一館につき最低一から三名は、年次予算に組み込まれている。七〇年代の議論で重視された「媒介の仕事」の制度化は、この過程で実現したと言える――外観のみを見るならば。注意深く観察するならば、この過程で、当初の意図であった芸術文化を媒体とする対話はミュージアム教育員の配置問題に縮小されてしまった。

この後一九九〇年代には、教育の権力作用に意識を向け、ミュージアムの「媒介の仕事」を広くとらえようとする先進的研究や実践が、ミュージアム教育学を強く批判し始める。論点の一つは、来館者の主体性の欠如であり、ミュージアム教育学は、主体的に来館者が芸術文化と関係を結ぶような見方を促さないと批判された。彼らは、広く「媒介の仕事」を意味する「フェアミットルンク」という表現に立ち返り、これまでミュージアム教育学が担うと考えられてきた仕事のあり方を議論する際に、積極的に使用し始める。二〇〇〇年代に入ると、フランクフルトにおいても、「ミュージアム教育学」という言葉は意識的に改められ、「クルトゥーア・フェアミットルンク」が採用されている。こうした転換は、「万人のための文化」の第二の意図である芸術文化による人格と地域社会の成熟という理論と、実際に政治によって実現された制度（教育員の設置）との間に乖離があったことを敏感にとらえてのことであった[143]。

建物の整備とともに制度化された「ミュージアム教育員」の職務はこうして、一九九〇年代にようやく、「教育学」や「学習」ではなく「対話」や「議論」を志向する方向に転換していった。ミュージアム教育員の性格は次第にミュージアム領域のみで通用する知識を伝達するものとしての位置付けから離れ、地域社会の「対話」を「媒介する者《フェアミットラ》」へと変容していく。

現在のこうした転換を念頭におくならば、理論と実践は大きく乖離していないと言える。制度化されたミュージアム教育員の職位を利用し、実質的には彼ら自身の意識改革により事業内容の「学習」から「議論」や「対話」への方向転換が図られているため、「教育員」が制度化されたことは結果的に、今日の芸術文化を巡る議論の「媒介する者《フェアミットラ》」が、議論の触媒となる基盤を準備したことになる〔144〕。

芸術文化を巡る議論の重要性というこの問題意識を引き継いだまま、次章では、現代の事例を参考に、ミュージアムにおける「媒介」と「主体性」の論点が、どのように公共性を担っていこうとしているのかを考察する。日本ではミュージアムでのエデュケーション専門職員の確保の難しさが指摘されて久しい。前章で見たようにドイツのミュージアムでも事情は似ており、この制度が標準化されたのは比較的最近のことである。ドイツの場合それは、高度な研究機関というミュージアムの伝統的な自己理解に起因していた。

「万人のための文化」は、政策対象としての文化概念を広くとらえるという対案的な性格を確かに持ってはいた。他方で制度化された芸術や文化施設を否定するものでもなく、多様性に配慮し、「新しい文化政策」が強調してきた「対話」の性格を「文化的な人格形成」へと止揚した。文化の社会的機能を強調する言説は、容易に同調圧力や芸術の道具化へと転換されうる。そのため、社会と芸術文化とを架橋する、住民一人一人の自由な、個性的な人格形成の保障こそが、万人による文化的な民主社会の形成という理論が機能するためには不可欠の起点であり、この点が保障されている状態があることこそ、戦後の公共文化政策が「文化国家」と「生存配慮」を克服していくための理論的基盤となるからである。

「文化的な人格形成」に託されたこうした文化と社会のとらえ方の全体的な理念像の先に、ミュージアムで果たされるべき機能への期待が一貫してあったと考えるならば、文化的な自己決定、判断力、人格の自由な発展を基礎に民主的で成熟した市民社会がつくられるという理論の文化政策の中で、フランクフルトではミュージアムの領域こそが自らの存在意義を導き出すことで「万人のための文化」の第二の意図を可視化する舞台となったことが分かる。そしてそれは何より、ミュージアム教育員の制度化という形で象徴的に示されているのである。

＊＊＊

ミュージアムの河畔は、市の文化事情に知悉した市民活動家たちの助言を出発点に、主に以下の二つの視角からの根拠付けを進めたことが明らかになった。

（一）七〇年代に「新しい文化政策」は、「対話」の媒介項というふうに文化概念の理念的な見直しを行った。フランクフルトは「万人のための文化」という理論で、「対話」を芸術文化領域での今日的な「文化的な人格形成」と読みかえ、理論と具体的な制度の接合可能性を検討していった。より多様で民主的な議論に基づいて地域社会を形成していくという政策理念は、様々な背景を持つ人が集まる場である文化施設こそが「対話」の一つの土壌となりうる可能性に着目した。こうした側面への貢献を説得力を持って示すことができれば、ミュージアム政策は積極化されうる。

（二）発展計画も市も、実際に芸術文化領域が、社会の中で自由と平等を育む自律領域であることを示す史実があることを初期市民文化のミュージアム領域での活動を根拠としてたびたび強調した。（この点については、発展計画ではしかしながら簡単な流れとしてしか触れられていなかったため、近年の研究資料によってではあるが歴史的な展開を本章では補足し、文化のどのような性格を指そうとしていたのかについての理解を試みた。）こうしてミュージアム発展計画は、地域のミュージアムの近代史を辿り地域文化を市民が醸成したという前史から、ミュージアムは地域社会を形成する有力な拠点の一つであったし、今後もそうなりうるという見通しを「媒介の仕事」の必要性とともに提出した（今日の実践の状況については、次章で検討したい）。

以上の二点から、ナチ時代の大衆扇動により民主主義の機能不全に陥った反省の上に構想した現代の文化政策理念を実効性のあるものとするために、「文化的な人格形成」の視点から市はミュージアムに着目していった。ここに「文化国家」や「生存配慮」を克服する意識を基本姿勢とする諮問委員会が、しばしば「万人のための文化」に言及する理由も、見いだすことができる。ミュージアムの河畔の成立以降、市のミュージアムでは媒介を行う専門職員の一館最低一名の配置が標準化され、これは今日の「文化的生存配慮」の議論に対し、施設整備のみではない奥行きを示してもいる。最終的にはこうした文化政策理念を根拠とするのみならず、ミュージアム領域の振興に対する世論の支持を調査で可視化できたことが政治を動かす追い風ともなった。過去の反省に立つ理論、地域の歴史から導かれたまちの文化的特徴、世論の可視化という三つ目の要素が重なったときにようやく、ミュージアムの河畔が成立へと向かうのである。

ミュージアムの河畔や教育員の制度化よりも広く「媒介の仕事」を求めたミュージアムの現場（発展計画起草者たち）、初期市民文化の自由と平等の精神を地域史としての根拠とし、「文化的な人格形成」と討議の土壌としてのミュージアムをミュージアム教育員とミュージアム集積地帯の整備で実現させようと考えるホフマンおよび文化局（造形芸術集積地帯の形成は、地元芸術家の希望でもあった）、ミュージアムの一大整備で国際的都市間競争でフランクフルトと自身の存在感を示したかった与党、第一市長という三者の思惑が、成立までの過程には、入り乱れていた。現実政治の交渉過程では確かに、文化政策の構想やミュージアムの希望が理想のままに実現を見たわけではなかった。しかし、保守的な建造物政策を中心とする性格にとどまるものでも決してなかった。一九七〇年代前半以降温められてきたものの、好況下の予算折衝でさえ常に削減されてきた「文化的な人格形成」を支えるミュージアム教育員という構想が、大整備を機にようやく予算項目に滑り込んだのである[145]。

補Ⅲ――ミュージアムの河畔の成立

ミュージアムの河畔は一九八〇年代半ばから次々と開館した。以下、順を示す。一九八四年六月には建築ミュージアム（新設）と「フィルム・ミュージアム」（新設）[146]が開館している。これらのミュージアムの開館直後には、地元フランクフルター・ルントシャウ紙において「数年のうちにフランクフルトを国際的な文化と芸術の都市とする試み」[147]が始まったという記事を確認する事ができる。一九八五年四月にはフランクフルトをミュージアム都市に押し上げたと評価を受けることとなる「工芸博物館」（一八七七年創設、現応用芸術ミュージアム）[148]が、一九八六年二月には展示場の「シルン・クンストハレ」（新設）[149]が誕生する。

また七〇年代には夜間開館が制度化されたが、一九八六年には祝日開館の制度化が試みられている[150]。一九八八年一月には、フランクフルトにおいて国際的なアート見本市を開催する計画も登場する。これは文化政策による芸術家支援の一環ではなく、国際的に質の高いものを提供する場となることで、欧州の蒐集家の購買力を西ドイツ呼びこみ、経済効果を生み出すことを重視したものであった[151]。一九八八年一一月には「ユダヤ博物館」（新設）[152]、一九八九年六月には「先史原史博物館」（一九三七年創設）、一九九〇年五月には「リーピークハウス」（一九〇七年創設）、一九九〇年九月には「連邦逓信ミュージアム」（一九五七年創設、現在のコミュニケーション・ミュージアム。所管はドイツ連邦共和国）、一九九〇年一〇月にはシュテーデル・ミュージアム（一九〇七年創設）、一九九一年六月には現代美術館（新設）[153]が開館している。

第七章　ミュージアム政策の課題と未来――公的助成と市場自由化の二極化の克服

文化領域において社会は、その社会での価値と規範について絶えず自省する。ゆえに諸芸術を媒介項として行うあの文化的な討議の中に可能な限り多くの人間が関与していることが、重要なのである――個人や個人の生活の質のためにのみならず、社会の発展にとっても。これが「万人のための文化」や「文化市民権」という基本政策の背景であり、可能な限り広い層の国民が文化的生活に活き活きと参加することを意味する「万人による文化」は理にかなうものなのである。

（ドイツ連邦議会文化諮問委員会）

本章では、ここまでに明らかにしてきた政策理念が、現実的にはどの程度まで実現されているのか、それを支える制度面は十分整っているのかを考察したい。一九七〇年代以降、西ドイツの都市の多くは戦前の芸術振興からの脱却を、市井にある日常的な対案的文化（社会文化）への支援に見いだした。のちに「新しい文化政策」と総称されることとなる文化政策の民主化運動の始まりであった。そのような中、「新しい文化政策」の嚆矢であったフランクフルト・アム・マイン市が、高級文化施設の代表格として批判を集めていたミュージアムの支援を積極化させる。このことの不可解さは一般に、「転向」ととらえられてきたが、この背景には、ミュージアムにこそ、芸術文化の領域が過去の克服と将来的な民主社会の持続的形成とに寄与できるひとつの可能性――自律的な判断力を持つ成熟した住民と彼らが醸成していく地域社会の形成への寄与――を見いだしたフランクフルトの姿があった。

当時のフランクフルトは芸術文化を媒介項とする対話を間主観的な「文化的な人格形成」へと読みかえ、これを理念的到達目標とする「万人のための文化」を掲げ、既存文化施設の性格の転換も意図していたのである。つまりフランクフルトの政策実践には、対案的な文化への支援とならんで、既存文化施設の現代化をも観察することができた。これは「万人のための文化」を文化概念の民主化や芸術の民主化としてのみとらえずに、「文化を媒介項とした対話」を中核理念とする民主社会形成に芸術文化の持つ「固有の強み」を位置付ける理論として理解してはじめて理解できる点であり、「転向」などではありえないのである。第一章、第二章で見たように、戦後西ドイツの文化政策論の最大の問題意識は、「文化国家」や「生存配慮」の陥った問題を克服し、再来を予防する点にあった。この文脈に位置付けるならば、フランクフルトの理念は常に一貫性を持ち、過去の克服と傷ついた民主政の再構築を文化政策の使命のひとつに抱き続けてきたことが分かる。

一九七〇年代頃までミュージアムは、高度な研究機関であることを第一の存在理由とし、個人は、個人としての教養を深めたり、人格を統治するためのものとしてミュージアムを理解していた。しかし七〇年代以降の政策の中で、こうした性格は変容を見せる。様々な人々が出会い、作品を介在させて対話を行うことで、地域の文化的な公共性を担うための有機的な場を提供するという新たな理念像が政策とミュージアムの現場によって描かれていったのである。日本でも対話のフォーラムという理念は語られつつも、エデュケータが増員されない問題が指摘されて久しい[1]。一方、フランクフルトは人員の配備までは行っている。この違いは、ミュージアムには高度な研究や個人の感性を養う側面のみならず、社会形成の根幹に関わる社会的な意義があり、教育員こそがそれに資する媒介者として必要だという理解が、ミュージアム建設ラッシュの時期に基調となっていたかどうかによる。しかし住民が自ら文化を提議／定義し、文化的な公共性を担うための基盤となることを目指した「文化的な人格形成」が、方法論としては作品に関する知識や情報を伝達する「ミュージアム教育学」や「美術教育学」に縮小していったことを九〇年代以降には批判されていく。

公開された言説上の政策理念と現実の実践とが乖離していることは、現実には多々ある。そのため政策理念のみで都市の文化政策を評価するのは不十分である。そのように考えて本書では、そうした公式理念が成立する背後に繰り広げられた議論の過程もなるべくすくいあげることを試みてきた。本章では、これまでの言説分析から少し離れ、現代の実践にも目を移していく。ここでは三点を考察する。

一、一九九〇年代以降ドイツのミュージアムはどのような課題と向き合うことになったのか。
二、ドイツのミュージアム政策は今日全体としてどのような理念像を掲げているのか。
三、フランクフルトのミュージアム政策は今日どのような方向へと向かっているのか。

ドイツ全体の九〇年代以降の動きにも目を配りつつ、制度化された「ミュージアム教育員」がフランクフルトで現在果たしている役割を、この制度を誕生させる背景となった政策理念と実践がどこまで一致し、どの点で乖離しているのか、という視点から考察する。それによって、戦後の反省の文脈上に自らの社会的意義を位置付け直してきた文化政策が今日、何を課題として抱え、何を中核的な任務（その課題を解決するもの）としうるのかを明らかにする。

一　「お楽しみ社会」の登場

前章で明らかにしたように「文化的な人格形成」を中核理念としていたフランクフルト市のミュージアム政策は、住民・作品とミュージアムを対話させる鍵として、「ミュージアム教育員」の制度化を具体的な目標と定めた。市は当時、「媒介の仕事」を、「教育員」を介在させることでより好ましく行うことができるととらえていたのである。そうした意識に対応するように、必要な人件費も徐々に確保され、一九八〇年代に始まる公共ミュージアムの一連の拡張・新設は、ミュージアムに携わる専門家たちに職場を提供することにも繋がった[2]。この時期を境にドイツの大都市を中心に公共ミュージアムにおける教育員制度が整えられていく。

ミュージアム教育員は、序章で示した図でも分かるように、現在、ドイツでは強化が続いている職域のひとつで

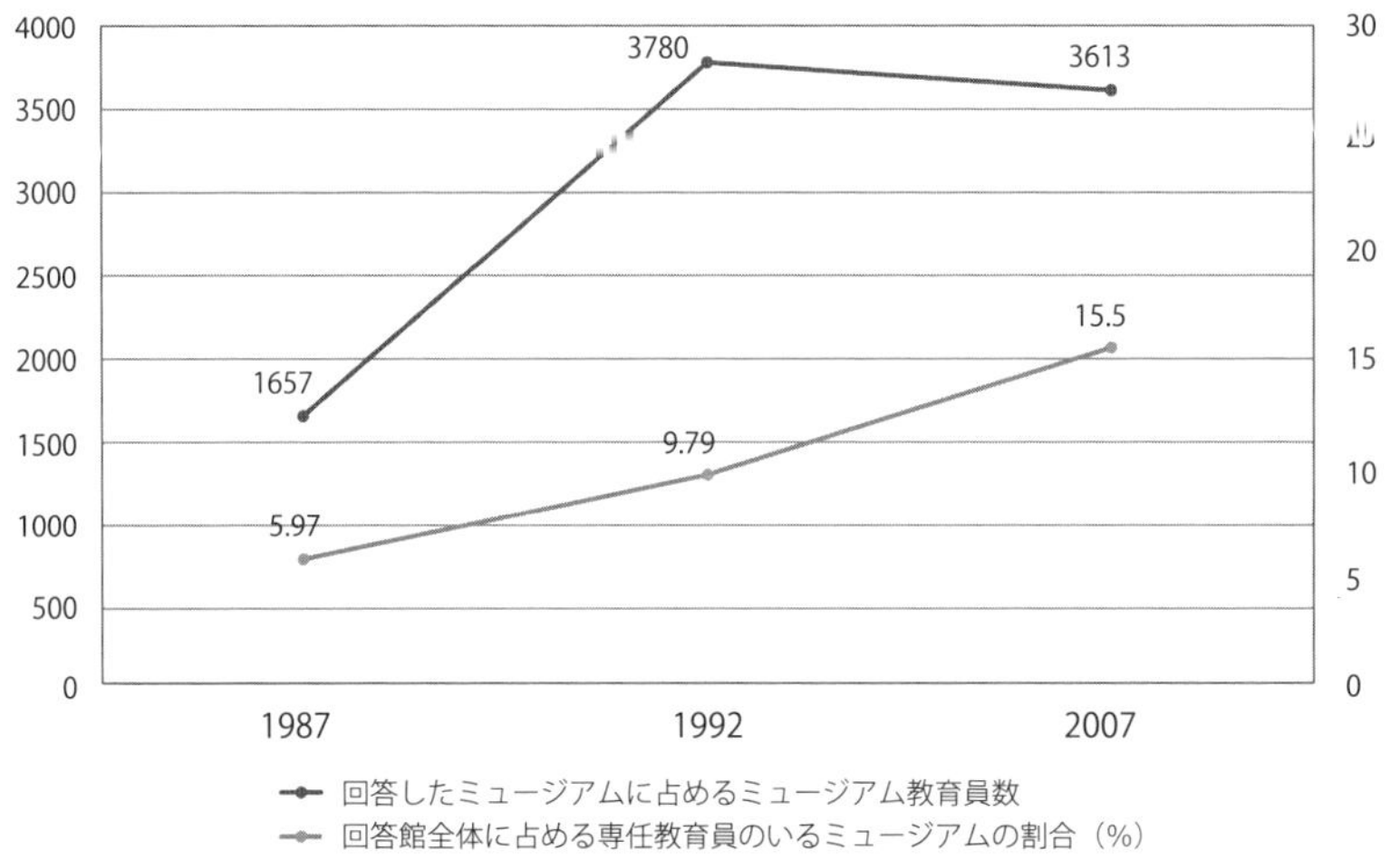

図1　ドイツ全土のミュージアム教育員に関する推移

大小全ての館で標準化するには時間がかかるものの（図1[3]）、教育普及のみならず、来館者向けのサービスを広範に展開している。ミュージアムはもはや「美の殿堂」と批判されはしない[4]。

ただ、理念的にはその先に発展してゆくはずであった文化的な公共性――すなわち、全ての人が参加するまちの文化政策に関する議論というもの――は、必ずしも実現していない。これには三つの要因があった。第一に、ミュージアムが「学習の場（Lernort）」にとどまってしまった点がある。前章で見たように、フランクフルトでは一九七九年に、ミュージアムで働く専門家たちによる現状把握調査研究に基づいて、今後の政策提言を含んだミュージアム発展計画草案が市の文化委員会に提出されている。草案は、既存のミュージアムにおける展示の改善や、来訪者に対して芸術文化を伝えるための「媒介の仕事」の総合的な強化を勧告していた[5]。

しかし現実には、発展計画の成立ではなく、議会の予算審議という経路から、ミュージアム集積地帯の整備への道筋がつき、一館一名の「教育員」が予算に計上されていく[6]。これはミュージアムに固有の社会的意義を日々自問し広く「媒介」の仕方を模索しようとしてきたミュージアム関係者たちにとっては、アンビバレントなものとなった。

第二は、経済発展とそれにともなう住民の生活の豊かさを背景に、一九八〇年代にミュージアムの領域には「学習の場」以外に、別の役割も求められた点である。文化政策も社会の大きな動きに少なからず規定されるが、西側先進国ではこの頃、「都市化《アーバナイゼーション》」が自治体政策の流行となった。その結果ミュージアム建設が「都市のイメージ形成」に資すると見なされ、世界的なブームを見せている。ホフマン自身はまだ文化的な人格の形成の場としてのミュージアムの理念像を、議会の中では少数派ながらも維持していた[7]（一般にサッカー大国というイメージの強いドイツにあって、「西ドイツではサッカー競技場への年間入場者よりも、ミュージアムへの来場者数の方が多い」[8]と言わしめるほどのミュージアム流行現象は七〇年代後半から見られる）。フランクフルトでも市政の全体的な関心は次第にこうした方向へと傾いていく。ミュージアムはもはや都市財政の重荷ではなくなり、都市には経済的なインパクトを、住民には誇りをもたらすものとして認識されるに至った[9]。こうした流れのなかで当時、芸術文化が持つ地域への副次効果《アウトカム》が積極的に宣伝される。第三に、統一不況の九〇年代にはさらに、公共性への関心は入場者数に代弁されるものへと矮小化されていった点がある。そしてそれ以降、「イベント文化」[10]と揶揄される大型観客動員戦略が氾濫する[11]（図2）。（大衆が余暇をミュージアムにおいて楽しむような――ジャーナリズムの言葉を借りるならば――「お楽しみ社会（Spaßgesellschaft）」の幕開けであった。）大学での「美術教育学」に続き、九〇年代以降の予算削減を背景に効果的な運営方法を求めて「アーツ・マネジメント」の講座が相次いで開講されている。

1　統一不況

フランクフルトのミュージアムの河畔が成立したころ、同時並行的にケルン、ボン（ボンは当時の首相の非公式な文化政策の影響も反映して）などの西ドイツの主要都市でもミュージアムの整備が見られた[12]（図3）。そのため、西ドイツも一九八〇年代には、他の西側先進国同様に「ミュージアム・ブーム」を迎えたと一般的にとらえられている（第六章ではこうした包括的なとらえ方に対し、一例としてフランクフルトのミュージアムの河畔成立の背景には、七〇年代からの政策の

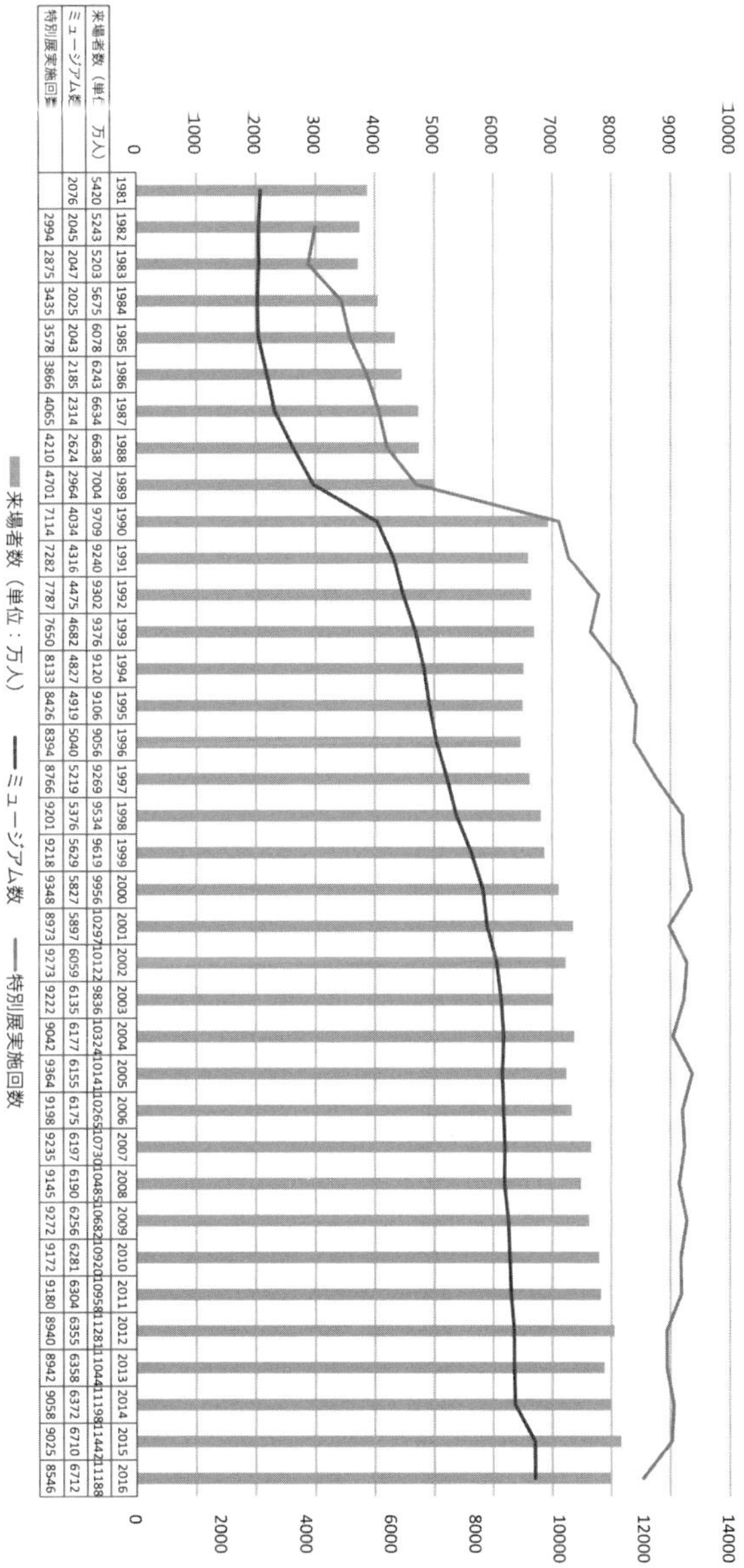

	1981	1982	1983	1984	1985	1986	1987	1988	1989	1990	1991	1992	1993	1994	1995	1996	1997	1998
来場者数（単仁　万人）	5420	5243	5203	5675	6078	6243	6634	6638	7004	9709	9240	9302	9376	9120	9106	9056	9269	9534
ミュージアム数	2076	2045	2047	2025	2043	2185	2314	2624	2964	4034	4316	4475	4682	4827	4919	5040	5219	5376
特別展実施回数		2994	2875	3435	3578	3866	4065	4210	4701	7114	7282	7787	7650	8133	8426	8394	8766	9201

	1999	2000	2001	2002	2003	2004	2005	2006	2007	2008	2009	2010	2011	2012	2013	2014	2015	2016
来場者数（単仁　万人）	9619	9956	10297	10122	9836	10324	10141	10265	10730	10485	10682	10920	10958	11281	11044	11198	11442	11188
ミュージアム数	5629	5827	5897	6059	6135	6177	6155	6175	6197	6190	6256	6281	6304	6355	6358	6372	6710	6712
特別展実施回数	9218	9348	8973	9273	9222	9042	9364	9198	9235	9145	9272	9172	9180	8940	8942	9058	9025	8546

図 2　1980 年代以降のドイツ全土のミュージアムの動向（※ 1990 年までは西ドイツのみ）

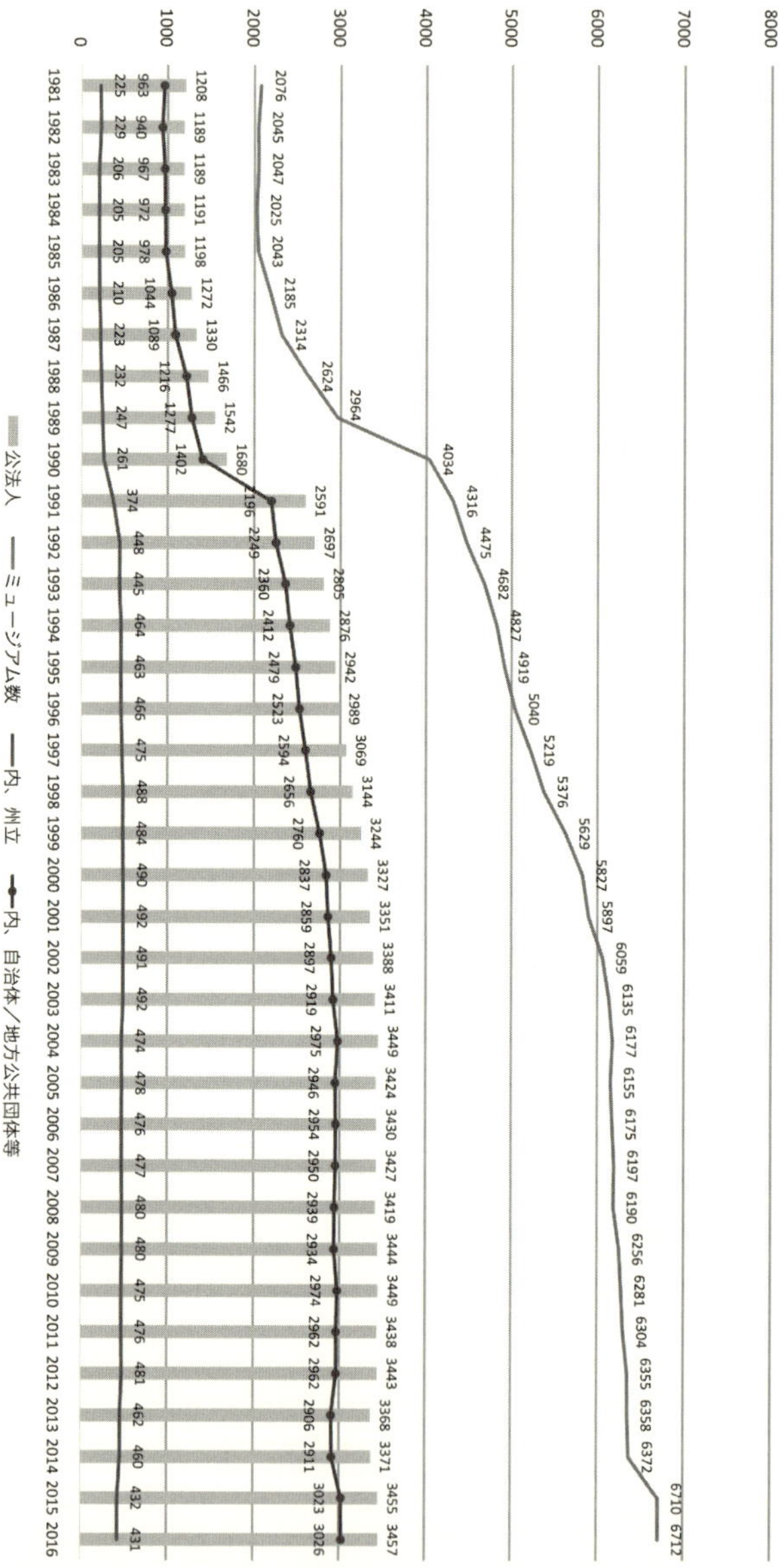

図3　ドイツ全土のミュージアム館数と運営主体の推移（※1990年までは西ドイツのみ）

一種の終結点としての意図があったことを明らかにした)。

しかし一九九〇年代の統一不況によって、「都市の万能薬」としてのミュージアムへの期待にかげりが見られるようになる。予算審議において文化施設を一つの聖域であるかのようにみなす位置付けは見直され、他の文化施設同様に、ミュージアムもその「固有の」公共性を厳しく問われることとなった。イベント化により集客にはかつてないほど成功したものの、お互いにすれ違い行き交うだけの人々、何かを媒介することすらなくなってしまったミュージアムは、「商店街の歩行者天国」[13]と大差ないとまで批判されるようになっていく。これは、六〇年代後半に見られた批判より厳しいものであった。

戦後に公的予算で維持・運営されてきた文化施設は、転換を余儀なくされていく。日本が二〇〇〇年代前半に経験したように、新自由主義的な組織改革への要請が芸術文化領域に及ぶにつれ、自治体直営ではなくなってゆく施設も少なくはなかった。ミュージアムもこの過程で、他の施設同様に、「社会的なサービス提供者」としての性格を改めて強く問われている。ミュージアムはもや七〇年代の議論に見られたような、芸術の自律性を大原則に、その価値を広く住民に伝える、普及するといった「教育学」の手法改善へと立ちかえるのみでは不十分であった。「ミュージアム教育員」はようやく標準制度化されつつあったまさにこの時期に、皮肉にも世論は、専門領域のみで通用するような価値判断に基づき知を伝達するようなミュージアム教育学ではなく、より幅広く社会に芸術文化にしかできない何らかの寄与を提示することを求めはじめる。六〇年代の「ミュージアムの危機」以来の激震が走り、ミュージアムは観光や福祉との連携も含めて広くサービス志向の模索を始める。

しかしこうした姿勢は、必ずしも不況による環境の変化に対する受動的な反応にすぎないわけでもなかった。サービス志向への転換は、来館者の積年の不満を解消し希望を反映することにもつながっていった。そしてこのことは、現場ですでに先進的で意欲的な実験を行っていたミュージアム教育員たちに、光を当てることにもつながった。

一九九〇年代以降の議論は、もはや六〇、七〇年代の理念であった「教育学《ペタゴーギク》」の方法論にミュージアムを立ち返らせるものではなく、現代に再び媒介する機関（メディア）へと立ち戻るミュージアム時代の幕を本格的に開けるものとなった。ドイツミュージアム連盟は以下のように述べている。

ここ数年の政治的、経済的、文化的、社会的な変化によって、社会とともにミュージアムもまた、新たな挑戦を前にしている。今日の教育の議論[14]は、ミュージアムへのプレッシャーを増大させると同時に、ミュージアムが社会で果たすべき重要な役割を際立たせる。古典的なミュージアムの課題——蒐集、保管、研究、伝達は、ますます重要性を増す教育・人格形成（Bildung）と媒介の仕事をその中に内包することとなる。来館者志向というのは、はっきりとミュージアムの主要目標となったのだ。[15]

ミュージアムに求められる将来的な最大の課題は何よりも伝達・媒介（Das Vermitteln）である。[16]

ミュージアムへの期待は、もはや芸術は知識を必要とするものだから、「小さな識者の輪から大きな識者の輪へ」[17]をモットーとする「美術教育学」ではなく、広義の「媒介の仕事《フェアミットルンク》」へと向けられていることが分かる[18]。教育的内容を含みながらも、総合的には、芸術文化を媒体とした対話や交流の場として文化施設を位置付け、政治的主体としての差違（選挙権の有無）や経済力の差（貧富）に拘束されない自由で平等な対話ができる領域として、芸術文化領域が社会の中で自律性を持って機能することの意義を広く社会的なものとして承認しようとする。一九七〇年代初頭のフランクフルト市のミュージアム政策の究極的・理念的な狙いと、再び接近が見られるが、それは政治的理念主導というよりは、不況がもたらした外圧的副産物、すなわち住民の批判と要望が顕在化したことを契機としていた。

二　ミュージアムと媒介

1　今日的な二つの定義

媒介性や伝達性の重視は、国際博物館会議（ＩＣＯＭ）規約にも見れるように、国際的動向である[19]。ＩＣＯＭ規約は、ミュージアムを「研究、教育および楽しみの目的のために」[20]と定義し、取得、保存、調査研究、伝達／展示を任務とみなしている。

翻訳から生ずる微妙な差異や、ドイツが法的にミュージアムを規定することをしていないという事情を考慮して[21]、ドイツミュージアム連盟とＩＣＯＭドイツ委員会は、二〇〇六年にＩＣＯＭ規約を国内の状況に照らし合わせて解釈する手引書『ミュージアムのためのスタンダード』[22]を発行している。この中では、訳語の理解に対して注釈が加えられ[23]、国内の状況を踏まえた上で「蒐集（取得）、保存、調査研究、展示／媒介（Sammeln, Bewahren, Forschen, Ausstellen/Vermitteln）」[24]をドイツのミュージアムの任務として定義し、国内のミュージアム環境の整備に何を望むかが、詳解されている。この二つの定義においては、四つ目の任務のとらえ方が若干異なる。

従来のミュージアムにおいてとりわけ重要視されてきた「蒐集（取得）、保存、調査研究」がミュージアム内部での専門的な関心を分節化したものであるとすれば、「伝達／展示」および「展示／媒介」は、それとは対照的に、来館者志向の任務である[25]。一九七〇年代フランクフルトのミュージアム発展計画草案では、前者三つの任務と展示が「古典的」と言われていたが（先に見たように、「展示」も、今日では研究の成果の展示・陳列ではなく来館者志向に自覚がある点で「新しい」課題として、媒介＝フェアミットルンクに含まれる[26]。これらがドイツのミュージアムでは内部のみで深めうる性格のものではなかったがゆえに相対的に専門化が進まなかった任務であることは、発展計画でも言及があったし、ミュージアム内の予算配分に今日でも見られる展示と媒介の予算の少なさによっても明らかである）、今日のドイツでは、この四つが「古典的」[27]とみなされている。（言葉は同じでも「展示／媒介」の意味内容については、現代的な解釈が進んでいる。とりわけ「媒介」に対する近年の議論では、集客数や美術教育学のみをもって十分とするのではなく、来訪者への有機的な介在のあり方を意識的に表現するために、広い意味を持ちうる「媒介・仲立ち《フェアミットルンク》」という語が採用され、概念と理論的枠組みが盛んに議論されている[28]。）

　けれども、ドイツミュージアム連盟の「媒介」のとらえ方は、「人々と収蔵物の間の多様な関係」[29]をもって「交流」と理解するものである。これは収蔵物の蒐集・保存・研究のみを主要な任務としてきた古典的なミュージアムを、来館者に向けて開くという単なる来館者志向の宣言にとどまる危険性も否定できない。ミュージアムの活動が広くとらえられ、来館者志向という視点はたしかに入ってはきた[30]。けれどもミュージアムを起点に、外へ開くというベクトルのみからは、ミュージアムという「場」があることで、その中で人と人とが繋がり、対話・交流が生まれるという性格は見えない。「万人のための文化」と「文化的な人格形成」がミュージアムにこそ見いだしたそうした社会的意義をICOMドイツ委員会とドイツミュージアム連盟の理解に読みとることは難しい。

　ドイツの文化政策的な視点から「媒介」に求められているのは、一方に来訪者、他方に収蔵品を置き、両者の「交流」をうながすことのみではない。そこでは議論の起点がミュージアムではなく、社会となる。そのために、人と作品の「交流」のみならず、人々の間の「交流」も強く求められる。

2　討議的なミュージアム

　二〇〇七年のドイツ連邦議会諮問委員会「ドイツにおける文化」の『最終報告書』は、ミュージアムの今日的理想像として「討議／論証《ディスクーシヴ》ミュージアム」を定義している。ここで諮問委員会は、先のICOMドイツ委員会規約の「蒐集、保存、研究、展示／媒介」を継承すると述べた上で、以下のように述べる。

　社会的な発展との批判的な対話によって、自らを常に新しくしていく「討議的なミュージアム」においては公的

な財政援助は、文化遺産の保存のためのみではなく、まさに文化的な革新を可能にするような将来への投資なのである。〔31〕

そして、これまで行われてきたミュージアム教育学については「オリジナルの客体を利用しながら、参加の原則と対話の過程《プロセス》に基づいてなされるもの」〔32〕で、「参加者個人の経験の幅と能力を広げ、総合性と過程を重視する学習を含んだもの」〔33〕と解釈する。その上で、それゆえにミュージアムは閉鎖的ではない「学習の場（Lernort）」という働きをすると断りながらも、そのことは、「経験や体験を交換するための交流や生徒たちへの場があってこそ、より強い効果を発揮する」〔34〕という見解を示している（傍点——著者）。今日のミュージアム教育員が担う役目は、「将来的には自立して、自分の力で、与えられた潜在性を使いこなせるような状況に参加者を移動させること」〔35〕と定義されてもいる。そして最終的には以下のようにまとめられている。

要約すると、ミュージアムは単に教育内容を伝授するのではなく、提供される教育との付き合い方を仲立ち・媒介《フェロミッテルン》するのだ。〔36〕

知識の伝授ではなくつきあい方の媒介を推奨する点は、ＯＥＣＤのキー・コンピテンシーの定義を芸術文化の側面から補うものとしてこの当時すでに一種の流行語であった「文化コンピテンシー教育」の名で、ミュージアム教授法や文化教育論の中でも議論がなされていた。けれども討議的なミュージアムにはさらに個人的な効果以上の意図を読み取ることができる。以下に引用するような社会対話的性格や来館者同士の交流による間主観性の強調は、実質的には、作品を媒介項に住民同士の対話を促進するという、一九七〇年代の「文化を媒介項とした対話」〔37〕や「文化的な人格形成」（万人のための文化）の理念の編みなおしである。当時の路線が二〇〇七年に入って、連邦議会諮問委員「ドイツにおける文化」の『最終報告書』でも、再び承認されたことになる。

文化領域において社会は、その社会での価値と規範について絶えず自省する。ゆえに諸芸術を媒介項《メディウム》として行うあの文化的な討議の中に可能な限り多くの人間が関与していることが、重要なのである——個人や個人の生活の質のためにのみならず、社会の発展にとっても。これが「万人のための文化」〔38〕や「文化市民権」〔39〕という基本政策の背景であり、可能な限り広い層の国民が文化的生活に活き活きと参加することを意味する「万人による文化」は理にかなうものなのである。〔40〕

ここでいう「文化を巡る（文化的な）討議」とは、地域における文化振興および発展計画制定過程や公立劇場の劇場監督選考の共同決定や、ミュージアムにおける作品購入の議論の過程に住民を参画させることのみを意味するのではない。段階的には、文化政策の民主性の証となるそうした議論に幅広く人々が参画していくことは、確かに望ましい。だが、すでに芸術文化の愛好家であるような一部の住民のみを、「国家行為対住民イニシアティヴ」といった主体の二項対立を念頭に置き、議論に参画させ、手続き上の正当化をはかるのみでは「民主主義のアリバイ」という批判を免れることはできない。このことは、「文化国家」が陥ったような、教養市民のみによって形成される文化的公共圏を再び現代にも生み出しかねない〔41〕。

それゆえ究極的には、今はまだ芸術や文化に対して無関心な層さえも、今後いかに議論に取りこんでいけるかという点が問題なのである〔42〕。「万人のための文化」の戦後の反省はまさに「文化的な人格形成」を強調する姿勢に見られた。ミュージアムの中には、こうした討議の練習の場としての役割を見いだすものが、一九八〇年代後半から登場し始める。それは、個々人の芸術文化を媒体とした（他者との）議論の経験の日常的な蓄積が、文化的な公共性を形成し、「社会的な政策（Gesellschaftspolitik）」としての文化政策を形作って行く土壌となるとの理念を実践に移そうとする試みであった（事例は後述）[43]。

ドイツミュージアム連盟は、「ミュージアム教育ないしは媒介の行為が、橋をかける」[44]と述べており、教育学のみが当然の優位性を持つという一九六〇、七〇年代の認識は、ミュージアムの領域でも今日もはや薄れている。すでに七〇年代以降、理念的にも先進的な事業においても、ミュージアムは、個々にやってきた来館者に個々のサービスを提供するのみならず、人々が集まる「場」としての特性を生かし、社会的な施設となることを追究してきた[45]。そのため、今述べた「文化を巡る討議」の構想は、文化諮問委員会が新たに発案したのではなく、実際には、先進的なミュージアムにおいてすでに行われてきた実践を掬いあげ、そうした実践に理解を示し、今後の活動をさらに振興する意図だと考えるのが妥当である[46]。

様々な社会的背景を持った住民が芸術文化を介在させて他の住民と意見を交換する中で、自らの判断力を養い、それぞれの人生を自由に発展させていく――この意味での「万人のための文化」は、豊かになる社会と手を携えて積極化していく自治体文化政策の中で、西ドイツの都市ではすでにある程度までは実現されつつあった。しかし一部の積極的な市民ではなく幅広い層の文化的で自立した（mündig）住民たちが、その判断力を資本に、自ら民主的に文化的な社会を作っていくというガバナンスの部分については、未だ理念的なイメージにとどまっている[47]。

この点こそが一九七〇年代の「文化的な人格形成」を主軸とした「万人のための文化」の第二の意図であったにもかかわらず、この側面は、段階的な実現の途上にある。「討議的なミュージアム」は、この理念を継承し、住民たちが対話を通して自らの文化的な人格を形成すること、さらには社会を形成することの二点をより重視していこうとするものであると考えられる。

三　討議的ミュージアム――実践編

諮問委員会の討議的なミュージアムについての先の引用にも、「万人のための文化」への言及がなされている。ただしこの引用のみでは、「万人のための文化」のどういう意味内容を意図してのことなのか、前提の文脈を理解していなければ十分に理解することができない。前章では、「万人のための文化」を掲げる一九七〇年代以降のフランクフルトのミュージアム政策において、まさに今日のこの「討議的ミュージアム」の理念が意図しているミュージアムと社会との関係が、政治的理想と現場の理想、それらの妥協点と時勢とに翻弄されるなかで、「ミュージアム教育員」という制度に結実していった過程を明らかにした。本節では、そうして成立した「ミュージアム教育員」の現状の一端をとらえるものとして、こうした政策理念と親和性を持ついくつかの事例を簡単に紹介したい。ミュージアム教育員を制度化したフランクフルトの実践は、今日どのような状況にあるのだろう。

フランクフルトでは現在、きわめて多様なターゲット・グループ（年齢層、使用言語という一般的な分け方のものから、癌患者、障害者、就職活動中の者、進路を決めかねている青少年、失業者、受堅者といったものまで）を対象とした様々なプログラムやミュージアム[48]の活動が展開されている。すでに見てきたように「討議的なミュージアム」や「媒介の仕事」の今日的な意図は、一般教養や専門的な知の伝授（一方的な講義型であれ、双方向の対話型であれ）、作品作り（アトリエ教室、お絵かきの時間などのプログラム）などの、何らかの意味で個人を成長させるような従来の美術教育学プログラムよりも広い意味内容を意図している。

そうした論点に意識的な立場からは、作品とミュージアムと人々のつなぎ手は、「ミュージアム教育員」ではなく、意図的に「フェアミットラ」と呼ばれ、実践は、「クルトゥーア・フェアミットルンク」と総称される。作品およびミュージアムと来館者、あるいは来館者同士など様々な仲立ちをするのが、フェアミットラ（媒介者）であり、彼らはまさに自ら動くメディアとなり、動けないメディアであるミュージアムが有機的なものになるための触媒となろうとしている。クルトゥーア・フェアミットルンクをめぐる様々な今日的言説に共通して強調されているのは、人と人との間をつなぐ対話的・間主観的性格と、自立して芸術文化と付き合えるようにするために、既存の社会常識や個人的な経験から形成された常識などを覆したりする（ときにやや過激な）批判的性格の二点である（「交流」とは異なる）。

一九七〇年以降のミュージアム政策が、媒介の重要性を認識しつつも、教育学を最重視した結果、一般的にはミュージアムは「学習の場」と理解されるか、八〇年代以降は次々と消費されるちょっと知的な雰囲気の漂う大衆イベント会場と見なされがちである。この極端な振れ幅のある今日のミュージアムを「討議的な」性格へと実質的に転換していくには、従来のミュージアム教育学のみでは、いくぶん困難がある。そのため、専門家のみの認識の変化にとどまらないよう、来館者に向けてもクルトゥーア・フェアミットルンクというサービス名を明示するミュージアムが二〇〇〇年以降急増することとなった。

このような問題意識を反映し、芸術を媒介項とした人々との出会いをコーディネートし、さらには「芸術」や「ミュージアム」というものに対して人々が持っている一般的なイメージを、ラディカルに刺激する・動揺させるような努力が、現在のフランクフルトでも進められている。理念を実践に転換させることは容易ではない。実践のみを見ると、それらは実験的な事業が幅広く展開されているという印象で片付けられてしまうかもしれないようなものである。けれども過去の克服と民主主義の成熟への触媒という政策理念が見いだした文化政策の存在理由からとらえ直すならば、様々に楽しめるような個々の経験を通して、間接的には討議の前提となることを目指して、人々が抱きがちな既存の常識や慣習に操作された思考と判断力の限界などを崩し、そこからまた柔軟に思考を展開させる、言わば寛容性の醸成を試みていることが分かる。

芸術文化を媒介とした対話を通じて、文化的な公共性を担う場を形成していく――「万人のための文化」の一九七〇年代からの理念的問題意識は、ミュージアムにおいては何よりも、媒介的な行為（フェアミットルンク）[49]を重視する今日的な実践に内包されていたのである。（ところで、日本の伝統芸能には「守破離」という概念がある。表現者は型の継承を重んじながらも、いつかはそれを超えて自分だけの表現に行き着かなくてはならない。芸術文化の究極的な成熟については洋の東西を問わず似たような発想をするようだ。芸術文化の人間形成への影響力について無批判なほど信頼を置くドイツが、芸術という制度や機関《インスティトゥート》については十分成熟をみた上で、様々な批判に耳を貸し、さらなる拡張を目指す姿だと言えるのかもしれない。）

1　ディスコ化するミュージアム？

作品ガイドではなく交流に重点を置いたものに、シルン・クンストハレの〈シルン atナイト〉というプログラムがある。これはディスクジョッキーが音楽をかけて、ミュージアムを一晩、ダンス・パーティの会場とするものである。特に若者に人気のプログラムであり、二〇〇七年に催された〈ピーター・ドイク展〉の際には九〇〇〇人の集客があった。

　この事業の背景には、裾野の拡大と常識的ミュージアム像の破壊という二つの意図があると考えることができる。連邦議会文化諮問委員会は、幼少期から芸術文化に親しむことは、その後の長い人生を決定付けるため、非常に重要だと、ある種の常套句を繰り返している[50]。しかし実際には、ドイツの児童向けの美術教育プログラムはすでに非常に多彩で楽しく、比較的充実している。全日制学校導入以前には、地域の子どもたちの放課後活動の充実は、スポーツクラブやミュージアム、社会文化施設が拠点となって、充実させてきた。他方でミュージアムの現場では今日、ミュージアムが最も接触しにくい層は、青少年であるという問題意識が共有されている[51]。シルン・クンストハレの試みは、そうした今日的な問題に対応しようとするものである。

　児童・青少年向けという点ではよく似た事例に、ドイツではすでに標準的なサービスとなっている〈ミュージアムでのお誕生日会〉がある。これは、ワーク・ショップと作品ガイドのオン・デマンド的サービスで、ミュージアムが通常提供している数々のガイドの中から組み合わせを選んだり、集まった子どもたちのためだけにミュージアム側がワーク・ショップをアレンジしたりして、来場者の需要に応じて提供される。原画・原作を保管しているミュージアムの性質上、ワーク・ショップの最後に提供されるケーキにろうそくを灯すことはできない。しかしこの点を除けば、ミュージアムで祝うまさにお誕生日会なのである。

形式的に文化や芸術への敷居を低くすることによって、文化的生活や芸術の享受からかけ離れたところにいる層、すなわち「芸術文化領域における他者」[52]を包摂し、そのことによってミュージアム、あるいは専門家が定義してきた「芸術」「文化」「アート」に出合わせるというのが、一九六〇、七〇年代のミュージアム教育学の一つの目標であった[53]。お誕生日会の例は、そうした意識の延長線上に、「来館者志向のサービス」の視点が加わったものだ。

しかし今日の「討議的なミュージアム」では、自らを開くことによって、ミュージアムが持っていた常識もまた有機的に変化していく側面がより重視されている。ブレヒト的に言うならば「異化効果」である。この点においてミュージアムにディスクジョッキーを呼んで若者向けのダンス・パーティを開くという試みは、よりラディカルである[54]。こうしたことは、以前なら眉を顰められたであろう。しかしこのような発案を頭から否定するのではなく、実験的に行い、双方が〈揺らぎ〉を経験する。そして双方に、今日の社会においてミュージアムとは何かを考える一つのきっかけが訪れるのである。

こうしたことを積み重ねていけば、「芸術」「文化」「アート」の社会における意味を定義するのは、ミュージアムでも専門家でもなく、われわれ一人ひとりなのだという――とりわけ、一九世紀に芸術に対して特殊なほどに自律性が強調されていく過程で失われてしまった――姿勢が、討議の準備として若者たちの意識に広がっていく可能性がある。もちろん単なるパーティの一つとして消費される可能性もなくはない。理念が将来的に花を咲かせるのか、その可能性は未知数である。けれどもこうした実践を思弁的に批判するだけでは、理念像は永遠に観念論で終わってしまう。こうした手作りの実験の積み重ねが、将来的には、芸術や文化にすでに親近感を持っている層のみならず、そのようなものに対しては無関心を貫き通してきた「芸術から遠い層（他者）」をも、多様な視点から文化政策の論議に参画させていく道筋になることが期待されている。

2　集まる／集める

ミュージアムの美術教育では、来館者に絵を描かせるワーク・ショップはすでに一つの基本である。ミュージアムには、そのためのアトリエや作業場が併設されているのだが、ドイツではミュージアム教育員という専門職員がいる強みを活かして、そうした活動はなるべくグループで行うよう配慮されている。来館した子どもに入口で「お絵かきキット」を渡して、家族と館内を回る際に絵も描いてもらうことのみでは十分ではないという認識が見られる。子どもたちは、同じ時間帯にミュージアムにやってくる見知らぬ子どもたちとともに集められ、人数に応じて複数の教育員が世話をする「お絵かき作業集団」が作られる。こうしたワーク・ショップを毎日行うことは、ミュージアムにとっては、教育員の人件費がかさむ。けれども「せっかくそうした仕事を専門的に行う能力のある人々がいるのに、そうした人を利用しないならば、そのことの方が社会にとっての損失である」[55]と考えられているという。

ここでもやはり、人々が会話を交わすことなく行きかう「商店街の歩行者天国」とミュージアムをシノニムとみなされないよう、意図的に工夫がなされていることが分かる。「霊廟」時代には「歩行者天国」のような活気は想像もできなかったかもしれないが、ミュージアムが求め続けているのは死蔵でも消費でも歩行でもなく視る、受けとる、感じる、語る、気付く、考えるという、作品と人間そして人々同士の間、さらには自分自身の中での様々な「対話」の発生なのである。

絵画や陶芸の制作を技術的に学びたいという人が集まるコースをのぞき、教育員たちは来館者に対して技術的な指導をほとんど行わない[56]。そこでは教育員であることよりも、人々の仲立ちをする「媒介者」としての役割こそが意識されている。こうした「お絵かき集団」では、作品について語りあう時間がセットになっていたり、絵を描き終わってから他の人々に説明したりすることなどが行われる。

3　語る――物語の発見

「討議的なミュージアム」という構想では、既存の社会的な常識や人々の個人的な経験の範囲から形成された「常識」を揺らす点が重要な鍵を握っていることを確認してきた。このことは、来館者が「自立して」芸術文化と付き合えるようになる鍵であると考えられていることが分かる。そしてこの「自立」は、個人的な行為の中からではなく、自分以外の人間との交流を通して間主観的に芽生えると考えられていることも明らかになった。

続いて、自分以外の人間と交流しながら、芸術文化に対する自らの視点を育てていくという意識を最も顕著に示す具体例として言葉で表現し伝えることを重視する二つの試みをとりあげたい[57]。

（1）自分で視る勇気

リーピーク・ハウス（彫刻博物館）とシュテーデル・ミュージアムで行われているのが、〈子どもたちが子どもたちを案内します〉[58]という作品ガイドとお絵描きワーク・ショップを組み合わせた事業である（図4）。これは、教育員と来館者を想定して「双方向」と言われてきた対話型のガイドをさらに超え、来館者の側に一定の主体性を持たせ、第三の視点・主体を生み出す参画《アンガジュマン》型の試みとなっている。

この事業において主に子どもたちに向けたガイドをするのは、八歳以上の児童である[59]。一般にはガイドを行う主体であるミュージアム教育員は、ガイド、来館者のいずれでもない仲介者《フェアミットラ》・調整者となる。このガイドは、月に二度行われ、事前登録や参加費は必要なく、誰もが自由に参加できる。

子どもたちによるこの作品ガイドは、フランクフルト市の夏の風物詩となっているミュージアムの河畔フェスティヴァル[60]において、一九八九年に実験的にリーピークハウスのプログラムとして導入された。現在はドイツ語のほか、イタリア語、英語、フランス語でも提供されている[61]。ミュージアムの狙いとしては、観光客向けではなく、フランク

図４　〈子どもたちが子どもたちを案内します〉の様子（2008年6月著者撮影）

図５　この写真に見られるように、途中から参加しはじめた大人の方が人数は多い。ガイドは九歳の女の子で、子どもが案内することに違いないのだが、このガイドはしばしば大人（保護者ではなく、途中で足を止め合流した）をも案内することになる。（2009年8月著者撮影）

フルトに住む移民の背景を持つ子どもたち[62]をなるべく多くミュージアムに誘いたいという意図によるものだという[63]。この事業の発案者は、リーピークハウスのフリーランスの美術教育員（シュテーデル・ミュージアムも担当）[64]のイングリート・セドラチェク[65]で、彼女は当時リーピークハウスで働いていた芸術家のウーヴェ・グロットとの会話の中で、この試みを思いついたという[66]。

一般に子どもたちは、大人よりも自分と同世代の子どもたちが行う説明に強い印象を受け、関心を抱くと言われている。セドラチェクによれば、ミュージアムでも「子どもたちは、大人が行うガイドの場合は、学校の授業と同じように考え、関心が低く、すぐに忘れてしまいがちだが、自分と同じような年齢の子どもが案内をしていると、とたんに関心を持つ」という[67]。また子どもたちによるガイドには、言葉が分かりやすいという利点のほか[68]、ある程度似通ってしまう専門家のガイドにはない、驚きの展開が期待できるという側面がある。というのも専門的な作法や思考の枠組みに縛られない子どもたちによるガイドは、美術史的に重要な知識を問う質問というよりは、そのガイドの子が、どう思うか、どう感じたか、という切り口から作られることが比較的多いからだという。そのためにガイドの子どもたちが投げかける質問か前もっては予想しづらく、何度もミュージアムに足を運んでいる人たちにも、毎回新しい発見・刺激を提供できる利点があるという。

「討議的ミュージアム」の文脈で、最も重要なことは、こうしたガイドのあり方を通して、作品の見方は一つだ、(大人や専門家といった)誰かに与えられるものだという先入観を「動揺」させることにこそある。セドラチェクは「子どもには子どもの見方があるのです」という。

従来、教育員の一方的な講義型ガイドよりも、問いと答えという対話型ガイドの方が、双方向性を持ち効果的であるといわれ、様々なミュージアムで対話型が採用されてきた。それらは、説明を聞くのみの来館者の受動的な姿勢を改善するだろうと期待された。そこから芸術文化を媒体とした対話が進み、政策議論への参加への第一歩となることが、文化政策論的にも期待された。しかしそこでもいずれにせよ、会話の主導権は専門家である教育員が握りがちで、芸術を語りあうことから討議へというシナリオを描くには、会話者の力関係に非対称性が見られた。つまり「対話」と言うよりは、与えられる問いへの「反応」だったのである[69]。セドラチェクによればこのような場では「ミュージアムに訪れる人々は、展示作品と自分自身との関係性を表明する機会を殆ど持っていない」[70]ことに疑問を呈している。双方向型のガイドにおいてドイツでも、教育員が質問を投げかけても来館者たちはほとんど返事を返してこなかったり、お金と時間を割いているからには、手っ取り早く何らかの具体的で専門的な「知識」や「情報」を得たいと考えたりしがちであったという。「自ら絵画の印象を描写したり、判断したりするかわりに、来館者たちは、目の前にいる専門家の口から、正確にはいつこの芸術家はこの作品をつくったのか、――そしてもっと重要なことには――この作品は、どの様式に分類されるのか、結局、この作品からは何を読み取れるのか、といったことの方を聞きたがる」[71]のである。文字が普及する以前には、大衆の身近なメディアであった芸術作品と人々との関係のこうした貧困化に対して、芸術家は、決して美術史家のために作品を創ったのではない、という立場に立つセドラチェクは「子どもたちが芸術に対する知覚を鍛え、将来いつか芸術に対する自分自身の考え方を発展させていく力を持てるように」[72]という期待をこめて、この〈子どもたちが子どもたちを案内します〉というプログラムを生みだしたのである。

このガイドで、子どもたちがたいていガイドの流れの中心に据えるものに「お話」がある。お話には二とおりの手法がある。一つは、絵に主題化されている歴史や神話を、ミュージアムの資料室でセドラチェクと一緒に研究し、ガイドを行う子どもたちが、作品との関連性を自分で考え、それに基づいて歴史や神話から要点を選んで、自分の言葉でそれらの要素を結び、お話として綴っていく手法である。

二つ目は、セドラチェクが「とても素晴らしいもう一つの可能性」という語りの手法だ。そこではガイドを行う子どもが前もって作品を視て、連想をはたらかせ、自分で作品に関するストーリーを編み出し、それを発表する。ストーリーを作る能力がある子どもであっても、それを好んで発表してみたいと思う子ばかりとは限らないため、その意志があるかどうかについては、絵に描かれているものの一とおりの理解が終わってから、たずねてみるという。たいていの子どもは、よろこんで絵についての自分ストーリーを話すという。

セドラチェクはそのストーリーを書きとめる。その際も子どもたちのファンタジーの源泉からは連想がよどみなく溢れるため、それについていき、書きとるためには、しばしば「ちょっと待って」といわなければならないという。その場の連想に任せず、家に帰ってじっくりストーリーを練りあげて、紙に書いて二度目の準備会に持ってくる子もいるという。「自分で作ったストーリーというのは、私の見解では、子どもらしい芸術の理解を促し、聞いている人たちに、それによってこの方法を自分も真似てみようという勇気を与える最良の手法だと思います」[73]とセドラチェクは言う。自由な見解を示す可能性はコンセプチュアルなアートのみに認められているものではないのである。

プレゼンテーションの仕方は、一人あるいは二人組み[74]、さらには演劇的なグループ・ガイド（図6）も選ぶことができる。作品に主題化されている神話などを小さな劇として発表するのだ。しかしいずれの場合にも、ガイド用の脚本は、最小限の鍵概念のみから出発する。重要なのは「自分の言葉を見つけること」[75]だ。

子どもたちはガイドのあとには一緒に絵を描く。この際も、作品そのものを再現してもよいし、作品に足りないと思うものを「付け加えてあげる」のでもよい。ガイドで面白かったお話を絵にしてもよい。自分の好きなものを自由に描いている。

図6　演劇で作品を再現をしてみた回。説明する以上にドラマチックになり、登場人物は最後は描かれているポーズで静止する（その後の進展は来場者とともに語り合う）。（2008年6月著者撮影）

ガイド役の子どもたちに前もってアドヴァイスされていることは、ガイドの日に質問を投げかけるときには、みんなの意見を聞いた後に自分の答えや意見を「私はこう思います、なぜなら」という形で表明するとよいという一点のみである。最初にガイドの見解が示されることがなければ、聞いている子どもたちに、他の人々の意見に耳を傾けて、話し合う余地が生まれるからである[76]。

セドラチェクの言葉からは、勇気を持たせることを重視していることを読みとることができる。こうした活動には、地域のミュージアム職員が子どもたちに向ける温かいなざしを感じとることができる。それと同時に重要なのは、芸術作品の完成度や専門家の解釈の絶対性を疑う余地や、ミュージアムという施設の有機性を来館者に感じてもらうような、「動揺」を生みだす活動の余地を専門家の側が積極的に提唱しようとしている点である。こうした実践こそ、既存の価値観の再生産ではない地平を目指す「討議的ミュージアム」や文化的な公共性を形成するという政策理念と実践が接近する一つの重要な段階となる。

（2）新聞で伝える

同じく言葉にすることを重視した試みを行っているのが、フランクフルト現代美術館（MMK）の「子どもリポーター」「ミュージアム新聞」などのプログラムだ。三時間にわたって行われるこのガイドとワーク・ショップを組み合わせた試みは、最初の一時間は教育員が作品を前にして、様々な質問を投げかける対話型のガイドである。しかしミュージアム教育員のユーレ・ヒルゲァトナー[77]によれば、最初のこの一時間は「準備」でしかないという。

子どもたちにはよく観察することを学んでほしいのです。しかし結局、最終的に重要になってくることは、作品を（通して）「話す」ことです。ガイドの時間は、何かを教えようと思っているわけではないのです。子どもたちには「偏見」がありません。これはキーワードです。子どもたちは大人たちよりもっと直接的で、偏見がなく、驚きをベースに思考を編み出していきます。大人たちは何かを見てみて「これは芸術ではない」と思いがちです。それでは思考はその先へは進めません。しかし子どもたちはまず「何？」と思います。そして考えるのです。ガイドの時間、あれは前もっての練習なのです。話すことが書くことに繋がるような。ですから、質問をしながら、作品がどのような様子をしているのかに気づくような会話をしていましたよね。本当によく注意して視なくてはいけません。そこで話したことを思い出しながらしか新聞は作れません。なので、新聞を作ろうと思ったら、言葉にする訓練がたくさん必要となります。そのために「子ども向けのワーク・ショップでありがちな」お絵描きではなく、新聞をテーマにしているのです。[78]

この「ミュージアム新聞」には、雛形がある。「発行地、編集者氏名」「お勧め作品」「今日の耳寄り情報」「来館者インタビュー」「辞典」などの項目である。二〇〇八年に著者が観察した際には、「耳寄り情報」についてヒルゲァトナーが、「今日ミュージアムに来る人に絶対何を見逃しちゃダメなのかを書いてあげるのよ。例えば、ガイドが何時からあるとか、そういう情報や、館の目玉作品を紹介するの」と説明したのに対し、ある女の子は、「あなたはミュージアムでは、本当に注意深く視なければなりませんってヒントをあげる！」というアイディアを思いついている[79]。

図7　「足を出しているのは、この作品を思いついた芸術家で、あの場所で生きていることが作品の意義なのだ」という〈リビング・ミュージアム〉の説明を聞いて、一日中座っていても疲れない座り方を考案してみる女の子。(2008年7月著者撮影)

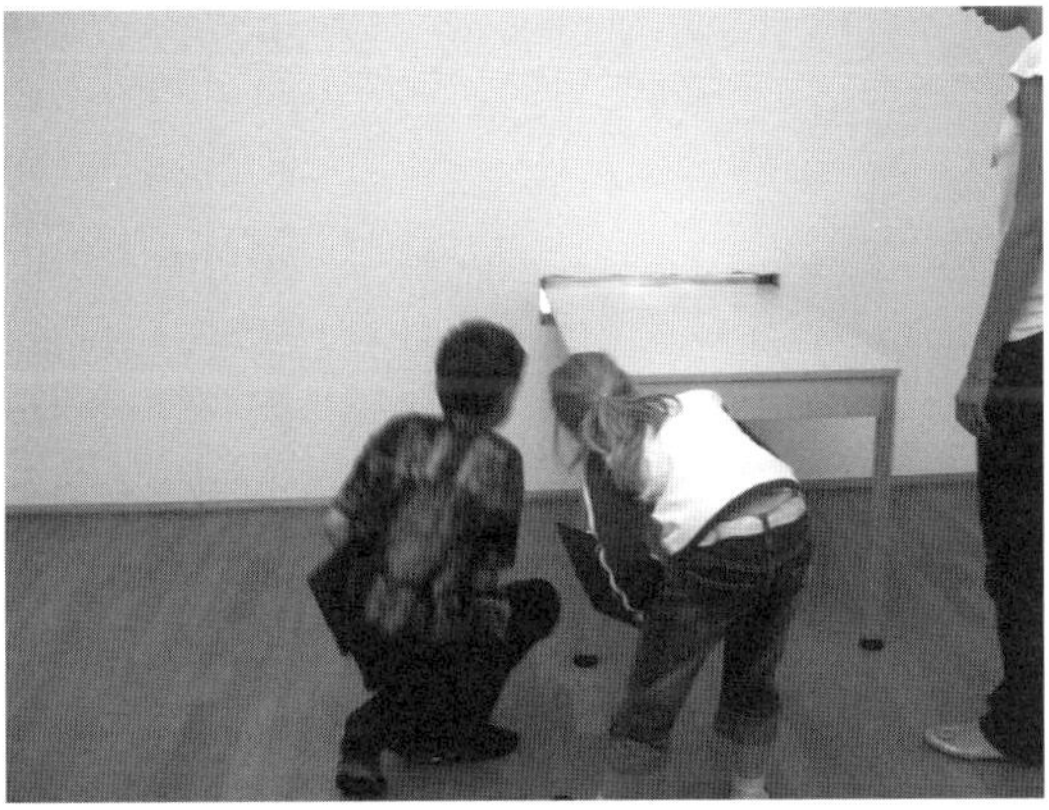

図8　館の外壁に飛び出した長い机の作品。二人がのぞく先の、外に出ている机の上にはケーキが置かれている。そのことに気づき、言葉での描写を試みている様子。(2008年7月著者撮影)

最初の一時間のガイドの中で、前半は投げかけられた質問に反応するように答えのみを言っていた子どもたちは、後半から質問を先取りするようになっていった。「私はこの作品はこうやってつくったんだと思うの、でもそうじゃなかった場合の可能性を考えると……」というふうに、様々な視点から作品の成り立ちについて自分で論を展開し始めたのである[80]。このような議論の展開の仕方は、ドイツの学校教育で議論する機会が多いことに負う側面もあるのだろうが、こうした姿勢を一つのプログラムで学ぶことができれば、それはまさに、将来的に自分で作品との関係を結んでいくための媒介であったということができるだろう。

また、「お勧め作品」についてヒルゲァトナーが、「ミュージアムにはこんなナンセンスなものがありました、と書いてもいいのよ」と言うと女の子は「面白いもの！」と叫んだ。ヒルゲァトナーは、「そうね、ナンセンスより、面白いの方がいいわね」と言っていた。作品を観察し、解釈をしていくガイドの時間において子どもたちは日常生活では味わえないような不条理さやナンセンスさ、真面目な不真面目さを目にして、ガイドが進むほどにどんどん自由になっていき、解釈を広げていった。

四　政策上の課題

1　接近する理論と実践——政策理念とミュージアムの現場実践の接近

一九世紀以降に芸術と社会・人々との関係が徐々に貧困化するに従って生まれてきた「芸術」や「ミュージアム」に染み付く「固定観念」を専門家が一定の教育的な配慮を行いながら、打ち破る——本章では、そのための実験的な問いかけの試みを行なっている現場の事例を考察し、それらが政策理念と現場実践との乖離を埋める可能性を秘めている様子を見てきた。これらの実践は、実際には一九七〇年代からの政策理念に対応しようとして誕生したというよりは、教育学批判の潮流の中で自然に生まれ、それが文化政策に注目され、今後のドイツのミュージアム政策における一つの鍵概念として「討議的なミュージアム」が提起される下支えとなったものとして理解できる。取り上げた事例は、多彩に展開されているドイツの先進的な試みのほんの一部であるが、政策理念と現場の実践とは確実に接近しはじめていることを見てとることができる。

しかしこうした先進的な実践を持続的に支え、発展させていく制度的枠組みを文化政策が提供できているかといえば、その点は疑わしいと言わざるをえない。政策理念と実践との乖離は、本章で考察してきた限りでは、ミュージアム側の保守的な実践とそれとは対照的に進歩的な政策理念との間にあるということではないことが分かった。それならば、ミュージアムの公共性が動揺している背景として、文化的公共性の形成を掲げる文化政策理念と、それを実現するだけの制度基盤を提供できていない政策実践自体との間に、乖離があるのではないか。

そうした状況の改善を促す意味も込めて、諮問委員会は今後の姿として「討議的なミュージアム」を提唱したのだと考えることができる。この点をより具体的な問題点として抽出するために、最後に、今見たようなミュージアムの媒介活動を支える財政について考察する。それにより、制度と理念の乖離を明らかにし、その乖離を生めるものとして、今日的な「文化的な生存配慮」＝文化政策の責務の中核を定義したい。

3　不十分な人件費――政策理念と政策実践の乖離

国際金融都市として知られるフランクフルト・アム・マイン市[81]は確かに、欧州の都市としては営業税収入が比較的大きい。しかし都市ＧＤＰは日本の大都市ほどの経済力を持っているわけではない。市立ミュージアム一館への市の歳出は、年二億円程度で[82]、日本の公立ミュージアムの平均像にも近い[83]。この意味でも参照例として考察する意義は十分あるように思える。

日本ではミュージアムのあり方ついて、学芸員が極めて多種多様な業務をこなさなければならない問題が長らく指摘されてきた。そこでは、「欧米のように」、業務の専門性（取得・蒐集、保存、研究、展示、教育、広報など）に応じて専門職員を配置する必要性が、長らく議論されている。この文脈で、いわゆる「ミュージアム・エデュケータ」の配置も論点となるが、公立ミュージアムの予算不足がその制度化を難しくしているといわれてきた[84]。日本のミュージアムでは現在、すでに数千万円単位の教育・普及費が自治体年次予算に組み込まれ、ミュージアムのイニシアティヴで教育・普及課を置き、複数のエデュケータを配置している例も存在する。専門職員の配置が増える一方で、常勤のエデュケータを配置するのではなく、住民から提供されるボランティアの人的資源を活用し、何らかの教育・普及事業を提供するミュージアムも多い。

その理由として、日本の自治体設置のミュージアムでは、伝統的に常設展よりも企画展を中心とする運営を行ってきたという経緯があり、複数の専門的な業務をこなさなければならない学芸員自体の数も決定的に少ないために、欧米並みに専門ごとに職員を確保することが難しいという背景が指摘されている[85]。『博物館総合調査報告（平成二五年度）』によれば、「これまでは教育普及活動に力を入れる館が増える傾向にあったが、平成二五年（二〇一三年）度調査ではこの傾向に落ち着きが見てとれた」[86]という。

ドイツの場合、教育・媒介的な事業をまったく行っていないミュージアムは、全体の八パーセントと少ない。しかし、常勤で専任の教育員がプログラムを提供しているのは、全体の二割程度に過ぎず、教育・普及以外の専門を持つミュージアム職員が教育事業を提供するケースも全体の二割となっている。ただボランティアスタッフ（無償、あるいは実費のみ支給）が教育プログラムを提供している割合は、全体の三割強で、残りの七割弱のプログラムを提供しているフリーランスのスタッフは専門課程を修了しており、彼らには何らかの形で給与あるいは謝金が支払われる。ドイツでは今日、教育的サービスを提供する人材の大半は、常勤、非常勤を問わず、一定の報酬を得ていることが分かる（この財源は後半で考察する）。

つまり日本ではしばしば先進的だと言及される「欧米」の一つの例として参照しても、「常勤」で「専任」ミュージアム教育員を配置することが国内全域で標準化しているとまではいえない状況が、ドイツにはある。ドイツでは、自治体のミュージアムに配置される職員の数こそ比較的多いものの、先に見たようにそのことが自動的に教育・媒介専門の職員を配置することをも可能にしたわけではない〔87〕。第五章で見たようにその理由は、「研究」をミュージアムの本分と考えていた伝統にあり、「社会教育施設」と位置付けてきた日本とは、その背景理由はやや異なる。それでも、一九八〇年代以降、「新しい」責務であるにもかかわらずその制度化を可能にした過程は注目に値する。

その理念的背景を前章までですでに見たが、本章では、財源という面から、フランクフルトの現状を考察したい。館に最低一名の常勤かつ専任のミュージアム教育員の予算は制度化されたものの、そこでは事業費までは予算化されていない。しかし今日のフランクフルトでは、地域のミュージアムが一体となり協力し、年額およそ二億円規模の基金化された財源を生みだし、それを元手にしたマッチング・ファンド方式で民間スポンサーからの寄付を募るという仕組みで、展示や媒介の事業を運営している。

日本の文脈で「欧米並み」との言及があるときには、たいてい英仏米が念頭におかれ、地方割拠的に文化政策を行ってきたドイツは、考察の中にほとんど含まれてはこなかった。ドイツは欧州の国ではあるが、展示・媒介への予算基盤が相対的に脆弱なのは、日本と同じである〔88〕。この基金化の工夫は、「ミュージアム・エデュケータ」〔89〕の財源の議論において、日本ではこれまで着目されてこなかった切り口を提供するだろう。

市井の生活とすでに結びついている位置にある文化を「社会文化」として発見することに比べて、自律性の高い芸術と現代人との間に橋をかけることは、案外難しい。難しいからこそ、例えばアドルノによってミュージアムが「マウゾレウム（霊廟）」と揶揄されたり、「博物館送りの」という言葉がネガティヴなものとして、洋の東西を問わずに生まれ、そうした文句が一般の人々の認識においても承認を得たりするのである。しかしそれでも架橋しようと努めていくことこそが、「万人のための文化」の主眼であり、「文化的な人格形成」の意図であった。

表1　フランクフルト市予算に計上されている職員の職域と人数

部局 VII（2016 年度現在）	学芸員（研究職）	学芸員（教育職）	修復	司書	事務職員	執行部	全職員数
考古学博物館	2	1	3	1	3	1	18
フランクフルト歴史博物館	7	1	7	1	14	2	40
応用芸術ミュージアム	10	N/A	7	1	3	1	24
世界文化のミュージアム	4	1	3	1	3	1	16
ドイツ建築ミュージアム	2	1	4	1	6	2	17
フランクフルト現代美術館	3	3	2	N/A	10	2	22
ユダヤ・ミュージアム	7	1	1	1	7	2	19

Produkthaushalt 2017: SS. 306–307, 310, 314, 317, 323–324, 1740–1791 より作成。

3　予算の傾斜配分

表1[90]は、市立ミュージアムで働く専門職員[91]の役割別内訳（二〇一六年現在）である。先に見たように、ドイツのミュージアムの「古典的」な任務は、「研究」「取得・保存」であり、それを担当するのは、研究職と修復員である。それに対し、近年の新しい課題である「媒介」の仕事を行うために設置されたのが、ミュージアム教育員であった。

「媒介」の仕事は、一九七〇年代には「教育員」を介するものとして議論され、八〇年代を通して徐々に教育員のポストが制度化された。しかし、九〇年代に意味内容の見直しがはかられ、今日では「教育員」という表現は（予算上は従来の記載のままであるものの）現場では好まれなくなっている。ここで「教育員」と表記している職員は、実質的にはミュージアムで「媒介」の仕事を主に行っている媒介者＝フェアミットラのことである。

フランクフルト市は、ミュージアムに対しては、必要な設備維持費と、ミュージアムの教育員を含めた最低限の専門職員の人件費を拠出している。このことは、フランクフルトでは設備基盤整備のみならず、人件費をも含めて「文化的生存配慮」であるとみなされていることを意味する。

この数値をみると、市の文化予算で賄われている割合の多くは、研究職である学芸員と修復員とに割かれている傾向がある。これらの職員は、発展計画草案の分類でいえば、ミュージアムの「古典的」な任務を担う。対照的に、ミュージアムを広く住民に開いていくことを目的として設置された教育員の数は未だ少ない。膨大な数の作品を抱えるミュージアムでは、研究や修復に多くの人員が必要であるのため、一概に人数のみで業務が軽視されているのではないかとを判断することは難しい。ただ、教育員の制度化をめぐる議論においては、文化局と市政と温度差があったことを示す資料も残っている。そこでは、文化局の委嘱を受けた専門家が、新しいミュージアムにおいて必要な人員の種類、数、彼らの給与体系のデザインについての調査報告書を出している。フランクフルト文化局はそれを確認し、市議会の供覧に付している。この時点では、ミュージアム教育員の給与体系は、研究職の学芸員と同じ号俸（高級官吏や大学教授と同じ）になるはずであった。けれども予算折衝の過程で彼らの給与体系は（博士号を持っている者も少なくない中）、中級官吏の水準に下げられている[92]。

ミュージアムを広く媒介の仕事によって開いていこうというフランクフルト市の「理念」においては、ミュージアムの公共性形成機能こそが高く評価されていた。けれども市政全体の実践とは一種の乖離が未だにある。そして事業予算が制度化されていないのは、先に触れたとおりである。

「文化国家」や「生存配慮」が陥った非民主的で閉ざされた「文化」の問題を克服する鍵は、幅広い市民層による文化的な公共性の形成に見いだされていた。その土台としてミュージアムでの「媒介」の仕事の重要性が認識され、結果、ミュージアムに積極的な支援が行われ、教育員が制度化されたのである。しかしミュージアムの予算配分に表れる「古典的」な仕務重視の傾向は、理念と実践の間に未だに横たわる乖離を浮きぼりにする。

五　プロジェクト支援――展示と媒介を支える基金

文化組織を施設の側面から維持するための支援は、「設備支援」と呼ばれる。これに対し、ミュージアムを有機的な働きをする「機関《インスティトゥート》」とすることを目的として、各種の活動に対して拠出される補助金は、「プロジェクト支援」に分類される。この「プロジェクト支援」は、「展示」や「媒介」といったミュージアムの比較的新しい任務に対して主に割りあてられる[93]。先に見た職員制度については、フランクフルト市さえも、未だ古典的な任務への傾斜配分から抜けきれていなかった。しかし、プロジェクト支援には、二つのユニークな制度がある。

「設備支援」は、標準的なミュージアムの水準を維持するための最低限の支援である。すでに見たように、基本法改正を巡る議論の過程では、当初、公的文化政策の責務の中核を表す用語として「基本供給」が使われていた。しかし、標準的なものを提供すれば十分であるかのような「基本供給」という用語は、卓越性や多様性を重要な要素とする芸術文化の領域にはそぐわないものとして、退けられた。その結果、「生存配慮」が選ばれたのであった。こうしたいきさつを考慮するならば、標準的なサービスを提供するための最低限の財政支援のみをもって、今日的な「文化的な生存配慮」の内容とするのは、不十分である。

ドイツ全土のミュージアムにおいて一九八〇年代以降には一貫して「媒介」の存在感が増してきている。こうした事業は、自治体文化財政によってどのように支えられているのだろう。媒介の仕事の存在感が増していることは、一般的には、ミュージアムの各事業プログラムに見いだされがちだ。しかし、文化政策論が重視するのは、今現在どのような先進的なプログラムが具体的に行われているかということのみではない。そうした理念を一過性のものに終わらせず、将来にわたり維持していくために、どのような枠組みを準備しているかという点が、何より重視される。

フランクフルトを、理念のみならず、実践においてもミュージアムを「美の殿堂」に後戻りさせず有機的な場所としようとしていると評価するには、政策レヴェルでの枠組みを考察する必要がある。

しかし今見たように、そうした枠組みの一つであるはずの職員の人員構成については、研究から媒介へという傾向は、必ずしも確認できなかった。けれども、ミュージアムにおける媒介の行為を支える措置は、正規の職員の予算確保のみではない。「プロジェクト支援」も、媒介の仕事に対して大きな役割を果たす。そのため、以下ではこの「プロジェクト支援」の中から、ミュージアムという施設をより有機的なものとする目的を持つとみなすことのできる制度的事例を二つ考察していきたい。

1　ミュージアム活性化基金

一つ目は、「ミュージアム活性化基金」である。この基金が制度化された二〇〇三年の市議会議事録によれば、基金の基本方針は、「国際的な展示を行うミュージアムに対し、自主的に集めた資金の最大五〇パーセントまでをマッチング・ファンドとして提供する」[94]ことである。

ミュージアムは従来、「取得」「保存」「研究」という古典的任務を中心に展開してきたが、この「ミュージアム活性化基金」は、ミュージアムの比較的新しい任務である「展示」（研究成果の展示ではなく、八〇年代以降、来館者サービスを強く意識しているという意味での）に重点を置いている。つまり、特別展に提供される資金の源である。現在報告書が公開されている最新の数値としては、基金の二〇一五年総額は、二億九〇〇〇万円弱である。展示活動を通して自らのミュージアムを活発化させることを意図するプログラムを組む場合、少ないもので一〇〇〇万円から、多いものでは五五〇〇万円弱の助成を受けている。

各ミュージアムが所蔵する収蔵品のみを展示する、やや静態的な常設展とは異なり、こうした特別展は、それを企画するミュージアム自身にとっても、そして地域住民にとっても、新しい作品に触れるというダイナミズムをもたらすと考えられている。「国際的な」展示という意図からは、日本で言うところの「インバウンド」観光を意識する視線も感じられる。ドイツ国内でのレンブラントやフェルメールなどの企画展は動員型と批判されることも多いが、人を呼び込み、ミュージアムを動的なものとすることは、地元住民に提供されるサービスの多様性を生み出す。

「活性化基金」は、主に展示活動を通して、ミュージアム一般を静的な「美の殿堂」やドイツの「文化」のみに優位性を見いだす「文化国家」的な姿勢に後戻りさせないために、常に国際的な視点で、自己の活動を相対化することを促す枠組みである。そして次の例は、教育・媒介的な活動により特化している。

2　ミュージアム協働基金

一九九八年に市の文化局長に就任したハンス＝ベルンハルト・ノルトホーフ（SPD、在任期間一九九八―二〇〇六年）のもとで設置された「ミュージアム協働基金」は、教育・媒介的な活動にとりわけ重点的な助成を行うものである。「万人のための文化」を雛形として現在のドイツが追求する社会的な討議の場としてのミュージアムという理念像を、実質的に確保・推進していくうえで、とりわけ重要な意義を持っている。

（1）教育・媒介活動への重点的支援

この基金はどのような特徴を持ち、また「ミュージアム活性化基金」とはどのような点で違いがあるのだろう。先に見た「活性化基金」は、ミュージアムを一般的、総合的に何らかの形でアクティヴなものにすることを意図し、傾向としては、展示活動の振興が中心的な位置を占めていた。

それに対してこの「協働基金」は、最低二館以上のミュージアムが協働で、展示や媒介的なプログラムを開発した際に、そのプログラムを実現させるために提供される[95]。例外は「フランクフルトのミュージアム全体のアイデンティティに資するようなプログラム」[96]であり、そうした企画については、たとえ単館企画であっても、支援されることがもある。フランクフルト・アム・マイン市文化局造形芸術専門担当係官（二〇〇九年当時）のズザンネ・クヤーによれば、これは（展示というよりは）媒介的なプログラムに重心を置いているという[97]。「ミュージアム協働基金」の二〇一五年度の歳出総額は、およそ二億五〇〇〇万円であった。先に見た「活性化基金」は展示活動の促進に重点を置いていたが、それより多い額が、教育・媒介的なプログラムを支援するために用意されていることを確認することができる。（二〇〇八年の段階では、後者は前者の六割程度であった。ミュージアムの重点が、討議的ミュージアムという政策の理念に近づき、媒介を重点的に強化しつつあることを見てとることができる）。市議会でこの基金について集中的に議論されたのは二〇〇三年である。五月九日の議事録によれば、各ミュージアムがこの資金を初期費用とし、さらに第三の資金を獲得する足がかりとすることを市が期待していたことを読みとることができる[98]。

この基金の実際の交付額の例としては、最も小規模な媒介事業で一件、一五〇万円弱、大規模なもので一五〇〇万円程度である。交付先は、比較的小さな市立ミュージアムや美術協会などが主である。この基金が対象とする媒介的な活動には、来館者に対して何らかのプログラム（ガイドやワーク・ショップなど）を館内において提供するのみならず、潜在的な来館者に対して事業の情報を提供するための冊子作成なども含まれる。こうした支援は、最低二館以上のミュージアム同士の協働を促し[99]、大きなミュージアムのみならず地域のミュージアムが一体となって協働基金をつくり、協力して現代化を進めている様子が分かる。

①一体感の醸成

この基金はミュージアム同士の個々の協働を促すのみにとどまらず、フランクフルトのミュージアム・シーンの連帯感を醸成する側面を持っている。フランクフルトの全てのミュージアムでは、毎月最終土曜日に家族向けの無料ガイド〈SaTOURDay〉を行っているが、この費用も、「協働基金」から賄われている。また、マイン河に架かる橋や街中で目にする、ミュージアム関連の広告もこの基金で賄われるほか、年間共通入場券「ミュージアムの河畔カード」[100]への助成も行われている[101]。このカードはドイツ全土でも利用者が非常に多いことで知られる[102]。

一九九九年一二月一六日に市議会は、フランクフルトへの来訪者が数日から長期にわたってミュージアムを利用することを促すような入場券のあり方の検討を決議し（第五二九九号）、文化局に検討を委ねている[103]。その際、より多くの（ないしは全て）のミュージアムおよび展示空間に対して効果があり、新しい「構造」を生み出すような構想が求められた。こうして考えられた構想が有効性を検証されたのちに、その一環でこのカードは導入されている[104]。

この「協働基金」のような制度があることで、フランクフルトのミュージアム・シーンを形成するミュージアムや文化協会の間には、大小問わず連帯感が育まれる[105]。こうした制度の存在は、資金を獲得するために、それぞれのミュージアム同士が緩やかに協力するためのインセンティヴとなるからである。それによってミュージアム同士の関係は自ずと円滑なものとなり、互いをライバル同士とみなすというよりは、共にまちの芸術文化シーンを形成する仲間とみなすような、良い関係を作り出す効果も生む。

「基金」も「ミュージアムの河畔カード」も、以下で見る「ミュージアムの夜」も全て、ノルトホーフ文化局長の時代に市民の発案を下敷きにして市が制度化している。すでに六年間文化局長を務めていた彼が二〇〇四年に再選される際には、「ミュージアムの河畔がその特色を強く打ちだすことに成功した」こと、「各機関の館長たちが、もはやお互いの足を引っ張るように働くのではなく、協力するようになった」こと、「そうしたことによって、ミュージアムの河畔は欧州における独特のミュージアム・シーンを形成していると認識されるようになった」[106]ことが肯定的な材料を提供したことを当時の議事録に読みとることができる。

市が一〇〇パーセント出資している展示会場であるシルン・クンストハレを除き、収蔵品を持っている市立ミュージアムへの市の予算は、もっぱら設備支援と最低限の人件費のみである。しかし各ミュージアムは今日、館を有機的な対話の場にするための「活動」を行うことを希望している。それでも市の予算配分が設備支援と最低限の人件費のみである現状では、基本的にそれぞれのミュージアムは、独自で行う事業に対する費用と必要な人件費（フリーランスの職員への人件費）に関しては、スポンサーや寄附を集めなければならない。その際の初期費用となるのが、この基金からのプロジェクト支援なのである。

この「基金」はその資金配分の仕方によって、ミュージアム同士に協働を促すインセンティヴとなっている。しかしその意義は、事業活動への補助金といった性格にとどまるものではない。基金の財源がすでに、協力的な関係を構築する動機を生み出し、市のミュージアム・シーンになだらかな一体感を醸成する役目を果たしている側面も見落とすことはできない。

②ミュージアムの夜

こうした基金が、市のミュージアム・シーンに一体感を醸成する効果を生んでいると言える理由は、基金の財源と関係する。というのも、基金の財源は、全てのミュージアムへの年間入場券である「ミュージアムの河畔カード」「ミュージアムの河畔チケット」と、市が年に一度行う「ミュージアムの夜」「ミュージアムの河畔フェスティヴァル」の売上によるものだからである。

一九九〇年代以降昨今の新しい動向として、大小様々の公立、私立のミュージアムが協力し、より多くの来場者を惹きつける工夫やイベントをドイツ全土で生み出している。こうした動きは往々にして「イベント文化」と揶揄され、ミュージアムの本務と対立する新自由主義的活動と見なされがちだ[107]。しかしこうした批判は新しい現象の表面しか見ていない。実はこれらの工夫とイベントの売上こそが、制度化された予算では賄われない多くのフリーランスの教育員たちの人件費となり、さらには日常的に住民に提供されている媒介事業の資金となっているからだ。

「ミュージアムの河畔カード」と「ミュージアムの河畔チケット」は、年間共通入場券である。前者は、年額一万円程度で市内の三四のミュージアム、展示場、その他の関連施設の常設展・特別展に加えて、次に述べる二つのフェスティヴァルを　年間楽しむことができる（同一展示に対する入場回数制限はない）。後者は、二五〇〇円弱で市内の三四のミュージアム　展示会場、その他の関連施設の常設展・企画展を二日間楽しむことができる。前者は、住民の個人的な購入のほかに贈答用に使われることも多く、ドイツ全土にある様々な施設への年間入場パスの中でも最大の売上を誇る[108]。

「ミュージアムの長い夜」あるいは「ミュージアムの夜」は、ドイツで今日、最もよく知られているミュージアム関連の大型イベントである[109]。ドイツの様々な自治体において、落日の遅い夏の一日を選んで行われるこのイベントでは、街中のほぼ全てのミュージアムが、夜中の一時、二時ごろまで開放される。市街地から離れた場所にあるミュージアムにも住民が訪れることができるように、この夜は、多用なルートにわかれた定期往復バス・馬車（フランクフルトの場合は、マイン河を渡るための船も）が運行する[110]。ドイツにおけるこうした「ミュージアムの長い夜」は一九九七年にベルリンで始まるが、多くの来場者を集めた成功も手伝って、現在では一二〇を越える自治体がこの催しを導入している[111]。

他方「ミュージアムの河畔フェスティヴァル」は、毎年八月最終週の週末にフランクフルトで開催され（そのためフランクフルトの「ミュージアムの夜」は五月開催）、移民の背景を持つ住民の舞台上演などもあり、ミュージアムへの幅広いアクセスと多文化のストリート・フェスティヴァルを組み合わせたような賑わいを見せる催しとなっている。有料イベントへの入場パスとなるのは七ユーロのボタンで、例年三万個程度の購入がある。期間中の来訪者は二〇〇から三〇〇万人で、変動は天候によるものである。

これら四つの工夫は、住民や観光客に対し、ミュージアムの敷居を下げる一定の役割を担う。それと同時に地域のミュージアムが一朶となり、共同財産を形成する機能も持つ。というのも上述のカードの売上、そして「ミュージアムの夜」と「ミュージアムの河畔フェスティヴァル」の売上は、実費をひいて全額（それぞれ円換算で、約二億五五〇〇万円、約五〇〇〇万円、約三六〇〇万円。二〇一五年度現在）が「ミュージアム協働基金」[112]に積み立てられるからだ。

こうして積み立てられた約三億円のうち、一億円強が毎年、ミュージアムの中で日常的な媒介を行うための事業に拠出される。相対的に大型のミュージアムはギャラリー・ガイドのみでも年間一三〇〇近くを実施しており、自館の媒介事業に対し、毎年スポンサーを募っている。市の年次予算に組み込まれていない重要な媒介事業の持続的な実施を支える枠組みが必要だとする域内のミュージアムのイニシアティヴに対し、市は基金化という制度設計を行ったのである。

六　循環する資金

一九九〇年代以降、ミュージアムには観光や都市開発への貢献も求められるようになった。「イベント」化するミュージアム事業は、まちづくりを超えて、今まで以上に観光の要請に敏感になり、動員数という数値的評価のみに自己の評価を見いだしていると批判を浴びることもしばしばある。しかしイベント化の背景に隠れている制度的工夫から読みとれるのは、自分たちの本分（今日のミュージアムの自己理解では、研究、修復などのほかに、展示と媒介も入っていることがこうした工夫に見て取れる）を持続的に強化するための資金獲得の契機として、観光資源としての自らの潜在的魅力を十分に利用する今日の強かなミュージアムの姿である。

基金は、すでに見たように、市が管理してはいるものの、財源は基本的にミュージアム自体の活動から生みだされている。こうした自主的な寄与がある点において、ミュージアム活動に対する市の予算からの「交付」や「補助」と、基金を積み立てそこから自分たちの活動への資金を引き出す手法とでは、性質が異なる。このように考えたとき、自治体文化政策の性格も、支援者と被支援者と言う直線的な性格から、循環型の支援の仲介者的な性格へと移行しつつある局面を見ることができる。

以上が「万人のための文化」の現在の到達点であるならば、今日の「文化的生存配慮」は、「基本供給」に見たような、補助給付的な性格にとどまらず、活動の実効的展開を強化するような枠組みや体制づくりをも含みうると考えることができる。これはいわゆる設備の整備のみならず人材の配備も含む。むしろ、文化政策が民主政治の基盤となり、芸術文化がその触媒になるという戦後ドイツの文化政策の根本的根拠を下敷きにすると、含まねばならないと言うべきであろう。このように考えると、ボン基本法第二〇条が現状では社会経済基盤を整備する生存配慮しか導くことができないのであれば、こうした人材も含む文化生活基盤を整えるための「文化的生存配慮」を根拠づける第二〇b条が必要になる。

「文化とは何か」を自ら考えずに専門家の批評や解説を鵜呑みにし、それを再生産する、あるいは市場によってある程度まで画一化され「操作された理性」をもった住民[113]を念頭に置くとき、芸術文化を扱う政策的意思決定に関与するのが国家ではなく市民であれば「安全」という主体の二項対立は成りたたなくなる。「文化的な人格形成」を中心に置く今日の公的文化政策の根拠は、ここにあった。そして「文化的な人格形成」を実効的なものにするために「媒介の仕事」が求められたが、福祉国家時代の終焉に伴い、公的な文化予算からは十分な資金を用意できなくなっている。しかし主体の二項対立が絶対的な原則をもたらさないのと同様に、今日の文化施設に対する「公的助成か、民営化か」という二項対立にも、今見た基金化のような「第三の道」が、現実的な工夫によって開かれつつあるのである。

＊　＊　＊

一九九〇年代以降ドイツのミュージアムは、統一不況のもとで、固有の公共性を証明することを世論から厳しく求められた。フランクフルトでは、七〇年代から政策理念として掲げられてきた万人の「文化的な人格形成」という目標があり、八〇年代にミュージアム教育員を制度化したことにより、理念の実現に向けて一歩を踏み出した矢先のことであった。

一九八〇年代以降の国際的なミュージアム・ブームと九〇年代の統一不況が相まって、ミュージアムには世論によって動員数などの数値的基準で成果を測られる傾向が強まった。こうした中で二〇〇〇年代後半に諮問委員会は、今日のミュージアムの理想像として、七〇年代の「万人のための文化」の第二の意図――「文化的な人格形成」とその先にある公共性の形成――を強調するかのように、「討議的なミュージアム」を提起した。フランクフルトのミュージアム政策は、対案的な文化概念を下敷きにした施策と同様に、ミュージアムについても、ドイツ全土の雛形をひとつ提供したと言えるが、現状は理念と実践は接近に向かってはいるものの、未だ乖離は見られることが以上の考察から示された。

しかしそれは政策とミュージアムの現場の乖離ではない。先進的なミュージアムの実践はむしろ「万人のための文化」の理想と接近する方向へと向かいつつあった。むしろ乖離は、理念を実現するために必要な人材を確保するための予算が不十分であり、かつ給与体系[114]を見ても市政府全体の位置付けとしては、古典的なミュージアムの業務に比べ、新しいミュージアムの業務が軽視されていることにあることが明らかになった。けれどもそこでは、イベント化としばしば批判される事業の背景で、地域のミュージアムが連帯して不足している財源を賄う工夫も見られた。こうした現状を踏まえて、終章では今日の「文化的生存配慮」について結論を述べたい。

終章

本書は、ドイツを考察対象とし、今日の公的文化政策の中核とは何かという主題のもと、以下の点を明らかにしてきた。中核を見定める過程は同時に、文化政策の理論的根拠を探す旅となった。

（一）第一章では、ドイツ連邦議会文化諮問委員会『最終報告書』でのドイツ連邦共和国基本法（ボン基本法）の改正案（国家による文化振興の明文化）に着目し、現在のドイツの文化政策における議論の傾向を考察した。そこから「文化国家」、「生存配慮」、「基本供給」、「国家目標としての文化」という鍵概念を抽出した。

この議論は、公的文化政策を積極的に後押しする性格のものであった。しかし、「文化国家」と「生存配慮」の採用には留保も見られた。今後の公的文化政策を考えていく上では「文化的生存配慮」という枠組みが示されていたものの理論的内容は、議論の途上にあることも明らかになった。本書は、こうした文脈にある議論への学術的貢献を目指し、出発した（後掲の図1も参照されたい）。

（二）第二章では、一九世紀にまで遡って、ドイツの文化政策思想史と憲法史を分析し、留保の背景を論証することを試みた。それを踏まえて、先に見た現代の議論が政策の無制限な積極化を意図するものではありえず、一定の限界を持つことを示した。

具体的に言えば、現代のドイツでは「文化国家」という語の使用は、特に振興の文脈では国家による文化の「形成」や「定義」と混同されかねないために控えられている。行政機能に一定の必要性は認められているものの、第二次世界大戦前に提起されたフォルストホフの「生存配慮」の理論が、ナチ時代に強大な権力を政権に集中させる原因となったことへの反省から、行政は立法に優越しない。以上の二点は主にナチ時代の反省を背景に、今日の文化政策を積極化する際も、念頭に置かれる限界線となる。

しかし「文化国家」に投げかけられる批判の背景をさらに一九世紀に遡って見ることで、今日の政策が「自由」と政策との関係や「文化」の意味内容についても、意識的な再構築を経ていることが明らかになった。

共通の言語文化を持つドイツ国民という観念はフィヒテにより抽出されたものだが、一九世紀の国民国家成立前後の時期には、様々な表現形態により自由に意見を表明することは、新興市民層の政治的発言力の増強と分かちがたく結びついていた。彼らにとって、出版などに代表される意見表明、表現の自由が、極めて重要な要素となり、民定のフランクフルト憲法とヴァイマル憲法の条文に、このことは可視化された。

ただ、後発で近代国民国家を形成しようとしていたドイツ語圏の新興市民層は、フランス革命での「自由」の暴走を目にして、自由に何らかの理想的な方向付けを与え、統御する必要を痛感していた。ここで中心的役割を担っていくのが、新人文主義的な思想を下敷きに、人格を耕すという理想を内包した文化＝陶冶の思想であった。その後の国民国家形成運動の過程では、既存の権力作用からの「自由」の要求は人格の陶冶（精神を耕すこと）と一対をなして追求されている。陶冶に資すると位置付けられた学問と古典主義的な芸術とを中心とする「文化」は国民国家の統合原理の中に編成され、ここに各種の文化国家理論が誕生する。

第一次世界大戦前後の統一ドイツにおいて「文化」は、西欧諸国の「文明」への対抗原理としての――そしてそれを反射鏡に、国内を「ドイツ」として実質的にも内面から統合深化させていくための――イデオロギー色を強めていく（ドイツの文化国家論の内容として一般的に最も批判されるのは、一八九〇年代頃から先鋭化される統一ドイツの「文化」対「文明」イデオロギーとその担い手であった教養市民層の「文化」理解である［後掲図3も参照されたい］）。敗戦後に制定されたヴァイマル憲法は、学問のみならず芸術の自由と奨励をも明文化している。プロイセン的軍国主義との対比で語られる新人文主義的ヴァイマル共和政の精神性を象徴するととらえられてきたこの条文も、実際は、国民国家統合の深化と不可分の関係にあった。宗教的権威や領邦君主の権力に対して、「自由」（予見可能性に近い）と「民主政」（精神の貴族政に近い）を唱える際の旗印として市民層が登場させた各種の文化的な自由獲得への関心は、市民層が権力の担い手となると同時に、国民国家という体制自体を首尾よく運営する関心と入れ替わっていく。一般住民の文化的営みや芸術家に対して保障されるかに見えた「自由」も国家運営には優越しえない位置に置かれ、「文化」には特殊ドイツ的な狭い理解が染みこんでいた。ヴァイマル憲法起草過程と並行して、本書では内務省内で当時、回付されていた構想書（後の文部大臣による）を扱った。ドイツの文化政策研究で今日ほとんど言及されることがないこの構想書からは、芸術文化の管轄権をドイツ国が得ることで、国内的には国民国家統合を推進する意図、対外的にはフランス文学界の戦時プロパガンダに辛酸を舐めた経験を胸に、芸術家を積極的に養成し、存在感を示そうとする意図を読みとることができた。構想書は小冊子として発刊され、それを一つの軸とした文教政策を展開していくヴァイマル共和政においては、芸術の奨励は、「文化国家」と自己規定する国民国家による芸術の利用を当初から胚胎していた。

非侵害行政分野への国家のこうした権限拡大を極大化させたのが、ナチ時代の「生存配慮」の理論である。それは時代の変容を根拠に、行政が立法に優越することを正当化し、強大な権限を国家に集約させる道筋をつけた。

(三) 文化政策を積極化する議論の一方で、こうした過去に対する戦後の反省による限界線が複数存在する点を枠組条件として確認した上で、第三章と第四章では、現実には戦後も実施され続けてきた公的文化政策（連邦政府による国内文化振興こそ一九九〇年代末まで否定されたものの、州や自治体は公的な文化政策を続けていた）が、どのような理論的枠組みで根拠付けられえたのかを、「生存配慮」と「文化国家」の戦後の理論的見直しという二つの視角から明らかにした。

第三章では、ボン基本法の構造と戦後の「生存配慮」の理論の再構築とに着目し、一般的な行政分野に共通する戦前理論の克服の要点を導きだした。

ボン基本法の分析から示されたのは、公的政策の内容は今日、民主政治によって規定、委託、統御される、つまり成否を握るのは、民主政治を統御する国民の成熟であるという戦後の循環構造的理解である（図2〔左〕）。この循環が機能する大前提に、国家の活動によっては不可侵の基本権がある。判例でも示されたように、最高原理である「人間の尊厳（第一条）」と「人格の自由な発展（第二条）」は、とりわけ重要な位置にある。

戦後西ドイツでは、経済的な自由競争の中で止むを得ず零れ落ちた人々にも、こうした基本権が実質的にも保障されなければならないと考えられ、国家には、そうした生存にあらかじめ配慮する責任が認められた。根拠規定はボン基本法第二〇条の社会国家条項で、これはヴァイマル憲法が個別具体的に列挙していた社会権を抽象化し、内包したものである。こうして戦後も行政理論としての「生存配慮」は継承されるのだが、行政を立法に優位させた戦前理論の克服の要点は、第二〇条に抽象化されている内容を州憲法などで立法化をすることにより、社会権的自由の実現を、具体的に導かなければならない点にある。これが意味するのは、政策を導いているのは議会制民主主義によって立法を制御する国民に外ならないということである。つまり先の循環構造に想定されているのは、基本権を保障されると同時に、政策を統御する成熟した判断力と責任とを持つ国民像である。

また第二次世界大戦後の判例では、「芸術の自由」には特に強い保障が見られた。ヴァイマル憲法の「芸術の自由」には、法による制限が認められていたため、芸術に対する自由権的自由（国家からの自由）の実質的な保障は、戦後の所産であることが示された（「芸術の自由」は、戦後の公的文化政策の根拠を考えるにあたり、「文化的な人格形成」の前提となるため、判断力を持つ国民像と不可分の意味を持っている）。

（四）戦後、国内文化振興への連邦政府の関与は避けられた（州の文化高権、補完性の原則を二大原則とする文化連邦（分権）主義の採用）。判例は芸術家を対象に、「自由」の意味内容を提示していった。けれどもそれらは、表現者ではない一般の国民と芸術文化との関係にはほとんど言及していなかった。住民の文化活動や、「人間の尊厳」、「人格の自由な発展」に目を向け、それを実質的に保障しようと地域の文化環境を整える理論と実践を試行錯誤したのは、住民の日常生活に最も近い自治体文化政策であった。

そのため第四章では、一九七〇年代以降に自治体から生みだされた文化政策の理論と実践とに着目した。そしてここに戦後の分権的な制度の再構築と並ぶもう一つの、「文化国家」の見直しがなされたことが明らかになった。福祉的な政策（「国家による自由」の保障、戦後の一般的な「生存配慮」）と国民による制御の循環が第三章では明らかにされたが、この構造の成否は、民主政治が機能するか否かに大きく左右されるものであった。こうした循環が前提にあるために、国民国家成立時から機能不全に陥りやすかったドイツの民主政治を機能させるために不可欠の条件として、基本法第一条、第二条を根拠に、人格の形成という論点が、再び前景化することになる。ドイツ成立前夜から人格の陶冶に貢献してきたと自負していた文化領域は、第二次世界大戦直後に文化施設の再建を試みた。これは復古的に文化国家的な理想を再生することを意味した。けれども一九六八年の学生運動は、教養市民層的な「文化」理解に立ち返ろうとする姿勢に戦後の不十分な反省を見、芸術振興のみを中核とする文化政策のあり方をむしろ糾弾する。自律的な芸術を中核に、研究をし理解を深めることのみを陶冶の道筋と理解するような「文化」概念を見直し、日常生活の中に存在する豊かな文化の再発見や再評価が、社会的にも求められた。こうして近代化以前の広い文化概念への回帰と、社会と文化の再結合が試みられていくのである（社会文化運動）。

権威主義的で現状肯定的な「文化」への批判は、教養市民層のみならず誰もが、表現活動を通じて人格を自由に発展させることができることを広く社会に認めさせたいという次世代からの要望であった。これは当時の潮流であった直接民主主義的な要請とも親和性が高く、運動の革新的精神を継承した自治体は、「住民の文化への権利」「万人のための文化」「文化政策は社会的政策（文化政策は社会福祉として行政に与えられるものではなく、住民が主体的に形成する政策領域であるという主張）」という民主的な文化政策理念を提起した。そして論争を呼ぶ実践を重ねつつも、理念は次第に文化政策理論としての承認を得ていく。ここでの「文化」は広くとらえられており、芸術の民主化を目指すものではなかった。広くとらえられた文化への行政による支援も、社会文化活動への支援や市民文化の家の設置を通じて拡大していく。

つまり、国政での一般的な行政分野での「生存配慮」の理論的再構築には少し遅れて、自治体の次元では、教養市民的「文化」理解の上に対外的対抗原理へと先鋭化していった「文化国家」の根本からの見直しがなされたのである。終戦直後にテーオドア・ホイスが述べた「政治が文化をつくるのではない。文化が政治をつくるのである」という理解は、自治体文化政策にこそ継承されていく。

こうした革新的な政策と実践は、「新しい文化政策」と呼ばれた。芸術を中心に利用、統制、奨励・促進を展開してきた芸術振興政策は、誕生から一九六〇年代後半まで続いた後、住民と文化との関係構築を側面支援し、そのための環境整備を公共の責務と見なす文化政策へと、ここに質的な方向転換を見せる。

以上のように、第三章では、戦後のボン基本法の構造の中で「生存配慮」は、立法による民主的制御と一対となることで理論的克服がなされたこと、第四章では、「文化国家」の「文化」の内容と集権性への批判を通じて幅広い層の住民にとっての自由で多彩な文化活動の尊重と振興が、自治体の次元で実践を伴いつつ理論化されたことが示された。そしてここを起点に、「文化を媒介項とする対話」を通じて自立し成熟した市民が、画一的な思考に容易に動員されず、究極的には民主的に地域社会を協治していくという戦後の政策の方向が見いだされ、それを背景に戦後西ドイツの文化政策が積極化しえたことを明らかにした。

(五)第五章以降は、戦前体制の反省に特徴付けられた文化政策理論が、理想を表明したのみにとどまらず、実践としても実現されたのかを検証した。

というのも、ドイツ連邦議会文化諮問委員は、「新しい文化政策」の嚆矢となった「万人のための文化」を高く評価し、今後の方針としても参照するよう示唆している。これは一九七〇年から二十年に亘りフランクフルト・アム・マイン市の文化政策に主導的役割を果たしたヒルマー・ホフマン文化局長が、理論的基盤を提供したものである。彼の在任期間後半の一九八〇年代には、ミュージアム政策が積極的に展開され、「ミュージアムの河畔」という名で知られるミュージアム集積地域《クラスタ》が形成されている。けれどもミュージアムは、六八年運動の中では復古的芸術振興の代名詞として、糾弾の対象であった領域である。それゆえ一般的には、フランクフルトは「転向」したと批判される要因を提供したからである。
もし理論と実践が大きく乖離していたとすれば、本書前半で検討した文化政策領域で提出されてきた様々な理論は、ナチ時代を経て懐疑的なまなざしを向けられていた公的文化政策への批判を煙に巻くための、行政による単なる美辞麗句だとの誇りを免れない。

けれども「万人のための文化」には、文化の概念を広くとらえるという、「新しい文化政策」に共通していた側面のみならず、第二の意図があったことが第五章では、明らかになった。それは陶冶の精神を「文化的な人格形成」という理念でとらえ直し、「新しい文化政策」の「文化を媒介項とする対話」という抽象的な理念をより具体的な事業に落とし込む意図であった。

従来、ドイツの研究におけるホフマンへの高い評価はもっぱら、広い文化概念を採用した側面を根拠としてきた。しかし彼の理論は、労働運動的に自律的な芸術を「高尚な文化」として糾弾するものでもなかった。既存のミュージアムを内部から改革することも、実は七〇年代から並行して行われている。教養市民的な陶冶の概念を再構築し、他者を尊重し対話を重視する間主観的な「文化的な人格の形成」を全ての住民にとって可能なものにする——ミュージアムはまさにこの理念にかなうと考えられた。この構想を実現する制度として登場したものこそ、(日本ではその制度化の困難が指摘されて久しい)ミュージアムに常勤する教育専門職員《ベダゴーゲ》である。第五章では西ドイツの当時の主要な議論とフランクフルトの構想との対照性を見、この制度化がミュージアムを「文化的な人格形成」の拠点とする意図の一つの表れであったことを明らかにした(当時の西ドイツの主流は、学校教員をミュージアムに連れてくるというものであった)。

つまり「万人のための文化」とは、文化領域を民主的なものにするという第一の意図(広い文化概念)のみならず、戦後西ドイツが描いた政策と国民による統御との循環構造を前提に、「文化的な人格形成」を通じて民主社会の土壌を耕すことに、文化の領域から寄与しようという第二の意図を持っていたのである(「新しい文化政策」の「文化を媒介項とする対話」を「社会文化」にのみならず、芸術文化の領域全体にも適用していたのである)。フランクフルトではミュージアムが、この意図を下敷きにした様々な実践のもっとも目立つ舞台となったのであり、「新しい文化政策」の嚆矢となったフランクフルトが、その後理念を保守的な方向に「転向」させたわけではない。

この意図は、図2（右）のように、今日の「文化的生存配慮」を理論化する際の不可欠の要素となる。ここから「文化的な人格形成」に関連するような事業と専門人材こそが、今日の文化政策の中核であり「文化的生存配慮」の内容を構成することが理論的には結論付けられる（図1）。こうした理論面での理解を下敷きに、続く第六章では、「文化的な人格形成」を具体化する事業という位置付けにあったミュージアム教育員《ペダゴーゲ》や「媒介《フェアミットルンク》の仕事」の制度化をめぐる議論と成立過程、現状を見ることで、それが現実の政治の上も実現可能なのかを検証していった。

（六）第六章では、この構想が実現されていくまでの交渉過程を描写した。ミュージアムを当時、大きく分けて三つの意図が取り巻いていた。

ミュージアム発展計画草案では、ミュージアムと住民とを「媒介」する仕事が重視されていた。すなわち、研究を本分とする、閉鎖的ともとられかねない従来のミュージアムの性格の見直しと、「文化的な人格形成」に資するという社会的意義とが、ミュージアムの現場では模索されていた。また、現存するミュージアムの多様性を醸成するためにフランクフルトの初期市民文化が果たした役割にも言及がなされていた。

初期市民文化の理念に着目していた市の文化局は、国民統合の原理とは異なる「自由」と「平等」の思想に特徴づけられた「対話」の領域として芸術文化領域をとらえ、政策理論の言説を紡いでいる。フランクフルトの場合はそれをミュージアム領域の創設期から導き出し、これを「文化的な人格形成」の支柱に位置付けるとともに、ミュージアム振興が地域の文化的伝統に裏打ちされた根拠を持つ証とした。そして教養市民的な旧式のミュージアムを現代化するための希望を「ミュージアム教育員」の制度化に託している。

これらと並行する動きとして、一九七〇年代後半の政権交代を機に中道右派になった市政が、確かにミュージアム整備による都市化という八〇年代の国際的潮流を意識し、第一市長の強い主導力のもとで、ミュージアムの増設に力

		①	②	③	④
理論		**生活基盤**	**文化的生存配慮**	**生存配慮**	**基本供給**
提唱者・支持者		ドイツ連邦議会文化諮問委員会	学説（ドイツ文化評議会・諮問委員会・都市会議）	従来の手法	公共放送の判例（※）
主体		公的政策＋民間＋非営利法人	公的政策（提供は民間・非営利法人も可能）	公的政策	公的政策
「インフラストラクチャ」の意味内容		文化生活基盤	社会経済基盤（文化施設整備）	社会経済基盤（公共施設整備）	社会経済基盤（公共施設整備）
公共的に配慮すべき範囲	文化施設（設備）	◎	◎	◎	◎
	文化施設（運営人材）	◎	◎	◎	◎
	文化施設（専門人材）	◎	**不明→本書◎**	△（任意の責務であるかのように、不況下では削られてきた）	△
	文化的人格形成	◎	**不明→本書◎**	△	?
	プロジェクト支援	◎	○	△	?
	枠組条件の策定	20b 新設→◎（一般的責務発生）	20b 新設→◎（一般的責務発生）	△（州憲法上の「空所」を持つ州がある）	?
原則・特徴		多様性 ×最低・×平均	中核・多様性 ×最低・×平均	中核	均等・平等
人間の尊厳		人間的実存	人間的実存	実存	実存

（「文化施設（設備）」「文化施設（運営人材）」の行の①〜④を囲む枠に対する傍注：**基本法第20条ですでに可能な範囲**）

（②列の「不明→本書◎」「不明→本書◎」「○」を囲む枠に対する傍注：**本書が中核か否かを主として論じた問題**）

文化政策の根拠法

①②…ドイツ連邦共和国基本法 §20b（＝「文化的生存配慮」を導く＝文化振興の根拠）＋基本法 §30、28-2（＝州憲法で具体化）。
③…ドイツ連邦共和国基本法 §20（＝公共文化施設の整備＝社会経済基盤＝一般の行政分野と同じ）＋ 文化振興の根拠（基本法 §5-3 の拡大解釈）＋基本法 §30、28-2（＝州憲法で具体化）。
④…③に同じ。（※）80 年代〜 2000 年代初頭まで芸術文化領域にも援用。画一的・均質的平等が多様性と卓越性を尊重する芸術文化領域とそぐわず、現在は生存配慮の理論を中心に検討されている。

本書の手法と見解

第一章＝現状議論の把握 第二章＝限界の把握（歴史） 第三章＝ 2）の要件抽出 第四章、第五章＝ 1） 第六章、第七章＝ 1）3） 終章＝ 1）2）3）の結論	**現状**：文化施設の整備、運営に必要な人材と、伝統的に必要とされてきた専門人材（例：ミュージアムの研究職、修復職）までは、「社会経済基盤」として基本法第 20 条を根拠に引き出されてきた（基本法改正を待たずとも中核となっている）。**問題点**：諮問委員会の提唱した「文化生活基盤」は概念が広すぎる上、主体を広くとるため、政策が担うべき範囲が不明（生存配慮よりも広いのか狭いのかも不明）。結局、公共の責務をどの主体も果たさない懸念があり、今日の議論の出発点にあった「中核を見定め、それだけは公共の責務として市場自由化からも財政削減からも守る」（＝文化政策の公共性とは何かについての今日的見直し）という問題意識に対して、実効性のある解決策とは言えない（単なる希望を表明した宣言的性格にとどまる）。**本書の手法と結論**：「文化的な人格形成」がドイツの公的文化政策の「中核」であることを 1）歴史を踏まえた文化政策理論（ナチ時代の反省を経て戦後の公的文化政策の積極化を根拠付けた「新しい文化政策」の中の「万人のための文化」理論）、2）ドイツの一般行政分野とも共通する制度上の理由（生存配慮の実施には国民による抑制が必要）＋「文化的な人格形成」によりさらに民主的制御に資するという文化政策の存在理由、3）実現可能性（これまでの実践・試行錯誤の観察）の 3 つの方向から示し、「文化的な人格形成」を起点に、それに関わる「文化施設の専門人材」と「プロジェクト支援」は、「文化的生存配慮」の欠くべからざる「中核」であり、サービス実施は民間に委ねても、公的政策の担うべき公共性のある責務である（市場で提供されない場合、公的政策が提供し、自由化にも限度がある）ことを示した。（枠組み条件の策定・整備に関しては、基本法 §20b の成立と同時に責務が発生すると考え、本書は検討していない。）

図 1　今日の公的文化政策の中核的な責務をめぐる理論と問題圏
（本書の扱ってきた主題の構成と理論）

を入れようとしていたことも確認された。

つまりここに、ミュージアムの新設や教育員の設置よりも、広く媒介行為《フェアミットルンク》を強化するために、すでにあるものへの支援増強を望んでいたミュージアムの現場（ミュージアム発展計画草案起草者たち）と、ミュージアム領域に初期市民文化の「自由」と「平等」の理念型を見いだし、「文化的な人格形成」をミュージアム教育員の設置により実現させるための環境整備を目指す市の文化局と、ミュージアムの大整備によって国際的な都市競争の中でフランクフルト市の存在感を表象的に誇示したい与党・第一市長の思惑という三種の意図が、ミュージアム領域に入り乱れることになる。

これを踏まえて、保守派の好むミュージアム重視路線へと政権交代を背景に「転向」したと理解されてきたフランクフルトの文化政策を、本書では以下のように理解した。

現実政治の交渉過程では、文化政策の構想が理想的な理念のままに実現を見たわけではない。いくつかの妥協の産物として「ミュージアムの河畔」が成立したのは事実である。しかしこの大整備は、中道右派の保守的なハコモノ政治的性格にとどまるものでもなかった。整備を契機に中道左派（ホフマン）は、一館に最低一名のミュージアムに常勤する教育員の予算を制度化することに成功している。教育員は、ミュージアムの現場が望んでいた媒介行為を広くとらえる意図から見れば、確かに狭い任務しか担わない。けれどもここに至って、一九七〇年代初頭より温められてきたものの、好況下の予算折衝でさえ常に却下されてきた構想が、大整備を機にようやく予算項目に滑り込んだのである。

ミュージアムを集積させる都市開発は、当時の国際的潮流であった。与党が望んだこの手法を採用しつつも、下野したSPDに所属するホフマンが就任時から強調してきた「万人のための文化」の「広い文化概念」と「文化的な人格形成」という二つの意図は、「ミュージアムの河畔」の基調となり、実現への階段を一歩上る。新設のミュージアムは、非西洋的な人類学的文化理解や映画、建築などに焦点をあて、ミュージアムと親和性を持つとは考えられてこなかった領域を扱うものとなった。それにより、多様な文化に触れ、人格を自由に発展させていく環境を住民に提供するという構想にようやく近づけたのであった。

欧州にはミュージアムの長い伝統があるために予算も恵まれており、教育員などの人員も十分に配備されてきたと理解されがちである。けれどもドイツの場合、大半の自治体ミュージアムの予算規模は、日本の公立ミュージアムの平均像とほぼ同規模である。さらにはミュージアムが、高度な研究機関として自己を理解してきたこと、戦後はナチ時代の教化のイメージが払しょくされず、言語を介した集団でのミュージアム学習は忌避されたこと、ミュージアム領域自体が教養市民的な「文化」の象徴と見なされ学生運動による批判の対象となったことから、ミュージアム教育員の制度化にはむしろ時間がかかった。第六章ではこうした経緯が、同時に明らかになった。

（七）第七章では、「文化的な人格形成」が民主政治の下支えとなるという政策理念が、実際に今日のミュージアム教育員にも共有されているのかを事例から検証するとともに、どのような財源で支えられているのかを考察した。

扱った事例は日常的に気軽に享受されているものばかりであるが、ミュージアムへの先入観をいわゆる「異化効果」によって動揺させる意図や、自分なりの見方を伸ばし、言葉にする勇気を来館者に持たせる意図が、確かに観察された。政策が提示した理論（万人が、文化とは何かを提議／定義する姿勢を培うことを通じて、文化政策を議論し、民主的に社会を形成していく）とミュージアムの現場での実践（文化とは、芸術とは、何かを自分で考えることをうながす）とは確実に接近している。

特徴的な事例として扱ったものは子どもや青少年を主な対象にしているものが多かったものの、それらの狙いは、一九七〇年代の教育学《ペダゴーギク》が意図していたような「知識の伝達」を超え、間主観性を重視し、幅広く「対話」をうながす媒介《フェアミットルンク》へと意識的に拡大されていることも読みとることができた。子どもたちの放課後の活動は、地域社会で面倒をみるという土壌がドイツでは形成されてきたことと（地域スポーツクラブや、社会文化施設、市民文化の家などと同様にミュージアムには、拠点としての役割がある）、青少年は関心も行動範囲も拡大するために最もミュージアムに来ない層であるという課題があるために、（もはや児童・青少年のみを宛名とする教育学《ペダゴーギク》に限定する意図はないものの）意識的にこの年齢層を対象に、様々な事業の工夫がなされている。（実践自体は発展計画の理念へと九〇年代以降に接近し、今日では幅広い媒介活動を行っているために、教育員は二〇〇〇年代に入ると呼称も媒介員《フェアミットラ》へと変えられている。）

政策理念とミュージアムの現場実践との接近は確認できたものの、「ミュージアムの河畔」の整備と並行して市の予算に制度化されたミュージアム教育員は、一館に最低一名でしかない。現在も教育員（媒介員）の大半は、非常勤でフリーランスとして媒介の仕事に従事している。一九九〇年代以降はドイツ全土を統一不況が襲い、各地で文化歳出予算の凍結および削減が相次いだ。新自由主義的な潮流は、文化施設にも評価軸として公共性を数値化して示すことを要求した。この頃から観光と文化とがより接近し、「ミュージアムの長い夜」や、「ミュージアムの河畔フェスティヴァル」などの大型集客事業が相次いで観察されるようになる。これらはしばしば新自由主義的で道具主義的な「イベント文化」と揶揄されてきた。

けれども「万人のための文化」の「文化的な人格形成」の理想が今日、ミュージアムによって手放されたことでイベント偏重へと向かったわけでも、市の潤沢な予算という後ろだてをなくし、立ち止まることになったわけでもなかった。フランクフルトのミュージアム政策の財源の観察で明らかになったのは、イベントの売上を地域のミュージアムが共同財産として積み立て基金化し、市はその管理をするという仕組みである。これは、研究や修復などの「古典的な任務」に傾斜配分されがちな年次予算では支えられない展示や媒介のみに分配される。そしてそれを財源に、マッチング・ファンド方式でさらにスポンサーが募られる。つまり地域のミュージアムが公立私立大小を問わず協力してイベントを開催し、多種多様なミュージアムが集積していることを強みに、イベントに特徴を持たせる。そしてイベントという非日常を、平時の地元住民に対するミュージアム教育員（媒介員）による媒介活動や多様な展示の財源へと還元する。こうしてミュージアムは地域で一体となり、万人の「文化的な人格形成」のための地域の一拠点としての役割を担い続けているという構造が明らかになった。

「万人のための文化」は、文化国家的な陶冶を民主的に読み替えた「文化的な人格形成」に信頼を置いた。そして判断力を持ち、自立し、成熟した市民が、究極的には政治の暴走を抑制統御するという民主政治の土壌形成に、文化領域こそが貢献しうるという芸術文化領域の固有の価値を下敷きにした理念図を描いていた。これを文化ガバナンス構造の主体論に読み替えるならば、職業的な政策主体（政治家、行政）のみならず、市民や、市民社会的な協会、地元企業なども参画する協治を志向するまさに公共的な文化政治《クルトゥーアポリティーク》だと言える。この構造の中で、一八八〇年代から一九八〇年代までおよそ百年間牽引的な役目を果たしてきた公的な主体（政治・行政）のみを中心的な担い手とする公的文化政策は今日、調整役に変わりつつあり、確かに相対的には後景化しつつある。けれどもそれと入れ替わるかのように、これまで主に公的資金で運営されていたミュージアムの、観光やイベントの興隆という時流をとらえつつ共同財産を形成することにより、理念をさらに追求していこうと工夫するしなやかで強かな姿が浮かび上がった。公的助成か、運営手法の市場自由化かという二項対立で語られがちな一九九〇年代以降の文化政策学の悲観的な議論とは対照的に、自らの固有の資源と集積地帯《クラスタ》であることの強みを武器に集客事業形態《フォーマット》をつくる。そうすることで、活動財源を自ら確保していこうとするミュージアムと、行財政の面でのみそれを支え調整役を担う公的文化政策。これは、芸術文化領域で起こっている変化のほんの一例に過ぎない。けれども「文化的な人格形成」の地域拠点となる文化機関・施設は、住民とともに今後の地域文化ガバナンスにおいてますます積極的な役割を担っていくであろう期待を抱かせる。

一　文化的生存配慮

以上七章の考察により、「文化的生存配慮」については、以下の結論が導かれる。

「文化的生存配慮」の議論は、そもそもは財政悪化を転機とした先述の二項対立の議論から生まれていた。欧州の公共事業自由化の文脈と相まって、たとえ供給の面では市場の自由化がなされるにしても、なくすことはできない公共性のあるサービスとは何か、何を中核とし、何を安定的に誰もが享受できるものとして守りたいかを考えることが、急務となったのである。文化諮問委員会は、「文化国家」を否定し「住民の文化への権利」や「万人のための文化」を

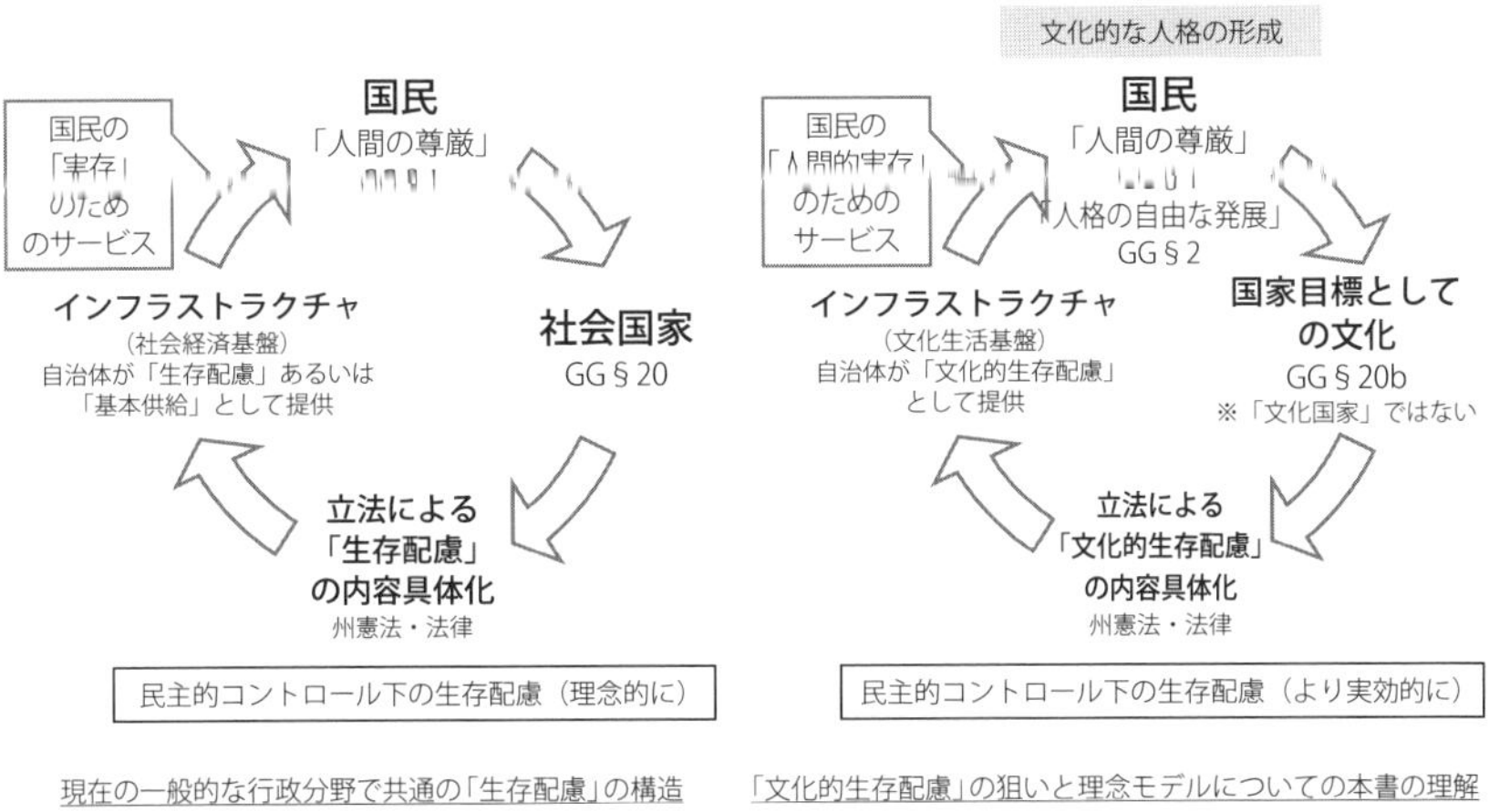

現在の一般的な行政分野で共通の「生存配慮」の構造

「文化的生存配慮」の狙いと理念モデルについての本書の理解

※ GG はドイツ連邦共和国基本法とその条文（§）を意味する。

図2 「生存配慮」と「文化的生存配慮」の概念図

参照することをうながしつつ、「文化的生存配慮」を公的文化政策の鍵概念と位置付けた。さらに公的主体のみに拠らない文化生活の公共的な形成を包括して「文化生活基盤《インフラストラクチャ》」と名付けてもいた。本書は「万人のための文化」の分析により、その中心的な意図である「文化的な人格形成」に関わる領域は、理念的にのみならず現実的にも今日の「文化的生存配慮」の意味内容となりうると結論付ける（図2（右））。

考察から導き出された「文化的生存配慮」の主要な条件は、以下である。

1 多様性 ——広くとらえる文化概念

今日の「文化的生存配慮」は、社会経済基盤《インフラストラクチャ》（文化領域については施設整備と慣習的に配置されてきた人材のみを意味する）の標準的な整備にとどまるものではない。標準的な整備のみであれば「基本供給」からも理論的には導くことができるためである。そして基本法の改正も必要ない。けれども戦後、理論上も実践上も強調されてきたのは、何よりも多様性の尊重であった。そのため二〇〇四年頃までは混同して使用されていたものの、文化政策の議論では今日「基本供給」とは言わず「生存配慮」を使うという合意《コンセンサス》がある。振興対象として文化概念を広くとらえ、全ての人にとってアクセスしやすく、文化的な人格の形成に資する環境（文化生活基盤《インフラストラクチャ》）を整え、支えることが公的文化政策の中核としてここから導かれる。積極的にミュージアムや劇場施設を整備するのみならず、住民の新しい需要に応えて社会文化施設や市民文化の家を整備することがここに含まれる。

2　複数性 ―― 地域的な文化の多彩さの発見と尊重

広くとらえた文化の中でも、何をどのような根拠で支えるのか。「文化国家」の集権的性格への否定からは、「文化的生存配慮」には、遂行主体の多層性が求められていることが分かる。そのため、地域ごとに文化史と文化資源の現状把握をし、それを踏まえた上で地域割拠的に、ドイツ全土で多彩な文化の形成と維持を促進することが念頭に置かれていると言える。事例としたフランクフルトは、ミュージアム政策を積極化するにあたって、他都市との比較や当時の先進例から何らかの理想像を導く方法論はとっていない。地域が形成してきた文化的な資源と人々の文化への向き合い方とを、歴史をさかのぼって把握し、そこから明らかにされた特色を根拠に、必要な支援制度が設計されている。そのため「万人のための文化」を参照することは、地域色豊かな文化政策を行うために各地がそれぞれの「文化的生存配慮」を見定める際に、現状と歴史的な特色を個別具体的に把握するこうした方法論を採用することも、示唆する。

つまり、文化概念としては多様性が求められ、ドイツ全域の制度のあり方としては、文化を提議／定義し形成する主体である住民を補完する政策主体やそれらが採る手法に多層性・複数性が求められる。

3　専門的な人員の適切な整備 ―― 「文化生活基盤」の意味内容の構築

「文化的生存配慮」の議論の発端は、不況下でも民営化できない公的政策の中核を防衛するという関心にあった。けれども中核を見定めることは結局、公的文化政策の根拠を見極めることに繋がった。根拠に関わるものこそ、中核をなすからである。ここに出発した議論で（日本にとっても）極めて重要な論点は、同じ生活基盤《インフラストラクチャ》という表現を使ったとしても、文化生活基盤は、諮問委員会が示したように、社会経済生活基盤（文化の領域では文化施設とすでに制度化されてきた最低限の人員のみ）とは構成内容が異なる点である。社会経済基盤整備のみであれば、既存の基本法第二〇条の「社会国家」を根拠に一般的な「生存配慮」として導くことが可能で、実際これまではこの方法論で、広く西ドイツの公共文化施設は整備されている（図1、図2（左））。けれどもそのような意味内容であるならば、第二〇b条の新設は不要であり、新たに「文化的生存配慮」として理論化する必要もない。ドイツ全土で未だ標準化されているとは言えず、参照をうながされていた「万人のための文化」を掲げたフランクフルトでこそ先駆的に追求されていたのは、既存のミュージアムの性格の転換、多様な主題を扱う複数のミュージアムの設置、そしてそれらの施設を有機的な対話の場にするための媒介を含めた専門的人材の適切な配備であった。本書では、中核は根拠と切り離すことはできないと考える。それゆえに、ここでいう専門的人材については、慣習的に配備されてきた「古典的任務」を担う人材のみならず、「文化的な人格形成」に携わる人材と事業こそが、以下の理由から最も中核的であると考える。

1　成熟した民主政治の土壌としての文化領域の理解——理念的中核と事業

「新しい文化政策」を主導した「万人のための文化」や「住民の文化への権利」はいずれも、文化活動への住民の主体的な関与が持つ意義を強調するという際立った特徴を持っていた。けれども「高尚な文化」を否定し、社会文化的なものを尊重する広くとらえた文化概念にのみ、「新しい文化政策」の特徴を代弁させると、「万人のための文化」が「文化的な人格形成」という理念で、文化国家的な陶冶の理念の再構築を、ミュージアムを舞台に試みたことは見落とされ、安直に「転向」としてとらえられてしまう。広い文化概念を基調とした活動支援と比べると時差はあったものの、ミュージアム領域では、社会経済生活基盤の整備（施設整備と教養市民的理解で慣習的に配備されてきた人材）のみならず、日本ではいわゆる「ソフト」と呼ばれる専門人員の配備が不可分のものとされ、充実を見ている。地域によって個別具体化される「文化的生存配慮」とは別にこの点には、ドイツ全土に重要性を持つ「文化的生存配慮」の中核がある。（「文化的生存配慮」の「供給」は、理論的には公・民いずれによっても可能であるとされる。けれども「文化的生存配慮」は中核的公共サービスのみを指すために、相当するサービス自体を容易に無くしたり、削減したりすることはできない。）

なぜならこうした人員整備は、単に文化施設の有機的な活用のみを目標としてなされるものではないからである。本書がミュージアム領域を例に明らかにしたように、「万人のための文化」が戦後、文化領域に見いだした最も重要な意義は、「文化的な人格の形成」により、民主政治の土壌を耕していくという固有の役目だった。

こうした理解が継承されているがゆえに、事業としていうならばフランクフルトではその後も半世紀にわたり、標準的あるいは画一的な施設の整備や、数種類の古典的な任務に従事する人員のみを配備するという施策は不十分なものと考えられ、「文化的な人格形成」という理念に制度を近づける実践が、政策によってもミュージアムによっても続けられている。先進的に制度化を行った都市の一つであるフランクフルトでも、媒介の仕事は、現在も発展途上にあり、ミュージアム内部で工夫が進められている。手法はさらに今後発展し、拡張していくであろう。

このように考えると、二〇〇四年にドイツ文化評議会が定義したような、抑えられた価格での入場を可能にする点や、施設基盤の整備のみを中核に文化的生存配慮をとらえる見解は、欧州委員会が二〇〇三年に刊行した『緑書』の「一般利益社会サービス」を文化にそのまま当てはめた理解であり、一見合理性があるように見えるが、不十分である。なぜなら「一般利益社会サービス」は、民間でも提供できるものの、弱者保護の観点から提供価格を抑えるために行政が提供する分野を指す。しかしドイツの文化政策の根拠は、歴史的反省を踏まえ、福祉政策（Sozialpolitik）としてではなく「社会的政策（Gesellschaftspolitik）」と自己規定する点にあるからである。万人が文化をめぐる討議に参加でき、民主的に政策が形成されるためには、結局のところ価格を抑えることは必要にはなるものの、パターナリスティックな観点を出発点とする理論構成と定義とは、立場が異なる。第二〇b条が必要とされていることや、ヴァイマル憲法からボン基本法への見直しの要点である「人格の自由な発展」や「人間の尊厳」と直結させて中核を考えてきた本書は、結論として今日の「文化的生存配慮」の理論的枠組を図2（右）のように理解した。

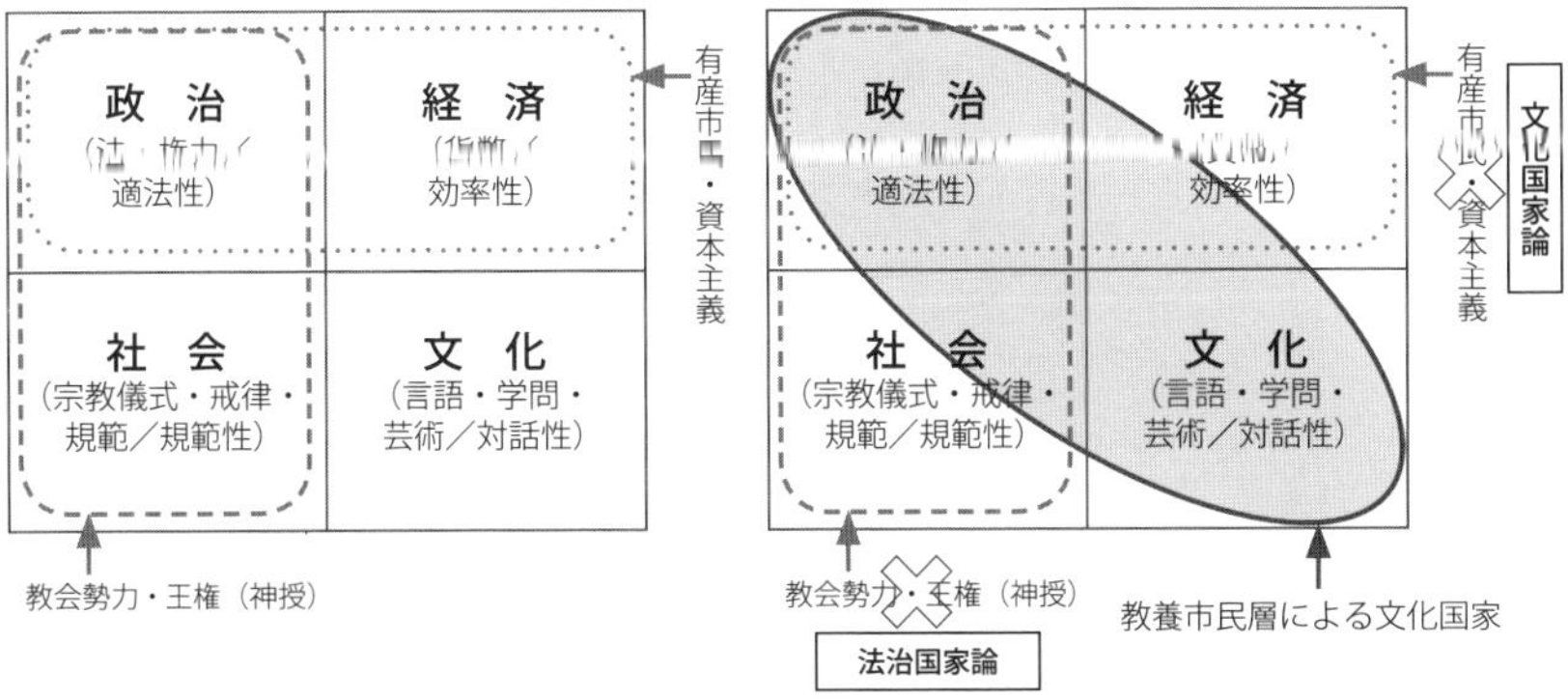

図３　社会を動かす４つの自律領域の考え方と本書で見た国家論の関係
右：教養市民のイデオロギーとしての文化国家（1890年頃）。リンガーの理解を著者が概念図化。

本書ではミュージアムを事例としたが、「文化を媒介項とした対話」により間主観的に「文化的な人格形成」が住民の広い層においてなされ、民主主義の基盤となりうる／なろうとする点に戦前への反省と今日の芸術文化領域の意義があった。歴史を踏まえた「文化」見直しの議論と現代社会の課題考察（商業主義的趨勢）を経て、媒介《フェアミットルンク》の仕事の今日的意義が導かれている。そのため本書は、媒介の事業を可能にする環境整備こそ、予算に余裕があれば提供するという性格のものではなく、何よりも中核をなす任務であると結論付ける。

「文化的生存配慮」の今日的意味内容を議論し、公的文化政策の中核をとらえる議論において、本書では「万人のための文化」と「住民の文化への権利」を参照する文化諮問委員会の示唆を手がかりに、「万人のための文化」の方を中心に考察し、以上の要件を導き出した。今後「住民の文化への権利」から中核とその根拠をとらえていく方法論の研究からも中核と根拠が提出されるだろう。またミュージアムのみならず文化機関の種類や文化活動などの対象領域を広げた考察も必要である。これらの結果の比較により、さらに厳密に「文化的生存配慮」の理論的枠組みが絞られ、明確化されていくであろう。この点は、本書が扱うことのできなかった今後の研究課題となる。

二　文化を媒介項とした対話の理念

最後に本書の議論の中でやや特殊な理解が見られたドイツの文化政策のいくつかの鍵概念について、言及しておきたい。この部分は、ドイツにおける学術的な議論の中では自明のように無批判に扱われ、本書も本文中ではその前提枠組に従って議論を進めた。けれども外側に立って眺めるならば疑問点も少なくない。これはドイツの文化政策の学界を無意識に規定している思考の枠組みでもあるが、どのような理解が基底にあるのかを考えてみたい。

まず芸術や文化そのものに向き合うこと（享受や鑑賞）のみならず、それらを媒介項として他者と「対話」するという考え方が、なぜ主要な位置を占めているのか。これはもともと「新しい文化政策」が、今日的な表現でいう社会包摂的文化活動であるところの「社会文化運動」において発展させた理論であるが、今日では多文化共生の文脈でもこの考えは活かされている。

理解の手がかりになるのは、移民の背景を持つ住民に提供されている統合コースの多文化理解教材でも採用され、今日一般的にも知られている文化の機能的分節化である[1]。これは、社会に内在する文化を〈法＝規則〉、〈規範〉、〈価値観〉の三つに機能的に分節化する考え方だが、「文化を媒介項とした対話」はこれに近い想定を持っていたようである。統合コースで教えているということは今日のドイツ社会が、このような理解を下敷きにしているのだと考えることもできる。以下のように、各次元では、文化的に異なる背景を持つ者が主張する自由への許容度が異なる。つまり多文化性への寛容の度合いに差がある。

〈法＝規則〉の次元――ドイツという国家であれ地域社会であれ、そこには法や規則が存在する。それを個人の文化的背景と異なるという理由で破る場合、その行為はその社会では犯罪になる。この次元は個人の文化的な自由や多様性への許容度が極めて小さい。

〈価値観〉の次元――個人の生活圏に関わる文化を意味する。ここに国家権力が介入することは、民主国家ではまず許されることではないと位置付けられている。ドイツではこの次元での文化的な自由や多様性には極めて寛容であると統合コースの教材では説明される（宗教信条については議論が別の場所で割かれている）。

〈規範〉の次元――複雑な問題を投げかけるのは、前二者の中間にあり、形成されていくものであるために固定化しているわけではないものの、流動性も極めて高いわけではないのがこの次元である。〈法＝規則〉は明文化され可視化されているため、その存在に気づきやすい。〈価値観〉が合わない者同士は、接触を避けるなどの対応も可能である。けれども社会や集団の〈規範〉は、大小それぞれに確かに存在しているものの、法のように明文化されてはいない。その文化の外にいるいわゆる「他者」にとっては理解しにくく、その存在自体を知らないことさえある。この規範こそ、歴史や伝統とも呼ばれる、その地域で社会文化的関係性の中で醸成されてきた「文化」の別名にほかならない。そのため、他の文化圏からは不合理に見えることが多々あり、その文化圏内部の者も合理的で客観的な説明はできないことが多い。この次元は集団的アイデンティティを無自覚のまま形成するために、攻撃と諍いの火種にもなりやすい。多文化問題の多くはここを発端にしている。

これを体得している文化資源保有者《マジョリティ》が、「よそ者」や「新参者」に対して『常識』として押し付けるのではなく、彼らが知らないことを前提に、理解や意見のすり合わせを自覚的に行おうとする。一九七〇年代以降、「文化を媒介項とした対話」の理念が、経済社会的格差や外国人労働者、今日では移民の背景を持つ者を念頭に置きつつ、追求してきた姿勢である。それはマジョリティの「温情」ではなく、自分たちの文化も相対化されることで発展する可能性を見いだすことのできる交渉的過程であると、理念的には積極的に位置付けられてきた（もちろん「政治的正しさ」に支えられたこうした理解を、現実的には全ての国民が好意的な心情でとらえてきたといえないことは、近年の極右政党の台頭現象などに顕在化されている。おそらくはこうしたリベラルな理念の中で、自文化中心的な主張だけはむしろ自己検閲され、「主導文化」をめぐる議論も周期的に浮上してはいたものの、提議する余地もなく公論空間から排除されてきたことへの揺り返しなのだろう）。

三　自律性の高い文化と対話的な人格形成の理念

今述べたのは多文化共生の文脈で今日用いられることの多い、どちらかと言えば社会文化的な「対話」の根底にある前提である。他方で、「万人のための文化」は、住民自らが行う多様な文化活動もミュージアムでの「文化的な人格形成」も、ともに判断力と主体性を養うととらえ、「社会文化」と「高尚な文化（自律性の高い芸術文化）」という二項対立をとっていなかった。

ミュージアムでの媒介活動《フェアミットルンク》は、教育学《ペダゴーギク》からの理論的な見直しを経ているとはいえ、主体的に考える素材を提供する場合ばかりとは限らない。今日でも「正解」を探して既存解釈の再生産をする満足の中に、来場者をとどまらせる両義性を孕んではいる。そのため、ナチ時代の教化を反省し集団的学習を忌避する立場からは、こうした専門的人員の配備は好ましく思われてこなかった。また、文化政策者もミュージアムの職員たちも、議論を重視しつつも、大衆迎合的に質を落とすことや、説明を簡易化し口あたりの良いものにすることには、一貫して警戒心を示しており、ミュージアムを例にみた「文化的な人格形成」というこの発想は、ドイツならではの教養市民的な姿勢の残像のように見えることもある。

「万人のための文化」が、「文化を媒介項にした対話」を「文化的な人格形成」を通じて具体的事業に落とし込み、民主社会を成熟させるという理論を、ミュージアムを舞台に展開した理由は、次のように理解できる。ここには、「新しい文化政策」が社会文化を中心に置く中で、「文化」を、制度化され高度に自律した高尚な芸術文化と日常生活に結びつきを持つ市井の文化という二項対立的に図式化してきた語りとは異なる、もう一つの、文化をめぐる理論的枠組みが想定されていたと考える。

それは図3のように、社会全体を動かしている主な領域を大きく四分割する。ドイツでは、政治、経済、（地域）社会、文化と理解でき、それぞれが自律的で、影響は及ぼし合うものの、他の領域に従属せず対等なことが重要な前提である[2]。

政治領域は、法・規則・権力などを媒介項として運営され、そこでの合理性（好ましさの基準）は「適法性」にある。経済領域は、貨幣を媒介項とし、そこでの合理性は「効率性」にある。（地域）社会は、かつては宗教的な戒律や儀式を介して運営され、今は何らかのその社会の規範を媒介項として運営されている。そこでの合理性は規範に適う行動をすること、つまり規範性にある。この、何かを媒介項として自律的に形成されている領域というとらえ方は、文化領域では、言語、知識や学問、芸術を媒介項とし、そこでの合理性は「対話性」（価値や規範の交渉・編成過程）にあると考えられているのである。

「自由」「平等」を旗印とする文化領域という初期市民文化の主張もこうした理解を下敷きにしていると考えると理解しやすい。教養市民的な「文化国家」や法治国家理解の下敷きにもなっている。一九七〇年代以降のフランクフルトが政策を積極化した際の言説の端々にも、文化領域のこうしたとらえ方を前提とする社会的意義の理論化が見られた。ユダヤ人への文化協会開放が選挙権の付与よりも先んじたことは、政治領域で制限された主体をも文化領域は自由、平等に受け入れ、それは貧しいか富んでいるかという経済領域の判断基準をも度外視する姿勢としてとらえられた。本書では文化領域が、政治や経済とは異なる点を列挙しつつ、「自由」と「平等」の自律領域という固有性を持つことを根拠に、政策が理論化されていたことを辿った。

ハンナ　アレントの指摘を借りるならば、経済領域では人間は、職業や業績、社会的地位など客観的な指標をもとに「何者」であるかが問われる。けれども文化領域で重要なのはその人の価値観や考えの表明に基づく交渉過程の成立であり、そこではその人が何者であるかではなく、どのような意見を持った「誰」なのかが重要なのである。教養市民的な文化国家論では、誰であるかを問うはずの文化領域と社会的地位が混同され、時には文化領域の高みから政治や経済を睥睨するかの態度さえ見られた。「新しい文化政策」や「社会文化」はまさにこうした姿勢を「芸術のための芸術（*l'art pour l'art*）」と批判し、自律性の高い「高尚な文化」を中心に構成された文化概念の再構築と社会との架橋を試みた。

けれどもこれは、文化領域の自律を否定することとは異なる次元の論点であった点に注意が必要である。

日本の文化政策がドイツの文化政策を参照する際、これまであまり触れられてこなかったのは、前提となるこの思考の枠組みである。分権型の制度設計や文化機関の運営制度の詳細を調査し参照する前提として、文化領域の自律というとらえ方が最も根本的な通奏低音をなすという特徴を理解しなければ、様々な理論や根拠や制度の共通項はとらえられない。そして今日の日本の文化政策にとってドイツが参照例となるのは、経済領域の合理性が文化領域の中にも侵入したり、社会全体の構成要素の中で、文化領域の提示する合理性の居場所が痩せ細り、他の領域の合理性のみが優位を占めるような傾向あるいは社会的要請が高まった時である。日本の文化政策はそのような潮流を社会全体にとって好ましく合理的な判断であると承認する道を選ぶのか、ドイツのように文化領域の自律を社会の様々な変化にも関わらず、頑固に守りたいという道を選ぶのか。序章で述べた二つのアプローチのうち、ドイツが「中核」を見極める手法を採ったのはまさに文化領域を社会のひとつの自律領域ととらえた上で、その領域の現代社会における固有の意義を再度見いだすことで社会全体における主要な四つの領域の均衡をとりたいという態度のあらわれにほかならない。この点は、その社会が文化領域をどのようなものとしてとらえたいのかという、文化の社会的意義（公共性）をめぐる根本的な問いを投げかける。各国・各都市の文化政策はこの問いへの答えを下敷きにしなければ持続可能な制度設計はできず、他の領域の潮流に右往左往させられることになる。

「万人のための文化」を掲げたフランクフルトの文化政策は、文化を通じた対話をさらに「文化的な人格形成」に編み直し、文化を媒介として全ての住民が自己の人格を自由に発展させ、判断力を養成し、理想的な意味で民主的市民社会を成熟させ、維持していくことに望みを託していた。初期市民文化の例に見られたように、文化領域は確かに、議会制民主主義の中で法や規則に固定化される前の規範形成の次元をめぐる自由な議論の場であり、新しく社会の構成員になった者や少数派の者を参入させ、自由な対話の空間をひらく可能性を有しているためである。お互いが理解しあい、これからの社会を形成する規範や法や規則を可能な限り合意に基づいて定め、協治していくための入口を提供する。文化領域で繰り返し求められてきた「対話」とは、規範をめぐる交渉にほかならない。文化政策の存在意義は、住民に対してこの種の交渉や議論を可能にする環境を、文化施設や文化事業を通じて、整えることと理解されたのである。その時に前提となっていなければならないのは、政治的資格の有無（かつてユダヤ人への文化協会の門戸開放に見られたような、選挙権のある住民か否か）、富・経済力の有無（富裕層が独占する高級文化施設というあり方はそのために否定される）、信仰の違いや社会的規範（移民の背景のみならず今日のダイバーシティ政策が主題化している差異の論点など）は、そこでの対話や交渉過程に優劣という意味では何の影響力も持ちえない点である。そのことが、常識や社会規範を揺るがすような発想でさえ、むしろ歓迎され、議論の机上に乗せられうる文化領域の自律への信頼に繋がる。「誰」と「何者」との区別は、そのような場で明らかに立ち現れる。本書で見た八歳の児童のミュージアムでの案内に大人が真剣に耳を傾ける姿は、社会の中で文化領域が一つの自律領域として承認され、自律が機能していることを表す典型例に外ならない。

伝統的には、「芸術」という概念制度への包摂や、それらを集合させて収める機関への蒐集行為は、価値のあるものの集合体への一種の顕彰的作用であった。「新しい文化政策」はその是非を問題としたが、「万人のための文化」が着目したのは、その前提の方であった。こうした前提で芸術文化が営まれてきたのだとしたら、その背景にはそれらに価値があると思っている何らかの共同体があり、芸術の構成内容や文化施設の収蔵品には、その集団内での価値基準の「最高峰」が表れているはずである。一定集団が誇りに思っているものには、誇りに思うだけのその共同体の秩序意識や規範意識が先鋭化されて表象されており、頂点としての理由があり、密度の濃い情報を媒介するものであるはずである。そうであれば、そこに「在る」「置いておく」だけではなく、その意識を持っていない人々――いわゆる「他者」と抽象化して議論される者たち（文化圏の異なる集団のみならず芸術文化に親しんでいない層も含む）――に伝える回路を開く必要がある、と。それは現代社会においては、以下の理由で合理的・効率的な判断となる。

至上の価値とされているからには、その集団なりの意味付けが背景にある。一見何でもないものに見えても、背後の文脈を知ることで、他者もその価値に圧倒される可能性がある（文脈の伝播）。あるいは、圧倒はされずとも少なくともその集団の思考回路は理解できる（他者理解）。圧倒されれば、他者はその共同体に敬意を抱く。そうして文化を通じた対話の回路を開くことが、外部の敵意から内部の社会を守るという意味で、社会の安定に貢献していく（いわゆるソフトパワーの発揮。今日各国が求めているもので言えば、敬意は、文化観光の戦略の一つとして援用できるという副次的効果を生む）。これは自文化にも他者の文化にも言えることである。

「至上の価値」は他方で、柔軟性も持ちあわせていることが求められる。現代社会では、集団内の「至上の価値」は文化財制度や美学、芸術史などの学問体系により、所与の状態にある。けれどもこの価値基準については、情報の非対称性が指摘されてきた。近代国家の萌芽期には、政治的、経済的資本を持つ者のみが、社会的地位の優位を占めた。これに対して、実用性の小さい学問や芸術の価値を社会に提示し擁護しようと格闘したのが、「文化国家」を理想とする教養市民層であった。けれども血統を否定し、陶冶という個人の後天的努力を重んじた者たちの対案的資本であったはずの学問や芸術は、時を経て「遺産相続者」たちの身分文化となり、自らもまさに生まれを資源とする個人文化資本の一種となった。こうした一種のエリートが継承する価値規範とその編成過程への参入のあり方が今日、芸術という制度や美学への批判となって噴出し、欧州の文化機関はこの批判を強烈に意識しつつ、運営をしている。民間財団と比べて一つ一つへの金額的な貢献がそれほど大きくはない公的文化政策も、こうした価値規範に「お墨付き」を与えるものの一つとして機能してきた。六八年を頂点とする学生運動は、そうした既得権性を帯びた「文化」の編成過程を、ナチ時代への批判と混交させつつ、批判した。

そうしてここに、共同体内の、あるいは一定の集団内での、文化的秩序や規範編成に関する「対話」の回路を開く必要性が顕在化された。一九六〇年当時の問題点は、「知らない」ことであった。芸術愛好者層は、市井の文化に人々がなぜ熱狂し、社会に対するどのような不満や思いを込めているのかを読みとれず、高尚な文化を衒学趣味と批判する層は、それが歴史的にどのように位置付けられたがゆえに価値を認められたのか、そしてそれがどのように現代と関連を持つのかという文脈や現代性を読みとれなかった。

こうした意味で、価値を伝え、議論を促す回路こそが、「文化的な人格形成」では、何よりも重視されたと言える。媒介者《フェアミットラ》＝メディエータとなる人員が必要とされたのはそのためである。芸術に触れさえすれば自ずと豊かな心が養われるという啓蒙的発想ではなく（「新しい文化政策」の批判が示したように、これはむしろ優越的差異の主張を強める原理としての働きが目立つ）、そこにはブレヒト的な異化効果への期待がこめられていたのである。この役割は、幅広い人材が担うことができる。ミュージアムについて言うならば、以下のように考えることができる。

文化遺産であれば発掘・購入した人（発見者）が、現代の作品であれば創作をしたアーティスト（創造者）が、その時のことを生き生きと伝えることができる。価値を文脈化した研究職の学芸員であれば、歴史上の位置付けと意義を語ることができる。ミュージアムに蒐集されたのであれば蒐集を担当した学芸員が、歴史の文脈の中での作品の意義と地域との関連という現代性を語ることができる。収蔵されたことで霊廟《マウソレウム》のようなものに死蔵されたと批判されないようにするのは、展示あるいは媒介を担当する学芸員である。展示を担当する学芸員《キュレータ》は作品をいま現在この地で展示する意義を来館者に伝える。媒介者《フェアミットラ》はそれを教育的な視点のみならず、伝達の専門家として総合的に伝える。一過性に終わるような動員・宣伝戦略ではなく文脈化をし、回路を開くのが、専門家の役目となるが、その際、一方的な発信では受容がなされるか心もとないため、相手の文脈も識る必要がある。自己の文化を深く掘りおこす価値の文脈化と並んで、相手の文脈上にそれを乗せ伝わりやすくするための、つまり「対話」を成立させるための文脈化も必要である。だが、「知の伝達」は、触媒に過ぎない。現時点での世界の把握の仕方と理解の水準を正直に多面性をもって開示することまでである。その先に議論の空間が開かれていてはじめてそれは、教条的ではなく、地域形成のために最も必要な拠点としての「討議的なミュージアム」へと近づいていく。（専門的な任務の担い手は、このように広くとらえうる。けれども、現在ドイツのミュージアムでは、そして日本の公立ミュージアムも、とりわけ最後の二つの任務——展示と媒介——に携わる人員や事業への資金が、十分に用意されているとは言えないことが問題とされてきたのである。）

そのためにミュージアムであれば、現時点での芸術文化や地域史の理解の仕方を、なるべく多角的な視角から住民に提示しなければならず、様々な立場の人に議論のきっかけを与える史資料《マテリアル》を正確に、理解できるように、複数の視点から提供しなければならない。主流ではないために口を閉ざしている誰かが、議論に参画するための勇気と手がかりを得られる機会となるかもしれないからである。過去の遺産であっても現代文化のどの部分にどのように受け継がれているのか、影響を与えたのか、現代社会の思考の枠組み・縛りをどのように提供しているのかを解き明かしていくならば、現代と関係ないと言えるものは、実はほとんどないのではないか。

つまり表現が今誕生したか、かつて誕生したかで分類し、対話の媒介項にできるかどうかを判断するのは、まったく意味がない。重要なのは、理解している者が回路をひらこうとすることである。ホフマンが好んでブレヒトから引用した「小さな識者の輪から、大きな識者の輪へ」というのは、まさにこの意味である。そしてドイツのミュージアムが今日、古典的な作品を主な蒐集作品とするものも含めて、媒介《フェアミットルンク》という語の選択をし、自立的な分析と討議の姿勢を支持しているのは、こうした理解に立つためである。

四　ドイツの文化政策――民主社会を支える生命線の一つとして

第二次世界大戦後、西ドイツの文化政策は芸術文化と連邦政府の距離を可能な限り広くとり、地方割拠的な文化連邦（分権）主義を採用することで、自由の保障を制度的に担保した。けれどもこの一つの原理のみで全てが解決されたと考えられたわけではなかった。

国家権力（本書で見た集権性を表象する国家《シュタート》の特質は、現代に概ね以下のように受け継がれている。都市国家的な自由・自治都市や、領邦国家から自治体と州政府へ、近代国民国家は連邦政府として）の暴走抑制を通じ、民主社会の成熟という永続的な課題への寄与を、戦後西ドイツの文化政策は自らの存在理由とした。その鍵として繰り返し口にされた「文化を媒介項にした対話」や「文化的な人格形成」は、第一次世界大戦前後の文化国家論が陥った「文化」の非民主的性格を見直し、社会の中で文化をどのようにとらえていくかを再考する試行錯誤への原点となった。

極めて積極的に推進されているように見える「文化大国」ドイツの文化政策の通奏低音にはこのように、分権と民主的統御という二つの原理がある。政策によって充実させられてきたように見える文化施設と専門人材の配置は一見、都市の余裕や装飾的な意図、あるいは福祉としての理解を下敷きにしているかのように見える。けれどもこれらの環境整備こそ、政治への民主的統御の基軸としての「人間の尊厳」と「人格の自由な発展」を実質的に保障しようとする意思が、可視化されたものなのである（図2（右））。そして政策は民主的にしか積極化しえない構造にあるのだから、需要を無視した不十分な施策は行政の怠慢と見なされるし、政策の積極化を危険視する見解は、市民の成熟への懐疑表明を意味する。長い伝統を持ち、現代に継承された文化施設も同様に、今日、戦後ドイツの文化的な民主社会を支える基盤であるという自負を持っている。文化政策は、公的政策の「聖域」でも「贅沢品」でもないのである。

耕すという性質を旗印とする文化には、人格にも民主政にも、寄与できる側面がある——地方割拠的な制度と一対をなすこの原理は、永続的に追求されていかなければ無に帰すという性格を持つ。積極的な環境整備は、油断をするといつでも権力による文化への介入へと繋がりかねないためである。本書では扱わなかったものの、大衆主義的な政治手法や経済領域の原理である市場主義の猛威も、文化領域への現代的な挑戦と見なされている。少数派や、商業的に成り立たないものを、些末で不要なものと見なすような画一性を、多様性が生命線である文化領域に密かに輸入しかねないためである。そうした趨勢を背景に、今日も変わらず判断力や主体性が求められ、「文化」や「文化的」とは現代社会にとって何を意味するのか、今日の公的文化政策は何を中核と考えるべきなのかが問い直されている。その一つの表われが、冒頭で見た国家目標として文化を掲げたいという議論なのであろう。

近代の民主政が選択した議会制民主主義は、大衆迎合に陥る脆弱性を内在させている。他により良いものがあるわけではないという意味で選ばれている次善の策でしかない。そのため現状の民主主義のあり方を教条的に信奉するのではなく、よりよい民主主義のあり方、市民国家、市民社会のあり方を探していくという意識が、社会の議論をしばしば喚起する。

本書で辿ってきたように、この課題について理想を追い求めながら挫折し、迂回し、未だに試行錯誤する姿が、近代国民国家形成に着手して以降のドイツ史の基調にある。その過程では文化が、理想と狂気の振り幅の大きな双面を見せてきた。戦後ドイツの文化政策は、この双面性を引き受けつつ、民主政治の文脈上に再び文化の存在理由を位置付けようとしている。

序章

1 現在、日本の公立博物館・美術館の指定管理者制度導入の割合は、およそ三割である。日本博物館協会『平成二五年度 日本の博物館総合調査報告書』二〇一七年三月、九頁。

2 二〇一六年現在、欧州連合域内での芸術家雇用数はドイツが第一位である。European Union: Culture Statistics, Publications Office of The European Union, Luxembourg, 2016, p. 59.

3 小林真理『文化権の確立に向けて——文化振興法の国際比較と日本の現実』勁草書房、二〇〇四年、一一一—一二二頁。

4 藤野によれば、「補完性の原則」の思想的源流は、ビスマルクの中央集権主義と社会保障政策へのアンチテーゼにある。プロテスタント国家のプロイセンは、ドイツ帝国内のカトリック勢力を排除するために文化闘争を展開した。この時、カトリックが強い南ドイツは、地域主権をもって抵抗する。ビスマルクは社会主義を鎮圧し、国民国家の結束を固めるために、各種の社会保障制度を導入したが、こうした国家給付型の社会福祉政策に対抗して、南ドイツのカトリック陣営は、個人の慈善と連帯をベースとした社会福祉を掲げた。近代国家の成立に伴い発生した官僚主義的行政制度とそれ以前から地域住民の日常生活に深く関与してきた教会勢力との緊張関係の名残を読みとることができる。藤野一夫「地域主権の国・ドイツ 文化の分権的形成と文化政策の基礎」藤野一夫／秋野有紀／マティアス・T・フォークト（編）『地域主権の国 ドイツの文化政策——人格の自由な発展と地方創生のために』美学出版、二〇一七年、一二三頁。なお補完性の原則は欧州連合の基本的原則でもある。

5 一九七九年に自治体の全国連絡会議であるドイツ都市会議がこう宣言し、この言葉は現在もドイツの文化政策の基礎理解となっている。Von Beyme, Klaus: Kulturpolitik in Deutschland. Von der Staatsförderung zur Kreativwirtschaft, Springer, Wiesbaden, 2012, S. 15; Wolf-Csanády, Elisabeth: Wertewandel und Kulturpolitik in der Bundesrepublik Deutschland und Österreich. P. Lang, Frankfurt a. 1., Berlin, Bern, NY, Paris, Wien,1996, S. 66. この原則は、ドイツ全土の公的文化歳出の割合にも表れ、連邦政府が一七パーセント、州が三九パーセント、自治体が四四パーセントである（二〇一八年現在）。Statistische Ämter des Bundes und der Länder (Hrsg.): Kulturfinanzbericht, Wiesbaden, 2018, S. 24, S. 26.

6 UNESCO: Cultural Policy in the Federal Republic of Germany, Paris, 1973, pp.9-19; Deutscher Bundestag: Schlussbericht der

Enquete-Kommission Kultur in Deutschland (Schriftenreihe der Deutscher Bundestag, 694), Bonn, 2008, S. 54, S. 84; The Press and Information Office of the Federal Government: The Culture and Media Policy of the German Federal Government Berlin, 2012, p.2; Presse- und Informationsamt der Bundesregierung: Im Bund mit der Kultur. Kultur- und Medienpolitik der Bundesregierung, Berlin, Aug. 2016, SS. 5–6.

7 本書では、ドイツの内容を記述する際には、日本の博物館・美術館に当たる制度を指して「ミュージアム」と記す。日本の文脈を論ずる際は「博物館・美術館」と記す。ドイツにはミュージアムを名乗るにあたって、所蔵品の有無や展示室の最低面積などの条件を定めた全国統一の法律はない。Herles, Diethard: Das Museum und die Dinge. Wissenschaft, Präsentation, Pädagogik., Campus, Frankfurt/Main, 1996.

8 Council of Europe / ERICarts / Blumenreich, Ulrike: Compendium of Cultural Policies and Trends in Europe. Deutschland, 17th edition, Bonn, 2016, S. 3.

9 一九七二年以降、西ドイツでは、首相府と外務省の政務次官（parlamentarischer Staatssekretär）には国務大臣（Staatsminister）の呼称を与えている。この職位が国内政治秩序において最上位であることを国際政治の舞台で示す意図がある。Leber, Fabian: Kulturpolitik aus dem Kanzleramt. Die Kulturpolitik der Regierung Schröder 1998–2002, Tectum, Marburg, 2010, S. 85.

10 Statistische Ämter des Bundes und der Länder, ebd. 州と自治体の統計は二〇一五年調査、連邦政府に関しては二〇一八年の連邦政府予算である。

11 フランクフルト憲法制定会議では、「劇場を国民芸術のフォーラムにまで高め、独自の機会を与えること」「劇場に国家の保護を与えて、国民的課題を果たすために必要とされる独立性を保証すること」も求められたという。藤野一夫「ドイツの劇場政策と劇場制度」藤野／秋野／フォークト、前掲書、二九二頁。

12 財団法人地域創造『これからの公立美術館のあり方についての調査・研究報告書』、二〇〇九年。Staatliche Museen zu Berlin - Preußischer Kulturbesitz Institut für Museumsforschung: Statistische Gesamterhebung an den Museen der Bundesrepublik Deutschland für das Jahr 2016, Heft71, Berlin, 2017, S. 3.

13 Von Beyme, a.a.O., S. 228. 日本の状況については、国際的な文脈を踏まえつつアクチュアルな論点を多角的に示した書籍に、加藤哲弘／並木誠士／吉中充代／喜多村明里／原久子（編）『変貌する美術館――現代美術館学〈二〉』昭和堂、二〇〇一年がある。日本の博物館・美術館の課題と背景を知るうえで、多くの手がかりを提供してくれる。また日本では、文化財保護法や社会教育法の制定により根拠法を持ちえた博物館・美術館は、文化芸術振興基本法が制定されるまで根拠法を持たなかった舞台芸術と比べると文化政策研究の領域では、独立行政法人化や指定管理者制度導入時など、個別具体的な主題が発生しない限りは、一般的にはそれ程危急の課題を持つ領域とは見なされてはこなかった印象がある。

14　プロイセン文化財団ミュージアム研究所が一九八一年より毎年実施している全国ミュージアム統計調査 Statistische Gesammterhebung an den Museen der Bundesrepublik Deutschland の第四号から第七一号を参照し、著者が作成した（ただし統計が掲載されていない特集号を除く。ミュージアム研究所資料室蔵）。

15　谷和明「ドイツにおける〈新しい文化政策〉と社会文化運動の生成と展開——大衆の文化生活への参加と寄与の促進」藤野／秋野／フォークト（編）、前掲書、一八五頁。

16　同上、一八五—一八六頁。

17　Demirović, Alex: Kultur für alle - Kultur durch alle. Demokratische Kulturpolitik und soziale Transformation. In: Sievers, Norbert / Wagner, Bernd (Hrsg.): Blick zurück nach vorn. 20 Jahre Neue Kulturpolitik. Klartext, Essen, 1994, SS. 299–312.

18　Hoffmann, Hilmar: Kultur für alle. Perspektiven und Modelle. Fischer, Frankfurt am Main, 1979; Hoffmann, Hilmar: Lebensprinzip Kultur. Schriften und Aufsätze, Societäts, Frankfurt am Main, 2006.

19　菅野幸子「第二章　イギリス」文化庁地域文化創生本部事務局総括・政策研究グループ『平成二九年度諸外国における文化政策等の比較調査研究事業報告書』二〇一八年、三二頁。長嶋由紀子「第五章　フランス」同報告書、一一九—一二〇頁。

20　前川公秀は、ミュージアムを二つのタイプに分類する。ひとつは、「作品鑑賞の場」としてミュージアムをとらえるもので、長い美術の歴史を背景に数多くの名作を保有し、展示し、鑑賞することで成立する。二つ目は、自国の美術の歴史が浅く、近代美術については作品を輸入することで補い、作品保有数に自ずと限界があることから、ミュージアムを「教育の場」としてとらえるものである。前川は、前者を「欧州型」、後者を「米国型」と分類している。前川公秀「美術館」加藤有次／鷹野光行／西源二郎／山田英徳／米田耕司（編）『博物館経営論』雄山閣、一九九九年、二〇三頁。本稿は、ドイツの状況を記述する際には、Pädagoge の訳として「教育員」を使用する。ドイツでは美術教育学を修了すれば美術教育員を名乗ることができ、その内、ミュージアムに雇用されている者（常勤、非常勤問わず）を「ミュージアム教育員（Museumspädagoge）」と呼ぶと定義されている。Herles, a.a.O., S. 11. 日本のミュージアム・エデュケータとほぼ同様のものであるが、教育学的な手法を重視するのか、幅広く作品・ミュージアムと来場者・住民との介在役いわゆるメディエータやコミュニケータを目指すのかについては議論があり、それに従って呼び名も一九九〇年代以降、変更が見られる。この点については、第七章および秋野有紀「文化教育の活性化のために——〈クルトゥーア・フェアミットルンク〉の意図と背景」藤野／秋野／フォークト（編）、前掲書、二七四—二八九頁を参照されたい。

21　前掲のプロイセン文化財財団ミュージアム研究所の統計調査を参照し、著者が作成した。一九九〇年代以降の統一不況の中で、ミュージアムは作品購入予算が凍結されるなど財政緊縮の中にあった。その中で専任の職員を配置する館の割合が増加したことは注目に値する。専任の教育員には、他の館あるいは専門業務（研究、展示等）を掛けもちしている教育員や、フリーランスの教育員は含まれず、雇用されているミュージアムに専属しており、教育職を専門としている者を指す。

22　一九九〇年代には文化経済学や文化統計学に一躍注目が集まったが、それらは一貫して、芸術や文化の「価値」を根拠とするのではなく、数値によって客観的に、政策による芸術文化振興を根拠付けることを意図していた。価値を強調する論法は、個人の趣味嗜好の問題ととらえられることが多く、一般の議論では公共政策の説明責任としては客観性に欠けるととらえられがちであったためである。一九六〇年代にその必要性を根拠付けることに寄与したウィリアム・J・ボウモル&ウィリアム・G・ボウエン（池上惇／渡辺守章監訳）『舞台芸術 芸術と経済のジレンマ』（芸団協出版部、一九九四年）は、価値ではなく、「冷たい数字」を並べることで、芸術文化を政策論として扱う手法を（舞台芸術を対象に）示したものであり、日本でもしばしば参照されている。そのため、美学や芸術史の視点からは、なぜ芸術の価値判断にまったく触れないのかと奇妙に思われるかもしれないが、文化政策研究の通奏低音となっている共通の方法論に倣い、本書もミュージアムの価値や個々の作品の価値を個別に論ずるのではなく、芸術や文化領域の社会における意義をいかに根拠付けうるかという視点に立って考察を進めていく。価値はその自律領域の専門家が判断し、政治・政策は価値（質）の判断からは距離をとり、介入をしないという原則は今日、民主国家の文化政策の共通理解となっている。

23　村上武則によれば、オットー・マイヤー以来のドイツの伝統的な行政法学は、侵害行政を中心に体系付けられてきたが、給付行政が増大するとともに、これを行政法学の中にどのように取りいれるべきかが重要な課題となったという。そしてワルター・イェリネクの「単純高行政」の概念、フライナーの「営造物理論」などの新たな概念構成の試みの後、一九三八年にエルンスト・フォルストホフが「生存配慮」の概念を構築すると、これを嚮導概念として、給付行政の理論が形成されたという。村上武則『給付行政の理論』有信堂、二〇〇二年、i頁。フォルストホフの「生存配慮」概念については、原野翹『行政の公共性と行政法』法律文化社、一九九七年、七三―九二頁、角松生史「E・フォルストホフ〝Daseinsvorsorge〟論における『行政』と『指導』」塩野宏先生古希記念『行政法の発展と変革　上巻』有斐閣、二〇〇一年、一九五頁以降も詳しい。

24　Deutscher Kulturrat: „Kultur als Daseinsvorsorge!“, https://www.kulturrat.de/positionen/kultur-als-daseinsvorsorge/, 29.09. 2004 [Letzter Zugriff am 22.12.2018]. この理論の文化領域への援用は、国際的なサービス市場自由化の流れから来ている（第三章）。一九八一年設立のドイツ文化評議会は、芸術文化領域の八つの評議会（二〇一八年現在、音楽、舞台芸術ダンス、文学、美術、建築、デザイン、メディア、社会文化）を統括する上位機関である。フリーランスの芸術家は、芸術家社会保険に加入すると同時に、自身の活動領域の評議会に所属している。評議会は、いわば芸術家たちの代表会議であり、ボトムアップ式に欧州連合を含めた各次元の文化政策に影響を及ぼすべく意見形成を行っている。ドイツにおける文化政策の意見形成に関する主体の複数性とガバナンス構造については、秋野有紀「第四章　ドイツ」文化庁地域文化創生本部事務局総括・政策研究グループ、前掲報告書、八〇頁を参照されたい。

25　Ebd.

26　文化連邦主義をとるドイツでは、文化立法の管轄権は基本的に連邦政府ではなく、州と自治体にある（州については、ボン基本法第三〇条、第七一条第一項、自治体については第二八条第二項が根拠であると理解されてきた）。そのため、連邦レヴェルにおいてはこれまで芸術文化振興法と理解できるものを持ってこなかった。各州の憲法には広義の（芸術）文化（振興）法があるものの、ボン基本法は第五条第三項で「芸術と学問、研究、教授は、自由である」と芸術が自由であること（自由権的自由）のみを定めている（これに対し、ヴァイマル憲法第一四二条には「芸術、学問およびその教授は自由である。国はこれに保護を与え、その奨励に関与する」という振興の条文があった。「芸術」が先頭に来た理由については、第二章で明らかにする）。第三章で詳述するが、一九七〇年代半ば以降、連邦憲法裁判所は、この条文を社会権的自由をも意味すると拡大解釈してきた。一九七四年の「レコード判決」（BVerfGE 36, 321）を嚆矢に、一九九八年までに三〇弱の判決がこの立場を採用したといわれる。Palm, Wolfgang: Öffentliche Kunstförderung zwischen Kunstfreiheitsgarantie und Kulturstaat, Schriften zum Öffentlichen Recht (Band 748), Duncker & Humblot, Berlin, 1998, SS. 126ff. ただし文化的な分野でも、外交（対外文化政策）、著作権、出版権、社会保険（芸術家社会保険）などの管轄権は、ボン基本法上も連邦政府にある（第七三条第一項一、五、九、第七四条第一項六、一二）。また「ドイツ全土に意義のある文化」の振興は、統一条約第三五条を根拠にし、欧州の文脈の案件には、欧州機能条約第一六七条とボン基本法第二三条が関連する。Wissenschaftliche Dienste des Deutschen Bundestages (Kultur, Medien und Sport): Kulturpolitik. Formen und Bereiche der Bundeskulturpolitik im föderalen Staat (WD10-3000- 034/15), Ausarbeitung vom 17.4. 2015.; Wagner, Bernd: »Kulturstaat« und »kulturelle Grundversorgung«. Ist ihre Verfassungsmäßige Verankerung sinnvoll und hilfreich? In: Vorstand der Kulturpolitische Gesellschaft e.V. (Hrsg.): Kulturpolitische Mitteilungen. Was ist »kulturelle Grundversorgung«, Nr. 106, III/2004, Kulturpolitische Gesellschaft e.V. Verlag, Bonn, 2004, S.32（以下、KuMi, III/2004 と記す）; Art 5 Abs. III. In: Grundgesetz Kommentar (Band 1 Art.1-5), C.H. Beck, München, 2009.

27　一九九四年にボン基本法第二〇a条として自然的生活基盤と動物の保護に関する条項を新設したことにならい、ドイツ文化評議会は、第二〇b条を新設すべきだという見解をとる。Deutscher Kulturrat, a.a.O.

28　Scheytt, Oliver / Zimmermann, Michael: Kulturelle Grundversorgung und gesellschaftliche Nachhaltigkeit. Überlegungen zu einem kulturpolitischen Schlüsselbegriff aus aktuellem Anlaß. In: KuMi, III/2004, S. 23.

29 Sievers, Norbert: thema: Kulturelle Grundversorgung. Kultur als Pflichtaufgabe. In: KuMi, III/2004, S. 22; Scheytt / Zimmermann, ebd.

30 Wagner, a.a.O., S. 32.

31 文化領域に基本供給を用いた契機は、連邦憲法裁のいわゆる第四次放送判決（BVerfGE 73, 118）で、元来が放送制度を念頭に構築されてきたことも、芸術文化振興を念頭に置いた理論的枠組みの構築に向けた見直しの議論が今日必要となった背景にある。

32 Scheytt, Oliver: Kulturstaat Deutschland. Plädoyer für eine aktivierende Kulturpolitik, transcript, Bielefeld, 2008.

33 その後も二〇一三年一一月七日にはドイツ都市会議がベルリンで開催された総会で、文化は自治体の「生存配慮」に含まれると決議し、文化施設は文化の受容や媒介の基盤であるとして、財政的に安定した文化施設運営を自治体に要請している。Deutscher Städtetag: Standortfaktor Kultur. Positionspapier des Deutschen Städtetages, Berlin, 2013, SS. 1–5.

34 Cornel, Hajo: Gespensterdebatten. Wider die Verrechtlichung der Kulturpolitik. In: KuMi, III/2004, S. 29.

第一章

1 Deutscher Bundestag 16. Wahlperiode: Schlussbericht der Enquete-Kommission Kultur in Deutschland (Drucksache 16/7000), 11. 12. 2007. 最終報告書は書籍として刊行されているほか、以下で閲覧可能である。https://dip21.bundestag.de/dip21/btd/16/070/ 1607000. pdf. 以下、諮問委員会の資料の再出時には、略記号と資料番号のみを記す。略記号は二〇一七年版 Datenhandbuch zur Geschichte des Deutschen Bundestages にならう。https://www.bundestag.de/dokumente/parlamentsarchiv/datenhandbuch/26/kapitel-26/476008 [Letzter Zugriff am 16.12.2018]『最終報告書』に関しては以下、BT-Drs. 16/7000 と記す。『最終報告書』に至るまでの過程を知ることのできる資料として、第一五被選期間、第一六被選期間文化諮問委員会の議事録（抄録と編集済全発言録がある）、作業用資料（参考文献、関連条約、法令の条文一覧、通説的解釈など、事務局による準備資料）、委員会資料（議事ごとに委員が検討材料として提出した資料や見解表明文書、参加者、傍聴者の署名など）、活動記録（委員会開催日、主題など）の一式を、諮問委員会事務局から提供いただいた。公開されている『最終報告書』はＰＤＦ版では五一二頁であるが、途中経過の議論や様々な検討史資料を見るに、結論とそれに至った主要な討議の要点のみをまとめ短縮しても、この頁数以下にはなりえなかった様子をうかがうことができる。

2 Leber, Fabian: Kulturpolitik aus dem Kanzleramt. Die Kulturpolitik der Regierung Schröder 1998–2002, Tectum, Marburg, 2010. ＢＫＭ設置までの議論の過程については、Wolfrum, Edgar: Rot-Grün an der Macht Deutschland 1998–2005, C.H.Beck, München, 2013,

SS. 584–598、秋野有紀「ドイツの公共文化政策に見る国家と文化の接近——首相府文化国務大臣の設置と基本法改正をめぐる議論を中心として」日本ドイツ学会『ドイツ研究』第五二号、二〇一八年、九三—一一一頁を参照されたい。

3　BT-Drs. 16/7000, S. 68.

4　直近では、二〇一八年一〇月一五日の週刊新聞『議会』において、BKM創設二〇周年のインタビューがあり、現BKMのモニカ・グリュッタース（CDU）が国家目標として文化を基本法に採用することについて、肯定的な発言をしているほか、二〇一八年一一月には連邦議会の左派党の議員団からこの改正案が提出されている（この発議自体は他の改正案とともに否決されたが、一二月一四日には再度、文化を国家目標とする改正について左派党の議員が発言している。Plenarprotokoll 19/72, 8479）。Monika Grütters plädiert für Staatsziel Kultur im Grundgesetz, https://www.bundestag.de/dokumente/textarchiv/2018/kw42-interview-gruetters/573566[Letzter Zugriff am 19.12.2018]; Drucksache 19/6169, S. 3; https://www.bundestag.de/dokumente/textarchiv/2018/kw48-de-grundgesetz/580812[Letzter Zugriff am 19.12.2018]

5　左派党やドイツ文化評議会が、積極的に改正を求めていた。Peitz, Christiane: Bundestagswahl - Was die Parteien für die Kultur planen, Die Tagesspiegel, 22.09.2017. https://www.tagesspiegel.de/kultur/bundestagswahl-was-die-parteien-fuer-die-kultur-planen/20361208.html[Letzter Zugriff am 19.12.2018]; https://www.kulturrat.de/positionen/forderungen-zur-bundestagswahl-2017/[Letzter Zugriff am 19.12.2018]

6　選定されたものは「文化の灯台」と呼ばれる。Raabe, Paul: Kulturelle Leuchttürme Brandenburg, Mecklenburg-Vorpommern, Sachsen, Sachsen-Anhalt, Thüringen (ein Blaubuch nationaler Kultureinrichtungen in der Bundesrepublik Deutschland), Leipzig, 2002. 詳細は、秋野有紀「第四章　ドイツ」文化庁地域文化創成本部事務局総括・政策研究グループ『平成二九年度諸外国における文化政策等の比較調査研究事業報告書』二〇一八年、八八、九六頁を参照されたい。

7　Sievers, Norbert: thema: Kulturelle Grundversorgung. Kultur als Pflichtaufgabe. In: Vorstand der Kulturpolitischen Gesellschaft e. V. (Hrsg.): Kulturpolitische Mitteilungen. Was ist »kulturelle Grundversorgung«, Nr. 106, III/2004, Kulturpolitische Gesellschaft e.V. Verlag, Bonn, 2004, S. 22.（以下、KuMi, III/2004と記す。）従来、文化政策の根拠は、自治体に関しては基本法の第二八条第二項、州に関しては第三〇条が根拠とされてきた。Wissenschaftliche Dienste Deutscher Bundestag: Kulturpolitik Formen und Bereiche der Bundeskulturpolitik im föderalen Staat (WD 10 - 3000 - 034/15), SS. 7–8, S. 17. 文化的な事項に関わる国家活動は、特段の定めがない限りは州の権限に属するというのが基本法の基本的決定であると、連邦憲法裁判所も判示している（BVerfGE 6, 309 [354]）。秋田純一「連邦によるテレビ会社設立の合憲性」ドイツ憲法判例研究会（編）『ドイツの憲法判例（第二版）』信山社、二〇〇三年、

四六九頁。

8 BT-Drs. 16/7000, S. 76. そのため、州憲法の文化規定と文化行政法についての論考でシャイトは、国（Staat）は連邦、州、自治体、それらの委託を受けた機関などを意味するとし、この改正は「州の文化高権」を脅かす意図はないとの説明を試みている。Scheytt, Oliver: Kulturverfassungsrecht. Kulturverwaltungsrecht. In: Klein, Armin (Hrsg.): Kompendium Kulturmanagement. Handbuch für Studium und Praxis (3. Auflage), Vahlen, München, 2011, SS. 189–190. しかしこの論点には議論の長い蓄積があり、文化国家性は、連邦のみならず州にも認められるが、「ボン基本法での強調は、州の文化高権を空洞化させる」という批判も根強い。Hartwich, Hans-Herman / Wewer, Göttrik (Hrsg.): Regieren in der Bundesrepublik V: Souveränität, Integration, Interdependenz. Staatliches Handeln in der Außen- und Europapolitik, Leske + Budrich, 1993, S. 294.

9 Naumann, Michael: Zentralismus schadet nicht. Die Kulturhoheit der Länder ist Verfassungsfolklore. Es darf und muss eine Bundeskulturpolitik geben. In: Zeit Online, 2. November 2000, S. 5. http://www.zeit.de/2000/45/Zentrallsmus_schadet_nicht [Letzter Zugriff am 29.1.2018.]

10 ラウは、二〇〇四年一一月にも文化を全ての国家の次元において確たる義務的責務とすることについて発言し、改正論の契機となった。Deutscher Bundestag Enquete-Kommission „Kultur in Deutschland“ Sekretariat: Tätigkeitsbericht der Enquete-Kommission „Kultur in Deutschland“ 15. Wahlperiode (EK-Kultur AU 15/154), Berlin, 15. November 2005, S. 11.

11 西ドイツ時代にボンに国立の歴史博物館が建築されているが、ＢＫＭ設置前の連邦文化政策については、秋野、前掲論文、九八頁。

12 ＳＰＤ、ＣＤＵ／ＣＳＵ、同盟九〇／緑の党、自由党の議員によって発議がなされた。フランツ・ミュンテフェーリンク（ＳＰＤ）やアンゲラ・メルケル（ＣＤＵ／ＣＳＵ）らも積極的に関わっており、超党派で設置が望まれていたことをうかがうことができる。Deutscher Bundestag 15. Wahlperiode: Einsetzung einer Enquete-Kommission, Kultur in Deutschland, 01.07.2003.（以下、BT-Drs. 15/1308 と記す。）第一五被選期間の総選挙は二〇〇二年九月二二日で、被選期間の開始は二〇〇二年一〇月一七日である。

13 二〇〇五年一二月一五日の議決により設置。（発議は Deutscher Bundestag 16. Wahlperiode: Einsetzung einer Enquete-Kommission „Kultur in Deutschland“, 14.12.2005. 以下、BT-Drs. 16/196 と記す。）二〇〇七年五月一〇日に連邦議会内の諮問委員会事務局で事務局長のラインハルト・テゲトフ、アストリート・マーラー＝ノイマンに行った聞き取りによれば、二〇〇五年にＣＤＵ／ＣＳＵとＳＰＤによる大連立政権が誕生したことで、長年の懸案であった連邦制改革実現への道筋がついたことは、協調的文化連邦主義を前進させる契機となったという。

14 一般的に諮問委員会とは、調査（Enquête）を主な任務とし、勧告は中長期的な効力を持つとされる。すでに議題になっている論点に関して立法のための準備的な調査を行うのではなく、未だはっきりと論点にはなっておらず複合的な領域にまたがっている論点を専門的視点で交通整理し、問題意識を形成するという意味がある。その意味では調査委員会と訳す方が適切かもしれないが、先行研究に倣って諮問委員会と訳す。事務局での聞き取りのほか、以下を参照した。Enquête-Kommissionen. In: Andersen, Uwe / Wichard, Woyke (Hrsg.): Handwörterbuch des politischen Systems der Bundesrepublik Deutschland, 7. aktual. Aufl., Springer VS, Heidelberg, 2013.（オンライン版）http://www.bpb.de/nachschlagen/lexika/handwoerterbuch-politisches-system/202016/enqute-kommissionen?p=all [Letzter Zugriff am 19.12.2018.]

15　ベルリン都市州の発議については、二〇〇八年一〇月一〇日連邦参議院での採決の結果、連邦議会への発議は叶わなかった。二〇〇九年九月二七日のドイツ連邦議会総選挙でCDU／CSUとSPDの大連立から、CDU／CSUとFDPの連立になると、基本法の改正に積極的なFDPが与党入りし、文化に関する基本法の改正はこのとき、CDU／CSUとFDPの連立交渉の論点になっている。しかし結局実質的な進展はなかった。直近の二〇一七年の連邦議会総選挙では六月二三日にドイツ文化評議会が、一四項目の要望を提出し、第一四項で、連邦文化省（文部省ではなく）の創設と連邦議会文化諮問委員会勧告の文言どおりの基本法の改正を求めている。Deutscher Kulturrat: Staatsziel Kultur. Bundesrat lehnt Initiative des Landes Berlin ab. Deutscher Kulturrat bedauert Entscheidung des Bundesrats, Berlin, 10.10.2008, https://www.kulturrat.de [Letzter Zugriff am 25.10.2008.]; Staatsziel Kultur: Auch große Verhandlungsrunde soll sich einen Ruck geben, http://kulturrat.de/detail.php?detail=1661&rubrik=2, 08.10.2009 [Letzter Zugriff am 08.10.2009.]; https://www.kulturrat.de/dokumente/wahlpruefsteine-bundestagswahl2009.pdf, 23.6.2017 [Letzter Zugriff am 23.08.2017.]

16　Deutscher Bundestag 15. Wahlperiode: Zwischenbericht der Enquete-Kommission Kultur in Deutschland. Kultur als Staatsziel (Drucksache15/5560), 01.06.2005.（『中間報告書』については、以下、BT-Drs. 15/5560と記す。）

17　Ebd., S. 2.

18　委員の構成は、各党派の連邦議会議員一一人、専門家委員一一人、代理委員が一一人で、原則的に隔週月曜に連邦議会で委員会が召集された。著者が二〇〇七年五月に非公開のこの委員会に陪席した際には、作業部会一一ａ（芸術家の労働時間と賃金について）、作業部会二一ａ（勧告文言の最終調整）、党派部会（委員それぞれが参加した各作業部会一と作業部会二で自党の提案がどのように反映されたかなど、議論内容の報告）、総会という順で、一一時半から一七時頃まで議論が行われた。

19　委員は各党から推挙され、人数構成は連邦議会総選挙での各政党の議席獲得数に比例する。そのため、選挙後に若干名の交代が見られた。

20　一九九二年のマーストリヒト条約を機に「文化」は欧州の条約（Treaty）の射程に入った。欧州共同体設立条約第一五一条では、E

Uの文化政策に関する中心的な規範が示された。しかし欧州共同体設立条約第五条にあるように、ＥＵも補完性の原理により、原則的には主権国家の文化政策に対する補完的な役割しか担えず、文化的遺産への配慮は加盟国に求められている。BT-Drs. 16/7000, SS. 74–75.

21 Ebd., S. 69.

22 ヴァイマル憲法は第一四二条で「芸術、学術、その教授は自由である。国家はそれらを保護し、その奨励に関与する」と明文化していたが、ボン基本法第五条第三項では後文が削除され「芸術と学問、研究、教授は、自由である」となった。つまり「国家からの自由（自由権的自由、防禦的自由）」は明記されているため、国家による芸術活動への侵害の防止であることについて、異論の余地はない。しかし実質的な芸術文化活動を可能にするための環境整備を国家（「州の文化高権」があるため、従来の理解ではこれは第一義的に州であり、連邦政府は入っていなかった）に求める「国家による自由（社会権的自由）」までも含みうるか、さらには行政の義務をも導くのかは、解釈が分かれる。連邦憲法裁が判決により、何らかの方向性を形成していくことについては、立法に対する司法の優越としてドイツではしばしば批判されている。Palm, a.a.O., SS. 126–128; Cornel, Hajo: Gespensterdebatten. Wider die Verrechtlichung der Kulturpolitik. In: KuMi, III/2004, SS. 29–31. 国家からの自由、国家への自由に関しては、芦部信喜／高橋和之補訂『憲法　第六版』岩波書店、二〇一五年、八三—八七頁を参照した。

23 一九七三年に学問の領域で、「文化国家を自認する国家が自由な学問の理念とその実現に協力することの保障」をしているとの理解が示され、第五条第三項から「適切な組織上の措置により自由な学問運営に配慮する国の特別の保護義務」が導かれた。阿部照哉「学問の自由と大学の自治」一九七三年五月二九日連邦憲法裁判所第一法廷判決、ドイツ憲法判例研究会（編）『ドイツの憲法判例（第二版）』信山社、二〇〇三年、二〇五頁、二〇八頁。一九七四年のレコード判決（BVerfGE 36, 321）が同様に判示したことが、芸術分野での嚆矢となった。一九九八年までに三〇弱の判決がこの立場を採用したといわれる。Palm, a.a.O., SS. 126ff.

24 しかし文化諮問委員会での議論に携わった法学者の中にもウルリヒ・カーペンのように第五条第三項を第二〇条の社会国家原則に照らし合わせて解釈し、これを「文化的生存配慮」の根拠とみなすことで、社会権的自由はすでに保障されているという立場をとる者もいた。BT-Drs. 16/7000, S. 77. 詳細については、以下の見解表明文書を資料として確認した。Schriftliche Stellungnahme von Prof. Dr. Ulrich Karpen zur öffentlichen Anhörung zum Thema „Kulturellen Staatszielbestimmungen“ der Enquete-Kommission des Bundestags „Kultur in Deutschland“ am 20. September 2004, S. 12. 二〇〇四年九月二〇日の国家目標としての文化聴聞会（議事抄録のみ公開）に先立ち七名の法学者（バドゥーラ、ガイス、ヘーベルレ、フーフェン、カーペン、マーレンホルツ、ピエロート）が諮問委員会事務局に送付した書面での見解表明文書は現在非公開であるが、本書のこの日の各自の見解表明文書への言及箇所は全て、文化諮問委員会事務局の提供による全文複写を一次資料とし、内容を確認した。（以下、Schriftliche Stellungnahme, 提出者の氏名〔再出時には苗字のみ〕と記す。）

25 ところで第三章でも検討するように、一般の国民に対して広くいわゆる「文化権」を保障したものであるかという議論は、この第五条第三項を根拠になされることは殆どない。人権としての文化的な権利の意味内容の形成に向けた国際的な議論は一九四八年に国連総会で採択された世界人権宣言の第二七条（宣言であるため法的拘束力はなく、法規範性については議論がある）、一九六六年採択（七六年発効）の国際人権規約A規約第一五条、ユネスコの一九六八年の声明などを下敷きに、ドイツでもヘルマン・グラーザーが積極的に「住民の文化への権利」に言及してきた。けれども第五条第三項に関する議論では、芸術と学術を合わせて文化ととらえる慣習はあるようなのだが、議論の射程はもっぱら芸術と芸術家である。聴聞会に向けた書面でカーペンは、基本的に改正は不要という立場を示したものの、一般の住民にも目を向けた改正の可能性を検討してもおり、その際、ノルトライン＝ヴェストファーレン州憲法第三四条第二項第一文「文化財への関与は、人民の全ての層にとって可能である」を改正文の参照とするよう述べている。このことから、基本法第五条第三項からは広く住民の「文化へのアクセス権」を自動的には導き出せないととらえられていることも分かる。Schriftliche Stellungnahme, Prof. Dr. Bodo Pieroth, S. 5; Schriftliche Stellungnahme, Karpen, S. 9. 小林孝輔は第五条、第八条、第九条を合わせて「表現権」ととらえている。小林孝輔『ドイツ憲法小史〈新訂版〉』学陽書房、一九九二年、二〇〇―二〇一頁。

26 BT-Drs. 16/7000, S. 69. 各州は州憲法で芸術文化を規定している。積極的に「保護」や「振興」という語を使うものもあれば、バイエルン州のように自州を「文化国家」と定義するものもある。他方、積極的な関与は規定せず、市民の芸術や文化活動の「自由」を保障するにとどまるものもある。後者は振興政策の法的根拠としてはやや弱い（空所）とされる。

27 Wissenschaftliche Dienste Deutscher Bundestag: Kulturpolitik Formen und Bereiche der Bundeskulturpolitik im föderalen Staat (WD 10 - 3000 - 034/15), SS. 7f, S. 17.

28 Schriftliche Stellungnahme, Prof. Dr. Dr. h. c. mult. Peter Häberle, SS. 1–2. また一九八〇年以降になされた文化をボン基本法でどのように扱うかについての議論の経過は、以下が詳しい。Häberle, Peter: Der kooperative Verfassungsstaat - aus Kultur und als Kultur, Duncker & Humblot, Berlin, 2013, SS. 551–556.（上記の部分は、二〇〇四年の聴聞会に提出した見解表明文書のほぼ再掲となっている。）

29 Deutscher Bundestag 12. Wahlperiode: Bericht der Gemeinsamen Verfassungskommission (Drucksache 12/6000), 05. 11. 1993, S. 77.

30 「文化」は曖昧な概念で、法規範とするには十分に明確ではないというのが、反対理由であった。BT-Drs. 16/7000, S. 78.

31 Ibid., S. 69.

32 Ibid., SS. 78–79.

33 Schriftliche Stellungnahme, Häberle, S. 6; BT-Drs. 16/7000, S. 79.

34 Ebd., S. 78.

35 Schriftliche Stellungnahme, Karpen, S. 12.

36 BT-Drs. 16/7000, S. 79.

37 Ebd., S. 70.

38 Schriftliche Stellungnahme, Häberle, S. 4.

39 Schriftliche Stellungnahme, Karpen, S. 12.

40 BT-Drs. 16/7000, SS. 76–77.

41 Max-Emanuel Geis: »Kulturstaat« oder »Bürgerrecht auf Kultur«? In: Olaf Schwenke (Hrsg.): Kulturföderalismus und Kulturförderung. Neue Bundesstaatlichkeit im Kulturstaat Deutschland? Hagen/Loccum, 1992, S. 91.

42 ガイスは、第二〇b条が最も好ましいとする立場であった。第二〇a条は、すでにぎこちない文言であるのに、「及び」が二回登場し、ますます不格好になるので、好ましくない。第二〇b条の文構成であれば、文化の保護が国の「義務的責務」であることが明らかになる。同時に、文化が、例えば財政法的観点からなども、劣位の政策目標にあたるものではないことを明文化する。それでもなお、文化は具体的に掴みどころのあるものではなく、むしろ絶え間ない解釈論争の源であり、文化的基本供給を確たるものとするためのさらなる法権利的義務化は、「文化」概念の抽象度の高さゆえに、比較的無意味だと述べている。改正の効力としては、第一条の場合も、第二〇条の場合も、連邦と州との権限配分に変化はもたらさない。第三〇条、七〇条以降、八三条以降に若干の微調整が必要になる。第三〇条に明瞭に記されている以外の管轄は生みださない。一般的な文化条項は、連邦に、明文化されていない立法権および執行管轄を与えるものではない。文化的な国家条項は、他の国家条項にも法的効果をもたらすため、立法に際して、文化的領域および文化への影響が、〔他の政策領域と〕同じ重みをもって考慮されることになる。法的に明文化された国の文化への責務は、行政法的な裁量を考慮する際にも影響を及ぼしうるし、及ぼさねばならない。高度に抽象的であることから、文化条項は憲法内在的な基本権の制限のみ認めることができる。文化条項のようなものは、そうでなければ一般的な制限条項に「突然変異」する恐れがあるが、そのようなことは明瞭な基本権制度と相いれないなど、詳細に説明がなされている。Schriftliche Stellungnahme, Prof. Dr. Max-Emanuel Geis, SS. 2–3.

43 カーペンは、この場合、第二〇a条の環境もとりいれ、環境国家を並べることも考慮にいれている。連邦共和国は、法治、文化、社会、環境国家であるという条文案が示されているが、なぜこの順なのかについては触れられていない。Schriftliche Stellungnahme,

Karpen, S. 9.

44 Schriftliche Stellungnahme, Karpen, S. 9.

45 いわゆるレコード判決（BVerfG 36, 331, 5.3.1974）である。 https://www.jurion.de/urteile / bverfg/1974-03-05/1-bvr-712_68/ [Letzter Zugriff am 26. 8. 2018]

46 トーマス・ルプケとベルント・ワーグナーはこの判決を、州が国家（Staat）として自律的な文化自治を行う根拠と見なしている。 Röbke, Thomas / Wagner, Bernd: Aufgaben eines undogmatischen Kulturföderalismus. Einleitung. In: Röbke / Wagner (Hrsg.): Jahrbuch für Kulturpolitik 2000. Bürgerschaftliches Engagement (Band 1), Klartext, Essen, 2001, SS. 13–34. しかしドイツ内務省は、この判決を連邦政府の文化への関与を認めたものと理解した。この判決について言及した書籍は枚挙に暇がないが、主要なもののみ挙げるならば Benda, Ernst / Maihofer, Werner / Vogel, Hans-Jochen (Hrsg.): Handbuch des Verfassungsrechts der Bundesrepublik Deutschland, De Gruyter, Berlin/New York, 1995, S. 1241; Klein, Armin: Der exzellente Kulturbetrieb, Springer VS, Wiesbaden, 2008, S. 32.

47 Deutscher Bundestag 10. Wahlperiode: Drucksache 10/2237, S. 3.

48 BT-Drs. 16/7000, SS. 75–76.

49 Ebd., S. 69.

50 Ebd., S. 69, S. 77.

51 Schriftliche Stellungnahme, Karpen, S. 14.

52 BT-Drs. 16/7000, S. 77.

53 ベルント・ワーグナーはこの主題を扱った二〇〇四年の論文に「〈文化国家〉と〈文化的基本供給〉」という表題をつけているが、例えばジーバースはこの論文の内容を紹介するにあたって慎重に「国家による法的な文化振興の義務」という表現に置き換えている。 Sievers, a.a.O., S. 22.

54 Scheytt, Oliver / Zimmermann, Michael: Kulturelle Grundversorgung und gesellschaftliche Nachhaltigkeit. Überlegungen zu einem kulturpolitischen Schlüsselbegriff aus aktuellem Anlaß. In: KuMi, III/2004, SS. 23–24.

第三章

1 Henckmann, Wolfhart; Lotter, Konrad (Hrsg.): Lexikon der Ästhetik, C.H.Beck, München, 1992, S. 131.［W・ヘンクマン／K・ロッ

ター（編）（後藤狷士／武藤三千夫／利光功／神林恒道／太田喬夫／岩城見一監訳）『美学のキーワード』勁草書房、二〇〇一年、二五四―二五五頁〕

2 Bundesministerium der Justiz und für Verbraucherschutz: Vertrag zwischen der Bundesrepublik Deutschland und der Deutschen Demokratischen Republik über die Herstellung der Einheit Deutschlands,1990, S. 13. http://www.gesetze-im-internet.de/einigvtr/art_35.html[Letzter Zugriff am 17.8.2018.] 以下、条文の翻訳については、高田敏／初宿正典（編）『ドイツ憲法集　第六版』信山社、二〇一〇年を参照し、適宜変更を加えた箇所もある。

3 Deutscher Bundestag 16. Wahlperiode: Schlussbericht der Enquete-Kommission „Kultur in Deutschland“ (Drucksache 16/7000), 2007, SS. 75–76. 以下、BT-Drs. 16/7000 と記す。

4 Ebd., SS. 75–76; Deutscher Bundestag, 15. Wahlperiode Enquete-Kommission „Kultur in Deutschland“, Kurzprotokoll der 19. Sitzung (öffentlich) der Enquete-Kommission „Kultur in Deutschland“ (Protokoll-Nr. 15/19), S. 9. 以下、Protokoll-Nr. 15/19 と記す。

5 Ebd., SS. 9–10.

6 Huber, Ernst Rudolf: Zur Problematik des Kulturstaats, J. C. B. Mohr, Tübingen, 1958.

7 Ebd., SS. 11–21. フーバーの国益優先的国家観に関して、小林の指摘も参照されたい。小林真理『文化権の確立に向けて』勁草書房、二〇〇四年、一一四―一一五頁。

8 Protokoll-Nr. 15/19, S. 9.

9 Ringer, Fritz K.: Die Gelehrten. Der Niedergang der deutschen Mandarine 1890–1933, Klett-Cotta, Stuttgart, 1983. (Aus d. Amerikan. übers. von Klaus Laermann, Original: The Decline of the German Mandarins. The German Academic Community, 1890–1933, HUP, Cambridge, Mass. , 1969.)〔F・K・リンガー（西村稔訳）『読書人の没落――世紀末から第三帝国までのドイツ知識人』名古屋大学出版会、一九九一年〕

10 Jung, Otmar: Die Entwicklung des Kulturstaatsbegriffs von J. G. Fichte bis zur Gegenwart unter besonderer Berücksichtigung der Verfassung des Freistaates Bayern vom 2. Dezember 1946, Werner Blasaditsch, Augsburg, 1973.

11 Geis, Max-Emanuel: Kulturstaat und kulturelle Freiheit. Eine Untersuchung des Kulturstaatskonzepts von Ernst Rudolf Huber aus verfassungsrechtlicher Sicht, 1. Aufl., Nomos, Baden- Baden, 1990.

12 Bollenbeck, Georg: Bildung und Kultur: Glanz und Elend eines deutschen Deutungsmusters, Suhrkamp, Frankfurt/M., 1996. 他方で、文化国家／国民については、フリードリヒ・マイネッケの一連の研究や文化法学の分野で Scheytt, Oliver: Kulturstaat Deutschland,

Transcript, Bielefeld, 2008 や Haversath, Peter: Zur Legitimation des Kulturstaats. Eine verfassungsrechtliche Untersuchung staatlicher Kunstförderung, Duncker & Humblot, Berlin, 2018などがある。

13 小林、前掲書、一〇九頁。

14 同上、一一一頁。他方、藤野はヴァイマル共和政下での「中央政府が文化振興を行うという任務と仕組みが、一九三三年以降、ヒトラーの中央集権的文化政策の温床になった」と批判している。藤野一夫／秋野有紀／マティアス・T・フォークト（編）『地域主権の国ドイツの文化政策――人格の自由な発展と地方創生のために』美学出版、二〇一七年、一九頁。

15 ハンス・ツェーエトマイアーは、バイエルン王国にプロイセン型の「文化国家」が影響を与える余地は小さく、ルートヴィヒI世が一八二五年から四八年の間に、それ以前もそれ以降もヨーロッパでは類を見ない「芸術王国（Kunst-Königtum）」という「独自の支配原理」を生みだしたと記述している。Zehetmair, Hans: Kultur bewegt. Kulturpolitik für Bayern. Olzog, München, 2001, S. 14.

16 文教政策の起源そのものについては、文化秩序維持（ポリツァイ）行政、プロテスタント的な国家理念（諸侯は神託の役人であり魂の世話をするというもの）、文化闘争、文筆家たちによる批評（「文化」対「文明」の数々の言説）の系譜があるとしたマンフレート・アーベラインによる一九六八年の先行研究がある。Abelein, Manfred: Die Kulturpolitik des Deutschen Reiches und der Bundesrepublik Deutschland, Westdt. Verlag, Köln, 1968, SS. 193–209.

17 この背景としては、ドイツの総論的な文化政策の研究書が、ヴァイマル憲法成立後も、諸邦が文教政策については実権を維持したため、ドイツ国がほとんど実質的な芸術振興を行ってこなかったと考えてきたこと、そしてナチ時代の中央政府による芸術統制政策は一時的な「異常事態」であり、戦後の文化連邦主義をヴァイマル共和政も含めてそれ以前のドイツの文化史を継承するものとして位置付ける解釈を好んで採用してきたことが一つの要因として挙げられる。Ebd., SS. 58–60; Ulrike Blumenreich / Council of Europe / ERICarts: Compendium of Cultural Policies and Trends in Europe, Bonn, 2016, S. 2.

18 Fichte, Johann Gottlieb: Die Grundzüge des gegenwärtigen Zeitalters. In: Oesterreich, Peter Lothar (Hrsg.): Johann Gottlieb Fichte Schriften zur Angewandten Philosophie Werke II, Deutscher Klassiker, Suhrkamp, Frankfurt am Main, 1997, SS. 67–328.［フィヒテ／ラインハルト・ラウト（編）（柴田隆行／量義治訳）「現代の根本特徴――幸いなる生への導き」『フィヒテ全集』第一五巻、晢書房、二〇〇五年］

19 Jung, a.a.O., S. 11.

20 その理由はこうした研究が、ドイツ近代市民層の「特殊な」性質をとらえることで、ドイツの「特殊な道」といった歴史学のテーゼの妥当性を分析する問題意識とも部分的に関心を共有していたためであろう。そのため自ずとその視点は、ドイツを特徴付ける国家論としての「文化国家」とそれを支えた教養市民層の思想に収束される共通の傾向が見られる。リンガーの研究も、ドイツの市民層のイデオロギーの複数性に着目しつつ、財産を資本とする有産市民層と教養を資本とする教養市民層に分けたカール・マンハイムの分類を理論的基盤にしている。直接的に「文化国家」を主題にするものではないが、ドイツ的な文化概念については、ノルベルト・エリアス（赤井慧爾／中村元保／吉田正勝訳）『文明化の過程（上）』法政大学出版局、二〇〇四年や宮本直美『教養の歴史社会学——ドイツ市民社会と音楽』岩波書店、二〇〇六年なども参照されたい。

21 リンガー、前掲書、五五—五六頁 [Ringer, a.a.O., SS. 83–85.]。なお、英語からの翻訳の際に、どの単語がドイツ語訳では選択されていたのかを確認するために（例えば修養や陶冶は Bildung の可能性もあったため）、邦文には記されてないドイツ語訳の表記を加えている。

22 同上、五六—五七頁。[Ebd., S. 85.]

23 近代的法治国家の思想の嚆矢としてはカントが有名であるが、造語者はローベルト・フォン・モールであるとされる。モールの学説は、明治維新以降の日本の国制論にも影響を与えたと言われる。小林孝輔『ドイツ憲法小史〈新訂版〉』学陽書房、一九九二年、一四四頁。モールの法治国家論については、木村周市朗『ドイツ福祉国家思想史』未來社、二〇〇〇年、三一三—三七頁が詳しい。

24 宮本によれば、一九世紀の産業化が実学の重要性を現実的には看過できないものにしたにもかかわらず、ドイツでは利害・実利から無関係な「純粋な学問」によってのみ精神的品性が養われるとされ、実学系の科学は蔑視されたという。またヴァイマル共和政において文部大臣ハインリヒ・ベッカーが、フンボルトに学んで純粋な学問を重視する大学改革を行うことで「文化国家」を構築しようとしたことにも触れられている。宮本、前掲書、五一—五二頁。

25 Schnabel, Franz: Deutsche Geschichte im neunzehnten Jahrhundert. Bd. 1: Die Grundlagen, Deutscher Taschenbuch Verlag, München, 1987, S. 299.

26 リンガー、前掲書、八一頁。[Ringer, a.a.O., SS. 116–117.]

27 伊藤定良『近代ドイツの歴史とナショナリズム・マイノリティ』有志舎、二〇一七年。近代国民国家成立の歴史を扱う書籍が数ある中で、文化国民についての段階的描写に詳しく、本章の主題との相関を見いだしやすいためである。

28 伊藤、前掲書、一六頁。

29 伊藤によれば、改革を指揮したシュタインは、邦国を超えたドイツそのものを祖国と感じてドイツ民族意識を燃やし続けていたが結局実を結ばなかった。一八〇八年には都市の営業者層と全ての土地所有者に市民権が与えられ、市議会も身分、宗派、ツンフト、市区の代表としてではなく市民全体の代表に転換、旧来の市参事会による寡頭支配も改められているが、不定住で営業に従事していない教養市民層には市民権が与えられなかったという。つまり彼らは都市行政から排除されたのである。こうした背景が、後に彼らが特権的な地位を求める間接的な土壌になったと推察しうるが、他方でこの当時、彼ら自身も市民権の獲得に積極的ではなかったと指摘されている。伊藤、前掲書、一〇―一一頁。

30 西村貞二『フンボルト（新装版第一刷）』清水書院、二〇一五年、一一九―一二〇頁。

31 同上、一二一頁。

32 伊藤、前掲書、一三頁。

33 『ドイツ国民に告ぐ』は、一八〇七年一二月から一八〇八年三月の全一四回の講演からなる。当時のフィヒテは、無神論論争でイエーナ大学を追われ無職であった。

34 Der Patriotismus, und sein Gegentheil Patriotische Dialoge, 1807,［菅野健／杉田孝夫訳「祖国愛とその反対――愛国的対話」早瀬明／菅野健／杉田孝夫訳『フィヒテ全集・第一七巻　ドイツ国民に告ぐ・政治論集』哲書房、二〇一四年、二一三―四五五頁。

35 同上、五八四頁。

36 Fichte, Johann Gottlieb: Reden an die deutsche Nation, neu hrsg. von Medicus, Fritz, dritter unveränderter Neudruck, Felix Meiner, Leipzig, 1919, SS. 239–240.［同上、二六五―二六七頁。同上（第九講）、一五九―一七五頁］

37 Ebd., SS. 241–242.［同上（第一四講）、二六七頁］

38 早瀬／菅野／杉田、前掲書、一六二頁。

39 Ebd., SS. 145–146.［同上、一六〇―一六一頁］

40 早瀬、菅野、杉田、前掲書、五八四頁。

41 一カ所は、フィヒテの草稿では「文化国家」(Kulturstaat) であるが、その後、文化状態 (Kulturstand) と修正されたとされる。菅野／杉田訳、前掲書、四五一頁。

42 早瀬／菅野／杉田、前掲書、二三四頁。

43 同上、二三七頁。

44 同上、四一二頁、四三七頁。

45 なお『ドイツ国民に告ぐ』第三稿では国民教育という思想がまだ目新しいものであったために検閲を担当する者に理解の困難を惹起したと指摘されている。早瀬、菅野、杉田、前掲書、二九九頁。宮本は以下のように読みといている。フィヒテは、教養が完全なネイションを形成すべきこと、一人の例外なくネイションになること、そこではあらゆる差異が解消されることを主張した。全ての人が自由で平等であるようなネイションの想定には、こうした議論に表れる教養や文化の理念もまた万人への開放性という意味での普遍性の理念を保持していたことを読みとることができる。しかし同時に国家主導によるネイション形成であるがゆえの理想の脆弱性として、個々人のまったく自由で自発的な発展というのは、決して歓迎されなかった。フィヒテの世代は、自由主義的な諸観念や政治制度を異質で「非ドイツ的」なもの、西欧的なものとして非難していた。宮本、前掲書、四一―四三頁、三二一頁。

46 日本での様々な受容について、早瀬、菅野、杉田、前掲書、三〇七―三二三頁を参照されたい。

47 『現代の根本特徴』でフィヒテは、キリスト教的価値観を共有する西洋諸国を主に「文化国家」の意味内容としていた。

48 佐々木隆夫『国際公共財の政治経済学』岩波書店、二〇一〇年、五三―一一八頁。

49 同上、五五―五六頁。

50 同上。

51 佐々木によれば、ゲルマン的伝統では、帰属する者を自由にする裁量権はその家もしくは団体、そしてその代表者である自由人にあり、領主や君主もそれを侵害することは許されなかったという。同上、五八頁。

52 同上、五七―五八頁。

53 同上、六六―六七頁。

54 同上、八一―八四頁。

55 同上。

56 同上、一〇一頁。

57 ドイツのポリツァイ条例、ラント法の登場はこれをよく示しているという。同上、一〇一頁。

58 ここで特に注目に値するのは、生成してゆく国家が常に教会を自己の権威の下に置こうとしたという指摘で、後述のようにドイツ統一やヴァイマル共和政へと向かう途上でもこうした動きが現れている。

59 同上、一〇三頁。

60 この関連で佐々木はさらに日本にも言及し、明治維新で「旧き市民社会」の伝統という背景なしに旧制度の改革が行われ、新しい統治・支配システムを展望する政治運動が西欧から社会契約説、啓蒙主義、自然権思想などを、その近代的側面においてのみ輸入した日本では、「市民」意識や「市民社会」意識は容易に根付くものではなく、事実上「国家」の従属物である「帝国臣民」「国民」が先に存在し、普遍的意味をもつ「市民」と緊張関係をもつにいたったことを指摘している。同上、九六―九七頁。

61 伊藤、前掲書、二一一頁。

62 同上、四五頁。

63 ブルシェンシャフトの学生、自由主義、民主主義的な知識人・市民のみならず、手工業者・農民・労働者・女性も参加をした。同上、二〇—二五頁。

64 同上、三〇頁。

65 参集した八三〇名のうち、大学教授が四九名いたために「教授議会（Professorenparlament）」と揶揄されたことは周知のとおりである。ただしフーバーの『ドイツ憲法史』を参照した小林孝輔によれば、聖職者・大学教授・その他自由業が二七七名、無職が一一八名、実業人一一〇名、行政官は三二五名であったという。小林、前掲書、一二二頁。

66 ユングは一八一五年のヴュルツブルクの出版社のものを下敷きにしている。著書が確認できたのは以下である。Wagner, Johann Jakob: Der Staat, Adam, Ulm, 1851.

67 Jung, a.a.O., S. 35. ワーグナーの「文化国家」では、身分制に立つ封建制が否定され、人民・市民による統治機構が描かれる。しかしここに文化がどのような意味内容として関わっているのかは、それほど明瞭には述べられていない。文化が民族・国民（Volk）というものの基盤になるととらえているようではあるが、統治との関連での文化の意味内容は、精神的なものを指しつつ、神に従うような規範ではもはやなく、啓蒙主義的な理性のようなものでもないようで、良心のようなものとしてとらえていた様子である。そしてこれは教養市民層的な陶冶を中心におく文化でもない。Wagner, a.a.O., SS. 5–6.

68 神権政治──世界法、専制政治──人民法、遊牧民の制度（遊牧民族の広域国家・帝国 Nomade）──部族法、無秩序（未開）──個々の法、帝国、文化諸国家（Kulturstaaten）、神権政治（第一の神権政治とは異なる）である。二度登場する神権政治の第二番目は、その円を一巡しているいわば将来像であり、第一の神権政治とは性格が異なる。Wagner, a.a.O., S. 2, S. 8.

69 Ebd., SS. 5–6.

70 Jung, a.a.O., SS. 33–36.

71 Ebd., S. 209.

72 著者が確認できたのは以下の版である。Bluntschli, J. C. (Durchgesehen von E. Loening): Allgemeine Staatslehre, 6. Aufl., J. G. Cotta'schen Buchhandlung, Stuttgart. 1886. 日本では加藤弘之が『國法汎論』として一八七二年に訳し、明治政府の理論的支柱となったことで知られる（先の法治国家の造語者、あるいは早くからの使用者としてしられるモールも、加藤が積極的に日本に受容している）。国立国会図書館デジタルコレクションで閲覧可能。

73 Jung, a.a.O., S. 209. 第四章「国家の目的（Staatszweck）」で「文化国家」について言及がある。Bluntschli, a.a.O., S. 366.

74 小林孝輔によれば、ブルンチュリは国家を有機体と見なし、樹木が植物細胞の無数の集合とは別な何物かであるように、国家も個性をもち、その個性とは国民精神であるとする（国家有機体説）。神政国家論を否定し、国家を、国民からも君主からも独立した存在としようとした点で、君権主義的法治国家論を阻止する意図が見られた。けれども、国家意思と国民意思とを切断した点で民主主義理論とはいえず、君主の意思と国家意思との切断が説得的でない（君主は国家を超越した存在ではなくなったのだが、法の制定者には君主が想定されていた）点で合理主義的とも言えなかったと指摘している。小林孝輔、前掲書、一二七–一三九頁。

75 Bluntschli, a.a.O., S. 366. ブルンチュリは、国家原理（Staatsprinzip）の例として、君主政体、共和政体、「文化国家」（Kulturstaat）を挙げる。ブルンチュリも、ワーグナーも、神から権限が授与されるような封建的君主政（神政国家論）と区別して、近代的な法治国家体制を本質的な要件として、「文化」を用いようとしていたことが分かる。さらにブルンチュリは最上位の国家機関の役割は、権利の保障や公正のみではないし、人民の生活は法的であるのみならず、経済的、文化的でもあると述べ、国家の役割として公共の福祉を強調する。Ebd., SS. 360–361.

76 Ebd. S. 366.

77 Ebd.

78 ブルンチュリの表現は、芸術振興と公教育を合わせた文化奨励（Pflege）であり、芸術が明示されているのは、ペリクレスのアテネの箇所である。Ebd., 369.; Jung, a.a.O., SS. 37–39.

79 ただしヴィーン体制下のこの時期、「文化国家」の意味内容として想定されていたのは、君主制国家である。

80 伊藤、前掲書、七〇頁。

81 同上、七三頁。

82 同上、七四頁。

83 同上、七七頁。

84 ユングは、ペリクレスやフィレンツェは、擬古典主義にとっての魔法の言葉であるとし、こうした芸術を崇拝する思想が、一八九七年のトライチュケの『政治学講義』に継承されているとみている。Jung, a.a.O., S. 107.

85 国内には多くのポーランド人がいたほか、南北の地域的分断と宗教的分裂、階級による分断も継続していた。先述のアーベラインは教育政策を含めて広く文化政策の起源を分析しているため、文化闘争もその一つに数えている。

86 一八七二年にはプロイセン学校監督法制定により、学校教育における聖職者、とりわけカトリック教会の監督権を排除し、全ての公・私立学校を国家に従属させようとした。伊藤、前掲書、一三一頁。ビスマルクの政策はアメとムチという表現で語られることが多いが、アメの部分が、労働者の関心を社会主義者から切り離すための独自の社会保障制度の制定である。一八八〇年代半ばからは植民地政策も積極的に展開されている。ちなみに第一次世界大戦中に短い期間ではあったが帝国宰相となるゲオルク・ミヒャエーリスが日本からの招聘を受け、東京に滞在し（一八八五年から八九年）、獨逸學協會學校（獨協大学の前身）で教鞭をとっていたのはこの時期である。

87 伊藤、前掲書、一二九頁。

88 同上、一四六—一四七頁、一〇五頁。オットー・ダン（末川清／姫岡とし子／髙橋秀寿訳）『ドイツ国民とナショナリズム』名古屋大学出版会、一九九九年、一五五—一六六頁もあわせて参照した。[Dann, Otto: Nation und Nationalismus in Deutschland 1770–1990, 3. Aufl., C.H. Beck, München, 1996, SS. 225–229.]

89 この理念は、国民を超えて人類の思想にまで高められていくが、国内では国民の自意識を醸成するものとして機能した。一九一四年の理念の代表的知識人には、フィヒテの時代にまで遡りつつドイツ的自由の概念を提唱したトレルチや文化と文明を対照させて論じたトーマス・マン、アングロサクソンの「小商人根性」とドイツの「英雄的精神」を対置させたヴェルナー・ゾンバルトらが挙げられている。伊藤、前掲書、一八〇—一八四頁。

90 同上、一七八頁。

91 同上、一七八—一七九頁。H・A・ヴィンクラー（後藤俊明／奥田隆男／中谷毅／野田昌吾訳）『自由と統一への長い道Ⅰ　ドイツ近現代史一七八九—一九三三年』昭和堂、二〇〇八年、三四一—三四六頁。Winkler, Heinrich August:Der lange Weg nach Westen, Erster Band: Deutsche Geschichte vom Ende des Alten Reiches bis zum Untergang der Weimarer Republik, C.H. Beck, München, 2000, SS. 337–342.

92 民族自決の嵐が吹き荒れるこの時期、「帝国崩壊後のヨーロッパに国民国家を建設する事は連合国のミッション」でもあったという（同上、二三九頁）。国内の多民族の共生と在外ドイツ人マイノリティに対する関心は、後述のヴァイマル憲法起草の過程でも文化政策の論点の大きな部分を占めていた。伊藤によれば、言語で国境を区切れない場合、国内のマイノリティ保護が義務付けられたため、国際連盟加盟を目指す政府はマイノリティ保護を国内政策でも展開する必要があったという（伊藤、前掲書、二二四頁）。こうした背景はヴァイマル憲法第一一三条の文言にも反映されている。ダンは、それぞれの政党について以下のように記している。社会民主党は、「労働者と革命に賛成する市民層との間で国民を形成するための積極的な架け橋になるという歴史的チャンスを逸した」が、「共和国樹立にあたっての国民民主主義的な基本合意を最も明確な形で遵守した政党」、ドイツ民主党（ＤＤＰ）は「市民政党の中で共和国の政治制度の基本的合意事項をともに担う用意があった政党」、中央党は「すでに国民民主主義的な立場が明確ではない政党

93 の部類」、ドイツ国家人民党（ＤＮＶＰ）は「民主主義的国民国家に対する様々な方向からの保守的敵対者が集まった」政党で、その基盤は「君主制と後期帝国主義的ナショナリズム」であったという。ダン（末川／姫岡／髙橋訳）、前掲書、一七九―一八〇頁。[Dann, a.a.O., SS. 263–265.]

94 Jung, a.a.O., S. 41.

95 Ebd., S. 14.

96 Ebd., S. 46. また多民族国家オーストリア＝ハンガリー帝国の当時の政情を反映する点として、言語文化的観点から見た国内少数民族への寛容が、「文化国家」の証であるということも述べられている。

97 Ebd., S. 48. ユングによれば、Julius Schvarcz によるものとされる。国家構成員と国民が区別されて言及されており、精神的かつ慣習的という表現がなされていることからは、グンプロヴィチ同様に国内の少数民族に対する、今日でいう多文化共生の思想をも含意する側面を読みとることができる。

98 Ebd., S. 48.

99 Ebd., S. 55.

100 Ebd., S. 209.

101 「文化国家」を主題としてはいないものの、一八九八年のハインリヒ・フォン・トライチュケの『政治学講義――ベルリン大学講義』も「文化国家」を論じた文献に数えられる。トライチュケは芸術を「日々のパンと同様に人間にとって必要なもの」ととらえており、これまでの論者の中でも、芸術の保護・育成を「文化国家」の役割としてとりわけ強調している。芸術の自治を強調し、芸術育成を自らが存在する条件と見なさない国は決して「文化国家」(Culturstaat) とは見なされないとする彼の見解に読みとることができるのは、国家に権力を自己目的とするのではなく理想を追求する姿勢を求める視点である。Jung, a.a.O., S. 52. トライチュケは、ヴァイマル憲法起草には関与していないが、一八七一年から八八年まで帝国議会の国民自由党議員であった。

102 人文思想的研究で批判されてきたのは、厳密にいえば学問を中心とした「文化」であったが、序章でも触れたように、一九六八年の学生運動の文化の「権威主義的」「現状肯定的」性格批判は、芸術文化にそうした教養市民層の支持した特徴的「文化国家」との共謀関係を見ており、諮問委員会は本書ほど深く歴史の検証は行わなかったものの、「文化国家」の中に芸術文化振興を中心としたものがあったと認めて、留保をつけたと考える。

103 BArch R703/140.（ドイツ連邦公文書館史料については利用規約第九条に従い、文書館の略記号と資料番号を併記する。）同時に、教養市民層の特権的享受のみならず、産業社会の発展に国民を貢献させるための国民教育や芸術文化の利用という実用的側面が見いだされてもいる。ユングは芸術に限らず広く「文化国家」を考察し、「文化国家」をカトリシズムと社会主義への対抗概念であると解釈している。その理解はしかし、プロイセンを中心としたドイツ国民国家統一の原理と一致する時期に限られるであろう。Jung, a.a.O., S. 84.

104 けれども確かにこの後、ザウアーランドの『文化国家』、グスタフ・ミュラーの『文化国家モデルへの道』（一九二八年）をもってファシズム用語と文化国家論が統合されていく。ヒトラーは『わが闘争』の中で、第一次世界大戦に対する政治的準備や技術的軍備の欠如を「教育のありすぎる人が統治者であったがため」ととらえ、教養市民の政治的実行力の欠如を糾弾し、ユダヤ人が「人間の平等の理論」を諸民族に吹き込んだと批判する。アドルフ・ヒトラー（平野一郎／将積茂訳）『わが闘争 下 Ⅱ 国家社会主義運動』角川文庫、二〇一六年、八〇―八六頁。土、血、労働を主軸とするナチの国制論が支配的になると、文化は教養ではなく、民族と結びついた選別の概念となり、「文化国家」は民主主義とその支持者の双方を否定する内容に転化する。先進諸国を指す一般的な用法は存続したが、教養市民が理想とした新人文主義的な理想に基づく文治国家という性格は、むしろ否定されていく。文化を保護し奨励する国家が「文化国家」であるとヴァイマル憲法に依拠した定義をしつつ、『わが闘争』を根拠に第三帝国を明確に「文化国家」と定義しているものに、例えば Glungler, Wilhelm: Theorie der Politik. Grundlehren einer Wissenschaft von Volk und Staat, Fritz Und Joseph Voglrieder, München, Leipzig, 1938, SS. 327ff.

105 第一次世界大戦直後の日本では「文化国家」がナチの国家観念であると理解されていた様子を中村美帆が以下のように記述している。「西村巖文部省調査局審議課長によると「原案で『文化国家』としたら、それはドイツ流の国家観念だと指摘された。向こうは、この表現にナチズムを見るほど神経質になっていたのだろう。『文化的な国家』と直してやっと了解を得た」という」。小林真理（編）『文化政策の現在1　文化政策の思想』東京大学出版会、二〇一八年、四一―四二頁。文化と政策との結びつきがナチ時代の芸術統制を思い起こさせることが下敷きになり、日本では一九八〇年代末まで文化政策という言葉を忌避し、文化行政と表現されてきた。しかしそのような理解をすると、中央政府と芸術文化との距離にしか問題の焦点が当てられず、国民の内部にも多様性があり、芸術文化の素養を個人資本とするもののみが文化領域の意見形成に権力作用を及ぼすという非対称性については深く考慮されず、国家権力対市民という二項対立で市民活動であれば無批判に賛美される土壌を用意してしまうという議論の限界が生じる。ナチ時代に先立つ教養市民層の「文化国家」を批判することは、そうした問題を現代のわれわれに思い起こさせる。

106 ナチ時代には基本権を停止することで、ヴァイマル共和政とは断絶した国家像が目指され、基本権は共同体の利益にとってかわられた。共同体の利益を基本権に優先するこうした国制学を積極的に展開した一人こそ、戦後に「文化国家」を提唱したフーバーである。

107 基本権全般の内容の生成と変容に関しては、以下が参考になる。小林孝輔、前掲書、渡辺中「ドイツにおける基本権の発展（一）」

國士舘大學比較法制研究所（編）『比較法制研究』第八号、一九八五年、六一―七九頁。

108 初宿正典『日独比較憲法学研究の論点』成文堂、二〇一五年、二八九頁。

109 小林（編）、前掲書、一二四頁。

110 Triepel, Heinrich: Quellensammlung zum Deutschen Reichsstaatsrecht, Neudruck der 5. Auflage Tübingen 1931, Scientia Verlag Aalen, 1987. トリーペルや後述するアンシュッツ、トーマなどヴァイマル時代の国法学者の立ち位置については、小林孝輔、前掲書、一八三―一八四頁も参照されたい。

111 Verhandlungen der verfassunggebenden Deutschen Nationalversammlung, Bd. 336: Anlagen zu den Stenographischen Berichten. Nr. 391: Bericht des Verfassungsausschusses, Berlin, 1920.（以下、VVDN と記す）

112 Triepel, a.a.O., S. 1.

113 また最終的には意見表明の自由に収束していくものの、自己を表現する自由という形での検討がなされていた点も注目に値する。

114 初宿、前掲書、二八八頁。小林（編）、前掲書、一二四頁。ただ細かい点での記述が若干異なる。著者が議事録原文を確認した限りでは、提案したのはプロイセン文部省であり、文化大臣ではない。またトラウプはこの条文を提案した文化大臣ではなく、質問者である。

115 VVDN, S. 215.

116 VVDN, S. 216.

117 こうした確認が行われている理由は、ここで「その」と訳している部分の原語は ihr であるため、文法的には「その（学問のみを指す）」と「それらの（芸術と学問を指す）」という両方の解釈が可能であるためである。初宿も芸術の教授を含まないためと解釈している。初宿、前掲論文、二八九頁。

118 菟原明『変革期の基本権論――E．R．フーバー研究』尚学社、一九九一年、三―四頁。

119 VVDN, S. 172.

120 VVDN, S. 178.

121 VVDN, S. 173.

122 ジンツハイマーは続けて、この提案の意図を説明しているが、その発言からは、基本権というものを憲法に記載するべきか否かという論点さえも、議論の余地があったことを読みとることができる。

123 VVDN, S. 182.

124 同時に、個人は国家に対してのみならず、実際には国家よりも強大である社会権力（例えば職場など）からも保護されるべきである

125 という意見や、ドイツ国が全ての人に対し、人間に値する生存を確かなものにすべきだという主張も見られた。VVDN, S. 183.
126 VVDN, S. 212.
127 VVDN, S. 213.
128 VVDN, S. 214.
129 Ebd.
130 ダンは、ヴァイマル憲法での国民主権の明記に至って、「前近代的な諸侯国民（Reichsfürsten Nation）と近代的な公民的国民（Staatsbürgernation）という、ドイツにおいて一世紀にわたって続いた二つの『国民』の競合的併存は、いまようやく後者の優位という形で決着した」と述べている。ダン（末川／姫岡／髙橋訳）、前掲書、一七四頁。[Dann, a.a.O., SS. 255–256.]
131 VVDN, S. 215.
132 VVDN, S. 218.
133 VVDN, S. 223.
134 Ebd.
135 VVDN, SS. 223–230.
136 VVDN, S. 228.
137 初宿、前掲書、二八九頁。
138 VVDN, S. 230.
139 VVDN, S. 178.
140 Triepel, a.a.O., S. 29.
141 この後も二三年頃までは革命・反革命の対立が先鋭化しており、二三年後半にはマルクが下落するなど、ヴァイマル共和政成立後の世相は芳しいものではなかった。
142 原文に競合的という文言はないが、第六条が専属的立法権であるため、第七条は競合的立法権であると理解されている。高田／初宿、前掲書、一一四頁の訳文も参照した。
143 Ebd., S. 63. 高田／初宿、前掲書、一三八頁の訳文も参照した。
144 Ebd., SS. 38–43, SS. 46–72.
145 萩原、前掲書、二〇頁。

145 Anschütz, Gerhard: Die Verfassung des Deutschen Reichs, Dritte Bearbeitung, 13. Aufl. Georg Stilke, Berlin, 1930.

146 Ebd., SS. 568–572.

147 莵原によれば、そうした基本権の意味変化を示したのは、第一四二条への法の制限をアンシュッツよりも狭くとらえていたスメントであったという。莵原、前掲書、一九—二〇頁。

148 起草過程では、小器用な技術者が芸術家を名乗り、それによって自由を保障される私立学校での活動が増えると、統一国家形成過程のこの時期にあって、国家的な精神的統合の妨げになることを懸念する発言もあった。

149 Welzbacher, Christian (Hrsg.): Der Reichskunstwart. Kulturpolitik und Staatsinszenierung in der Weimarer Republik 1918–1933, wtv-campus, Weimar, 2010, S. 13. 連邦公文書館には、美術院長の人選から任命、そして一九二〇年に始まる初期の活動の記録、当時の新聞メディアの反応の切り抜きが、マイクロフィルムで残されている。残されている一九一九年から二二年の資料を著者が確認した限りでは、美術院長は直ちに国民意識の形成に向かったというよりは、当初は、第一次世界大戦後の荒廃の中で、芸術家の苦しい生活状況に対し、援助をするという役目を限りある財源で果たそうと奮闘していた様子も垣間見ることができる。基本法の約束と異なるという苦情が呈された新聞記事なども収集されている。また研究調査旅費を減らすようたびたび指摘されていることから、芸術を扱うといっても特権性があったわけでもなかった側面をうかがうこともできる。BArch R32/1, BArch R32/470. また国家の演出は当初から確かに任務として構想されていたものの、プロイセンの文部省と比べてごくわずかであったドイツ国の文化予算を見るに、文化機関の設置運営や定期的な展覧会の開催は難しく、この予算を可能な限り効果的に活用するには、むしろシンボル政治の手法しかとりえなかったのではないかと考える。

150 Welzbacher, a.a.O.

151 VVDN, S. 417, S. 498.

152 Becker, Carl Heinrich: Kulturpolitischen Aufgaben des Reiches, Quelle & Mayer, Leipzig, 1919.（プロイセン文化財枢密院図書館蔵）アーベラインは出版されたこの小冊子を憲法制定国民議会の供覧に付された原案として論じているが（Abelein, a.a.O., S. 51.）、原案（ドイツ国の文化政策的管轄権）と小冊子版『ドイツ国の文化政策的責務』では内容が変わった部分もあり、ベッカーは国民議会での議論の予定日には病欠していたため、国民議会で議論されたとは言えない。

153 宮本、前掲書、五一頁。また本書では、ヴァイマル憲法制定までを主に考察したが、一九二五年にはトーマが『基本権と警察権力』の中で「文化国家」を使用していることについて、フーバーが一九三三年の『基本権の意味変化』の中で言及している。（Huber, Rudolf Ernst: Bedeutungswandel der Grundrechte, 1933, Archiv des öffentlichen Rechts, N.F.23, 1933=62.1933, S. 27.）この点については菟原、前掲書、五八—五九頁も参照されたい。）先述の Glungler の定義からも、ヴァイマル憲法制定後、文化を保護、奨励する国家が一九三〇年代後半までには「文化国家」と理解されていたことが分かる。

154 BArch R 43-I/1863, 169.（連邦公文書館公開のデジタル版では、173）

155 BArch R 43-I/1863, 173.（178）

156 この背景にも多くの文化政策上の論点があるのだが、芸術文化振興ではなく対外文化政策と多文化共生論であるため、各論としては別の分野になる。そのためこれについては別の機会に考察したい。

157 BArch R 43-I/1863.

158 宮田眞治／畠山寛／濱中春『ドイツ文化55のキーワード』ミネルヴァ書房、二〇一五年、一〇六頁。宮本、前掲書、五一頁。

159 奨励するにあたる原語は、pflegen でありこれは「手を入れる」と言う意味でもある。ヴァイマル憲法の芸術の自由が無制限であるか否かは、他の条文と異なる表現であったためにアンシュッツが問題にしたように、議論を招いた。国家の制限をむしろ積極的にこの pflegen から引き出そうとする学説も見られた。そのため第一章で扱った現代の基本法改正議論ではヴァイマル憲法の後文を復活させる pflegen ではなく（この条文もあったものの動議に必要な票数を得られなかった）、fördern すなわち手を内部にまで入れるのではなく、その分野なり領域なりのかたまりを外部から押し進める、促進するという語にかわったのではないかと考えられる。

160 市民の自由や権利に制限を加え、新たな義務を課すような行政活動は侵害行政と呼ばれる。廣瀬肇／石川敏行／横山信二（編）『給付行政の諸問題——村上武則先生還暦記念』有信堂高文社、二〇一二年、一三四頁。

161 工業化により資本主義が発展すると、都市問題が生まれ、それらの解決のために国家の役割が期待され、その結果一九世紀後半に教育、文化などの非侵害行政が生まれた。現代の行政に繋がるものとしては、この時代に水道供給などの「給付行政」が生まれ、これがさらに二〇世紀に入り、福祉国家へと繋がることが知られている。しかしこの狭間にあった文化や教育を中心とする「非侵害行政」が、ナチ時代に「生存配慮」という行政理論に転換した経緯は、この福祉国家へ向かう行政発展の流れではしばしば見落とされている。

162 Jellinghaus, Lorenz: Zwischen Daseinsvorsorge und Infrastruktur. Zum Funktionswandel von Verwaltungswissenschaften und Verwaltungsrecht in der zweiten Hälfte des 19. Jahrhunderts, Klostermann, Frankfurt am Main, 2006, S. 17.

163 Hösch, Ulrich: Die kommunale Wirtschaftstätigkeit. Teilnahme am wirtschaftlichen Wettbewerb oder Daseinsvorsorge (Beiträge zur Ordnungstheorie und Ordnungspolitik, 164), Mohr Siebeck, Tübingen, 2000, S. 25.

164 Forsthoff, Ernst: Die Verwaltung als Leistungsträger, W. Kohlhammer, Stuttgart/Berlin, 1938, SS. 4ff.

165 Ebd., S. 6.

166 こうした中から、警察のみならず、治安維持と危険防止が、医学・衛生学（優生思想）、思想、教育、表現活動などの日常の「生」の総体へと侵入していくのである。近世には共同体の善き秩序を維持するための統治活動であったドイツ語の「秩序維持行政（ポリツァイ）」が、「警察」という意味になっていくのはこの一九世紀以降のことである。アーベラインも文化政策の起源の一つに、文化秩序維持行政を挙げている。生活の隅々まで浸透していくこの「生の統治」をミシェル・フーコーが鋭く批判したことは周知のとおりである。宮田／畠山／濱中、前掲書、七六―七九頁。

167 Ebd.

168 ドイツ的な「自由」の思想に関するクリーガーの分析を参照し、リンガーはドイツの特異性を以下のように記している。「プーフェンドルフに発し、トマジウス、ヴォルフ、そしてカントに至るまでドイツの思想家は、反絶対主義的な色調をできるだけ薄めるような形で自然法論（**Naturrecht**）と社会契約説（**Gesellschaftsvertrag**）を解釈した。彼らは独特の「宥和型」を採用し、そのため国家（**Staat**）は貴重な自由権（**Freiheiten**）の潜在的な敵ではなく、むしろその番人（**Hütter**）として登場することになった」（**Ringer, a.a.O., S. 107.**［リンガー、前掲書、七四頁］）。

169 フォルストホフは、この表現をマックス・ウェーバーが『経済と社会』の中で使った **Wege der Appropriation** からとっている。**Ebd., S. 5.** 当時のフォルストホフの理論については、馬場哲『ドイツ都市計画の社会経済史』東京大学出版会、二〇一六年、五四―五七頁も参照した。

170 **Ebd., S. 11.**

171 **Ebd., S. 6.**

172 ここに先にも言及した国家と「宥和」するドイツの「自由」の特徴を再び確認することができる。また渡辺は前掲論文で、フランクフルト憲法は、「ドイツ国民の基本権」という表題が示しているように、自然権的人権とは異なる、国家を前提とした、国家に賦与される公民の権利を念頭に置いたものであったと指摘している（渡辺、前掲論文、七〇頁）。フォルストホフは「生存配慮」に対置されるものとして、国家権力が個人の自由を制限する行為である「侵害行政」を念頭においていた。そのために彼は、そのような性格を持たない給付行政であれば、全て「生存配慮」の提供の射程にあると考えたのである。そのことが全体主義国家の正当性に理論的基盤を提供してしまう。

173 市民社会や邦国、教会が担っていた責務をまさに全て国権に集約するヴァイマル「文化国家」（シュタート）の時代だったのである。

第三章

1 ただ第一章でみたように一九九八年には連邦政府レヴェルでも公式に文化政策への着手がなされ、集権化と協調の綱引きが今日の実情である。

2 Von Beyme, Klaus: Kulturpolitik in Deutschland. Von der Staatsförderung zur Kreativwirtschaft, Springer, Wiesbaden, 2012, S. 228.

3 戦後東ドイツは、社会主義国家として旧ソ連の陣営に組み込まれている。国民社会主義ドイツ労働者党が共産主義者を弾圧したために、西ドイツがナチ時代の贖罪を引き受けていくのに対し東ドイツは、自分たちはナチに抵抗した者たちの国であり第三帝国との連続性を持たないとの自己理解を形成した。一般的には、そのために過去への反省や歴史教育は中途半端なものとなったと言われる。今日、旧東独地域でネオナチや極右的運動への拒否感が比較的薄い背景として、この点への言及がしばしばなされる。社会主義の東ドイツでは一党独裁のもと、文化政策は党のイデオロギーを浸透させるための施策という性格を帯びていった。第三帝国との断絶を主張する東ドイツにおいて、ナチ時代の反省から国家権力と文化政策との結びつきを危険視するという問題意識は顧みられなかったと言える。

4 Schade, Peter: Grundgesetz der Bundesrepublik Deutschland. Rechtsstand vom 26. März 2009, Fachverl. Walhalla, Regensburg, 2009, S. 3.

5 基本権は「直接に適用される法として、立法、執行権および裁判を拘束する」(第一条第三項)。第一条の基本原則は、国家目標を記した第二〇条とともに改正には限界がある(第七九条第三項)。本章のボン基本法の邦訳は基本的に、高田敏・初宿正典(編)『ドイツ憲法集第六版』信山社、二〇一〇年を参照する。

6 ピエロートによれば、第一条第一項の保護領域を積極的に規定する方法は、二つあるという。一つは、神あるいは自然から人間に与えられた価値としてとらえる付与理論である。基本法制定会議はこの伝統を前提にしており、この理論は、個人が行為無能力あるいは意思無能力であってアイデンティティ形成能力がない場合も、人間として尊重されるべきことを導きうる。二つめは能力理論と言い、アイデンティティ形成能力が「人間の尊厳」を決定付けるとするものである。独自に自己決定した行為様態を基礎にしているがゆえに人間は尊厳を持つと考えるもので、この理論の利点は、特定の哲学的伝統が拘束力を持たない点、「人間の尊厳」とアイデンティティ形成能力を可能にする基本法のほかの根本決定(法治国家・社会国家原則、平等・自由権)との関連が明らかに表現される点にあるという。ボード・ピエロート/ベルンハルト・シュリンク(永田秀樹/松本和彦/倉田原志訳)『現代ドイツ基本権』二〇〇一年、法律文化社、一一六─一一八頁。

7 一九五八年のリュート判決で連邦憲法裁判所は、基本法第五条第一項の基本権を制限する「一般的法律」は、この第一項が保障する基本権の価値に劣らない重要性をもった法益を守るために不可欠な場合に限らなければならない(価値較量による保護法益の優位性)、そして基本権を制限するためにとられる措置は、達成しようとする成果に対して均衡していなければならない（比例性の原則）ことを示している。宮地基「法廷におけるテレビ撮影と放送の自由」ドイツ憲法判例研究会（編）『ドイツの憲法判例Ⅱ（第二版）』信山社、二〇〇六年、一五三頁。

8　ドイツ憲法判例研究会の『ドイツの憲法判例』に採りあげられているものでは、一九五四年の女罪人判決（「無制限の自由」）、一九七一年のメフィスト決定、一九八四年チューリヒ・スプレー団事件、一九九〇年ヒトラー・Tシャツ事件、一九九〇年ヨゼフィーネ・ムッツェンバッハ事件等において、この見解が示されている。保木本一郎「芸術の自由の憲法的統制——メフィスト決定」ドイツ憲法判例研究会（編）『ドイツの憲法判例（第二版）』信山社、二〇〇三年、一九〇—一九七頁、平松毅「落書の「芸術の自由」該当性と強制送還の合憲性」ドイツ憲法判例研究会（編）、前掲書（Ⅱ、第二版）、一七四—一七八頁、根森健「風刺的表現の中でのナチスの標章の使用（刑法八六a条）と芸術の自由の保障——ヒトラー・Tシャツ事件」、同上、一八五—一九〇頁、芹澤齋「『有害図書』規制と芸術表現の自由——ヨゼフィーネ・ムッツェンバッハ事件」同上、一九一—一九六頁。

9　保木本もアンシュッツを参照し、「同様の規定はヴァイマル憲法一四二条一文にもあり、なんらの制約にも服することのない自由としてとらえられていたが、次第に、芸術・学問の自由といえども一般的刑法規定のみならず、警察法上の概括条項の制約を受けるべきものとする学説が有力になった」と指摘している。保木本、前掲論文、一九五頁。

10　ただし一九七四年に、第五条第三項は、自由を実質的に享受するための保障を「文化国家」に求めるとの解釈が判示され、社会権的自由を導く解釈が示された（レコード判決、**BVerfGE 36, 321**）。従来はこの判決が公的文化政策を根拠付け、連邦政府の文化政策への関心を目覚めさせることにもなった（**Deutscher Bundestag 10. Wahlperiode: Drucksache 10/2237**. 連邦議会のウェブサイトで公開されている議事録でも、一九七四年以降、連邦議会での「文化国家」への言及が増加している）。けれどもそうすると、ヴァイマル憲法の後文を削った狙いが曖昧になる。（これに先立ち、学問の自由に関しては、一九七三年に、第五条第三項を「文化国家」による社会権的自由の保障であると理解した判例がある。阿部照哉「学問の自由と大学の自治」ドイツ憲法判例研究会（編）『ドイツの憲法判例（第二版）』信山社、二〇四—二〇八頁。この見解は、公共放送や大学などの「公の造営物」に対する当時の考え方や、その背景となる社会的市場経済とも関連する文脈の中で判示されている。）いずれにせよ列挙された形での具体的な社会権的規定の削除には、第二〇条の社会国家規定に立法者への委託を示すという意図があったこと、芸術の場合は後文を削除した背景にナチ時代への反省があったことを考えるならば、この社会権的自由の導き方には脆弱性があった。そのためにこれを見直しつつあるのが、第一章で見た第二〇b条を新設するという二〇〇〇年代の議論であると位置付けることができる。

11　文学の作品は、芸術と見なされるか、意見表明と見なされるかで第三項と第一項のどちらが適用されるかが変わり、保障される自由の強さにも差がでる。

12 BVerfGE 30, 173. 一九七一年メフィスト決定。保木本、前掲論文、一九三頁。

13 Hösch, Ulrich: Die kommunale Wirtschaftstätigkeit. Teilnahme am wirtschaftlichen Wettbewerb oder Daseinsvorsorge. (Beiträge zur Ordnungstheorie und Ordnungspolitik, 164), Mohr Siebeck, Tübingen, 2000, SS. 31–32; Jellinghaus, Lorenz: Zwischen Daseinsvorsorge und Infrastruktur. Zum Funktionswandel von Verwaltungswissenschaften und Verwaltungsrecht in der zweiten Hälfte des 19. Jahrhunderts. Vittorio Klostermann, Frankfurt am Main, 2006.

14 これはエネルギー供給についての判決であった。以下の判決の引用から確認した。BVerfGE 66, 248 [258]. https://www.bundesverfassungsgericht.de/SharedDocs/Entscheidungen/DE/2008/09/rk20080910_1bvr191402.html [Letzter Zugriff am 2.12.2018.]

15 Jellinghaus, a.a.O; Hösch, a.a.O., S. 32; Scheidemann, Dieter: Der Begriff Daseinsvorsorge. Ursprung, Funktion und Wandlungen der Konzeption Ernst Forsthoffs, Muster-Schmidt, Göttingen, 1991. また日本におけるフォルストホフおよび「生存配慮」理論の研究は、村上武則『給付行政の理論』有信堂高文社、二〇〇二年、廣瀬肇／石川敏行／横山信二『給付行政の諸問題――村上武則先生還暦記念』有信堂高文社、二〇一二年が詳しい。

16 「全ての国家権力は、国民(Volk)に由来する。国家権力は選挙および投票において国民により、かつ立法・執行権および裁判の個別の諸機関を通じて行使される」(第二〇条第二項)

17 「立法は憲法に適合する秩序に、執行権および裁判は法律および法に拘束されている。」(第二〇条第三項)

18 樋口陽一／吉田善明(編)『解説　世界憲法集』第三版、一九九七年、七七―七八頁、初宿正典／辻村みよ子(編)『新解説　世界憲法集』第四版、三省堂、二〇一七年、一七二頁を参照した。

19 Hösch, a.a.O., SS. 28–29.

20 Ebd. さらに戦後西ドイツの秩序政策の詳細は、鉢野正樹『現代ドイツ経済思想の課題』文眞堂、二〇一一年、一六〇―一七七頁が詳しい。

21 Hösch, a.a.O., S. 36. ヘーシュによればこのように考えた場合、実質的な個人の自由を実現するのが究極的な目的なのだから、「生存配慮」は　国家と市民の間の交換関係(電気・ガスの供給のような)や助成金や社会扶助のような市民への給付行政のみならず、競争の枠組みや力関係を変えるということも含みうるとする。また立法者が社会国家の原則に基づき、「生存配慮」の課題についてアジェンダを具体化することで「公共の目的」が形成されると定式化している。Ebd., S. 37.

22 ただし第一章でも見たように、立法により具体化されたこうした責務はさらに、それが国家行政によって満たされる(べき)か、民間事業者によって満たされうるかによって区別される。経済活動に関係する「生存配慮」の内容は、実質的に私企業によっても満たしうることがある。それが一定の必要性に基づいて、行政、あるいはそれに従属した下位の独立行政法人によって満たされる場合のみ、それは行政の責務になる（序章での欧州の市場自由化の議論は、この延長線上のものである）。従来は国家が伝統的に責任を持って実施してきたこうした責務が、近年ＥＵ統合や国際貿易の自由化を促す枠組みによって、国家の責務とはみなされなくなってきた。そのことで、ドイツの政策領域においても動揺が広がっている。文化政策の領域においては、とくに、「サービス貿易の自由化に関する一般協定（ＧＡＴＳ）」が問題となる。この協定に関しては、荒木一郎「グローバリゼーションとＧＡＴＳ」『ジュリスト』（No.1232）一〇月一五日号、有斐閣、二〇〇二年、五四―六一頁、二宮皓「高等教育サービスの自由化とＷＴＯ／ＧＡＴＳ問題」『広島大学大学院教育学研究科紀要』第三部、第五二号、二〇〇三年などが詳しい。

23 Ebd., SS. 34–35.

24 Ebd., S. 35. 樋口／吉田によれば、連邦憲法裁判所は第二条第一項の規定を、第一条第一項の「人間の尊厳」条項と結びつけ、私的領域の保護のための基本権を保障するものと解する傾向にあるという。この条項はさらに、科学技術の発展にともなって生じる新しい問題（核の問題、環境保護など）においても、一つの重要な根拠となる可能性があるという（しかし第二〇ａ条の改正において、自然的生活基盤は個々人の基本権としてではなく、立法行為によって国家が配慮すべき国家目標として規定された）。第一条第一項を含む基本権規定が想定している人間像は、個人主義か、共同体志向であるかは学説が分かれる。樋口／吉田は、基本法第一八条が、連邦憲法裁判所の決定によって国民に対し「基本権の喪失」を宣告する規定をしていることなどから、どちらかというと共同体志向ととらえている。本書でも「文化的生存配慮」を理論化していくにあたって、共同体志向の立場を採用している。Ebd., S. 3. 樋口／吉田、前掲書、一七七―一七八頁、初宿／辻村、前掲書、一七二―一七三頁を参照した。こうしたドイツの判例・学説を参照して日本国憲法も、個人が相互に尊重し合いながら共生する社会を前提としているととらえ、それを確立することが国家に求められているとの視点から、私人間の紛争に人権規定を直接適用する見解があることに芦部は触れている。そして日本国憲法の解釈として、国の保護義務は一定の類型の権利・自由については認められるけれども、全てにおいて強調することは、かえって人権の不当な制限を招くことも少なくないという反論を紹介している。芦部、前掲書、一一六頁。

25 しかし国家的な援助を受けているか否かには関係なく、実現が目指されている社会国家の根底には、個々人の自由な関心が生き続けていなければならない。国家は、個々人がいかにすれば首尾よくその自由を享受（生の自己実現）できるのかを決定し、指図する権限は持たない。国家は自己目的のためではなく、人々のために存在する（基本法第一条第一項）。Ebd., SS. 34–35. 対照的に Forsthoff, a.a.O., S. 8 も参照されたい。

26　それゆえ連邦憲法裁判所は、意見形成の媒体となる「放送」に多様性を強くもとめてきた。放送への参入と運営には巨額の投資が必要で、市場に委ねた場合には提供主体が限定される。国家からの防禦的自由を主張するあまり、市場経済競争が激化した結果、意見の判断素材の多様性が保障されなくなることを懸念しているのである。憲法裁は「外部的多元主義」（提供主体の多様性）と並んで、公共放送の意思決定機関に様々な利益を代表する者がいることを求める「内部的多元主義」をもって、知る権利を特定の利益のみを代弁させることなく保障し、国民の意見形成に「奉仕する自由」の側面も担うものとして放送の自由を保障しようとしてきたとされる。鈴木秀美「ノルトライン-ヴェストファーレン州放送制度の合憲性――第六次放送判決」、髙橋洋「公共放送に対するコマーシャル禁止の合憲性――ヘッセンドライ決定（第七次放送判決）」、前掲書（Ⅱ、第二版）一三九―一四四頁、一四五―一四九頁。こうした内部的多元主義の考え方は、ハレにある連邦文化基金の理事構成でも採用されている。秋野有紀「四　ドイツ」文化庁地域文化創成本部事務局総括・政策研究グループ『平成二九年度諸外国における文化政策等の比較調査研究事業報告書』二〇一八年三月、九七頁。

27　Hirsch, a.a.O., S.32.「文化国家」と比べ、「生存配慮」への批判は相対的には少ない。その理由はこうした理解にある。

28　そのため、各州憲法における「生存配慮」に関する個別規定が、とりわけ重要な意味を持ってくる。Ebd., S. 33.

29　現代の社会国家は、「実質的」法治国家であると解釈されている。

30　EUR-Lex, Document 52003DC0270, Grünbuch zu Dienstleistungen von allgemeinem Interesse /* KOM/2003/0270 endg. */ https://eur-lex.europa.eu/legal-content/DE/TXT/?uri=celex:52003DC0270 [Letzter Zugriff am 23.12.2018.]

31　Entschließung des Europäischen Parlaments vom 13. Januar 2004 zum Grünbuch über die Dienstleistungen von allgemeinem Interesse [A5-0484/2003][Letzter Zugriff am 23.12.2018.]

32　二〇〇四年五月の『白書』（Document l23013b 未発効。https://eur-lex.europa.eu/legal-content/DE/TXT/?uri=LEGISSUM%3Al23013b[Letzter Zugriff am 23.12.2018.]）にも、文化政策や教育政策についての具体的理解の手がかりになる文言は見られず（議論がなされたのは公共放送のみである）、指摘があったことがそのまま掲載されているのみである。二〇〇八年発効の『議定書』（Document 12008M/PRO/26, https://eur-lex.europa.eu/legal-content/DE/ALL/?uri=CELEX:12008M/PRO/26 [Letzter Zugriff am 23.12.2018.]）は、こうした各論には具体的な方向性を与えず、範疇の区分とその概要を示すにとどまり、二〇〇九年のリスボン条約付帯の一般利益サービスに関する議定書（http://www.lisbon-treaty.org/wcm/the-lisbon-treaty/protocols-annexed-to-the-treaties/679-protocol-on-services-of-general-interest.html [Letzter Zugriff am 23.12.2018.]）にこの内容が引き継がれていく。現在、一般利益サービスは、一般経済利益サービス（郵便など）、非経済サービス（警察、司法、社会保障等）、一般利益社会サービス（社会的弱者に配慮したサービスで、公営住宅や職業斡旋など）の三種に分類されている。一般経済サービス（ＤＡＷＩ）には、比較的低い対価を受け取りその交換としてサービスを提供するような性格のもので一般的な経済利益を生むサービスが想定され、水道、郵便、通信、鉄道などがこれにあたると理解されている。この領域の公営企業体は、八〇年代以降各国ですでに民営化が進められている。ただし民営化が求められるか否かは、そのサービスの性格が非営利的か否かと言う点にのみあるわけではない。例えば住宅供給は経済活動としても提供されるサービスであるが、社会的弱者のための公共住宅の供給になると経済活動と非経済活動が混合した一般利益社会サービスになる。この区分は二〇〇七年に回付されているだが、二〇〇四年の時点で文化評議会は、社会的弱者への配慮とアクセスの平等を強調する現在の一般利益社会サービスに近いものとして文化をとらえていたことが分かる。つまり、ドイツ国内の「文化的生存配慮」を社会的弱者のアクセシビリティを中心として形成しようとする方法論であったと言える。https://ec.europa.eu/info/topics/single-market/services-general-interest_de [Letzter Zugriff am 23.12.2018.]

33 近年、公共サービスは必ずしも国家権力によって提供されるものではなくなりつつあり、市民社会や非営利組織が重要な役割を果たしている。そのため（国家が）配慮するという言い方にも疑問が投げかけられ、様々な主体が提供する公共的なサービスを内包する社会を大枠として保証するという意味を込めて「保証国家（Gewährleistungsstaat）」と呼ぶ学説もある。実質的に社会の動向はすでに、公的文化政策に限らず、広く文化ガバナンス論をとらえて議論する傾向があることを敏感にとらえた表現であると言えるが、行政用語としては一般的に普及していることもあり、現時点ではもっぱら「生存配慮」が採用されている。Hösch, a.a.O., S. 37.

34 「立法は憲法に適合する秩序に、執行権および裁判は法律および法に拘束されている。」

35 Deutscher Bundestag 16. Wahlperiode: Schlussbericht der Enquete-Kommission Kultur in Deutschland (Drucksache 16/7000), 2007, SS. 68–69, S. 79.（以下、BT-Drs. 16/7000と記す。）また自然的環境についての第二〇a条と併設するように、人間の作ったものを指して「文化」を保護する条文だと考えることもできるが、諮問委員会はこうした対置は採用していない。どちらかというと、ただ人間が生存することと、人間であるということ（とは何かを問うことも含めて）に自覚的な存在であること（人間的実存）を区別しているといえ、社会国家が提供する扶助や供給を前者、公的文化政策が公共の責任とみなして提供すべき中核的な任務を後者に関わるものととらえている。この意図を明示するならば、「現存在配慮」や「実存配慮」などと訳すべきかもしれないが、行政理論としての一般的な意味もあるため、先行研究の用語にならって、本書でも「生存配慮」で統一している。

36 こうした見解は、諮問委員会の議論でも示されている。BT-Drs. 16/7000, S. 77.

37 「網の目状に広がる文化環境」（特に劇場・オーケストラ）は、ドイツの特徴であり、二〇一六年にドイツはこれをユネスコ無形文化遺産として登録申請している。https://www.unesco.de/kultur/2016/deutsche-theater-und-orchesterlandschaft-fuer-unesco-liste-des-immateriellen-kulturerbes-nominiert.html [Letzter Zugriff am.3.2016.]「自然的生活環境」の条文は、「物質的」（社会経済基盤整備）

の部分に、動物の保護および持続的な自然環境の維持を考慮する視点、すなわち開発拡大整備のみを是としない政策という視点を加えたものであると理解できる（けれども近年の連邦議会の議事録を見るに、二〇a条が新設されて以降も実質的な変化が見られないことにしばしば苦言が呈され、条文の実効性が問われている）。

38 Wagner, Bernd: »Kulturstaat« und »kulturelle Grundversorgung«. Ist ihre verfassungsmäßige Verankerung sinnvoll und hilfreich? In: Vorstand der Kulturpolitische Gesellschaft e.V. (Hrsg.): Kulturpolitische Mitteilungen. Was ist »kulturelle Grundversorgung«, Nr. 106, I /2004, Kulturpolitische Gesellschaft e.V. Verlag, Bonn, 2004, SS. 32–34; BT-Drs. 16/7000, S. 84. Kulturpolitische Mitteilungen は以下、KuMi と記す。

39 KuMi III/2004.

40 BT-Drs. 16/7000, S. 84.

41 Ebd.

42 BT-Drs. 16/7000, SS. 84–85. 二〇〇七年の文化諮問委員会の最終報告書は「二・五　文化的の安定」についての考察箇所で、文化政策協会の特集（KuMi, III/2004）を参照しつつ、以下のように説明している。「『文化的基本供給』という概念は、九〇年代半ばから、文化政策の根拠をめぐる議論において中心的な概念となっている。文化領域における、文化的基盤の整備、文化的なサービス供給の安定、公的な財源の削減が話題になる場合には、繰り返しこの概念が一定の役割を果たしてきた。〔中略〕文化は『公共的な資源（財）』であり、国家（Staat）と自治体は文化の世話や文化活動、文化振興を引き受けなければならないということを基本的な承認事項とし、諮問委員会は繰り返し、『文化的生存配慮』などの概念によってすでに言い換えられているところの、公的な責任の性質や射程の様々な関連を扱ってきた。」Ebd., S. 84.

43 例えば二〇一三年にはドイツ都市会議の総会でも、文化は自治体の「生存配慮」に含まれると決議されており、政策の議論では「文化的生存配慮」と表現するのが今日一般的である。Deutscher Städtetag: Standortfaktor Kultur. Positionspapier des Deutschen Städtetages, Berlin, 2013, SS. 1–5.

44 BT-Drs. 16/7000, SS. 68–69.

45 Deutscher Kulturrat: „Kultur als Daseinsvorsorge!“, https://www.kulturrat.de/positionen/kultur-als-daseinsvorsorge/, 29.09. 2004 [Letzter Zugriff am 22.12.2018.]

46 こうした憲法裁の姿勢には、司法が立法に優越あるいは介入することになるという批判も連邦議会でたびたび表明されている。

47 Scheytt, Oliver / Zimmermann, Michael: Kulturelle Grundversorgung und gesellschaftliche Nachhaltigkeit. Überlegungen zu einem

kulturpolitischen Schlüsselbegriff aus aktuellem Anlaß. In: KuMi, III/2004, SS.23–25. ドイツ文化評議会が、芸術家を代表するアドボカシー的な政策理念を提唱する市民社会的主体であるのに対し、文化政策協会は、芸術文化領域には公共的な意義があるという理解に立脚し、住民の関心を代弁することを目指して、政策応用的な研究を行う市民社会的主体である。秋野、前掲報告書、八〇、一一〇頁。

48 髙橋雅人は、ドイツの一般的な「生存配慮」と民営化との関係について憲法学の視点から論じている。用語や議論の推移を見るに文化政策の領域の理論家たちもドイツ全体の議論を参照しつつそれを芸術文化の領域に援用してきたことをうかがうことができるが、一般的な分野での議論よりも、文化政策の領域で「生存配慮」や民営化、新統御モデルなどに焦点が当たった時期は、一〇年ほど遅いようである（「生存配慮」自体は行政用語としては文化領域でも長らく使用されてきたが、すでに見たように、実施を私企業に委ねるかは別として、公的に担わなければならない文化政策の「中核」をとらえる理論の構築という文脈で強調されるのは二〇〇〇年代に入ってからである）。この点は、序章で述べたように、不況下にもかかわらずなぜ文化施設の設置と専門職員の配備が進んだのか、という問いとも関連する。髙橋雅人『多元的行政の憲法理論――ドイツにおける行政の民主的正当化理論』法律文化社、二〇一七年、三―六頁。

49 文化領域において社会は、その社会での価値と規範について絶えず自省する。ゆえに諸芸術を媒介項として行うあの文化的な討議の中に可能な限り多くの人間が関与していることが、重要なのである――個人や個人の生活の質のためにのみならず、社会の発展にとっても。これが「万人のための文化」や「文化市民権」という基本政策の背景であり、可能な限り広い層の国民が文化的生活に活き活きと参加することを意味する「万人による文化」は理にかなうものなのである。BT-Drs. 16/7000, S. 49.

第四章

1 一九五七年三月には、学校制度に関する判決ではあるもの、憲法裁判所で、「州の文化高権」が認められている（BVerfGE 6, 309 [354]）。二〇一九年一月には、州の文化政策の強化を目指し、州文相常設連絡会議（ＫＭＫ）の傘下に独立組織として、州の文化大臣で構成するKultur-MK（州文化大臣連絡会議）が発足する。地域を超えて文化政策を議論することの重要性、文化政策領域の州の関心や意見を教育政策とは別に連邦政府に対して代弁する必要性、「州の文化高権」の重要性を内外に示し再確認する意図がある。

2 ボン基本法上の分権的制度の背景には、西ドイツ連邦政府の反省があったのみならず、現実には連合国からの要請も存在した。文化に関しては、基本法の起草過程で連合国が連邦政府の管轄を極めて限定的にしようと試みている。Feldkamp, Michael F. (Hrsg.): Die Entstehung des Grundgesetzes für die Bundesrepublik Deutschland 1949: eine Dokumentation, P. Reclam, Stuttgart, 1999, S. 143, S. 148.

3　九七九年に自治体の全国連絡会議であるドイツ都市会議がこう宣言し、現在もドイツの文化政策の基礎指針となっている。Von Beyme, Klaus: Kulturpolitik in Deutschland. Von der Staatsförderung zur Kreativwirtschaft, Springer, Wiesbaden, 2012, S. 155; Wolf-Csanády, Elisabeth: Wertewandel und Kulturpolitik in der Bundesrepublik Deutschland und Österreich. P. Lang, Frankfurt a.M., Berlin, Bern, NY., Paris, Wien,1996, S. 66.

4　Council of Europe / ERICarts / Blumenreich, Ulrike: Compendium of Cultural Policies and Trends in Europe. Deutschland, 17th edition, Bonn, 2016, S. 3. 文化による政治の代替の名のもとにこうした主張を唱えたフリードリヒ・マイネッケは、一九四六年の『ドイツの破局』において、「ビスマルク時代の成果は、自らの落ち度のために崩壊してしまった、それゆえわれわれはゲーテの時代に引き返す道を探し求めなければならない」と結論付けている。Winkler, Heinrich August: Der lange Weg nach Westen: Zweiter Band. Deutsche Geschichte vom Dritten Reich bis zur Wiedervereinigung, C. H. Beck München, 2000. H・Aヴィンクラー（後藤俊明／奥田隆男／中谷毅／野田昌吾訳）『自由と統一への長い道Ⅱ――ドイツ近現代史一九三三―一九九〇年』昭和堂、二〇〇八年、一〇八頁以下を参照した。また三島憲一『戦後ドイツ――その知的歴史』岩波書店、一九九一年にも批判がある。

5　ヴィンクラー、前掲書、二六九ページ以下を参照した。

6　一つのきっかけは、フランクフルトでの「アウシュヴィッツ裁判」であった。終戦時には日本同様に、ドイツも連合国軍による「ニュルンベルク裁判」で戦犯が裁かれている。しかしここに至って初めて、西ドイツ人は、アウシュヴィッツが何を意味していたかを理解し、自身の手で自分たちの過去を裁いたと一般的には評価されている。この過程で若者たちは、フランクフルト学派の文化批判を理論的基盤として、教養市民的なハビトゥスを持った父親世代が間接的にナチ政権の成立に加担したという批判を展開する。次世代の知識人として自己理解していた大学生たちは、非常事態法の成立やベトナム戦争を背景に第三次世界大戦が勃発することを懸念し、親世代の轍を踏まないためにもなかば強迫観念的に「批判する、行動する知識人」を理想像として、社会運動に身を投じていく。

7　マルクーゼが、社会研究所の紀要に載せた論考「文化の現状肯定的性格について」が収められた „Kultur und Gesellschaft 1“ は、西ドイツでは一九六五年に再版が出ている。マルクーゼ／ヘルベルト（田窪清秀ほか訳）『文化と社会　上』せりか書房、一九六九年、八五―一四六頁を参照した。

8　谷和明「ドイツにおける〈新しい文化政策〉と社会文化運動の生成と展開――大衆の文化生活への参加と寄与の促進」藤野一夫／秋野有紀／マティアス・T・フォークト（編）『地域主権の国　ドイツの文化政策――人格の自由な発展と地方創生のために』美学出版、二〇一七年、一七九頁。こうした見解をシュヴェンケも共有している。Olaf, Schwencke: Der Stadt Bestes suchen. Kulturpolitik im Spektrum der Gesellschaftspolitik. Arbeiten zur deutschen und europäischen Kulturpolitik aus 25 Jahren (1971–1996) nebst einem aktuellen Essay »Ach Kultur, Kulturpolitik«, Kulturpolitische Gesellschaft e. V., Bonn, 1997, S. 14, SS. 87–88.

9 谷和明は、日常生活における「文化的貧困化」を克服し、システムの介入から生活世界を防衛するハーバーマスの構想を参照し、ドイツの社会文化センターを「ハーバーマスの社会文化のプログラムの具体的実例」と呼ぶ。豊泉周治／谷和明／清眞人「〈社会的なるもの〉と社会文化運動――ハーバーマス・ドイツ社会文化運動・日本」『社会文化運動へのインパクト』共同探求通信一八、二〇〇一年、一六頁を参照した。フランクフルト学派の一連の文化批判理論のうち、所与の「文化」を受動的に受容するのではなく、自ら対象に働きかけ、それを一過性のものとして消費するのではなく、時間をかけて経験する(Erfahren)こと、そういった経験に値するような「交換不可能な文化」を求める姿勢が、とりわけ社会文化運動に影響を与えた。

10 ドイツ連邦州文相常設会議が一九九五年に発表した文書によれば、社会文化は一九七〇年代初期に学生運動や先駆的運動に続く基底民主主義的な抗議・対抗運動として登場し、教養市民的な既成の文化制度、エリート的だと思われる文化制度に対抗して、「万人による文化」、「万人のための文化」を掲げ、文化を再び社会的現実性および日常生活との経験的連関のうちに置くことを志向した。谷によれば、社会文化の特徴は、自主管理、民主主義的決定、非商業主義にある。谷、前掲論文、藤野／秋野／フォークト(編)、前掲書、一七九頁。こうした文化理解は今日「拡大された文化概念」と学説上は呼ばれる。けれども近代化の過程で一部の層のみが享受する極めて狭義にとらえられていった概念を元来の民主的で広い意味に戻そうとしたと見る方が正しい。そのため本書では「拡大された」ではなく「広い文化概念」や「広くとらえられた文化概念」と表現したい。

11 Sauberzweig, Dieter: Kulturpolitik und Stadtentwicklung. In: Hoffmann, Hilmar (Hrsg.): Perspektiven der kommunalen Kulturpolitik, Beschreibungen und Entwürfe, Suhrkamp, Frankfurt am Main, 1974, SS. 40–41. 翻訳は谷和明、前掲論文、一七九頁を参照しつつ、一部変更した箇所がある。

12 旧東ドイツ出身で一九九八年から二〇〇五年まで連邦議会議長を務めたヴォルフガング・ティールゼは、文化政策の重要なシンポジウムには現在も必ずほぼ出席し、統一後のドイツで最も文化政策に力を入れてきた人物の一人である。ティールゼの連邦議会での文化関連の演説の大半はスピーチライターであるクラウス＝ユルゲン・シェーラーが執筆してきた。シェーラーになぜドイツの文化政策思想は、(富裕層ではなくむしろ主に労働者層に支持されてきた歴史を持つ)社会民主党を支持する運動家や政治家や行政官、芸術大学の教授ばかりから提唱され、二大政党のもう一翼であるCDU／CSUなど他政党からは長く標準的に支持されていくことになる政策理念が提出されないのかをたずねたことがある。彼の理解では、他の政党は経済的な問題に関する政策をまず優先するのに対し、社会民主党はそもそも経済至上主義的な世の風潮に対案を出すことで社会をよくできないかという視点を重視してきたために、経済的には役に立たないと切り捨てられがちな文化政策のような分野にこそ自ずと関心が向かうのかもしれない、ということであった。

13 実践面を見ると、社会問題を解決するための芸術文化の幅広い活用とダイバーシティの尊重に関心を寄せる日本の二〇一〇年代後半の関心と似ている側面も極めて多い。けれどもドイツの一九七〇年代のこうした実践の背景には意識的な文化概念の見直しがまず第一にあり、それは当時のドイツの「文化国家」の克服と、未だ脆弱な政策領域であった文化政策が社会貢献的意義を主張することで予算を確保していく戦略との両方が絡みあうなかで発生したのである。

14 八〇年代に書籍も同名で出版されている。Glaser, Hermann/Stahl, Karl Heinz: Bürgerrecht Kultur, Ullstein, Frankfurt am Main, 1983.

15 Goldmann, Margarethe: Veränderte Zeiten 20 Jahre Neue Kulturpolitik in der Praxis. In: Sievers, Norbert / Wagner, Bernd (Hrsg.): Blick zurück nach vorn zwanzig Jahre Neue Kulturpolitik, Klartext, Essen, 1994, S. 97.

16 例えば、ハンブルクの社会文化施設ファブリークやモッテなどが西ドイツの社会文化運動の施設化への先駆けとなったほか、フランクフルト市では、「市民コーラス」や「市民文化の家」への公的支援が制度化され、「市民文化の家（地区文化センター）」には、図書室や、住民が文化活動に使用できる設備が整えられた部屋が用意されている。そのためこれまで日本では、文化政策よりも公民館研究（成人教育）の文脈で言及されてきた。

17 一九七〇年代以降、社会文化運動の精神を採りいれて、民主化され「広くとらえられた文化概念」や「文化の多様性」、「民主的な意思決定構造」を尊重する自治体文化政策が、主に社会民主党の文化政策担当者のもと、様々な都市で展開されている。それらは後に「新しい文化政策」と総称されるようになった。一九七六年のベルリンの芸術家会館ベターニエンでの第一回会合に始まる文化政策協会の歴史、一九八一年のドイツ文化評議会設置の呼びかけ、西ドイツの民主的な文化政策理念の生成に大きな寄与をしてきた文化政策協会会報（Kulturpolitische Mitteilungen）の歴史などを含めた「新しい文化政策」の初期の歴史については以下を参照した。Sievers, Norbert: „Neue Kulturpolitik“ Programmatik und Verbandseinfluß am Beispiel der Kulturpolitischen Gesellschaft, Kulturpolitische Gesellschaft Verlag, Hagen, 1988, SS. 274–319.

18 ただし現在、ドイツのための選択肢（ＡｆＤ）はこうしたリベラルな文化理解こそがドイツの伝統的価値観を崩壊させた元凶であるとの糾弾を繰り返しており、復古的な芸術振興政策への回帰を提唱している。

19 フランクフルト・アム・マインの政策については、秋野有紀「フランクフルトの都市文化政策──国際金融都市における住民志向の地道な政策」藤野／秋野／フォークト（編）、前掲書、七三─一〇〇頁も参照されたい。

20 Hoffmann, Hilmar: Kultur für alle. Perspektiven und Modelle. S.Fischer, Frankfurt am Main, 1979. この著作は五年で三万部が売れ、ドイツ自治体文化政策の基本書となり、一九八一年に英国で英語版が出版されている。

21 Demirović, Alex: Kultur für alle - Kultur durch alle. Demokratische Kulturpolitik und soziale Transformation. In: Sievers / Wagner (Hrsg.): a.a.O., SS. 308–309.

22 ドイツでは一般的に「社会文化施設」と称される。自治体は社会文化の費目を設けることで、容易に先進的な施策をしているという評価を一時期得ることができた。けれどもフランクフルトでは七〇年代当時から、概念の分類が新たなヒエラルキーを生みスティグマ化を招くことを避ける意図から、社会文化という言葉は使用されなかった。

23 Goldmann, a.a.O., S. 97.

24 Hoffmann, a.a.O., 1979, S. 13.

25 Ebd.

26 Ebd., SS. 13–15. 文化施設が列挙される中で、ミュージアムにも明らかに批判的な視線が投げかけられていたことを、後の章での議論に向けて、ここで確認しておきたい。

27 「万人のための文化」は、文化を万人が担うという民主的性格を下敷きに、行政が多種多様な文化や芸術を支援していくことのみを目指していたのではなかった。そのため、多種多様性への誘惑を背景に、文化政策という人為的な手段が便宜上、文化を項目化することで副産物を産み落とすという両義性に対しては、常に自己批判的な発言が見られた。当時一般的には、政策論の中に高尚な文化のみならず、日常文化や若者文化など、従来、軽視ないし無視されてきた概念が含まれたことは、肯定的に評価された。しかし、ホフマンはこのような表面的で単純な図式化をもって、政策に肯定的な評価を与えることに警鐘を鳴らす。なぜなら、文化の概念が拡大したと言われていることこそが、文化の選別意識やレッテル貼りが、依然として根強く存在していることの証しであり、文化に線を引いて二分した上で、線の位置をずらしたとしても線引きが消えるわけではないからである。文化を細分化し格付けをし、支援するにふさわしい文化とそうではない文化へと、文化を様々に分割していった文化政策そのものが持つ「差異」を生む権力作為を温存しながら、政策が民主化したと称賛することは（予算の限界を持つ行政としては現実的には容認すべき面がないわけではないものの）、社会全体の文化のあり方にとっては根本的な意味はないと考えられたのだ。

28 Ebd., S. 13.

29 市は当時、自前の施設を持たない街路での文化活動に関しては市全体を「ハウス」と見立てて財政支援を行っている。今日、ミュージアムや文化会館が、まちをつくるという発想は珍しいものではなくなっているが、反対にまち自体が、多様な文化を包摂する孵卵器（インキュベータ）であるという発想がフランクフルトにはあったと言える。今日のドイツでは芸術文化の孵卵器としての自治体の性格は、文化政策の通奏低音をなしている。

30 ホフマンは一七歳で落下傘部隊として第二次世界大戦に召集され、ノルマンディで捕虜となりコロラドに渡る。米国に三年滞在した後、スコットランドで一年を過ごし、帰国している。帰国後は英語力を活かし通訳をしていたが、英国情報センター「ディ・ブリュッケ」がオーバーハウゼンに創設された際の公募で館長に選ばれ、三年間務めている。五〇年代初頭に英国政府が財政削減のために各地のセンターを閉鎖しはじめると、オーバーハウゼンのセンターもリストに挙がった。当時オーバーハウゼンに市民大学はなく、市長は、様々な文化行事ですでに住民に親しまれるようになっていたディ・ブリュケでのホフマンの経験を、市民大学で継承することを提案、ホフマンは市民大学創設に尽力している。ディ・ブリュッケ時代からホフマンはフォルクヴァング芸術大学で演出を学んでいたが、学位取得をもって市民大学の学長に就任した。一九五四年にはドイツ市民大学連盟の映画評議員としてオーバーハウゼン短編映画祭を創設している。Hoffmann, Hilmar: Erinnerungen »Ihr naht Euch wieder, schwankende Gestalten«, Neufassung, Suhrkamp, Frankfurt am Main, 2003, SS. 17–90. ホフマンの自伝には記述されていないが、ホフマンへの聞き取りを通じて伝記『文化政策者』を二〇一五年に出版したフランクフルター・ルントシャウ紙のクラウス＝ユルゲン・ゲプファートによれば、文化を通じた民主社会再構築へのホフマンの熱意の源泉は、一九四八年（当時二三歳）に英国政府によって送りこまれたイングランド南部のウィルトン・パークでの経験があるという。ウィルトン・パークは今日、世界的な民主主義のワークショップの場所として知られているが、当時ここには戦争捕虜の中から約四五〇〇名の若い男女が、戦後ドイツの民主社会の再構築を担う幹部候補として送り込まれ、英国の民主主義の薫陶を受けている。ホフマンのほかには、後に首相になるヘルムート・シュミット、戦後ドイツの文化外交の礎を築いたラルフ・ダーレンドルフなどがいたといわれる。Göpfert, Claus-Jürgen: Einer, der immer Brücken baute. Der Frankfurter Kulturpolitiker Hilmar Hoffmann ist im Alter von 92 Jahren gestorben. In: Frankfurter Rundschau, 2.6.2018.

31 構想自体は就任演説時からあったもので、七一年初頭に準備委員会が設置され、構想が温められてきた。客席は一七〇程度で他の催事にも使用できることが意図されていた。特に都市中心部ではなく、文化施設や催事の少ない地域に広く包括的に設置が試みられている。フランクフルトに続きレバークーゼン、デュッセルドルフ、ケルンも直ちに、同様の自治体映画館の設置を検討している。一般的に、自治体映画館として広く知られる事例になったという意味では、フランクフルトが戦後最初期のようであるが、フランクフルター・アルゲマイネ新聞によれば、ルール地方には同様の映画館がすでに存在しており（エッセン、デュースブルク）、ベルリンなどにも非営利的映画館は存在したようである。Frankfurter Allgemeine Zeitung, 1.12.1970, Frankfurter Rundschau, 19. 12. 1970, 11.1.1971, 16. 3. 1971, 29.4.1971.

32 詳細は、秋野有紀「フランクフルト市における『万人に文化を』の試み――『新しい文化政策』における文化概念の変質と政策転換の分析」『文化政策研究大会２００５ in 浜松 報告集・論文集』第一号、静岡文化芸術大学、二〇〇六年三月、九一―一〇三頁を参照されたい。

33 Hoffmann, Hilmar: Blick zurück nach vorn. Kultur für alle in Revision? In: Sievers / Wagner (Hrsg.), a.a.O., S. 60. またゲンシャーも、ホフマンの文化政策の経歴は、伝統的な文化理解には当てはまらなかった映画と成人教育から始まったと述べている。Genscher, Hans-Dietrich: Der Fortschritt bracht Leute wie Hilmar Hoffmann. In: Vorstand der Kulturpolitischen Gesellschaft e. V. (Hrsg.): Kulturpolitische Mitteilungen. Kultur für alle Hilmar Hoffmann zum 85. Geburtstag, Nr. 130, III/2010, Kulturpolitische Gesellschaft e.V. Verlag, Bonn, 2010, S. 33.

34 ただし当時は、市の文化局は、ムゾン工場は住民のアマチュア文化活動のための地区文化施設にと考えており、ジャーナリズムや地元の文化活動家たちは「社会文化施設」と呼んでいたことを確認することができる。しかし八二年五月の市議会（七七年に市は政権交代）で緑の党が、ムゾン工場跡地全体を市民自治による社会文化施設とすることを発議したものの、ＣＤＵとＳＰＤによって否決されている（この後、文化的使用は塔のみになる。ホフマンも市が関与をしない完全な市民自治に委ねるには時期尚早であると懸念を示した）。Frankfurter Rundschau, 4.12.1980, 19.5.1982. 一九八四年には、かつて自律的な文化集団のための自治的利用が約束されていたにもかかわらず、市の投機対象になっているとの批判を確認できる。Frankfurter Rundschau, 3. 11. 1984.

35 フリーランスのアーティストによる劇団への支援が、制度化された公立劇場とは非対称に貧弱であるのは、今日でもドイツ全土の課題である。

36 Institut für Stadtgeschichte Frankfurt am Main: Die Creme mit der Tiefenwirkung. Zur Geschichte der Frankfurter Seifen- und Parfümeriefabrik J. G. Mouson & Co., W. Kramer & Co., Frankfurt am Main,1999, SS. 2–15.

37 ホフマンは、ムゾン工場は、住民の地区文化センターとしての位置付けであり、アマチュア的なイニシアティヴを大切にしていってほしいと当時は述べている。また、住民の文化活動のためのこうした施設はフランクフルトに一つでは足りないとも述べている。Frankfurter Rundschau, 28.11.1980.

38 Förderung für Bürgerkultur. Etatmittel für Aktivitäten in den Stadtteilen. In: Frankfurter Rundschau, 19.3.1980, Michels, Claudia: Traumfabrik von und für den Bürger. In: Frankfurter Rundschau, 10.3.1982. これ以前にも、住民が自ら文化的な活動や行事をつくっていくことができるように、都市部から離れた地区の文化活動が積極的に支援されていた（ストリート文化フェスティヴァル、子どもフェスティヴァル、人々が集まるきっかけを伴う展示、アマチュア劇の上演、音楽イベント、作家朗読会など）。

39 八二年頃には、住民のアマチュア文化活動のための施設構想が、対案的文化活動やオフ・シーンの演劇が集まる場という構想へと変化している。Den Optimismus hat er noch nicht verlernt - Aus Anlaß der Wiederwahl von Hilmar Hoffman: Eine Gespräch mit dem Kulturdezernenten. In: Frankfurter Allgemeine Zeitung, 4.6.1982. ムゾン・トゥルムや地区文化施設など、フランクフルトの広い文

化概念に関連する事業の意図と方針、特徴に関しては、七〇年代から助成を担当してきたフランクフルト市の助成課長（二〇〇六年当時）であるディーター・バッサーマンとムゾン・トゥルムの財務担当者に二〇〇六年に聞き取りを行った。聞き取り内容は、秋野有紀「ドイツの都市文化政策について——フランクフルト市の文化政策　過去・現在・未来」『ゲルマニア』第一〇号、三秀舎、二〇〇七年、一二―二二頁に掲載した。

40　一九六〇年代後半からユネスコ、欧州評議会、ヨーロッパ政府間会議などで議論が重ねられており、フランクフルト市に残っている当時の市政府資料からは、当時のこうした議論の動向は、ドイツの自治体にはドイツ都市会議を通じて逐一、通知されていたことが分かる。

41　Hoffmann, a.a.O., 1979, S. 13. ホフマンは専門家を高く評価する一方で、住民がニーチェのいう教養俗物主義的な自称専門家や片手間の文化政治屋の見解に惑わされることを非常に警戒してもいた。Ebd.

42　Ebd., SS. 11–12.

43　Hoffmann, Hilmar: Kultur für alle. Perspektiven und Modelle, 2. Aufl., Fischer, Frankfurt a M., 1981, S. 18.

44　Hoffmann. In: Sievers / Wagner (Hrsg.), a.a.O., S. 62.

45　Schwencke, a.a.O., S. 257.

46　Schwencke, Olaf / Spielhoff, Alfons: Kulturpolitik ist Gesellschaftspolitik. Festschrift zum siebzigsten Geburtstag von Alfons Spielhoff, Kulturpolitische Gesellschaft e.V. Verlag, Hagen, 1998, S. 5. 社会的政策（ゲゼルシャフツポリティーク）とは、社会福祉政策（ゾツィアルポリティーク）を意味するのではない。住民が「福祉国家のクライアント」（ハーバーマス）として手厚い扶助に頼り、自主運営の精神を喪失していくことをむしろ懸念する表現である。ドルトムント文化局長で「新しい文化政策」を牽引したアルフォンス・シュピールホフにより一九七六年に提唱された。住民の主体的関与によって文化領域を営んでいくことを構想する一種の「文化ガバナンス」理論である。社会福祉政策と社会的な政策の区別について詳細は、藤野一夫「文化教育の再生——現代ドイツの文化政策の焦点」藤野／秋野／フォークト、前掲書、二五五―二六二頁も参照されたい。戦後復興期から発展期へと西ドイツ社会が架橋される道筋では、経済発展、国民のための手厚い福祉政策のみならず、民主主義の土壌を耕す主体である住民に貢献しようとする教育政策や文化政策の理念のどれ一つが欠けても、現在の成熟社会には至らなかったであろう。

47　Hoffmann, a.a.O., 1979, S. 11. ホフマンはシラーをよく引用したのだがこうした視点は、クリムトのヌーダ・ヴェリタスに記されているシラーの「汝が、自身の行為と芸術作品で全ての人に気に入られないのであれば、わずかな人のためになしなさい。多くの人に気に入られるのはろくでもない」という考えと共通するものがある。

48 Sauberzweig, Dieter: Kulturpolitik und Stadtentwicklung. In: Hoffmann (Hrsg.), a.a.O., 1974, S. 40.

49 ドイツの文化政策は基本的に地方割拠的であるが、こうした騒ぎは「事件」として西ドイツ全土に報道され、議論を巻き起こす。こうして革新、実験的な文化政策に対し、広く国民が議論する場がひらかれる。先進性を擁護する他都市の芸術家たちは彼らの地元の旧態依然とした文化政策を批判する口実としてこうした事件に言及し、問題はしばしば飛び火するために、他都市にも影響が伝播しやすい。

50 Demirović, a.a.O., SS. 308–309.

51 二〇〇七年日本文化政策学会第一回研究大会（東京大学）でのヴォルフガング・シュナイダーの基調講演「文化は政策を必要とするのか——ドイツにおける社会的任務としての文化政策」の原稿（未刊行資料）を参照した。Schneider, Wolfgang: Kulturpolitik als gesellschaftlicher Auftrag, Hildesheim, 2007, SS. 10–11.

52 Hoffmann, a.a.O., 1979, SS. 18–20; Kulturarbeit ist heute praktische Bildungsarbeit. In: Presse- und Informationsamt der Stadt Frankfurt a.M: Mitteilungen der Stadtverwaltung Frankfurt a.M., 1970/ Nr. 47. Amtliches Bekanntmachungsblatt, 21. November 1970, D 4811 C, S. 435.

53 ホフマンと同じ時期に財務、土木局の長であったヘーファーカンプはホフマンの業績は目立つが、実際には構想したものの実現できなかったものの方が多いと語っている。

54 フランクフルト市歴史博物館の新装開館に先んじて、九月に記念催事として企画されたのが、「レーマーベルクの討論会」である（企画についての公表は二月二九日。Frankfurter Rundschau, 29.2.1972.）。同じヘッセン州のダルムシュタット市が先例で、フランクフルト市の招待した知識人が、アクチュアルな社会問題に関連付けて市の文化政策を語るプラットフォームとして定着する。当時は毎年、主題や人選についてマルクス主義的、急進左翼的などという批判を連邦中から集めた（初年度についての大きな批判記事は、フランクフルター・ルントシャウ紙もフランクフルター・アルゲマイネ新聞も一九七二年四月五日から確認できる。市の主旨は、様々な声をすくいあげることにあったが、登壇者には学者が多く、一般住民の存在感が薄いことも批判の一因にあった）。第一回の実行委員会の構成メンバーは、ホフマン（代表）、ホルスト・ビンゲル、イーリング・フェッチャー、ハンス・ハインツ・ホルツ、アレクサンダー・クルーゲ、アレクサンダー・ミッチャーリヒ、ペーター・パーリッチュなどであった。

55 ジークフリート・ウンゼルト、ユルゲン・ハーバーマス、アレクサンダー・クルーゲ、ペーター・イーデン等を挙げることができる。またユダヤ人コミュニティの見解を橋渡しした人物としてイグナツ・ブービス、金融界の見解を橋渡しした最初期の人物としてドイツ銀行総裁であったヘルマン・ヨーゼフ・アプスなどがいる。ホフマン就任当時、アプスは市の全ての主要な芸術財団の理事であった。彼らと市政をつなぐゲートキーパーの役目を最も早い時期から積極的に果たしたのが、ズーアカンプ出版社のウンゼルトである。ウンゼルトの紹介でホフマンとハーバーマスの交流はかなり早い時期（一九七〇年代初頭）から見られたがハーバーマスのレーマーベルクの討論会への登壇は遅く一九八六年である。この年のレーマーベルクの討論会は場所を変え、新設された現代アートの展示空間シルン・クンストハレの開場記念行事として催された（主題は「政治的文化――今日？」で記録は、Hoffmann, Hilmar (Hrsg.): Gegen den Versuch, Vergangenheit zu verbiegen, Athenäum, Bodenheim, 1989として出版されている）。この回の人選に対するふたりの歴史家の批判に対して市の招待登壇者のひとりであったハーバーマスがディ・ツァイト紙に載せた反論を契機に、いわゆる「歴史家論争」が勃発する。ホフマンには生前五〇冊の出版があるが、いくつかの回想録には多くの人物の名前が挙がっている。様々な人物との交流に関しては、フランクフルター・ルントシャウ社資料室が保管してきた六〇年代後半以降九〇年代までの主にフランクフルター・ルントシャウを中心としたドイツ全土の新聞記事および雑誌記事のホフマン・ファイルおよびフランクフルトの文化芸術ファイルを閲覧し、記事は大小問わず全て通読し、それを史料として人名を抽出した。その上で市の各種文化委員会、文化施設の理事会会合に出席した理事や会合出席者と発言内容を市の議事録で対照させ、影響力のあった人物の名前を挙げた。彼らは市議会議事録に登場する公式の政策インフルエンサーや後に言及する各地区の評議会の住民代表とはまた違う視点と側面から政策形成に影響を及ぼした現代の有力教養・有産市民層と言える主体であるが、市の文化シーンを巨大なメセナ活動にも負っている国際金融都市のフランクフルトでこうした経済界の芸術重視の心情を無視することはできなかったと言える。

56　ホフマンがしばしば言及するのはカント、シラー、ブレヒトである。

57　谷和明は、社会文化運動をハーバーマスの「未完のプロジェクト」の実践版と読み解いてきた。

58　地区評議会を含むヘッセン州の自治体制度については、以下に掲載の図を参照されたい。秋野、前掲論文、藤野／秋野／フォークト（編）、前掲書、七五頁。

第五章

1　著者がこの呼び名を初めてきいたのは、二〇〇六年九月のフランクフルト市文化局助成課での聞き取りにおいてである。ドイツの大衆紙『ビルト』が名付けたということであった。ホフマンは一九九三年から二〇〇一年にはゲーテ・インスティトゥートの総裁を務めたが、助成課のインタビューの後、八〇年代後半（フランクフルトの文化局長時代）からビルト紙のフランクフルト地方版とフランクフルター・ノイエ・プレッセ紙が、この呼び名を好んで使っていたことを確認した。

2　Frankfurter Rundschau, 30.07.2009.

3 ヒルマー・ホフマンは二〇一八年六月に九二歳で他界した。その年の夏には市民運動家がホフマンの功績を称え、「ミュージアムの河畔」の大通りの一つ（シャウマインカイ）にホフマンの名前を付ける要望を市に提出している。市にゆかりのある功労者の名を公共の場所に付けること自体は珍しくないが（在ドイツユダヤ人中央評議会元議長のイグナツ・ブービスなど）、平均的には死後三年を経てからのことが多い。通りの場合、一般市民の住所変更に関わるからである。ただ広場の名称変更であれば比較的早く実現された前例もあり（ヴィリー・ブラント広場など）、ホフマンに関しても通りを避けてマイン河にかかる「ミュージアムの河畔」前の橋の一つの名称にする案がある。Heißt der Schaumainkai bald nach Hilmar Hoffmann? In: Frankfurter Rundschau vom 21.8.2018. http://www.fr.de/frankfurt/strassennamen-heisst-der-schaumainkai-bald-nach-hilmar-hoffmann-a-1566829 [Letzter Zugriff am 20.12.2018]

4 SPDの党派、党代表、党審議会での票決は、賛成一九票、反対一五票、無効一票であった。ここで推薦を受けたホフマンに対してフランクフルトのSPD党大会にて投票が行われ、三〇八対一四で、当時四五歳であったホフマンをSPDの公認候補者として市議会本会議へ推薦することが決まった。Hoffmann gilt als Favorit. In: Frankfurter Rundschau, 11.9.1970; Mehrheit für Hoffmann. In: Frankfurter Rundschau, 16.9.1970; SPD-Beirat klar für Hoffmann. In: Frankfurter Rundschau, 16.9.1970.

5 市議会での選出は、一九七〇年一〇月一五日。六七人の市議会議員のうち、五四名が賛成、一二名が反対票を投じ、無効が一票あった。Hoffmann wurde Dezernent. In: Frankfurter Rundschau, 16.10.1970.

6 彼はこの紙上において、制度化された文化施設において、都市を飾るための文化や決まりきった教育といったものを提供するのではなく、フリーランスの芸術家や自由で潜在性のある動きに対して、より幅広く活動できるような政策を行うことを宣言している。Fort vom klassischen Kulturbegriff! Welche Aufgaben hat heute der Kulturdezernent einer Großstadt zu erfüllen? In: Frankfurter Rundschau, 19. 9. 1970. この論文は、二〇〇六年に出版されたホフマンの論文集にも語彙に多少の訂正を加え、再掲されている。このことからも、ホフマンの文化政策の原点としての重要性をうかがうことができる。Hoffmann, Hilmar: Lebensprinzip Kultur. Vorträge Leitartikel und Essays 1957–2006, Frankfurter Societäts-Druckerei GmbH, Franfurt am Main, 2006. ハンザートはこの論文は「市民層には幾分かは宣戦布告と受け止められたに違いない」と記している。Hansert, Andreas: Bürgerkultur und Kulturpolitik in Frankfurt am Main. Eine historisch-soziologische Rekonstruktion, Kramer, Frankfurt am Main, 1992, S. 248. また同時期のフランクフルター・アルゲマイネ新聞でのインタビューでは、ミュージアムについては働く人に配慮した夜間開館が絶対に必要であるとの主張が見られる。Einiges wird in Bewegung geraten. Frankfurt wartet auf einen neuen Kulturdezernenten / Gespräch mit Hilmar Hoffmann. In: Frankfurter Allgemeine Zeitung, 25. 9. 1970.

7 連邦初の自治体映画館の設置、自治体市民大学の設置、文化概念を広くとらえての Lieder im Park（公園での歌曲の会）プロジェクトなどの野外文化活動、ムゾン・トゥルムなどのフリーシーンへの支援を指す。Schwencke, Olaf: Der Stadt Bestes suchen. Kulturpolitik im Spektrum der Gesellschaftspolitik. Arbeiten zur deutschen und europäischen Kulturpolitik aus 25 Jahren (1971–1996) nebst einem aktuellen Essay »Ach Kultur, Kulturpolitik«, Kulturpolitische Gesellschaft e. V., Bonn, 1997; Wagner, Bernd: Drei Jahre ‚Rot-Grüne' Kulturpolitik in Frankfurt/Main. In: Kulturpolitische Gesellschaft (Hrsg.): Kulturpolitische Mitteilungen, Nr. 57, II/92, Bonn, 1992, S. 11.

8 Schwencke, Olaf: „Kultur als Lebensform“ heißt: Kulturelle Bildung für alle. In: Schneider, Wolfgang (Hrsg.) Kulturelle Bildung braucht Kulturpolitik. Hilmar Hoffmanns „Kultur für alle“ reloaded., Universitätsverlag Hildesheim, Hildesheim, 2010, SS. 31–32.

9 Ebd., S. 33.

10 近年ではホフマンの文化政策を六八年世代の「制度への長征」としてとらえ直すことができるかという試論的批判研究も見られる。Kattel, Manfred: Marsch durch die Institutionen? Politik und Kultur in Frankfurt nach 1968, De Gruyter, München 2011.

11 毎年八月最終週の週末に開催されるミュージアムの河畔フェスティヴァルには、例年二〇〇万人が訪れる。ミュージアムの河畔フェスティヴァルの公式ウェブサイトを参照した。

12 厳密にはアイゼルナー歩道橋とフリーデン橋との間のマイン河両岸のミュージアム群を指す。Städtebaubeirat der Stadt Frankfurt A. M.: Stellungnahme zu den Fragen des Museumsufers, August 1981, S. 4.

13 Frankfurt hat jetzt eine Chance. In: Frankfurter Rundschau, 30.11.1970.

14 Bückert, Giesela: Kleines Hoch in Sicht. Aus der Arbeit des Frankfurter Kulturdezernenten Hilmar Hoffmann. In: Die Zeit, 30.4.1971.

15 Art: Das Kunstmagazin, Nr.3, Gruner + Jahr AG & Co, März 1990, SS. 94–96.

16 芸術文化のまちとしての魅力がある程度認められたと市が実感できたのは一九八七年語頃であろう。カスパー・クーニヒやゲルハルト・リヒターらが自ら市とコンタクトをとり、フランクフルトにあるシュテーデル美術学校の教授に着任したほか、英国の美術品競売会社サザビーズがドイツ支店をフランクフルトにオープンさせることを決め、フランクフルトは芸術家・芸術関係者を寄せ集める魅力をもった都市としての注目を浴びていく。

17 Wagner, a.a.O., 1992, S. 11. 地元の新聞にも批判はたびたび掲載されている。SPD内部からホフマンの転向として批判する声があったことは、以下の記事に読み取ることができる。Eine Ampel statt Beuys! In: Frankfurter Rundschau, 21.5.1987., Hoffmann bestätigt - mit weniger Stimmen denn je. In: Frankfurter Rundschau (Lokalanzeiger), 18.6.1988. ドイツでの文化政策研究の言説は、教養市民的「文化」と新しい文化政策の特色をなす「社会文化」的な文化との違いを、しばしば施設の形態のみで区分する傾向がある。それゆえに、教養市民の文化的営みから誕生した「高級文化施設」は批判的な議論の対象になることが多く、社会文化センターや市井の広場や公園、街角での文化活動は、「対抗文化」として無批判に好意的に評価されがちである。しかしそうした単純な二項対立では、「新しい文化政策」の理念的指導者であると評価されてきたホフマンが文化局長に就任していたフランクフルトで、なぜミュージアムのような「高級文化施設」の整備が進むのかを政権交代を理由にした「転向」や「言行不一致」としてしか説明できない。

18 Kulturarbeit ist heute praktische Bildungsarbeit. In: Presse- und Informationsamt der Stadt Frankfurt a.M: Mitteilungen der Stadtverwaltung Frankfurt a.M., 1970/ Nr. 47. Amtliches Bekanntmachungsblatt, 21. November 1970, D 4811 C, SS. 433–437.（以下、Mitteilungen 1970/47と記す）これはフランクフルト・アム・マイン市の週報で、当時の価格は三〇ペニヒであった。また、フランクフルター・アルゲマイネ新聞は、一九七〇年一二月一日に、適宜小見出しをつけて、この演説をやや短縮して掲載している。Gegen Musentempelkodex. Schwerpunkte künftiger Kulturpolitik. In: Frankfurter Allgemeine Zeitung, 01.12.1970.

19 一九七〇年一一月一二日木曜日の市議会本議会において、ホフマンは、議長のハンス＝ウルリヒ・コレンケに紹介され、市長代理のルドルフ・シェルヒによる辞令交付により、市の文化局長に就任した。ヘッセン州では第一市長と局長の任期は六年である（ヘッセン州自治体法第三九条第二項）。Frankfurter Rundschau, 16.10.1970; Leimbert, Peter; Müller, Karlheinz: Hessische Gemeindeordnung. Gemeindehaushaltsverordnung, Gesetz über kommunale Gemeinschaftsarbeit (KGG), Gesetz über den Umlandverband Frankfurt, Hessisches Kommunalwahlgesetz, Textausgabe mit Einführung, Verweisungen und Sachregister, 10. neubearb. Auf., Boorberg, Stuttgart, Hannover, 1981, SS. 50–51.

20 市民大学や書店・図書館、劇場などと比べてほんのわずかに「今後の活動の重点を説明するために与えられた時間も残り三十分になってしまったので」という前置きに続いて、ようやく言及された程度であった。しかしここで提示された内容は、前時代との画期となる制度的構想を含んでいた（後述）。

21 政権交代後すぐに、文化政策の方針が変わる可能性を示唆した記事も見られた。Rheinischer Merkur, 27.5.1977.

22 一九八〇年代に始まる一連のミュージアム整備は、世界的に著名な建築家を招いたことでも注目を集めた。オズヴァルト・マティアス・ウンガースが建築ミュージアムを、リチャード・マイヤーが工芸博物館を、ハンス・ホラインがフランクフルト現代美術館（ＭＭＫ）を担当した。フランクフルト現代美術館については紆余曲折を経て、「ミュージアムの河畔」ではなく市街地に建てられた。

23 Mitteilungen 1970/47, S. 437.

24 Städtisches Kino und „Nulltarif" beim Theater. Neuer Kulturdezernent hielt Antrittsrede für Chancengelegenheit in der Kultur. In: Frankfurter Rundschau, 13.11.1970; Volksbildungsrede des neuen Kulturdezernenten. Nulltarif fürs Theater / Alte Oper als

Kommunikationszentrum? / Kommunales Kino. In: Frankfurter Allgemeine Zeitung, 13.11.1970. 入場料無償化については、強力な反対意見があった。「すでに劇場には多くの公的資金が投じられている。労働者で劇場に行きたいものはすでに行っているだろう。入場料を免除したところで、どれだけ多くの人々の利益になるのか。現状は大して変わらない」というものである。しかしこれは、当時の劇場の入場料が労働者階級にとって高すぎたという背景からくるものではなく、予約定期会員の嗜好に追従する劇場の体制を改善し、全ての人（の意見）に開かれた劇場とするための施策である。芸術文化へのアクセスの民主化を目的＝ゴールと考えるか、その先にある文化的な公共性の形成（文化を提議／定義することへの参加の民主化）までをも目的とするかによって、議論の内容と施策の評価には相違が生まれる。

25 Ebd.

26 Frankfurter Rundschau, 13.11.1970.

27 Mitteilungen 1970/47, SS. 433–437. 現代芸術に関しては、ヴィリー・ブラントが芸術家連盟で述べたように、造形、舞台芸術を問わず、民主政の表象の一つであると位置付け、そうであるならば芸術は「現状肯定的性格」を持つことにはならないと強調されている。Ebd., S. 435. 現代社会の動向とともにある表現への自由の保障に、芸術批判を克服するための根拠を見いだしていたことが分かる。

28 ハンザートは、この「どちらかというと控えめな」（Hansert, a.a.O., S. 243.）文化政策者らの世代（一九五〇年から一九七〇年）はナチ時代に経験した文化施設の道具化を肝に銘じており、アドルノが『文化と管理』で示した姿勢に立脚し、自己批判的だった（Ebd., S. 280.）とし、「それと違い非常にダイナミックな」（Ebd., S. 243.）ホフマンのイニシアティヴを批判している。

29 Niederschrift über Besprechung am 23.4.1969 im Dienstzimmer von Herrn Stadtrat Dr. vom Rath, S. 2.

30 Protokoll-Auszug der Stadtverordneten-Versammlung Frankfurt am Main VII. Wahlperiode, §888, 23. 10.1969, S. 3.

31 ただし「夜間開館」については就任前にすでに、以下の記事において言及がある（こちらが初出である。）Einiges wird in Bewegung geraten. Frankfurt wartet auf einen neuen Kulturdezernenten / Gespräch mit Hilmar Hoffmann. In: Frankfurter Allgemeine Zeitung, 25. 9. 1970.

32 ただし、これはミュージアムのみならず、市の文化施設一般に共通する提案であった。

33 Mitteilungen 1970/47, S. 437.

34 Ebd., S. 437. これに対し、働いている住民は劇場やミュージアムに行って何かを要求されるのではなくリラックスすることが必要だという批判もなされている。Gespräch mit Hilmar Hoffmann, Kultur in unwirtlicher Stadt. In: Frankfurter Allgemeine Zeitung, 15.2.1971.

35 フランクフルト市があるヘッセン州では二〇〇七年度調査によれば、六二パーセントの館が、ミュージアムに専属のミュージアム教育員を設置している。ドイツ全体では、五八パーセントである。Staatliche Museen zu Berlin - Preußischer Kulturbesitz Institut für Museumsforschung: Statistische Gesamterhebung an den Museen der Bundesrepublik Deutschland für das Jahr 2007, Heft 62, Berlin, 2008, S. 47. プロイセン文化財財団内のミュージアム研究所が毎年、ドイツ国内のミュージアムの現状を統計データにしている。しかし焦点が年ごとに代わり、「ミュージアム教育員」についての全国的な統計は第六二号（二〇〇七年）のものが最新である（二〇一八年八月現在。職員によると二〇一八年一二月の公開に向けて、新しい統計をとっているところだという話であった）。

36 Hense, Heid: Koch, Gerd: Das Museum als gesellschaftlicher Lernort. Aspekte einer pädagogischen Neubestimmung. Extrabuch Verl., Frankfurt (Main), 1985.

37 退廃芸術展などに見られたナチ時代の美術教化教育を忌避し、一九五〇年代までは、言葉を介した集団での美術学習はむしろ意識的に避けられていたとされる。Hubin, Andrea: »Und so meinen wir auch, dass das Gespräch ohne Worte sein muss« documenta 1 und die Abwehr von Vermittlung. In: Mörsch, Carmen (Hrsg.): KUNSTVERMITTLUNG 2 Zwischen kritischer Praxis und Dienstleistung auf der documenta 12. Ergebnisse eines Forschungsprojekts, diaphanes, Zürich, 2009, SS. 311–331.［アンドレア・フービン（秋野有紀訳）「ドクメンタⅠにおける教育的介入への抵抗」藤野一夫／秋野有紀／マティアス・T・フォークト（編）『地域主権の国 ドイツの文化政策――人格の自由な発展と地方創生のために』美学出版、二〇一七年、二三五―二五二頁］

38 Hense, a.a.O., S. 72.

39 Negt, Oskar / Kluge, Alexander: Öffentlichkeit und Erfahrung. Zur Organisationsanalyse von bürgerlicher und proletarischer Öffentlichkeit, Suhrkamp, Frankfurt am Main, 2. Aufl., 1973, Kapitel 2, 6. Vgl. Habermas, Jürgen: Strukturwandel der Öffentlichkeit. Untersuchungen zu einer Kategorie der bürgerlichen Gesellschaft. Suhrkamp, Frankfurt am Main, 6. Aufl., 1974, S. 60, S. 198.

40 Hansert, a.a.O., S. 236.

41 ホフマンも就任直後のインタビューで、文化予算をしばしば土木建設の予算項目と比較している。例えば、一九七一年四月三〇日のツァイト紙で、六〇〇〇万ドイツ・マルクの文化予算はまだ市の総歳出予算の五パーセントにも満たず、一キロメートルの地下鉄敷設費と同額でしかないということを述べている。Die Zeit, 30.4.1971. こうした発言は、当時の自治体予算が、経済的な生活基盤に対して傾斜配分される傾向を持っていたことの表れでもある。

42 第一次世界大戦の後、学芸員たちは美的基準のみではなく収蔵品の関連性によって分類を行うようになった。また週末開館や収蔵物の名称や説明を記す工夫も見られ、学校との協働が強化され、ミュージアムで働く公務員には媒介的な仕事が義務とされたという。

媒介を教育学と強く結びつけたのは、ヴィルヘルム・ヴェッツォルトとヴィルヘルム・ボーデのベルリンでの活動である。Hense, a.a.O., S. 41. アンドレアス・グローテによれば、ミュージアム教育学（Museumspädagogik）という言葉は、一九三四年のK・H・ヤーコブ＝フリーセンの論文にすでに見られるという。Klausewitz, Wolfgang: Museumspädagogik. Museen als Bildungsstätten [Referate der Jahrestagung 1975 des Deutschen Museumsbundes in Bonn], Deutscher Museumsbund, Frankfurt am Main, 1975, S. 62; Hense, a.a.O., S. 114.

43 ベルリンにはすでに一九三〇年に、公立ミュージアムを管轄下におく外部専門部が設置され、第二次世界大戦勃発まで、政治的に管理される形でミュージアム教育を担っていた。Grote, Andreas: Model Berlin: Das Außenamt der Staatlichen Museen und der Verein Jugend im Museum. In: Zerull, Ludwig: Museum und Schule (Kunst und Unterricht Sonderheft), Friedrich, Velber bei Hannover, 1976, SS. 18–20; Hense, a.a.O., SS. 105–106, SS. 140ff.

44 Reuning, Renate: Modell Nürnberg: Das Kunstpädagogische Zentrum. In:Zerull, a.a.O., SS. 7–17. 自治体とゲルマン国立博物館の共同設置で、運営費は半分ずつ負担した（Hense, a.a.O., S. 106, S. 142.）。ニュルンベルク市の当時の文化教育社会局長は、ホフマンとならぶ文化政策の理論家・実践者として評価の高いヘルマン・グラーザーであった。学校教育に先駆けて美術に関する早期教育を目指した先進的な例に一九一四年ボストン発祥の「子どもミュージアム」がある。ドイツでは、ベルリン、カールスルーエ、フランクフルトが先駆けで（Hense, a.a.O., S. 128.）、フランクフルトが最初に設置したとされている（Frankfurter Rundschau, 18.9.1980; Hense, a.a.O., S. 128.）。フランクフルトでは、歴史博物館の一部として設置され、一九七三年から専任の「ミュージアム教育員」が置かれていた。

45 ドイツミュージアム連盟にはドイツの美術・文化史分野のミュージアムと自然史・技術史分野のミュージアムが加盟している。一九一七年に創設され、一九六〇年四月にこれら二つの専門領域に分かれた。「ミュージアムと学校」委員会を持ち、機関紙『ミュージアム学』は、戦後一九七七年初頭に再発行されている。Hense, a.a.O., S. 114, S. 61.

46 Museumskunde, 1971, S. 93, Hense, a.a.O., S. 65.

47 「ミュージアム連盟は、ハノーファーで開かれた年次総会において、ミュージアムを一般教育制度に調和させるよう要請した。ミュージアムは、学校、大学、成人教育機関とさらに協働を強化する用意がある。文部大臣会議に対するある勧告の中で連盟は、ミュージアム教育員の学科設置を要請した。」Mitteilungen des Deutschen Städtetages: Bildungauftrag der Museen. Nr. 254/72, 21.3.1972（フランクフルト・アム・マイン市文書館所蔵）

48 ドイツ都市会議は、長らく「美の殿堂」として理解されきたミュージアムの傾向を解体することについて、美術品を美的な観点から扱うのみならず、人類の遺産の総体として扱っていくよう、強く促す勧告も同時期に出している。「一つ一つの美術作品は、ミュージアムにおいて来館者に対し、美的な観点からのみ陳列されるのではなく、一定の歴史的社会的な状況から生まれた人類の産物の総体として理解されなければならない。」「ばらばらにするのではなくそれらは、もともとの文脈に則るようにしなければならない」「美術作品は、たとえ美的には『疎外』されたとしても、当時の生活の枠組みの中で見られるものである。」これはドイツ考古学者連盟のオルデンブルクにおける第二回の定期会員総会を契機にしたものである。これらの勧告からは、六八年を頂点として西ドイツ社会が権威主義的なものを批判し直接民主的な政策を要求する過程で、ミュージアムの性格にも鋭い批判を向けられたことを考慮に入れずに単に学校との連携を自治体に勧告したわけではないことが分かる。

49 Hense, a.a.O., S. 106.

50 他方でこの時点ではまだミュージアムを「学習の場（Lernort）」へと転換させる視点が、ミュージアムの将来像として合意をなしていたわけでもなかった。研究機関としての任務に立ちかえるもう一つの視点を、以下に読みとることができる。一九七一年七月には、ドイツ学術振興会が、『応急処置のための訴え』を発表し、「ミュージアムの危機」に世論の注目を集めようと試みている。これは、ミュージアム関係者たちの教育志向とは対照的に、ドイツのミュージアムの古典的な任務である「研究」と「蒐集」にいま一度立ち返り、それらを強化することで危機を乗り越えようとするものであった。ここで示された応急処置は（学術振興会という性質上、ある意味で必然かもしれないが）、研究の強化、建物の再建、そして修復・保存を主な内容としている。『応急処置のための訴え』の中では「公共性とミュージアム」という項目にも触れられているが、具体的改善案を出すものではなく、現状を今後調査していく項目としての記述にとどまっている。詳しい内容に関しては、Ebd., SS. 102–103.

51 Ebd., S. 60, S. 22. しかし数の上では、西ドイツはミュージアム大国であった。一九七三年の『世界のミュージアム・ハンドブック』の調査によれば、世界にはおよそ一七〇〇〇館のミュージアムがあり、その内一八〇〇館が西ドイツにあること、五〇パーセントのミュージアムが欧州にあり、二五パーセントが米国、残りがその他の世界に存在したと以下の文献に記載されている。Weschenfelder, Klaus: Zacharias, Wolfgang: Handbuch Museumspädagogik. Orientierungen und Methoden für die Praxis. 3. überarb. und erw. Aufl., Schwann, Düsseldorf, 1992, S. 31.

52 Hense, a.a.O., S. 116.

53 Ebd., S. 117; Stadtarchiv Frankfurt a.M.; Kulturamt, Sign. 2.116.

54 七六年にはヨッヘン・ボーベルクが、文化教育学がようやく発展すると述べているほか（Ebd., S. 108.）、『美術＋授業――美的教育の全ての領域のための雑誌』（一九六九年創刊）が一九七四年に特別号『授業の中の美術』の中で、学校教育でのミュージアム利用方法について考察している。Zerull, Ludwig: Kunst im Unterricht (Kunst + Unterricht Sonderheft, 1974), Friedrich, Velber bei Hannover, 1974.

55 Zerull, a.a.O., 1976, SS. 93–94. これは、ホフマンのいう「文化的な人格形成」とは異なる。

56 Ebd., S. 109.

57 Zerull, Ludwig: Zur Lage der Museumspädagogik. In: Zerull, ebd. SS. 4–6.; Hense, a.a.O., S. 110. ツェルルはニュルンベルクの「芸術教育センター」についても、プラグマティックで経験的手法に基づいて実践を重ねているのみであり、何らかの効果のある成果に結びつくものではないと否定的見解を述べている。Zerull, a.a.O., S. 4.

58 先にあげたケルン、ベルリン、ニュルンベルクのような独自の機関を持たないまでも、ミュンヒェンやマインツなども学校志向であったといわれる。Weschenfelder / Zacharias, a.a.O., S. 36.

59 Ebd. こうした動きに対し、ヘンゼは「教育員の定員ポジションが一つある、ということが、来館者に優しいミュージアムのアリバイになってはいけない」(Hense, a.a.O., SS. 115–116.) と述べている。

60 Weschenfelder / Zacharias, ebd.

61 ツァハリアスのように「ペダゴーギクには子どもを一人前にする過程という意味があるのだから、対象はまず子どもと青少年であるべき」と重点をはっきり子どもと青少年に置く見解もある。彼は、ギャラリー・ガイドは大人向けに開発されたものだという。Ebd., S. 32, S. 37.

62 Hense, a.a.O., SS. 123–124. Pädagoge（教育者）という言葉は、もともとギリシア語の paid-agōgós がラテン語の paedadogus となり、一五世紀にドイツ語に輸入された。「子どもを導く者」を意味していた。paīs は子ども、paidós は少年・若者を意味し、ギリシア語の ágein は導く、指導する、agōgós は導く者、指導者の意味である。「導く者」とは元来、子どもたちを両親の家から学校に連れて行き、連れ帰ってくる奴隷を指した。その後、「世話をする者」という意味となり、最終的に「教師、教育者」という意味で使われるようになった。ドイツ語の Pädagoge はもともと「家庭教師」のみを指しており、Pädagogik（教育学）という言葉は、一八世紀から使われるようになったとされる。Alsleben, Brigitte / Wermke, Matthias: Duden - Das Herkunftswörterbuch. Etymologie der deutschen Sprache, 4. neu bearb. Aufl. Duden, Mannheim, 2007, S. 579. フランツ・ペッゲラーによれば、「生涯教育」がドイツの教育科学と自治体政策の射程に入ってきたのは、一九六〇年代であるという。「教育学」は元来、子どもを対象としており、五〇年代にはそのことが教育科学において批判され、成人・老人向けの「アンドラゴーギック（ギリシア語の anér, andròs は雄、英雄に由来）」「ゲロンタゴーギク（同じく gérōn は長老、高齢者に由来）」が提唱され、さらにそれを批判し「成人教育学」という語も生まれた。成人教育の理念は、終戦直後にはヴァイマル時代の民衆教育や成人教育の理論を継承し、「国家からの自由」を目指す教会・労働組合などが支えたという。ナチ時代が自発的な活動の空白となったためにヴァイマル時代の理論が継承されたといわれる。国家の役割は、教育の理念的・物質的な促進のみに限定されてきたが、六〇年代には国家からの自由に拘泥せずにあらゆるグループや全ての世界を包括する自治体によって教育機関としての市民大学が、科学的・理論的というよりは政治的な動きによって優位を占めるようになり、学校法や大学法とならび、成人教育振興法や制度法などが制定されることになったという。終戦直後の成人教育については、ヘルマン・レールス／ハンス・ショイアール（編）（天野正治訳）『現代ドイツ教育学の潮流――W・フリットナー百歳記念論文集』玉川大学出版部、一九九二年、三七八―三九八頁。［Röhrs, Hermann; Flitner, Wilhelm: Richtungsstreit in der Erziehungswissenschaft und pädagogische Verständigung. Wilhelm Flitner zur Vollendung seines 100. Lebensjahres am 20. August 1989 gewidmet (Studien zur Erziehungswissenschaft, 29), Lang, Frankfurt a.M., 1989, SS. 339–351.］

第六章

1 Hoffmann, Hilmar: Kultur für alle. Perspektiven und Modelle, S. Fischer, Frankfurt am Main, 1979. この本は「対案派（オルタナティヴ）に対する多くのアイディア」を提供するものとして、ジャーナリズムには概ね好意的に受け入れられた。ホフマンの楽観主義、絵空事と評する書評もあったが、それは多くの自治体文化政策が、こうした理想に追いついていないことを暗示的に批判するものであった。著者が確認した主な記事・書評は、以下のとおり。Zwischen Kunst und Bürgern auf der Brücke, Frankfurter Neue Presse, 17.3.1979; Hilmar Hoffmann: Kulturvorarbeiters Utopia, Der Spiegel, 16/1979, SS. 241ff; Bert Brecht für die Villa Hügel. Hilmar Hoffmanns demokratischer Kulturkampf, Stuttgarter Zeitung, 18.4.1979; Das Kulturporträt: Hilmar Hoffmann. Hemmungslose Lust an der unkonkreten Utopie, Handelsblatt, 27.4.1979; Jens Wendland: Allen Rollen gerecht? Hilmar Hoffmanns „Kultur für alle“ oder: die Krise des Kulturdezernenten? Süddeutsche Zeitung, 12. 5.1979; Der Praktiker als Theoretiker. Anmerkungen zu Hilmar Hoffmanns „Kultur für alle“, Frankfurter Rundschau, 19. 5.1979; Kultur für uns alle? Gesammelte kulturpolitische Bekenntnisse Hilmar Hoffmanns, Frankfurter Allgemeine Zeitung, 28.6.1979; Ein Praktiker der modernen Kulturarbeit, Welt der Arbeit, 12.7.1979; Ein Buch der Hoffnung, das ziemlich traurig macht, Tagesanzeige (Zürich), 1.9.1979; Kunst bedeutet Demokratie, Die Zeit, 19.10.1979. また、一九八〇年七月には、文化振興に関する独英会議（ロンドンで開催）に合わせて英訳（Culture for all）が、一九八一年二月には新しく四章を加えた文庫版が出版されている（発行部数は二万部）。Frankfurter Rundschau, 28.2.1981.

2 Wagner, Bernd: »Drei Jahre Rot-Grüne Kulturpolitik in Frankfurt/Main«. In: Vorstand der Kulturpolitische Gesellschaft e.V. (Hrsg.):

Kulturpolitische Mitteilungen, Nr.57, II/92, Kulturpolitische Gesellschaft e.V. Verlag, Bonn, S. 11. 文化政策協会は二〇一〇年にホフマン八五歳特集を組んでいる。オーバーハウゼン時代やフランクフルトでの自治体映画館や市民文化の家、まちなかへ移動する美術展示、読書財団時代、ゲーテ・インスティトゥート総裁時代の業績に包括的に言及される中、社会民主党系の寄稿者はミュージアムの河畔には一切触れていない。Vorstand der Kulturpolitischen Gesellschaft e. V. (Hrsg.): Kulturpolitische Mitteilungen. Kultur für alle Hilmar Hoffmann zum 85. Geburtstag, Nr. 130, III/2010, Kulturpolitische Gesellschaft e.V. Verlag, Bonn, 2010. 著者は、ホフマンに生前数回話を聞くことができ、二〇〇七年に生涯で最も誇りに思っている事業を一つだけ挙げるとすれば何かとたずねたところ、ホフマンはフランクフルト時代のミュージアムの河畔だと即答した。

3 Hense, Heidi: Koch, Gerd: Das Museum als gesellschaftlicher Lernort. Aspekte einer pädagogischen Neubestimmung. Extrabuch Verl., Frankfurt (Main), 1985, S. 185.

4 一連の騒動については、準備段階からの展示室の資料や意図の説明、関係者インタビュー、新聞社宛てに送られたものの記事にはならなかった読者投稿も含め、様々な資料を掲載した記録書籍（ドキュメンテーション）『公共の怒りとしての歴史あるいは、民主社会のためのミュージアム』が出版されている。Hoffmann, Detlef / Junker, Akmut / Schirmbeck, Peter (Hrsg.): Geschichte als öffentliches Ärgernis oder: ein Museum für die demokratische Gesellschaft, Anabas-Verlag, Fernwald, 1974.

5 ドイツのミュージアムに雇用されている専門職員は、研究、収蔵品の保存修復、媒介（教育普及・展示）、収蔵品の資料保存などにより呼称が異なるが（第七章）、ここでは研究を本務とする者を指している。研究員と記すと、プロジェクトごとにミュージアムに携わる有期契約の研究者（彼らは大学で雇用されている学者や、ポストドクターなどである）と混同が生じるため、本書では「研究職の学芸員」と表現したい。日本の業務包括型の学芸員とは職務の射程が異なり、教育員や修復員などは、研究職の学芸員とは費目上も別の専門職である。

6 一九七四年一〇月二〇日の市議会でCDUのハンス＝ユルゲン・モークが第二回レーマーベルクの討論会の登壇者の選定について、「急進左翼への偏愛」と批判するなど、CDUはホフマンの文化政策をしばしばマルクス主義的、左翼的だと批判している。また当時の自治体政策について、「あらゆる左翼的な傾向」に助成を与え「決して公共の関心を呼び覚まさない」という批判もフランクフルター・ルントシャウ紙に寄せられている。Frankfurter Rundschau, 21.10.1974; 28.3.1973.

7 Hoffmann, Detlef: Ein demokratisches Museum (II) Reaktion. In: Hoffmann / Junker / Schirmbeck (Hrsg.), a.a.O., S. 228.

8 ドイツ・ミュージアム連盟と全国ミュージアム教育連盟は、契機を提供したのは、以下の書籍であるとしている。Spickernagel, Ellen / Walbe, Brigitte (Hrsg.): Das Museum. Lernort contra Musentempel, Anabas, Giessen, 1979; Hoffmann, Hilmar: Kultur für alle.

Perspektiven und Modelle, S. Fischer, Frankfurt am Main, 1979. Deutscher Museumsbund e.V., Bundesverband Museumspädagogik e.V. in Zusammenarbeit mit dem Österreichischen Verband der KulturvermittlerInnen im Museums- und Ausstellungswesen und Mediamus, Schweizerischer Verband der Fachleute für Bildung und Vermittlung im Museum (Hrsg.): Qualitätskriterien für Museen: Bildungs- und Vermittlungsarbeit, Berlin, 2008, S. 6, S. 25. ホフマンの『万人のための文化』も挙げられているが、その内容は確かに教育への関心を含むものの、（当時の狭い意味で児童・青少年を主な念頭に置く）教育学にとどまるものではなかったと考える。

9 ヘンゼによれば、これは歴史博物館の開館パンフレットにおけるディーター・クラマーの言葉とされる。（著者はこのパンフレットは入手することができなかったために、ヘンゼの二次文献から確認した。）Hense, a.a.O., S. 45.

10 Hoffmann, Hilmar (Hrsg.): Perspektiven der kommunalen Kulturpolitik, Suhrkamp, Frankfurt am Main, 1974, S. 12. 同様の表現をヒルマー・ホフマンは一九七三年九月のシュトゥットガルト新聞のインタビューでも使用している。Gespräch mit Hoffmann. Aus einem kleinen einen großen Kreis von Kennern machen, Stuttgarter Zeitung, 28.9.1973. 一九七四年四月一八日のフランクフルター・アルゲマイネ新聞上においても、同様の見解を述べていることから、こうした考えは当時のフランクフルト市文化政策の拠り所となるミュージアム理念であったと考えることができる。Die Verlorene Erinnerung und die Kulturpolitik. Das Museum und die Verantwortung der Gesellschaft - Zu den Auseinandersetzungen über Museumspolitik, Frankfurter Allgemeine Zeitung, 18.4.1974.

11 美術を「コミュニケーションのメディア」ととらえる教育学的な視点は、一九七〇年代に新しく登場したものではない。今井によるロシア構成主義やバウハウスのラスロ・モホイ＝ナジについての研究を参照されたい。今井康雄『メディア・美・教育——現代ドイツ教育思想史の試み』東京大学出版会、二〇一五年、二一六—二三七頁。ただ一九七〇年代以降の文化政策の理念は、体験の共通性よりも相違に着目し、住民の異なる背景を伝え合う媒介項として芸術文化をとらえようとしていた。他方で、文字資料のみではなく視角的な資料の助けによって外国人労働者（今日では移民の背景を持つ住民）の教育活動を補助するという文脈では、体験の共通性が念頭に置かれている。

12 文化局や文化施設に着任するたいていの長が経験するように、ホフマンの信念も直ちに制度化されてはいない。これは指揮官の上意下達で政策や機関が動くわけではない証でもある。ホフマンの関心は、当初から成人をも含んだものであった。けれども時系列的に見ると揺らぎも見られる。一九七一年四月八日には、フランクフルトのミュージアム作業グループとホフマンがシュテーデル・ミュージアムで会合を開き、ミュージアムのための「教育センター」を作る構想について話し合っていたことを示す資料が残っている。これは当時高く評価されていたバイエルン州の成功例を意識したものである。また市の文書館には、就任して間もないホフマンが「教育部」を役所内につくる新たな文化局組織変更案を出した際の一九七一年の草案も残されている。それは（呼び名は異なるものの）組織の位置付けから判断するに、ベルリン型の「外部専門部」とほぼ同じ機能を持つものであった。一九七二年六月五日の文化委員会では「文化に対する作業チーム」の創設と「ミュージアム発展計画」の策定が提案されているが、「作業チーム」の設置は、事実上、前任者のフォム・ラート時代に設置されたミュージアム評議会の解体を意味し、文化局がミュージアムの館長たちとチームで協働していくことを意味し、作業チーム作りは、ベルリン型の「外部教育部」を設置するための布石であった。Frankfurter Rundschau, 6.6.1972. いずれも、ミュージアムにおける教育学を政策的に強化する関心の表われである。また、「学校とミュージアムの作業グループ」として、歴史博物館は学校と協力して学校の授業に役立てるためのプロジェクトも開発している（この間の一連の史資料については、Institut für Stadtgeschichte, III/13-1997, Sig. 84 を参照した）。また、学校と協働で企画した展示も行っている。Hense, a.a.O., S. 198. フランクフルター・ルントシャウ紙においては「学校とミュージアムの作業グループ」と「子ども演劇」が、幼少期からの芸術的な体験となることへの期待を読みとることができる。Frankfurter Rundschau, 24.11.1972. またセンターをもっていたケルンからは直接どのような組織が良いか、助言ももらっている。Stadtarchiv Frankfurt a.M., Kulturamt, III/2-2002, Sig. 2.116. しかし一九七九年のミュージアム発展計画草案の中で、様々な分野の多様なミュージアムを持つことを特色とするフランクフルトにおいて、何らかのセンターをつくるようなことはふさわしくないと否定されている。Bauer, Margrit (Hrsg.): Entwurf für einen Museumsentwicklungsplan der städtischen Museen in Frankfurt am Main, Frankfurt a. M., 1979. SS. 42–43.（ミュージアム発展計画草案については、フランクフルト市文化局造形芸術振興担当のガブリエーレ・シュスターの協力により、複写をいただいた。）

13　さらにヒルマー・ホフマンがSPDであったこともあり、教養市民がミュージアムを拠点に地域社会を形成するという「文化国家」的な発想の再現ではなく、ミュージアムを利用してこなかった賃金労働者たちの利用に問題意識が向けられていた。国民政党になる過程でSPDは共産主義的・社会主義的な傾向を薄めていったが、労働者よりの性格に変わりは無かった。ホフマンは当時の歴史博物館の構想づくりに寄せた文書で「歴史博物館から歴史情報センターへ」という方向転換を描いている（歴史博物館資料室所蔵の冊子、ページ数無し。一九七二年に歴史博物館が作成したとされている）。

14　この理論的枠組みとして近年その意味内容が再考されているものに「クルトゥーア・フェアミットルンク」がある。詳細は、秋野有紀「文化教育の活性化のために――〈クルトゥーア・フェアミットルンク〉の意図と背景」藤野一夫／秋野有紀／マティアス・T・フォークト（編）『地域主権の国　ドイツの文化政策――人格の自由な発展と地域創生のために』美学出版、二〇一七年、二七四―二八九頁を参照されたい。

15　改装についての市議会での決議は、一九六九年四月二八日である（Magistratsbeschluss, Nr. 782. 以下、歴史博物館関係の資料は、歴史博物館資料室所蔵のもののほかに、市の文書館所蔵のファイル Archiv Frankfurt a.M., Stadtverordnetenversammlung III/5-1987,

Sig. 2326. の一連の資料を使用している。）歴史博物館は今日でもフランクフルトに住んできた人々の生活史を主題にした展示を行うことが多く、一種の郷土愛の象徴としての性格が、今も受け継がれている。

16 **Frankfurter Rundschau, 12.5.1972.** フランクフルト歴史博物館の当時の建物は、四階建てであった。

17 歴史博物館は当時、地元住民によって「恐ろしい石の城」と呼ばれていたという。有機性を感じさせないどころか、近寄りがたいイメージすら感じさせる。新装開館は、新しいミュージアム像を広く示し、イメージの回復を図るためのひとつの好機でもあった。ミュージアムと媒介のあり方をめぐる文化政策の議論と交差する形で、歴史学者たちの間でも当時、歴史と記憶を巡る議論が広く西ドイツを覆っていた。過去との対話のフォーラムとなることを目指すフランクフルト市立歴史博物館の構想も、西ドイツの歴史展示を巡るそうした議論を意識してのことであると考えることができる。相馬保夫「歴史展示のポリティックス——ドイツ歴史博物館をめぐる論争」『歴史学研究』第八五四号、二〇〇九年、二八—三五、四四頁を参照した。

18 **Frankfurter Rundschau, 12.5.1972.**

19 自治体映画館、公園での歌曲の会、文学サーカス、ストリート・フェスティヴァルなどは高評価を得ている。批判の高まっていた高級文化施設の閉鎖性を改善しようと、外国人労働者の文化を知るための展示を企画したり、「社会的な出自から制度化された文化施設に一度も行ったことのない児童」をミュージアムに招待したりする試みも見られた。けれども後者は、慣れない空間に連れてこられた子どもたちを怖がらせる結果となったために、形式的に開放を急ぐのではなく段階的に対話を重ねて潜在的な需要を把握していく方向に切り替えられている。**Kunst interessierte Kinder wenig, Frankfurter Rundschau, 2.8.1974; 6.8.1974.**（今日では、移民とマジョリティ・ドイツ人のような大まかな分類ではなく、ＳＩＮＵＳのミリュー分析などを活用して、住民全体の多層性がより細かく分節化されるようになった。そしてどの層にどの方法論が有効であるかが分析された上で、効果的かつ効率的な施策を検討するようになっている。詳細は、秋野、前掲報告書、一〇二—一〇三頁を参照されたい。）

20 歴史博物館では、一九七四年に始まった夏季限定開催の「日曜一一時からのミュージアムでのジャズの時間」が好評を博した。ミュージアム来館者に対してはジャズへの関心、ジャズのファンに対してはミュージアムへ関心を向ける狙いがあった。各回平均して二〇〇〇から三〇〇〇人の若者が、このプログラムを目的に歴史博物館を訪れたという。これを拡大したのが、市の委託助成によって一九七五年に始まる民間主導の「公園での歌曲の会」である。**Frankfurter Rundschau, 5.7.1974.** これは、自治体映画館に次ぐフランクフルト文化政策の「発明」として成功を収め、こうした催しが西ドイツ全土に広まるひとつの契機を提供したとみなされている。**Frankfurter Rundschau, 22.8.1975.**

21 **Hense, a.a.O., S. 171.** 地域単位の市史は、自ずとほとんどが文化史と呼びうる性格を持つため、ヘンゼも文化史の博物館と位置付けている。

22 Ebd., SS. 175–177. 歴史博物館の理念については、下記新聞記事による引用を参照した。Frankfurter Rundschau, 14.6.1975.

23 Hense, a.a.O., S. 174.

24 Ebd. 当時ハンブルク大学の教授であったガイスがメンバーの中では最年長で四一歳であり、ともに構想の中核を担った歴史博物館のスタッフ（委託研究員やボランティアも含む）は、二〇代後半から三〇代前半であった。Hoffmann / Junker / Schirmbeck (Hrsg.), a.a.O., S. 298. また、「学校とミュージアムの作業集団」により、歴史博物館は学校の授業に役立てるためのプロジェクトも学校と協力して開発していく。

25 ミュージアム論争を念頭に置いてのガイスの言葉であるが、こうした意図で展示をデザインしていたことを読みとることができる。Geiss, Imanuel: Zum Streit ums Historische Museum in Frankfurt. In: Hoffmann / Junker / Schirmbeck (Hrsg.), a.a.O., S. 12; Hense, a.a.O., S. 183.

26 Historisches Museum Dom-Römerberg-Bereich Frankfurt am Main: Baubuch B, Frankfurt/Main, Juli, 1971, S. 84. なお本節で参照・引用している上記の資料は、建築局の内部資料（未刊行）でBaubuch Bという通称があったため、本書でも以下そう記す。当時の建築見積や展示室の構想、計画、設備案などが詳細に記されている。デトレフ・ホフマンは来館者が陳列されているものにただ出くわすのではなく、教授法を用いることで歴史的、社会的な連関についての洞察を得られるよう、所蔵品と展示の階層化を行ったものとしてBaubuch Bを位置付けている。Hoffmann, Detlef: Ein demokratisches Museum (I) Geschichte und Konzeption. In: Hoffmann / Junker / Schirmbeck (Hrsg.), a.a.O., S. 21.

27 Baubuch B, S. 80.

28 一九七一年七月一九日の市議会決議第一七八六号により、ベルリンのビジュアルコミュニケーション研究所教授のヘルベルト・カピツキに委託されている（Ebd., S. 4.）。カピツキは三十年間閉鎖されたままであったフランクフルト市立民俗学博物館が一九七三年に再開する際にも、グラフィックコンセプトを担当することとなる。それによって当時フランクフルター・ルントシャウ紙が「現代的なミュージアム教授法がフランクフルトにおいてまたひとつ実現する」（Frankfurter Rundschau, 23.10.1972.）と期待を込めた報道をしていることから、彼の構想は当時高く評価されていたことをうかがうことができる。

29 Baubuch B, S. 80.

30 文化施設は、「広い文化概念」のもと、従来の高級文化のみを扱うものではなくなっていた。市立歴史博物館における一九七〇年の労働者文化の展示は、文化とは教養市民的なもののみではないというメッセージとなり、これまで博物館に足を運ばなかった層を広く呼び寄せた。公立劇場の入場料撤廃や労働者に向けた夜間開館の開始は、入館への「敷居」を低くする試みであった。対照的に市が支援したストリート・フェスティヴァルでは、文化的催しの場は文化施設に限らず、まち全体が文化の現場になるというメッセージをもっていた。

31 Hoffmann: a.a.O., 1979, SS. 7–9, SS. 11ff, SS. .97ff. フランクフルト市では、七〇年代にギムナジウムを修了する層は人口の一二パーセントで、高等教育を受ける機会をもつ層が非常に限定されていることがしばしば社会問題としてメディアや議会でとりあげられていた。

32 Frankfurter Rundschau, 20.3.1973; 15.6.1973.

33 開場から一カ月足らずでCDUの党派代表のモークが市議会にこの件についての調査を発議し、市議会はこの「一方的な傾向あるいは階級闘争的な」この説明パネルがふさわしいものか否かの調査を行うことを市政府に委任する決定を一一月一日に下している（Antrag der CDU-Fraktion Betr.: Schrifttafeln im Historischen Museum, 1.11.1972.）。その後、七三年二月六日にフランクフルト大学の神学部の教授が、この説明パネルについて宗教的な傾向を分析、一三ページに及ぶ学術的鑑定書を作成している（その内、八ページは説明の修正案）。二二日にCDUはその鑑定書を市議会に提出している（Betr.: Gutachten zum Historischen Museum, 22.2.1973; Dieter Stoodt, Gutachtliche Anmerkungen, 6.2.1973.）。一連の史資料は Archiv Frankfurt a.M., Stadtverordnetenversammlung III/5-1987, Sig. 2326, Schrifttafeln im Historischen Museum を参照した。

34 Die Welt, 28.3.1973.

35 「批判的内省によってのみ歴史は、現在の社会構造を目に見えるものとする機会をわれわれにもたらす。確かに決定的ではあるものの、変えていくことも可能なものとして社会構造を認識し、歴史的過程に関するわれわれの知を現実に移すことが可能な洞察ととらえて、政治行為に移す機会を。」Ein unpolitisches Museum wäre ein Widerspruch. Kultur als öffentlicher Prozeß, 30.6.1973. この論文にさらに内容が加わったものが以下に掲載されている（二〇〇六年出版のホフマンの論文集のものは、これの再掲である）。Schwenke, Olaf (Hrsg.): Plädoyers für eine neue städtische Kulturpolitik, Carl Hanser, München, 1974.; Hoffmann, Hilmar: Lebensprinzip Kultur, Societäts, Frankfurt, 2006, SS. 576–584.

36 六年間の任期の内、その半分の三年が経過した時点でホフマンの業績を総括した一九七三年一一月九日のフランクフルター・ルントシャウ紙は、演劇分野の功績には触れたものの、ミュージアムの領域については触れていない。Frankfurter Rundschau, 9.11.1973.

37 歴史博物館は一九七三年一月二日から二五日にアンケートをとっている。集まった回答は五五八枚で、その内三四三枚が説明パネルの変更を必要ないとした。変更を求めた一五七枚の内七〇パーセントは、歴史博物館の構想自体には賛成し、より政治的な議論が促されることを望むという結果であった。Der Magistrat. An die Stadtverordneten-Versammlung. Betr.: Schrifttafeln im

Historischen Museum, 5.3.1973, Archiv Frankfurt a.M., Stadtverordnetenversammlung III/5-1987, Sig. 2326.

38 Hense, a.a.O., S. 194.

39 ヘンゼはこうした姿勢に、ヴァルター・ベンヤミンの歴史哲学テーゼとの親和性を読みとってもいる。Ebd.

40 Ebd., S. 174.

41 ホフマンが政策担当となって以降のフランクフルト市の文化政策に対する急進左翼的であるという批判は主に、CDUの支持者から発せられたものである。しかし一九七七年に市政がCDUに交代した際には、ハンブルクでの国際芸術家委員会で、連邦各地の芸術家が、ホフマンの続投を求める声明を寄せている（Frankfurter Rundschau, 22.3.1977）。当時積極的に社会活動にも携わっていた世界的に著名な芸術家の大半がSPD支持であったことには留意しなければならないが、このことを鑑みるならば、こうした展示やホフマンの手法に当時から理解を示していた人も少なくなかったと考える余地もあるだろう。また Wolfgang Ignée は、「ホフマンの文化」と題した記事で、後に以下のように記述している。「ホフマンの文化政策は、無名の文化従事者や若者たちが何よりもその大きな支持者であるところの批判文化のトレンドと調和している」。Hoffmanns Kultur, Stuttgarter Zeitung, 4.4.1977.

42 Hubin, Andrea: »Und so meinen wir auch, dass das Gespräch ohne Worte sein muss« documenta 1 und die Abwehr von Vermittlung. In: Mörsch, Carmen (Hrsg.): KUNSTVERMITTLUNG 2 Zwischen kritischer Praxis und Dienstleistung auf der documenta 12. Ergebnisse eines Forschungsprojekts, diaphanes, Zürich, 2009, SS. 311–331. 翻訳は、アンドレア・フービン（秋野有紀訳）「ドクメンタⅠにおける教育的介入への抵抗」藤野／秋野／フォークト（編）、前掲書、二三五—二五二頁を参照されたい。

43 一九七五年八月八日に、民俗学博物館はフランクフルトの住民と外国人労働者とのよりよい対話を目指し、ガストアルバイター（外国人労働者）の祖国に関する展示を毎年行うと発表した。最初の年となった一九七五年には八月一〇日から九月一四日に「トルコ——私たちのまちに住む人々の祖国」という展示が行われている（ブレーメンのユーバーゼーミュージアムのドイツ・トルコ作業グループとの協働による。当時フランクフルトには一一万七八四九人の外国人がいたが、その内、一万七一四七人がトルコ系（男性九〇五九人、女性五〇二二人、一六歳以下三〇六六人）であった。当時、民俗学博物館は、西ドイツにやってくるトルコ人の三分の二は農業に従事しており、春に六週間、秋に収穫のために六週間働く以外の時期は失業状態にあると説明している。Frankfurter Rundschau, 8.8.1975.

44 Kulturdezernat der Stadt Frankfurt am Main (Hrsg.): Historisches Museum in Frankfurt am Main: eine Dokumentation zur Neueinweihung des Historischen Museums, Mousiol, Frankfurt am Main, 1972. ページの表記無し。

45 後述するミュージアム発展計画草案においても、「市民が自分の歴史と批判的な対話をし、民主社会を理解するために、と作られた新しいミュージアムは、まずは公共の怒りをかった。とりわけしばしば挑発的であったテクストは、『学術的ではない』とされ、価値を認められなかった」とこの事件への言及がある。Bauer, a. a. O., S. 1.

46 Die „Verlorene Erinnerung“ und die Kulturpolitik. Das Museum und die Verantwortung der Gesellschaft - Zu den Auseinandersetzungen über Museumspolitik., Frankfurter Allgemeine Zeitung, 18.4.1974. ホフマンは、一九七三年にも市の文化委員会において歴史博物館の構想としてこうした内容に関する六〇分の演説を行っている。Niederschrift des Kulturausschusses. Betr.: Konzeption des Historischen Museums - Vortrag Stadtrat Hoffmann., 4.6.1973. 一九七四年三月にはＣＤＵが、こうした構想について、そもそも妥当か、これは市立の他のミュージアムにも適用されるのかという点について市議会での検討を要請している。市議会の結論は、歴史博物館については妥当である、その他のミュージアムについてはそれをモデルにすることはできるが、そのまま適用されるべきではないというものであった。Anfrage Betr.: Konzeption des Historischen Museums (A590), 13.3.1974; Der Magistrat an die Stadtverordneten-Versammlung (B190), 20.5.1974.

47 これに先立ち、一九七二年に言及のあったミュージアムのための発展計画（一九七九年のものとは異なる）は現代的で社会志向なミュージアム政策が何よりもミュージアム教育員の設置を要求することを強調し、市議会決議第二七六八号により、この発展計画は関係各所に周知された。その結果、一九七四年予算申請に五名分の教育員の人件費が計上されたが、当時の財政事情により認められなかった（Der Magistrat an die Stadtverordneten-Versammlung, Betr. Museumspädagogen, Bericht B253, 24.6.1974, SS. 1–2. In: Archiv Frankfurt a.M., Stadtverordnetenversammlung III/5-1987, Sig. 2326.）。こうした経緯から、この日の市議会では、ミュージアム教育員は継続的な仕事をするために各館に「常勤」である必要があり、ゆえに謝金ベースでの非常勤は考慮に入れないこと、一九七六年までに一館に一名は設置することが決議されている。Magistrats-Beschluß, Nr. 1237, 24.6.1974, Institut für Stadtgeschichte Frankfurt am Main: Magistratsakten, Nr. 10.404. またドイツ都市会議もこの年の一一月に学校と文化施設の協働についての勧告をだしている。Stadtarchiv Frankfurt a.M., Kulturamt, III/2-2002, Sig. 2.116.

48 ヘッセン自治体法の第四五条「役職の呼称」の規定により、ヘッセン州では、五万人以上の住民を有する都市の首長をOberbürgermeisterという。比較的規模の小さな自治体において助役にあたる役職は、Bürgermeisterと呼ぶ。S. Müller, Karlheins (Begr.) / Leimbert, Peter (Bearb.): Hessische Gemeindeordnung, 10. neubearb. Aufl., Boorberg, Stuttgart, 1981, S. 54.

49 Frankfurter Rundschau, 25.6.1974.

50 Ebd.

51 一九七六年六月六日には再び市議会において、ビスマルクの展示（歴史博物館）の「明らかに共産主義的な」説明パネルを巡り、議論が行われている。ＣＤＵは歴史博物館の解説は「明らかに共産主義的特徴」を持っていたと批判しており、ホフマンはそれに対し「まっなく正しくない」と述べて、そうした意見が展示を閉鎖する理由にはならないと主張している。ヴェルト紙上においてホフマンは、現代ドイツの基幹学校、職業学校における美的教育の欠如を批判し、今後、子ども向けの文化カリキュラムを開発していくという構想にも触れている。Kultur. In der Bismarck zum Schnapsbrenner schrumpft, Die Welt, 4.8.1976; Hansert, Andreas: Bürgerkultur und Kulturpolitik in Frankfurt am Main. Eine historisch-soziologische Rekonstruktion, Kramer, Frankfurt am Main, 1992, S. 255.

52 「社会的なコンテクストに移し変えることと反美的傾向というものは異なるものだ」Stuttgarter Zeitung, 28.9.1973.

53 この時期、二〇〇〇年に来るべき「余暇社会」に向け、市民大学では教員の増強が行われている。Frankfurter Rundschau, 3.10.1973. 一九七五年一月一八日には全ての市民大学を市立にすべきだというフランクフルト市文化政策の見解を確認することができる（市立総合市民大学構想）。この構想に、ミュージアムの教育員に対する言及はない。Frankfurter Rundschau, 18.1.1975. この計画を実行するために一九七六年一二月には市民教育部が新設され、フランクフルトの市民大学を全て所掌することとなった。Frankfurter Rundschau, 2.12.1976. ホフマンの文化政策において「余暇社会」は一つの重要な鍵概念であった。このことは、先に挙げた著書『万人のための文化』ではマルクスのテーゼに基づいて「余暇社会」について言及し、文化の重要性についての展望が述べられていること（Hoffmann, a.a.O., SS. 321ff.）や、一九八五年の『明日への文化』で、労働者の労働時間が大幅に縮小され、彼らも余暇を楽しめる「余暇社会」が二〇〇〇年に到来することを見据えた考察が大きな位置を占めていることから読みとることができる（Hoffmann, Hilmar: Kultur für morgen. Ein Beitrag zur Lösung der Zukunftsprobleme, Fischer Taschenbuch, Frankfurt am Main, 1985, SS. 1[illegible]ff.）。ホフマンの「余暇社会」の定義は、週三五時間の労働時間、年金生活は五五歳からで、一日中余暇の日として過ごすことを住民の半数が享受できるというもので、八〇年代の文化政策の通奏低音であった。一九八七年八月には外国人の割合が三〇パーセントを占めるグリースハイム地区（人口二万人）にフランクフルトで二番目に大きな「市民の家」が完成する。このときにもホフマンは、「今日の市民の家への投資は二〇〇〇年の全面的な余暇社会への準備である」と述べている（Frankfurter Rundschau, 22.8.1987.）。八〇年代の政策では、ミュージアムの河畔、二四館の地区図書館、三四館の市民の家、アルテ・オーパーの整備、ムゾン・トゥルムの整備などが余暇社会と関連付けられ、量ではなく質的にも健全な余暇を形成できるような環境の整備が謳われた。しかし八八年には、半数の住民が余暇を楽しむ社会というのは、大量の失業者の出現を意味しただけなのではないかと揶揄する記事も確認できる（Frankfurter Rundschau, 5.5.1988）。二〇〇六年九月に著者がフランクフルト市文化局助成課のディーター・バッサーマンにインタビューした際にも彼は、「ホフマンは、来るべき余暇社会のために文化が必要だと真剣に考えていた」と強調し、余暇社会がホフマンの信念を支えた鍵であったと述べている。バッサーマンは、一九八一年から二〇一五年まで、フランクフルト市で芸術家振興を担当していた、この分野のスペシャリストである。

54 Frankfurter Rundschau, 6.6.1972; Entwurf Bericht über eine Geschäftsprüfung beim Amt für Wissenschaft, Kunst und Volksbildung, SS. 7ff.; Hauptamt, Sondergeschäftsanweisung für den Arbeitsstab Kultur,11.6.1971.

55 一九七七年三月二〇日の市議会総選挙により、CDUは「歴史的な大勝」をおさめ、ヴァルター・ヴァルマンが第一市長に就任する。ホフマンら政策担当者の任期は、選挙とは無関係で就任日から六年の任期である。ホフマンの第一期の任期は前年の一九七六年一一月一一日までであり、七六年の五月一二日に再選している（CDUは対抗候補を立て、FDPは党派拘束をせず個々の議員が意志に基づき投票した。SPDの四八名の議員は全員ホフマンに票を入れている。Frankfurter Rundschau, 13.5.1976.）。第二期目は、市全体の予算の六パーセントを占める文化予算で開始されている（Süddeutsche Zeitung, 20.11.1976.）。フランクフルトのミュージアム政策予算は、この時期、三一七万二九五〇ドイツ・マルク（一九七〇年）から八〇三万一五六〇ドイツ・マルク（一九七六年）へと大幅に増額している。この額には、非常勤職員、展示予算、作品購入費、人件費が含まれていた（Hense, a.a.O., S. 172.）。総選挙直後には、しばしばホフマンと対立してきたCDUの党派代表のハンス＝ユルゲン・モークが「文化シーンのよどんだ空気を一掃する」と述べ、この発言は当時、自治体映画館やTATを閉鎖し、ホフマンの解任を予感させるものとしてとらえられた（Frankfurter, Rundschau, 22.3.1977）。そのため先にも言及したように、ハンブルクで開催された国際芸術家委員会において著名な芸術家（ヨーゼフ・ボイス、ハインツ・マック、クラウス・シュテーク、F・E・ヴァルターなど）がCDUに対して、フランクフルトの文化政策の改革を停滞させないよう望む声明を出している。また、フランクフルトの劇場やミュージアムの館長もホフマンの続投を要請し、ホフマンは残留している（Frankfurter Rundschau, 22.3.1977; Süddeutsche Zeitung, 23.3.1977; Hoffmann „Rote Konterbande für eine schwarze Stadt?", Der Spiegel, 4.4. 1977; Frankfurter Rundschau, 12.4. 1977.）。それでも六月には、CDUヴェストエント支部が、「マルキスト」のホフマンを解任しなければ、フランクフルトの文化シーンが変わらないとして、ホフマンの解任を求めている（Frankfurter Rundschau, 11.6. 1977.）。一九七八年一〇月四日にはボッケンハイムの倉庫跡地の利用を巡ってホフマンと市民イニシアティヴが議論を行っている。この席上、ホフマンは「文化はオペラ座やミュージアムにおいてのみ生まれるものではない」と述べているが、この場所は市民文化センターとなり、後にウィリアム・フォーサイスのフランクフルト市立バレエ団（前任のバレエ団監督はジョン・ノイマイヤーである）も主要な活動拠点として使用することとなる（ホフマンの後任者であるリンダ・ライシュの時代に市はバレエ団の予算を大幅に削減、市立バレエ団は解消された。新しく作られたフォーサイス・カンパニーは四つの自治体、州から助成を受け、フランクフルトに滞在するときにはここを拠点とした）。市民イニシアティヴや実験的なバレエ団を支援するホフマンのこうした姿勢は、しばしばCDUによるホフマン解任要求の根拠となった。両者の文化理解の相違はこの四年後の総選挙において、CDUが七七年より前にフランクフルトには文化がなかった」とする選挙キャンペーン・プラカートを作ったことに顕著に表れている。この年のフランクフルトの総選挙はSPDとCDUが、どちらが文化政策において優れているかを争い、「文化を巡る総選挙」と呼ばれた（一九八一年二月一二日以降の新聞各紙を参照した）。

56 フランクフルトにおける文化政策の重点の政党間相違を単純に図式化するジャーナリズムの見解によると、ホフマン時代の二十年間の記事において一貫してみられる相違は次のようにまとめられる。オルタナティヴな文化活動を支援するために高級文化施設の閉鎖を厭わないのがSPDで、オルタナティヴな文化活動を軽視し、ミュージアムやオペラ座のために、フリーランスの芸術家や実験的な芸術活動を行う施設への支援を犠牲にするのがCDUの傾向であると。しかしこうした党派による相違を乗り越えたところにミュージアムの河畔は成立する。

57 アの必要性については、長らく大枠で合意があったが、詳細は党の間でつめる必要があった。ミュージアムの河畔についての予算を組むことについてCDU、FDP、SPDの三党が一致したのは、一九七八年五月である（Frankfurter Rundschau, 10.5.1978.）。

58 Bauer, Margrit (Hrsg.): Entwurf für einen Museumsentwicklungsplan der städtischen Museen in Frankfurt am Main, Frankfurt a. M., 1979. 内容については、一九七八年五月五日にフランクフルター・ルントシャウ紙が、展示を分散させる方針を報道している（Frankfurter Rundschau, 5.5.1978; 15.6.1978）。しかしその後もミュージアム発展計画は話題を集めた図書館発展計画ほどには市民の関心を集めず、市民による活発な議論を経ることなく、専門家主導で形成されていった（Frankfurter Rundschau, 28.12.1979.）。

59 著者が造形芸術課に聞き取りを依頼した際に担当者が真っ先に重要な内部資料として複写してくれたのが、この草案であった。

60 発展計画は三部構成で、第一部では各ミュージアムの現状を分析した上で、ミュージアムでの制度化された「媒介の仕事」がないことを全体の構造的脆弱性として指摘している。それを踏まえて第二部で「媒介の仕事」とは何を意味し、どのように強化しうるのかが検討され、第三部はそれを踏まえてどのような組織構造を発展させうるかの勧告がなされている。また六〇年代の「ミュージアムの危機」は、社会からのミュージアムの孤立に起因し、それは根本的には、媒介の働きの危機を意味したとの解釈が示されている（Bauer, a.a.O., S. 27.）。そして媒介は、教授法を介すると理解した上で、教授法によってミュージアムは荒廃するのではなく、むしろそれなしでミュージアムが極めて専門学術的な位置に「後退」することに懸念が示され、媒介の効用が擁護されている（Ebd., S. 13）。最終的に「ミュージアム全体が媒介の観点を強化する」こと、「個々のミュージアムに媒介の仕事を組み込むこと」が勧告されている（Ebd., S. 44.）。

61 Ebd., SS. 1–12, S. 42. 日本では組織運営の改良に使われるPDCAサイクルが文化政策でもよく知られているが、政策立案では欧州は一般的にいわゆるOODA型を採用している。計画は無から根拠なしに発案されるのではなく、事実を調査し現状を把握した上で、適切な計画が練られる（この棚卸し的現状の把握の部分が、政治家の経験値のみに頼る危険性を防ぐための客観的資料という意味でエヴィデンスト・ベースが求められる。日本ではいくつかの経路のうち米国の環境政策からこの概念が広まったとされる説があり、その影響が大きいためか文化政策でもエヴィデンス＝数量化することだと誤解される傾向がある。けれども少なくともドイツでは歴史の分析や過去の施策における成果と失敗の蓄積の把握は、様々な指標の数値と並んで客観的な分析が行われている限り、エヴィデンスに含まれる。これは人文科学や社会科学がその国で客観性のある学術的手法をとる学問と認識されているかという問いと切り離せない関係にある。）

62 Ebd., S. 42. 西ベルリン、ケルン（外部専門部）やニュルンベルク、ミュンヒェン、マインツ（美術教育センター）などの何らかの中心組織をつくる手法が、フランクフルトと親和性を持つかについては懐疑が示されている。というのも、フランクフルトに存在するミュージアムは様々であり「教育学」がそれらを「平均化」することができないこと、フランクフルトに必要なのは学校教育を中心とする教育学ではなく、「包括的な媒介の仕事」であると分析されている。そうした多様性に鑑みて、各館がそれぞれの性質に応じて「媒介の仕事」を開発していく方が理に適っていると考えられたのである（Ebd., S. 43.）。さらに、ミュージアムによる企業の立地条件ということ二〇年の国際的な関心の傾向は、これまで「市民の伝統」で整備されてきたミュージアムを土台とするフランクフルトの関心とは一線を画すということが述べられている。Ebd., S. 39.

63 Ebd., S. 12, S. 14.

64 「ミュージアムの第三の任務である研究の性質は、最も変質し、その後のミュージアムの性格を形作った。それは学問と教授（Lehre）の専門化が理由で、フランクフルトでは、一九世紀の半ばのことだった。ミュージアムに特化した学問を良い成績で修めることが、蒐集品の管理責任者の職に就くための前提となった。〔中略〕結果として、研究にはもともと教授法の要素が内包されていたにもかかわらず、研究は教育と分離することとなった。」（Ebd., S. 12.）「従来の『美の殿堂』においてはミュージアムとは、教養市民のための特別な研究や、すでに知識を持った人々のためのものであった。」（Ebd., S. 1. 本書第二章も参照されたい。）

65 Ebd., S. 14.

66 「媒介の仕事の要請は、これまでのミュージアムの構造を変化させない。そうではなく、長年の構造欠如を終結させるのだ。」Ebd., S. 15.

67 Ebd.

68 「ミュージアムの学術的な専門化はその過程で、ミュージアムが提供する役割を決定的に小さなものにした。」Ebd., S. 27.

69 「ミュージアムの仕事に（再）均衡をとは基本的には、媒介の仕事の中に専門知識と教授法を同列に置くことを意味する。」「この同列という要請は、とりわけ、学者の意思疎通が、社会的に見れば、特殊なコミュニケーション様式であることからくる。」Ebd., S. 14.

70 すでに述べた騒動へと繋がった歴史博物館や民俗学博物館のほかにも、一九七六年九月に再開場した工芸博物館（一九七〇年度予算は四四〇万ドイツ・マルク、一九七六年度予算は九六〇万ドイツ・マルク）の開館記念展示においても「媒介の仕事」に配慮した展示がなされ、子どもから大人までを対象とした挿絵の多い「情報ノート（ルーズリーフ状の説明の用紙で、展示室ごとに通常五枚から一〇枚程度置かれている。展示ごとに図録を作るよりも安価で、人々も気軽に手を伸ばせるという利点がある。次の展示室に向かう際に、来館者はその情報ノートを元の位置に戻さなくてはならない）」が用意され、注目を集めている。この展示においては、六歳から一四歳を対象とした「子どもの時間」が毎週木曜の一五時に設定された（Frankfurter Rundschau, 24.9.1976.）。また一九七七年にはミュージアムの河畔を中心に、特に子どもと若者を対象とした催しを行う「フランクフルトのミュージアム週間」という催しが企画される（予算八万ドイツ・マルク）（Frankfurter Rundschau, 31.5.1977.）。さらには何らかの専門家を通じての媒介のみならず、芸術家の仕事の過程を市民に見せるという形式の媒介の仕事もいくつか計画される。ハンブルクを手本とする公共の公開のアトリエ作りである（Frankfurter Rundschau, 26.10.1977.）。しかし膨大な予算をかけたミュージアムの河畔の整備とは対照的に、フリーランスの同時代アーティストのためのこうしたアトリエ作りはなかなか実現しなかった。ようやく二〇〇六年に市はアトリエを整備（中央駅からメッセの方角へ向かうヘレンハウゼン通り）、年に一度アトリエ・オープンの催しを行うようになる（二〇〇九年一〇月二七日、フランクフルト・マイン市文化局造形芸術専門係官ズザンネ・クヤーにインタビューを行った）。

71 Bauer, a.a.O., S. 28.

72 Ebd., S. 15.

73 Ebd., S. 28.

74 国際的な傾向として、義務教育後期課程（ハウプトシューレ）卒業程度（日本での中学三年生）の住民が理解できる水準であることについての言及がある（Ebd., S. 27.）。そのため、伝えるべき内容を損なわずに、前提知識のない人たちにも伝わる工夫をすることが求められる。しかしそれは「専門知識の大衆化ではない」（Ebd., S. 28.）ことも注意する必要がある。

75 Ebd., S. 14.

76 「公衆は、構造なき『大衆』ではない。学歴、収入、従事している活動、年齢、性別、住んでいる場所など様々な前提をともなって来館する。」Ebd., S. 27.

77 こうした自治への意思は、一緒に話す権利（Mitsprachrecht）と呼ばれる。この時期、劇場運営に関しては、職員の「共同決定」が議論され、ハンブルクやフランクフルトでは制度化の実験がなされた。ミュージアムでの討議は、同様の概念化はしなかったが、そうした直接民主的な志向の一環にあった。住民は、芸術文化を理解し何が文化であるかを決めるのは、自分とは関係のない誰か（専門家）であると考えがちである。そうした限界を克服する鍵は法的・形式的な何らかの保障ではなく意識面での転換である。九〇年代に入ると、芸術文化への形式的なアクセスの保障や芸術文化に関する知識の均等な配分といった量的な転換はそれほど重視されなくなる。それらは社会階層の流動性が相対的に低かった六〇、七〇年代においては意義を持っていた。けれども七〇年代にもすでに経済的に豊かさが増す中で労働者はいわゆるプロレタリアートとしての帰属意識を薄め、個人の関心や、生活空間、余暇に関心を向けていく。芸術文化が消費やイベントという数量的理性によって語られる傾向の強い現代社会では、芸術文化を提議／定義する権利を（スポンサーのみならず）住民が持ち、それを実際に行使する形で芸術文化を語ることが、文化的公共性の形成に繋がるという「文化的な人格形成」の問題意識は今日ますます意味を持つ。

78 Ebd., S. 15.

79 Ebd.

80 Ebd., SS. 30–31, S. 44. 監視員に求められているのは作品に対する質問に答えることではなく、当時、作品を守ろうと目を光らせる監視員の態度が来館者に「不評」であったため、これを取り除くために、監視員にも開かれたミュージアムの媒介者としての態度が求められている。

81 「第一部で行った調査によれば現在、教育学は媒介の仕事の一つの可能性であると理解されている」との但し書きがある。Ebd., S. 30.

82 Ebd.

83 Ebd., S. 31.

84 Ebd.

85 この勧告は、後にフランクフルト大学に関連カリキュラムを新たに設置する一つの下地を用意したと考えることができる。二〇〇八年一一月にシルン・クンストハレ、シュテーデル・ミュージアムの媒介の担当者とフランクフルト大学の美術教育学研究所の教授を招いてシルン・クンストハレで開催された文化の媒介（クルトゥーア・フェアミットルンク）に関するヒルデスハイム大学主催の非公開フォーラムにおいて、フランクフルト大学に美術教育のカリキュラムが開設された経緯が述べられた。

86 大学生の実習については、基本的に無給あるいは住居補助程度の謝金しか発生しないが、すでに大学で専門課程を修めた研究生に対しては、四〇〇ドイツ・マルク以上であった。最大では、博士号を持つ専任の学者・研究職員の基本給（給与号数区分はＡ13からＡ16あるいはＢＡＴⅡからⅠ。こうした学者職員の給与号数区分がＢであることはほとんど無い）の七五パーセントが支払われる。Hense, a.a.O., SS. 64ff. 現在のミュージアムの教育員・フェアミットラの給与は、条件により研究職の学芸員と同じでＡ13あるいけＢＡＴⅡから始まる（二〇〇九年一〇月二七日にクヤーに話をきいた）。

87 **Bauer, a.a.O., S. 44.**

88 **Ebd., S. 32, S. 43.**

89 **Ebd., S. 24.** ミュージアムの河畔の整備による展示空間の少なさの解消や、ミュージアム同士の協働の可能性、一種の文化ゾーンの形成には期待が寄せられつつも、実際には両義的なものとして受け入れられていたようである。ハンザートも、ミュージアムの関係者が、新しいミュージアムの建設ではなく、現在のミュージアムに対して支援を強化していくことをむしろ望んでいたことに触れている。**Hansert, a.a.O., S. 264.**

90 「たくさんのミュージアムを作っていくよりも現在あるものを強化した方がよい。更なるミュージアムの設置は、現在あるミュージアムの展示を危険にさらす」**Bauer, a.a.O., S. 22.**

91 **Ebd., S. 45.**

92 とりわけ、フランクフルト現代美術館（ＭＭＫ）については、批判的な姿勢を示す者が少なくなかった。ホフマンを筆頭に市議会は、他の大都市にあってフランクフルトには欠けているものとして同時代のアート・ミュージアムを挙げていた（同時代のアート・ミュージアムはヘッセン州にはなかった）。そのため、すでに七二年からフランクフルトは、同時代アートの蒐集に力を入れている。これらは当初、シュテーデルに現代アート部門を作る方向で蒐集が始まり、途中で工芸博物館に収蔵することとなる（ミュージアム発展計画が、現代美術館の場所をマイン河沿いに想定しているのはそのためである）。しかし次第に、国際的な状況も鑑みて独立したアート・ミュージアムを建設する向きが強まる。建築ミュージアム、工芸博物館と並び、現代美術館もスター建築家（ハンス・ホライン）が担当することが決まる。ハンザートは、同時代のアートは市立ギャラリーにもあると批判している。しかし市立ギャラリーは、同時代のアートでも、フランクフルトにゆかりのある芸術家のみの作品の蒐集に重点を置いている。現代美術館は、国際的に評価の高い作品を国や地域を問わず蒐集することを目指していた。こうした国際的に評価の高い現代美術のミュージアムがフランクフルトの芸術家たちによって歓迎されていなかったことについては、数百万マルクの作品を手ごろな値段で調達するホフマンの技は認めるが、そうではなく比較的抑え目の値段の地元の芸術家の作品を買って欲しいとする地元の芸術家の声を確認できる（**Frankfurter Rundschau, 23.5.1987.**）。しかしフランクフルトほどの大都市において、国際的な傾向を省みず、地元の同時代芸術家のみに支援をすることを望むのも実際には現実的ではなかったようだ。

93 **Hansert, a.a.O., SS. 255–260.**

94 **Frankfurter Rundschau, 6.4.1982.** ヘッセン自治体法においては、第一市長と各政策担当官は決議の際に同等の権利を持っていた。

第一市長は「同輩中の第一人者（*primus inter pares*）」という名で呼ばれる。S. Müller, Karlheins (Begr.); Leimbert, Peter (Bearb.), a.a.O., 65Abs. 1, 68 Abs. 2.

95 一九七八年一一月にはまず、西ドイツでは類を見ないものとして「建築ミュージアム」の新設計画が発表される。現代美術館は当初このミュージアムの中に組み込まれる計画であった（このことは七九年の発展計画にも記述がある）。Frankfurter Rundschau, 23.12.1978, 20.1.1979.

96 Magistrat der Stadt Frankfurt am Main Dezernat Planung (Hrsg.): Speerplan Museumsufer Frankfurt am Main Dezember 1980.; Städtebaubeirat der Stadt Frankfurt A. M.: Stellungnahme zu den Fragen des Museumsufers, August 1981, S. 4.

97 日本でもミュージアム集積地帯への注目は、例えば株式会社日本政策投資銀行大分事務所「文化芸術創造クラスターの形成に向けて――美術館からひろがる創造都市」二〇一一年や、二〇一八年に始まった文化庁の「地域の美術館・歴史博物館クラスター形成支援事業」などに見られる。

98 ミュージアムを建設することについては与党であるＣＤＵと第一市長が主導権を握っていた。しかし何を扱うか、どのように扱うかについてはホフマンを中心とした文化局の意向も強く反映された。例えばユダヤ・ミュージアムについてはＣＤＵとホフマンの意見は異なるものであったが、最終的に展示場としてのみではなく、ユダヤ人が集まり、自分たちの文化を研究し、交流できるような文化センター的性格の強い施設としてのホフマンの構想が実現を見ている。Stadtarchiv Frankfurt a.M., Stadtverordneten-Versammlung, III/13-1998, Sig. 4.298.

99 Hoffmann, Hilmar: Das Frankfurter Museumsufer, Societäts, Frankfurt, 2009, S. 139.

100 Hoffmann, a.a.O., 2009, S. 21. 当時フランスの文化大臣であったジャック・ラングは、フランスにも国立の建築ミュージアムを建てることを考えていたため、この建築ミュージアムを中心としてフランクフルトのミュージアム群に高い関心を示している。ラングは一九八五年二月下旬にフランクフルトのミュージアムを視察し、フランクフルトの建築ミュージアムとパリのポンピドゥ・センターとは協働の契約を結んでいる（Frankfurter Rundschau, 22.2.1985.）。その後もホフマンとラングの親交は続き、第四章の冒頭に引用したホフマンの二〇一二年のヘッセン文化賞受賞の祝辞をラングはドイツ語で行おうと試み、途中でフランス語が混ざり、「彼のチャーミングさ」に会場は笑いに包まれたと翌日の新聞各紙が報道している。ラングはホフマンを「欧州で卓越した存在の文化政策者」と表現し、これほど偉大な文化政策者を讃えるので「あがってしまった」と述べたという。ラングは今日の欧州の危機は、文化政策の危機であるとし、文化を贅沢品としてしかとらえられず、困難な時期に直ちに予算削減の対象とすることに苦言を呈した。ホフマンも、受賞の挨拶でゲーテの『ヴィルヘルムマイスターの遍歴時代』からの引用「愛国的な芸術や愛国的な学問というものはない。全ての高度な善きものがそうであるように、芸術と学問は全世界に属するものだ」を用いて、一つの欧州志向のラングの祝福に応えている。Frankfurter Rundschau, 4.11.2012.

101 ドイツ騎士修道会の館には現在、この修道会のほかにフランクフルト市の文化局と聖画像（イコン）博物館が入っている。

102 画家のマックス・ベックマン、作曲家のパウル・ヒンデミット、詩人で表象主義の劇作家であるフリッツ・フォン・ウンルーなどが滞在したことでも知られる。（ただしフォン・ウンルーは第一次世界大戦後、マイン河北岸のレンテン塔に住んでいたので厳密にはザクセンハウゼンではない。ショーペンハウアーやアドルノが住んでいた「美しい展望」を意味する通りは現在市立文学館のある通りだが、これも北岸である。この一帯は全て徒歩圏内にある。）

103 画家、彫刻家が中心となって結成され、ＳＰＤの地区支部「ザクセンハウゼン東支部」とは地区の文化活動で協力しあう関係にあった。地域の文化シーンの醸成を考えてきた「アーティスト集団」はＳＰＤザクセンハウゼン東支部の仲介で一九七一年一月八日に、新しく文化局長となったホフマンを招き、ザクセンハウゼンの活性化に何が必要かを説明している。Museum auf dem früheren Friedhof?, Frankfurter Allgemeine Zeitung, 9.1.1971.

104 Ebd.

105 Ebd.

106 ボン基本法に先立って採択されている世界人権宣言の第二七条なども通奏低音をなしていた。

107 例えば、一八〇六年に選帝侯国から王国となるバイエルンは、一八〇八年からは立憲君主制（一九一八年まで）を採り、ドイツの諸国の一つとしての地位を固めている。ハンス・ツェーエトマイアーによれば、バイエルンにおいてはプロイセン型の「文化国家」が影響を与える余地は少なく、この地域では、ルートヴィヒ一世が一八二五年から四八年の間に、それ以前もそれ以降もヨーロッパで類を見ない「芸術王国」という独自の支配原理を生み出したという。Zehetmair, Hans: Kultur bewegt - Kulturpolitik für Bayern, Olzog, München, 2001, S. 14.

108 小倉欣一／大澤武男『都市フランクフルトの歴史――カール大帝から一二〇〇年』中央公論社、一九九四年、一六五頁以下を参照した。

109 第一章で触れたアーベラインやリンガーの研究はプロイセンの教養市民的イデオロギーを中心とした国民国家ドイツの文化政策の原型というべきものであったが、ドイツの地方割拠的な文化政策の原型としては他にも都市市民、宮廷都市、司教座都市など都市の歴史によって、さらに様々な理念と特徴があるように思え、今後明らかにしていく必要があると考える。ロートの集計によればフランクフルトの協会活動では、いずれも人数的には商人が優位を占めるのだが、割合で見ると、特にミュージアム協会では手工業者（Handwerker）と小売業者も主要な役割を担っており、これは他の学術的・文化的協会には無い傾向であったことがわかる。そのためロートは、協会運動の推進者は教養市民層であるという定説に疑問を呈している。Roth, Ralf: Stadt und Bürgertum in Frankfurt am Main - Ein besonderer Weg von der ständischen zur modernen Bürgergesellschaft 1760–1914, R. Oldenburg, München, 1996, SS. 335–338.

110 ロートの研究によれば、当時のフランクフルトは、人口構成的にはどちらかといえば教養市民よりは、有産市民の方が多かった。Ebd., S. 136.

111 Ebd., S. 335.

112 ツンフト規約の画工条項第六条において、画家はツンフトに加入する際、手工業者の払う会費の代わりに、優れた美術作品を描いてそれを提出しなければならなかった。主題は官房史で、大きさは「相応しいもの」でなければならなかった。第六条は、手工業者ではなくまさに芸術家としての自意識を持つ画家たちを対象にしており、彼らは主題や規模まで指定されることに創作の自由への制限を感じていたという。そしてこのような方法で、優れた芸術作品を手に入れられていた当時の市政は、文化振興は予算の圧迫にならない程度にしていればよいものと考えていた。公共政策によって、文化を積極的に振興するという考え方はまだ確立していなかったという。Hansert, a.a.O., S. 49.

113 Ebd., SS. 52–55.

114 結局、発起人の何人かがこの年に死亡したり、町を去ったりしたため、アカデミー設立自体は実現していない。しかし芸術家のイニシアティヴと参事会の承認とによって、手工業者と芸術家の慣習的な混同が断ち切られた。このことは、その後の文化施設誕生の第一歩としての大きな意味を持つことになる。Ebd.

115 Ebd., S. 66.

116 Ebd.

117 Roth, a.a.O., SS. 331–332.

118 Hansert, a.a.O., S. 71.

119 Roth, a.a.O., S. 329.

120 他方でハンザートは、ゼンケンベルク自然研究設立の呼びかけにある「全ての人」は全ての陶冶された、あるいは陶冶されようと望んでいる人のみを意味したにすぎないと批判的に見る。Hansert, a.a.O., S. 68.

121 Ebd., S. 69.

122 フランクフルトのユダヤ人の割合は一八五二年の段階で八パーセント、第二位のベルリンは二・二四パーセントであった（Hopp,

Andrea: Jüdisches Bürgertum in Frankfurt am Main im 19. Jahrhundert, Franz Steiner Verlag, Stuttgart, 1997, S. 34.)。ユダヤ人の身分は皇帝の保護下にあったり、一時的にユダヤ人の団体にフランクフルトから市民権が与えられたり（一八一一年）と時代によって変動する。Roth, a.a.O., SS. 65ff.

123 Ibid.

124 Ibid., SS. 256–258.

125 Ibid., S. 340.

126 Hansert, a.a.O., S. 70.

127 一八三二年にはミュージアム協会が、「美術館に宗教は関係ない」とし、ユダヤ人社会から六人のメンバーの加入を認めた。一八三六年にはカジノ協会までもが、メンバーの条件から宗教的な区別を撤廃している（カジノ協会は、もともと貴族的な社交の場で、一八二〇年代までは、経済面では共に進歩できても、社会生活ではそうはいかないことを示す代表例であった）。そうした協会には他に、工業専門協会、セシリア協会、器楽協会、美術協会、物理学協会などがあったという。Roth, a.a.O., S. 340.

128 ユダヤ人たちはそれ以前から自らの活動を促進する協会活動も積極的に行っており、そうした協会にキリスト教徒が参入することもあった。Roth, SS.338–339. すでにハスカラと呼ばれるユダヤ人の啓蒙運動によって、一八世紀にはユダヤ人知識人の中からも閉鎖的なゲットーを出て積極的にドイツ市民社会に溶け込むべきだという主張が生まれていた。その代表はモーゼス・メンデルスゾーンである。フランス革命の「平等」の思想がナポレオン戦争を機にドイツにも伝播すると、ユダヤ人たちの職業選択の制限も撤廃され、商機を求めてドイツ人社会に同化するユダヤ人も増えていく。こうした同化ユダヤ人の子弟が経済力を背景に高い教養を身につけ、学問や芸術の領域でさらに活躍するようになるのが、本節で焦点を当てている一九世紀後半なのである。宮田眞治／畠山寛／濱中春『ドイツ文化55のキーワード』ミネルヴァ書房、二〇一五年、三三一—三三四頁。

129 Hansert, a.a.O., SS.65–67. このようにとらえるならば、身分制を所与のものとして有産市民をライバル視し、身分制の中で限られた市民層の人格の陶冶と地位向上のみを求め、排他的性格の強かった教養市民の文化国家論とは対照的なもう一つの芸術文化領域の理念をここに読みとることは、そう難しくない。フランクフルトの協会は当時、商人と手工業者がメンバーの大半を占めていた。ハンブルクの愛国者協会を模した工業協会には、例外的に三七％もの教養市民がおり、「フランクフルトでは珍しくドイツ国民 (deutsche Nation) に強い結びつきを持っていた」とされる。Roth, a.a.O., SS.252–253.

130 Hansert, a.a.O., S. 78. 市民が連携し、協力することで、コミュニティの中の弱者にも同じ機会を保証しようとするこうした芸術文化支援の精神は、基本的に今日では「補完性の原則」に受け継がれている。また、この時代の施設が「無償化」ではなく、入場料が支払えない貧しい人への「支援」という形を採ったのは、王族や世襲貴族や諸侯たちがしばしば開いていたコンサートと自分たちの活動を区別する意図からであるとされる。身分制の中での芸術活動は、しばしば、入場料を不要（＝無償）としたが、それは、選ばれた人のみが入場を許可される「招待制」を意味した。

131 終戦直後にナチ時代を忘れるかのようにゲーテやシラーなどのドイツが生んだ精神的遺産に立ち返ろうとしたことが、学生運動の時期には批判された（第四章）。けれども八〇年代の市民文化への言及は、作品や「偉人」としての芸術家に着目するのではなく、「対話」「平等」「自由」などの理念を生成させる「自律的な領域」という性格そのものへの着目であった点で違いがある。

132 本節は主に、フランクフルト市歴史博物館の二〇一二年の展示図録 Historisches Museum Frankfurt: Frankfurter Sammler und Stifter, Frankfurt am Main, 2012, SS. 14–15 を参照している。

133 ヨハン・フリードリヒ・シュテーデルは、フランクフルトの銀行家で香辛料を扱う商人であった。シュテーデル美術研究所は一八七八年に現在の場所（シャウマインカイ）に移り、ミュージアムの財政を支えるために一八九九年にシュテーデル・ミュージアム協会が創設された。創設を主導したのはフランクフルター新聞のレオポルト・ゾンネマンであった。シュテーデルの遺言状については、市立公文書館の協力により、原本の複写をいただいた。

134 これはプロイセン支持派の市民が設置し、あまり歓迎されなかったという。

135 共通のドイツ語を普及させていく劇場や、普遍性の思想に支えられたコンサートホールやオペラ座がナショナルなドイツに貢献する文化機関となったのとは異なり、地域のミュージアムは地域パトリオティズムの拠点としての性格を持った。それゆえにフランクフルト市の文化政策ではミュージアムの領域にこそ、文化国家的「文化」とは異なる市民文化の理念を見いだせたと言える。実際ミュージアムの河畔の計画段階ではしばしば一九世紀の市民の文化的伝統が強調されている。けれどもその意図は「文化的な人格形成」の再構築にあり、地域住民や都市のアイデンティティ形成という観点はそれほど論じられていない。

136 自治体間におけるイメージ競争の激化を背景に、一九七七年にはドイツ都市会議が、都市のイメージ調査は都市発展計画の資料として不可欠の情報源であるとする勧告をだしている。Institut für Demoskopie Allensbach 1980 (Abschluss des Berichtes 18. Juli 1980): Frankfurt-Nahbild und Fernbild. Demoskopische Daten für die Öffentlichkeit, Druckerei und Verlagsanstalt Konstanz GmbH Am Fischmarkt, .SS.102–103. またフランクフルト大学も各ミュージアムの詳細な現状分析を提出している。Die Frankfurter Museen und ihr Publikum, Manuskripte, S6a/582. 1994.

137 一九七九年にはフランクフルト史上初めて、ミュージアムへの訪問者数が一〇〇万人を記録しており、フランクフルトのミュージアムへの需要はある程度高まっていたことを確認できる（数値出典は Frankfurter Rundschau, 14.4.1980.）。

138　九八〇年九月一九日に地区の審議会がミュージアムの河畔についての住民の関心が極めて高いために、透明性を確保しつつ、雛形を準備していくことを提案（第三五九六号、六月にはミュージアム・パークについても提案（第三四八八号））しているが、一〇月にはＣＤＵとＦＤＰがミュージアムの構想や内容の形成（とりわけミュージアム・パーク）について影響を及ぼすのは地区審議会や市議会構想の役目ではないと市議会で説明している。けれども、一一月一三日には前者の提案を承認する市議会の議決（第五二九二号ａ）がなされている。

139　この一名については市の文化予算から、その他のフリーランサーの教育員については、ミュージアム自身の予算からミュージアムの裁量で採用される。当初より改築、新築の一年後を目途に制度化が目指され、一九八七年七月一三日にはＳＰＤの要請により、市議会でフランクフルトの市立ミュージアム一〇館でのミュージアム教育員の制度化について、各館の現状が報告されている（人数、未設置の館については設置予定年、ミュージアム教育に関する構想の詳細）。Bericht des Magistrats an die Stadtverordneten-Versammlung, B270, 13.7.1987.

140　本稿で扱っている教育員は、ミュージアムで働いていればミュージアム教育員と呼べ、美術教育学を専門的に修めた人は「美術教育員」と呼ばれる。Herles, Diethard: Das Museum und die Dinge. Wissenschaft, Präsentation, Pädagogik, Campus-Verl., Frankfurt/Main, 1996, SS. 11ff. ドイツのミュージアムにおいては二〇〇七年時点で約八一パーセントの施設が、ミュージアム教育を行っており、実費のみのボランティアとしてそうした活動に関わっている人の割合は、全体の三六パーセントである。Staatliche Museen zu Berlin - Preußischer Kulturbesitz Institut für Museumsforschung: Heft 62 Statistische Gesamterhebung an den Museen der Bundesrepublik Deutschland für das Jahr 2007, Berlin, 2008, SS. 45ff.

141　欧州ではミュージアムの職員の職種について共通理解の形成に努めており、専門職ごとにその呼び名が定められ、二〇種類ある。Deutscher Museumsbund e.V./ Bundesverband Museumspädagogik e.V./ Österreichischen Verband der KulturvermittlerInnen im Museums- und Ausstellungswesen und Mediamus / Schweizerischer Verband der Fachleute für Bildung und Vermittlung im Museum (Hrsg.), a.a.O.

142　一九七五年一一月に市はシュテーデル・ミュージアムにこうした行為を行うことを義務付けている。またホフマンは一九八五年の著書において、「文化的なインスティトゥートとは、管理行政領域とは異なり、人間集約的である。文化は人間を通じてしか媒介されない」と述べている。Hoffmann, a.a.O., 1985, S. 49.

143　詳細は、秋野有紀「文化教育の活性化のために――〈クルトゥーア・フェアミットルンク〉の意図と背景」藤野／秋野／フォークト（編）、前掲書、二七四―二八九頁を参照されたい。

144 二〇〇七年のカッセル現代芸術祭ドクメンタⅫでフェアミットルンクを行ったアレクサンダー・ヘンシェルによればフェアミットルンクは、英語ではペダゴジーではないのは当然のこと、エデュケーションでもなく、メディエイションが最も近い概念であるという。ドクメンタⅫの三つのテーマは、「近代とは何か」「剥き出しの生」「クルトゥーア・フェアミットルンク、何が出来るか」であった。三つ目のテーマが、ディレクターのロガール・ビューゲルによって英語ではやむなくアート・エデュケイションと訳されたことについては、内部でも賛否両論があったとされる。英語のメディエイションが、ドイツ語のフェアミットルンクと一義的に対応するかについては、議論の余地はあるのだが、エデュケイションという言葉だけは避けたいという議論が関係者達の間で交わされたという。ヘンシェルは二〇〇九年三月四日（東京大学）、六日（神戸国際芸術祭）に日本でも講演を行っている。

145 ホフマンはフランクフルト市におけるミュージアムの河畔成立に対して、発展計画の成立よりも実際の政治がすばやく動いたと肯定的に評価している（Frankfurter Rundschau, 3.1.1985.）。しかしここには第二章で見た戦前の生存配慮が、行政を優位させたのと酷似した構造上の問題がある。ミュージアムが整備され、最終的には「発展計画」を必要とするような水準ではなくなったため、現在のフランクフルトはもはや発展計画制定は行わないという。しかし何らかの根拠がないということは制度を維持する土台も脆弱であり、不況下では政治的決定によって再びもとの状態に戻る可能性も残ることを意味する。このことは政策論的には批判しうる数々の論点を含んでいる。他方で政治家は、手続き論よりも政治判断の方が、迅速で、よりしたたかであったことを評価するのである。手続き的な枠組みを作ることに固執して好機を逃すより、時勢にのって施設整備と人件費予算を制度化した方が、その後は事実上、事業の後退は難しくなる。少なくとも「無」には戻りようがない。政権交代があったとしても、規模や程度の差はありこそすれ、この分野が促進されていくという点での持続性は保障されると考えるのである。手続き的正当化を求める理論と結果重視のとの溝は文化政策でもなかなか埋まらないのだが、整備と並行して爆発的な記録を更新し続けた来場者数は、この政治的決定に対しては肯定的な評価を与える素材を提供していった。

146 建築ミュージアムの一週間後に開館する。自治体映画館はすでに高い評価を確立し、一九八一年には年間八万人が訪れていた。ミュージアムにおいては、自治体映画館にさらに資料館としての機能を付け加え施設を拡大、国立図書館のように、映像作品の新作を二本ずつ保管することが任務とされた。

147 Frankfurter Rundschau, 29.5.1984.

148 大きな公園を含めてもとの広さの七倍の拡張工事となった。リチャード・マイヤーによるポスト・モダンで機能主義的なガラス張りの建物は、建造物保護を受けている旧メッツラー邸と新しい建物を融合し、それ自体が「総合芸術作品」として高い評価を得た。設計においては、建物敷地内に公園もあり、建物の内と外、都市（外）とミュージアム（内）という分離を解体し、至る所に「繋がり」の関係を生みだすことが意図された(こうした建築意図は、日本の金沢二一世紀美術館の構想と通ずる側面がある)。このミュージアムの完成はフランクフルトが国際的なミュージアム都市として認識される一つの土壌を提供し、一九八八年四月に来場者は一〇〇万人を記録した。その間、三万の作品を展示、二〇回の特別展を開催し、七二〇回の特別ギャラリー・ガイドが行われている。Frankfurter Rundschau, 24.4.1985; 8.4.1988.

149 市のコンサートホールの不足を補うものとして旧オペラ座が再建され、市立ミュージアムなどの展示スペース不足を補うためにシルン・クンストハレが建てられた。これはミュージアムではなく複合文化企業体で各階の展示スペースは約二〇〇〇平方メートルで、青年フィルハーモニーも使用している。

150 ミュージアム職員の祝日が極端に少なくなるのを避けるために、大勢の臨時職員の投入が検討された。従来は、連休には一日目か二日目のどちらかのみ開館していた。両日開館することの費用対効果について、一九八六年五月の聖霊降臨祭に実験が試みられたが、シュテーデル・ミュージアムで通常の二〇パーセント、建築ミュージアムで三〇パーセントの入場者数の上昇が見られた以外には、目立った効果は確認されなかった。Frankfurter Rundschau, 5.4.1986; 9.4.1986; 23.5.1986.

151 そのため、費用はメッセの成功で賄われるという計画である。会場はボッケンハイムのデポ(トラムの格納庫)が予定されていたが、一九八八年二月にオペラ座が火災となり、演劇の拠点であるカンマーシュピールに市立オペラが移る。そのため演劇がデポに移動し、メッセは無期限の延期となる。

152 CDUとホフマンの間には意見の相違があったものの、ホフマンの意見が採用され、旧ロートシルド(ロスチャイルド)邸がユダヤ博物館となることが決定する。建物が用意されるよりも先に、四〇〇の儀式用具・祭具や五〇〇〇冊を越える貴重な資料、文献などが集まる。それに加えて、一九八五年九月五日にユダヤ人代表者会議議長の実業家イグナツ・ブービスが一九世紀の儀式の用具二七点(一〇万ドイツ・マルク相当)を寄付している(ブービスはファスビンダーの戯曲「塵ゴミ、都市、死」に出てくるユダヤ人実業家のモデルとしても知られる)。学術研究機関を併設した欧州唯一のドイツ語圏におけるユダヤの歴史の資料館という位置付けで開館する。「追想の場」ではなく「いきいきとしたユダヤ文化センター」をコンセプトに、単なる資料館ではなく、ユダヤ人社会や研究者の交流の場となることが目指されている。こうした施設は一八世紀から一九世紀にかけても存在したといわれている。Frankfurter Rundschau, 24.4.1985; 6.9.1985; 4.1.1986.

153 候補地は、大聖堂横の三角形の土地となった。この土地には、六〇年前から店を構える魚屋と照明屋があった。市は彼らにすぐそばの代用地を提供したが、交渉はなかなかまとまらなかった(Frankfurter Rundschau, 27.4.1985)。現代美術館のオープニングには、ヨーゼフ・ボイスが、来館者との対話を通じて公開の場で作品を作るという、ミュージアムにおける広い意味でのアートの「媒介」

の試みが計画されていた。しかし建設地の問題はなかなか解決されず（市政府決議は一九八六年一二月。**Frankfurter Rundschau, 13.12.1986.**）、ボイスは開館を待つことなく八六年にこの世を去った（**Frankfurter Rundschau, 7.2.1987; Frankfurter Allgemeine Zeitung, 22.8.1987.**）。現在このミュージアムで最も有名な作品の一つであるボイスの「鹿に当たった稲妻」という作品は、生前最後の作品であり、インスタレーションの代替案としてフランクフルト市が二五〇万ドイツ・マルクで購入したものである。この作品は八六年一二月末までケルンが購入交渉権を持っていたが、財政上の都合で権利を手放し、フランクフルトが購入することとなった。一九八七年のドクメンタに展示され、フランクフルト市民は現代美術館の開館に先立ってこの作品を見る機会を得ている（**Süddeutsche Zeitung, 5.2.1987; Frankfurter Rundschau, 7.2.1987; 23.5.1987.**）。土地の問題が解決し八六年一二月半ばに市政府で計画が可決され、八七年一月三〇日に市議会でも可決される。建築家はウィーンのハンス・ホラインで、三角形の土地を活かした建物は現在「ショートケーキ」という愛称で親しまれている。八〇年に購入したシュトレーラーのコレクションを基礎に六〇年代以降のポップ・アートを中心とした蒐集を行っている。**Frankfurter Rundschau, 4.1.1986; 5.2.1987; 14.2.1987.**

第七章

1 中小路久美代／新藤浩伸／山本恭裕／岡田猛（編著）『触発するミュージアム――文化的公共空間の新たな可能性を求めて』あいり出版、二〇一六年。

2 シュテーデル・ミュージアムやゼンケンベルク自然史博物館などは、財団ベースの私立ミュージアムであり、公立ではない。本章ではそれらも含めて公共のミュージアムとして扱う。ドイツには二〇一六年現在、約六七一二館のミュージアムがある。公立のものが約半数で、州立が四三一館、自治体設置が三〇一六館、私立が二九九五館、官民共同運営が二六〇館である（回答数は、四六九九館）。**Staatliche Museen zu Berlin - Preußischer Kulturbesitz Institut für Museumsforschung: Statistische Gesamterhebung an den Museen der Bundesrepublik Deutschland für das Jahr 2016 (Heft 71), Berlin, 2017, S. 3.**

3 二〇〇七年現在の統計によれば、ドイツ全体でミュージアムと雇用関係にあるフルタイムのミュージアム教育員は五九三名、パートタイムは三九八名である（ミュージアム教育センターなどに雇用されている者は含まない）。調査に回答したミュージアム全体における専任のミュージアム教育員を置いている館の割合は、一九八七年には五・九七パーセント、一九九二年には九・七九パーセント、二〇〇七年には一七・五パーセントへと確実に伸びている。アルバイトやボランティア、フリーランスのミュージアム教育員などを含めるとミュージアム教育に従事している人数は、三六一三名になる（ミュージアム教育員に関する調査は毎年実施されてはおらず、二〇〇七年が本書執筆時点で最新の統計である）。**Staatliche Museen zu Berlin - Preußischer Kulturbesitz Institut für**

Museumsforschung: Statistische Gesamterhebung an den Museen der Bundesrepublik Deutschland für das Jahr 1987 (Heft 27), Berlin, 1988, S. 25; für das Jahr 1992 (Heft 41), 1993, S. 31; für das Jahr 2007 (Heft 62), 2008, SS. 45–47. なお、本章の図は全てプロイセン文化財財団ミュージアム研究所の資料により、著者作成。

4 吉見俊哉は、九〇年代以降のミュージアムをめぐる動きについて、ミュージアムが「蒐集」「公開」「学習」の場というのみならず、それ自体「都市」になりつつあるという視点を提示している。吉見俊哉『現代文化論──新しい人文知とは何か』有斐閣、二〇一八年、一八〇頁。

5 Bauer, Margrit (Hrsg.): Entwurf für einen Museumsentwicklungsplan der städtischen Museen in Frankfurt am Main, Frankfurt a. M., 1979.

6 Frankfurter Rundschau, 3. 1. 1985.

7 八〇年代半ば以降の頃のホフマンは、二〇〇〇年に来たるべき「余暇社会」のために、文化施設を自治体が整備しなければならないという主張を繰り返しているが、その根底には、文化施設は人々の段階的な成長に資するものだという強い信念があった Hoffmann, Hilmar: Kultur für morgen. Ein Beitrag zur Lösung der Zukunftsprobleme, Fischer, Frankfurt a.M., 1985. しかし多数の失業者を背景に、余暇社会とは単なる大失業時代なのではないかと揶揄されてもいる。

8 Frankfurter Rundschau, 8. 4. 1988.

9 Institut für Demoskopie Allensbach: Frankfurt-Nahbild und Fernbild. Demoskopische Daten für die Öffentlichkeit, Druckerei und Verlagsanstalt Konstanz GmbH Am Fischmarkt, 1980.

10 経済合理主義がもたらす来館者志向によって、アメリカのテーマパークを「手本」にミュージアムの仕事が「イベント文化」や「エデュテイメント」に矮小化されたという批判が、古典的なミュージアムを好む立場から投げかけられている。Reussner, Eva M.: Publikumsforschung für Museen. Internationale Erfolgsbeispiele, transcript, Bielefeld, 2015, S. 45; Puhan-Schulz, Franziska: Museen und Stadtimagebildung. Amsterdam - Frankfurt/Main - Prag. Ein Vergleich, transcript, Bielefeld, 2005.

11 この時期、ドイツの公共文化支出は二〇〇一年から二〇〇四年の三年間で、八四億ユーロから七八・八億ユーロに減少している。Otto, Hans-Joachim: Politik für Museen. Über den Stellenwert von Museen in der Kulturpolitik. In: Deutscher Museumsbund e.V.: Museumskunde, Band 71, Heft 2, Holy-Verlag, Berlin, 2006, S. 25.

12 Klein, Armin: Kompendium Kulturmanagement. Handbuch für Studium und PraxiS., Vahlen, München, 2004; Ammann, Jean-Christophe: Kulturfinanzierung. Dokumentation des Symposiums zur Art Frankfurt 1995, Lindinger + Schmid, Regensburg, 1995.

13 Schneider, Wolfgang: Kulturpolitik als gesellschaftlicher Auftrag, Hildesheim, 2006, SS. 10–11.

14 二〇〇三年のいわゆる「ＰＩＳＡ（ＯＥＣＤの学力到達度テスト）ショック」に端を発したドイツの全日制教育への移行の議論では、文化政策者たちによって、学校教育カリキュラムでの「表現芸術の時間」の拡充が強く主張された。というのも、これまで学校教育の時間が午前中に限られていたドイツの児童たちは、午後は地域の文化施設や地区協会活動、教会などを拠点に自由に芸術・文化・スポーツ活動を行ってきたからである。地域全体で児童の多面的な成長を支えるこうした多様な活動を提供してきたにもかかわらず、感性や芸術、スポーツ面における教育に必ずしも特化しているわけではない学校教育が、児童の午後の自由な活動時間に進入してくることは、児童の感性教育にとってとりわけ打撃となると考えられた。そのため全日制にすでに移行してしまった現在、ミュージアムを巡る大きな論点の一つは、いかに学校教育とのスムーズな協力体制を構築し、これまで蓄積してきた経験を共有することによって、将来を担う児童たちの芸術教育・感性教育を地域で担い、弱体化を回避するかということにある。Bäßler, Kristin / Fuchs, Max / Schulz, Gabriele / Zimmermann, Olaf: Kulturelle Bildung. Aufgaben im Wandel, Deutscher Kulturrat, Berlin, 2009, SS. 1ff.

15 Deutscher Museumsbund e.V. / Bundesverband Museumspädagogik e.V. / Österreichischen Verband der KulturvermittlerInnen im Museums- und Ausstellungswesen und Mediamus / Schweizerischer Verband der Fachleute für Bildung und Vermittlung im Museum (Hrsg.): Qualitätskriterien für Museen: Bildungs- und Vermittlungsarbeit, Berlin, 2008, S. 6.

16 Ebd., S. 30.

17 ドイツの劇作家ベルトールト・ブレヒト（一八九八―一九五六年）の言葉で、七〇年代にヒルマー・ホフマンが「文化的な人格形成」の重要性を謳った際にしばしば引用した。

18 二〇〇七年一二月にシルン・クンストハレで行われたシンポジウムで、ミュージアム教育員や、フランクフルト大学の美術教育学の教授たちは自ら「七〇年代に一斉を風靡した美術教育学という表現はもはや古臭くなり、九〇年代に入って避けられるようになったのです」と述べた。フランクフルト市が公式に無料配布している公共ミュージアムのプログラム案内のタイトルにも「媒介・伝達」を表すフェアミットルンクという表現が今日では使われている。

19 ＩＣＯＭとは、博物館の管理と運営に関する博物館学およびその他の隣接分野の利益を推進するために設立された博物館および博物館専門職員の国際的非政府機関である。世界一一〇カ国に国内委員会を持つと共に、一八のＩＣＯＭ国際委員会を持ち、世界レヴェルでの博物館の情報交換機関として、職業倫理規定の制定に中心的役割を果たしている。これからの博物館の在り方に関する検討協力者会議、「新しい時代の博物館制度の在り方について」、二〇〇七年六月、五頁を参照した。

20　原文は、A museum is a non-profit permanent institution in the service of society and its development, open to the public, which acquires, conserves, researches, communicates and exhibits the tangible and intangible evidence of people and their environment for purposes of study, education and enjoyment. で、「博物館とは、社会とその発展に貢献するため、人間とその環境に関する物的資料を研究、教育および楽しみの目的のために、取得、保存、伝達、展示する公開の非営利的常設機関である。」と訳されている。邦訳は、これからの博物館の在り方に関する検討協力者会議、前掲報告書、三七頁を参照した。ドイツ語では最後の enjoyment「楽しみの目的」が Unterhaltungszwecken と訳されていることについては、批判もある。Deutscher Museumsbund e.V. / ICOM-Deutschland (Hrsg.): Standards für Museen, Kassel/Berlin, 2006, S. 22.

21　ドイツには、二〇〇八年の改正で話題になった日本の博物館法のようなものはない。ドイツ語圏における「ミュージアム」の意味内容の発展については、以下が詳しい。Herles, Diethard: Das Museum und die Dinge. Wissenschaft, Präsentation, Pädagogik, Campus, Frankfurt/Main, 1996.

22　Deutscher Museumsbund e.V. / ICOM-Deutschland (Hrsg.), a.a.O.

23　ＩＣＯＭ規約のドイツ語訳では non-profit permanent institution（非営利）が gemeinnützig（公益的な）となっている。『ミュージアムのためのスタンダード』ではこれを nicht auf Gewinn ausgerichtet（利潤を追求しない）と解釈すること、purposes of … enjoyment は、Unterhaltungszweck（娯楽の諸目的）と翻訳されているが、原文どおりに訳すと Freude（喜び）、Spaß（楽しさ）、Genuss（楽しみ）であることに注意が促されている。Unterhaltung には、娯楽・エンターテイメントの意味もあり、文化施設を「おしゃべり（Unterghaltung）」の場ではなく公共性のある「対話・交流（Kommunikation）」の場にしたいとする文化政策の議論では、この言葉はとりわけ否定的な印象を持たれてきた。こうした修正・注釈と慣習的に使われてきた表現を取りこみ、二〇〇八年の Qualitätskriterien für Museen: Bildungs- und Vermittlungsarbeit（『ミュージアムのための質の基準――教育と媒介の仕事』）では Ein Museum ist eine gemeinnützige, ständige, der Öffentlichkeit zugängliche Einrichtung im Dienste der Gesellschaft und ihrer Entwicklung, die zu Studien- und Bildungszwecken, zu Freude, Spaß und Genuss materielle Zeugnisse von Menschen und ihrer Umwelt beschafft, bewahrt, erforscht, bekannt macht und ausstellt. という「非公式」のＩＣＯＭ規約翻訳が示されている。Deutscher Museumsbund e.V. / Bundesverband Museumspädagogik e.V. / Österreichischen Verband der KulturvermittlerInnen im Museums- und Ausstellungswesen und Mediamus / Schweizerischer Verband der Fachleute für Bildung und Vermittlung im Museum (Hrsg.), a.a.O., S. 6.

24　Ebd., SS. 6–7.

25　「教育と交流の場としてのミュージアムの役割は近年変化してきている。（現在の）来館者そして非来館者（潜在的の来館者）に対して、ますます多くの取りくみがなされるようになってきている」Herles, a.a.O.; Deutscher Museumsbund e.V. / ICOM Deutschland / ICTOP - International Committee for the Training of Personnel (Hrsg.): Museumsberufe. Eine europäische Empfehlung, Berlin, 2008, S. 10. この冊子は、二〇〇五年のイタリアでのＩＣＯＭ会議の際に、職種の呼び名についての質問があったことを機に、ドイツ、フランス、イタリア、スイスのミュージアムの専門家たちが、国によって異なる職種の呼び方の共通理解をはかり、欧州域内での専門職研修や職業研修などをより活発化し、経験を分かちあうための交流をさらに促進するためにミュージアムに関わる二〇の職種についてまとめたものである。

26 Mandel, Birgit: Kulturvermittlung - zwischen kultureller Bildung und Kulturmarketing. Eine Profession mit Zukunft, transcript, Bielefeld, 2005. また七〇年代には、展示と情報伝達という意味で来館者へのサービスを包括的にフェアミットルンク（媒介）と呼ぶ用法も見られた。

27 「ミュージアムに関する古典的な業務――蒐集、保存、研究、展示、媒介は、その意味において、来館者に配慮した方向へと向かいつつある。」Deutscher Museumsbund e.V. / ICOM Deutschland / ICTOP - International Committee for the Training of Personnel (Hrsg.), a.a.O., S. 5.

28 詳細は、秋野有紀「文化教育の活性化のために――〈クルトゥーア・フェアミットルンク〉の意図と背景」藤野一夫／秋野有紀／マティアス・T・フォークト（編）『地域主権の国　ドイツの文化政策――人格の自由な発展と地域創生のために』美学出版、二〇一七年、二七四―二八九頁を参照されたい。

29 Deutscher Museumsbund e.V./Bundesverband Museumspädagogik e.V. / Österreichischen Verband der KulturvermittlerInnen im Museums- und Ausstellungswesen und Mediamus / Schweizerischer Verband der Fachleute für Bildung und Vermittlung im Museum (Hrsg.), a.a.O., S. 6.

30 Deutscher Bundestag 16. Wahlperiode: Schlussbericht der Enquete-Kommission Kultur in Deutschland (Drucksache 16/7000), 11. 12. 2007, S. 391. 以下、BT-Drucksache 16/7000 と記す。

31 BT-Drucksache 16/7000, S. 118.

32 Ebd., S. 391.

33 Ebd.

34 Ebd.

35 Ebd.

36 Ebd.

37 Goldmann, Margarethe: Veränderte Zeiten 20 Jahre Neue Kulturpolitik in der Praxis. In: Sievers, Norbert / Wagner, Bernd (Hrsg.): Blick zurück nach vorn. Zwanzig Jahre Neue Kulturpolitik, Klartext, Essen, 1994, S. 97.

38 Hoffmann, Hilmar: Kultur für alle. Perspektiven und Modelle, S. Fischer, Frankfurt am Main, 1979.

39 Glaser, Hermann; Stahl, Karl Heinz: Bürgerrecht Kultur. Aktualisierte u. erw. Neuausg., Ullstein, Frankfurt a.M., 1983.

40 BT-Drucksache 16/7000, S. 49.（二〇一八年現在、一八歳以下の公立ミュージアムへの入場料を基本的に無償とする動きが再び活発化している。）九〇年代以降ドイツのミュージアムは全年齢層に対して有料化が進んだ。二〇〇七年現在、ドイツのミュージアムのうち、入場料が無償のものは三六パーセントであるとされている。Staatliche Museen zu Berlin - Preußischer Kulturbesitz Institut für Museumsforschung, a.a.O., SS. 33ff. 日本では、「現在、公立博物館のうち、入館料を有料としているのは、平成一七年度の社会教育調査によると、登録博物館・相当施設では六六三館中五四三館（八二パーセント）、類似施設で三二九六館中一八一一館（五五パーセント）であり、平成一一年度調査の登録・相当施設七九パーセント、類似施設五八パーセントに比べると割合が上昇する傾向にある。」とされる。これからの博物館の在り方に関する検討協力者会議、前掲報告書、二一頁を参照した。

41 民主的正当化に着目する高橋は、これまでは国民意思の政治的決定へのインプットばかりに焦点があてられていたが、新公共経営理論（NPM）やガバナンス論では、アウトプットやアウトカムにまで目が向けられているとしつつ、インプットが十分でなくとも結果が出ればそれでよいという発想につながりやすいことを懸念している。高橋雅人『多元的行政の憲法理論――ドイツにおける行政の民主的正当化理論』法律文化社、二〇一七年、八〇頁。高橋が扱っている諸問題は、ドイツの文化政策の議論でも共有されているが、本書では、「万人のための文化」がインプット自体の多様性、多層性を重視する視点に立つことで戦後の文化政策の正当化を理論化していったことに着目している。

42 ICOMドイツ委員会もドイツミュージアム連盟も諮問委員会も、媒介の行為や来館者サービスを定義する際には「現在の来館者と潜在的な来館者」と定義している。潜在的な来館者は、将来の社会を担う子どもたちを指すのみならず、頻繁に議論される「芸術文化から遠い場所にいる層」をも含めていると考えるのが妥当である。しかし後述の芸術教育を巡る問題にもみられるように、受動的な情報を求める姿勢の「芸術愛好者」も、無関心層も、芸術文化は誰かが定義するもので自分には関係がないと思っている点では似通っているのである。重点を美術教育学から自立的対話を求める「媒介」に移して考えた場合、「芸術愛好者」の評価は微妙なものとなってくる。

43 ブレーメン都市州はドイツで初めて文化発展諸計画を定め、その中では「文化的な公共性」が中核概念となっている。そこでは、個々の主体の私的で純粋な文化活動や受容が、まちの文化そのもの、あるいは、提供される文化活動を形作るととらえられている。BT-Drucksache 16/7000, S. 90.

44 Deutscher Museumsbund e.V. / Bundesverband Museumspädagogik e.V. / Österreichischen Verband der KulturvermittlerInnen im Museums- und Ausstellungswesen und Mediamus / Schweizerischer Verband der Fachleute für Bildung und Vermittlung im Museum (Hrsg.), a.a.O., S. 6.

45 「ミュージアム教育学は、第一に人間に関わるものであり、ものに関わるものではない」Herles, a.a.O., SS. 11–12. 例えばフランクフルトのミュージアムで標準化されているサービスの一つに「おもちゃ箱」や「アート・トランク」というものがある（これらは年齢に応じて、三、四種類用意されている）。クイズやクレヨンが入ったセルフ・エデュケーション・ボックスで、子ども・児童・青少年たちに渡される。こうしたことはしかし、特別なガイドやワーク・ショップの行われていない時間帯に来館した人々への「非常手段」と位置付けられており、最低限のサービスであるといわれる。他の来館者との交流を促すためにも、ミュージアム教育員が集団を作って人々の間を仲立ちしながらサービスを提供するということが、より重要だといわれている。二〇〇七年八月にシュテーデル・ミュージアム芸術教育員イングリート・セドラチェク、二〇〇七年一二月にシルン・クンストハレ美術教育員シモーネ・ブーシュハインに話を伺った。

46 最終報告書は、ミュージアム職員の姿勢が従来の専門性志向から、ミュージアム・コミュニケーションに開かれてきている傾向を評価している。BT-Drucksache 16/7000, S. 391ff.

47 六〇年代の教育論議においては、成人性、一人前が鍵概念であった。Röhres / Scheuerl, a.a.O., S. 353ff.; Adorno, Theodor W. / Becker, Hellmut / Kadelbach, Gerd: Erziehung zur Mündigkeit. Vorträge und Gespräche mit Hellmut Becker 1959–1969., Suhrkamp Frankfurt am Main, 1970.

48 二〇〇五年にフランクフルトは、「対話ミュージアム」を開館させた。対話ミュージアムは、所蔵品もなく見ることをも必要としない暗闇の空間である。一種の「社会的実験室」と自らを定義している。類似のミュージアム活動は、一九八〇年代後半から世界各国で行われているが、通常は目の「不自由な」人といわれる人々は、こうした空間ではとりわけ強みを発揮する。ここでも、日常生活での「常識」や体系化された秩序のようなものに対し、異化効果が生じるのである。こうしたミュージアム活動を含めた暗闇での対話に関連する事業は、ここ二〇年のうちに世界中で五〇〇〇人以上のそうした人々への仕事を提供する場ともなったといわれている。https://dialogmuseum.de/ [Letzter Zugriff am 08.10.2009.]

49 文化政策論の各論としては、この用語を使った場合、美術教育学を重視した七〇年代、アーツ・マネジメントを重視した九〇年代以降の手法的弁証を目指す意図がある。八〇年代後半から大学の講座や現場研修制度により育成されていった専門家としての美術教育員の性格を、ミュージアムの自律性と専門性にのみ資するものから、地域における文化生活の拠点としての有機的ミュージアムに資するものへと転換していくことが目指されている。芸術文化領域において自律的に形成される価値観を、経済領域、政治領域における自律的価値観や法則とともに社会を形成する一要素となるように媒介するのである。さらにラディカルなものは、美術教育員を美学イデオロギーの伝道者ととらえ、そうした美術教育学の再生産が人々にもたらす微視的な権力作用を自覚的に破壊することを目指す。その場合、美術教育学と文化の媒介は、対立概念となる。

50 ET-Drucksache 16/7000, S. 382ff.

51 ベルン・クンストハレやフランクフルト大学の芸術教育の教育たちと同様に、シュテーデル・ミュージアムのセドラチェクも、「若者たちの日常には、進路を決めたり、買い物に行ったり、おしゃれをしたり、デートをしたりとミュージアムへ来るよりももっと重要な問題がありますからね」という。

52 今日の問題は、彼らを文化政策が他者として扱っているということではなく、彼らが文化や芸術や文化施設などというものは自分たちには関係がないとみなすことによって、自ら文化政策論議から周縁化されていく点にある。この意味で彼らは文化政策における他者になるのであり、市の文化予算で入場料無償化を実現しても解消しきれずに残されてしまった現代の課題である。ただし、以前は経済的・政治的な区分で労働者や移民の背景を持つ住民が、そうした文化や文化政策の他者におおよそ対応していたのだが、今日ではそうした単純な区分は当てはまりにくくなっている。そのため近年では、ＳＩＮＵＳのミリュー分析などを援用し、住民の多層性を客観的な社会的属性（七〇年代の主題であった社会的格差はこの指標でしかない）と主観的性格（価値観やライフスタイル）の側面から分節化することで、政策立案や評価基準の参考にしようとする研究が進んでいる。

53 七〇年代以降の「新しい文化政策」の時代に文化政策が注目してきた他者は、入場料が高いために文化施設に入ることができない者であり、年収や学歴など客観的指標で測ることのできる経済的社会的格差を主な念頭に置いていた。

54 ドイツにおいて文化政策を巡る議論により直接的に住民を媒介するのは、展示や上演の初日に行われるパーティである。そこでは必ず、文化予算やスポンサーに言及があり、担当者から市の文化政策の重点の変化や運営状況など、内情が説明される。しかしこのパーティは文化政策的な討議に結びつきやすいものの、そこに来ない層＝「文化政策の他者」が入っていないという弱点がある。

55 二〇〇七年九月にセドラチェクにインタビューを行った。日本では近年学校での部活動の教員負担の大きさや練習時間の長さが議論になっているが、ドイツではこうした活動は放課後の地域での文化、スポーツ活動である。地域のミュージアムには週に複数回やってくる小学校低学年の「常連」たちがいるほどで、職員とも顔なじみで自分の好きな作品の変遷について理由を説明しながら熱く語ってくれるほどである。地域型スポーツ施設や文化施設において学校とは異なる幅広い年齢層の人々と出会うことが、ドイツの青少年の成熟の土壌にあるとドイツ・エアランゲン在住のジャーナリスト高松平藏は二〇一五年の獨協大学での講演で指摘している。青少年の「居場所」が学校のみならず、地域にも多層化されてあるということは、彼らが毎日同じ集団と過ごすことで感じている圧力から逃げたいときのセイフティネットとしても機能するために、非常に重要である。

56 フランクフルト大学の美術教育学の教授からは、「美術教育」という言葉はもはや使えなくなったのだということがはっきりと述べられている。「フランクフルト大学も美術教育学士というものを授与してきました、しかしこのようなものは偉そうな響きがします。八〇年代にはそういうものはもう誰も必要ないと思うようになりました。だからその先はこの言葉を使っていくわけにはいかなかったのです。なのでフェアミットルンクや、コネクトという表現を使うようになりました。」（二〇〇七年一二月）

57 ミュージアムではなく音楽の領域ではあるが、芸術を言葉にすることを主題化した日本語の書籍に岡田暁生『音楽の聴き方——聴く型と趣味を語る言葉』中公新書、二〇〇九年などがある。

58 この部分は、以下の参与観察とインタビューによる。二〇〇八年六月一四日一四時（イタリア語）、一五時（ドイツ語）、一五日一一—一七時（その他のガイド）、六月二四日（インタビュー一二〇分）、七月二一日（「子どもたちが子どもたちを案内します」のリハーサル）、二二日（ドイツ語ガイド本番一回目、その後、インタビュー六〇分）、二四日（ドイツ語ガイド二回目）。二〇〇九年八月最終週（ドイツ語ガイド二回目）。

59 しかし説明内容が分かりやすかったり、ユニークだったりするために、途中の展示室でそのガイド集団と出会った大人たちも参加し始めることも稀ではない（図5）。

60 現在では文化局ではなく観光局がイニシアティヴをとっている行事で、二〇〇九年八月末の二日間の来場者数は約三〇〇万人であった。

61 一例として著者が二〇〇八年六月一四日に観察したイタリア語のガイドでは、ガイドを行った女の子はフランクフルト在住で「頻繁にはドイツに来られないイタリア人のお父さんと妹のためにイタリア語ガイドを準備しようと思った」と動機を説明してくれた。もちろんガイド自体は、彼女家族のみならず参加したい来館者一般に開かれている。外国語のガイドは、現地の外国人協会との協働事業として行うことも多いという。

62 フランクフルトは住民の三割以上がドイツ以外のバックグラウンドを持っているドイツでも有数の多文化都市である。

63 一定の年齢となれば行くことが当たり前となっている義務教育の学校とは異なり、ミュージアムへ行くか否かは、まずは家庭環境に大きく左右される。七〇年代に市とリーピーク・ハウスは、とりわけ治安の悪い地区の子どもたちを招待したことがある。しかし静かに集中するということができなかったり、子どもたちがそうした馴染みのない場所へ行くことを不安に思ったりしたため、市の「万人のための文化」という理念とその実現までの距離とは想像以上に離れていることが明らかになった。それ以降、市は状況を急激に変えるのではなく、着実な方法を模索するようになっていった。

64 フリーランスの教育員たちは、一つの施設に限らず、自由に様々な施設やフェスティヴァルと契約することができる（インディペンデント）。無償で働くボランティアではない。

65 大学では美術史を主専攻、美術教育学を副専攻で学び、美術史の博士号を持つ。リーピーク・ハウスとシュテーデル・ミュージアムにおいて制度化された美術教育員制度が導入されて以来、教育員を務めている。

66 リーピーク・ハウス、シュテーデル・ミュージアムのほかに、シルン・クンストハレが「若者たちが若者たちを案内します」というプログラムとして採用したほか、ダルムシュタット市の芸術協会が導入を検討しているとのことである（二〇〇九年現在）。

67 ガイドをする子どもたちは、学校からのミュージアム訪問の際、あるいは何らかのコースに参加した際に、セドラチェクから直接「自分のガイドをしてみたい？」とたずねられ、集められてきた。クラス単位で訪れる子どもたちにこうきくと、大抵五人程度、時にはそれより多くの子どもたちが興味を示すという。ガイドの水準は子どもたちの年齢にとりわけ左右されるという。ガイドの準備は、一、二時間ほどの二度にわたる準備会の中で行われる（時間の長さは、ガイドをする子どもの集中力によって変わる。）

68 例えば、著者が二〇〇七年六月一五日に観察した対話型のガイドでは、教育員が「大きくて、暗くて、男の人が殺害されかけている絵を探しましょう」と課題を与えた。子どもたちは、いっせいにその絵を探しに館内を駆けていった。金色をふんだんに使った明るいキリスト教絵画のたくさん掛かっている部屋で、六歳の男の子が「見つけた！」と叫んだ。一緒にいた八歳の女の子は「暗くないよ」といい、周りにいた他の子どもたちも、部屋を見回して「それにこの部屋、どれもそうだよ」と言った。続いて、暗めの絵を見ながら、六歳の男の子は「じゃぁこれかな？」と言う。八歳の女の子は、「これはもう殺されてしまっている」と言い、同じく八歳の男の子が、「彼はもう死んでるんだ！」と言いなおした。六歳の男の子は、教育員の質問にあった、「殺されかけている」のニュアンスが、よく分からなかったようだ。このグループは、「これかな？　でも明るいね」「この部屋、死んだ男の絵ばかりだけどね」という話をし、諦めて部屋を移動している際に、目的の絵を見つけ、集合場所の階段に走って戻って行った。答えは、レンブラントの〈サムソンの目つぶし〉（一六三六年）だった。

69 中には、学校教育の一環としての訪問や家族や友人同士での訪問などで繰り返しミュージアムに足を運んでいる子どもたちがいる。こうした「常連の子どもたち」は、美術教育員の投げかける質問や絵を探すクイズなどでは、直ちに答えを言ってしまい、他の子どもたちがあっけにとられるということも珍しくはない。例えば、教育員が「フランクフルト出身の偉大な男の人の絵で……」という話を始めたとたん、「常連の子どもたち」は、答えが、ゲーテを描いたティシュバイン作の〈カンパーニャのゲーテ〉（一七八七年）

であることに気づいて、走り出してしまうのである。そのため教育員たちは、難しい問題なども用意してはいるのだが、その場合は他の参加者たちは、急に難しい問題に直面することとなり、基本的な問題は飛ばされてしまうという弊害が生じるのである。

70 Sedlacek, Ingrid: Das Erlangen ästhetischer Kompetenz oder: Kinder führen Kinder. In: Arbeitskreis Museumspädagogik Norddeutschland / Arbeitskreis Museumspädagogik Rheinland und Westfalen: Standbein, Spielbein. Museumspädagogik aktuell, Hamburg, Bonn, Hildesheim, 8/2003, SS. 39–42.

71 Ebd., S. 39.

72 Ebd.

73 Ebd., S. 41.

74 友達同士と兄弟姉妹同士の二人組みであったら兄弟姉妹同士の方が上手くいくのかというと、セドラチェクはそうでもないと言う。というのも、年齢の近い兄弟姉妹の場合、お互いに相手をライバル視してしまい、ガイドが混乱するということも頻繁に起こるからだそうだ。

75 Ebd., S. 42.

76 Ebd.

77 大学で美術教育学を修めた後、ロンドンやハノーファーで教育員をし、二〇〇一年からフランクフルト現代美術館でフリーランスとして教育員をしている。専門的に扱う年齢層を決めている教育員が多い中で、彼女は三歳から一〇三歳までの幅広い年齢層に美術教育を行ってきたという。

78 二〇〇八年七月一六日、「ミュージアム・リポーター」後の聞き取りによる。

79 この日のガイドは、リポーターとはどういうことをする人か、ミュージアムでは何を守らなければならないか、このミュージアムはどういう建築的特徴や愛称をもったミュージアムなのかといった一般事項の確認の後に、「ガラクタ置き場」だと思ってとおり過ぎようとしたものを「作品」としてみることから始まった。ペーター・フィッシュリとダーヴィド・ヴァイスというスイスの芸術家の〈階段の下の部屋〉（一九九三）という作品である。この「ガラクタ置き場」のような部屋を見ながら、子どもたちはまだミュージアムについての注意が続いていると思っていたようだ。そこに何があるか——電話、カレンダー、チョコレート、りんご、モップ、新聞、水道の蛇口など——を言っていくうちに、女の子が「あれっ？　これ、本物じゃないよ！」と気づいた。彼女は、ガイドの終盤で、新聞に写真を載せるための一番好きな作品を選ぶ際には、この作品を選んでいた。

80 長い机が、ミュージアムの壁を破って外に突き出している作品（図８：マウリツィオ・カテランの〈untitled〉（二〇〇七）を前にして、教育員：「どうやってこれはここに置いたのかなぁ？」女の子：「外から入れて、こっちの中の方の足はあとからつけたのよ。でももし逆だったら、外の方の足は一体どうやってつけたのかが問題なのよねぇ……うーん……」。

81 本章については、市の予算額や助成金額、その配分などについては、フランクフルト市統計局で聞き取りを行い、議論の過程で議会や委員会で使用された資料（シンクタンクによる複数の大規模調査など）の複写をいただいた。また公表されていない細部の情報は、ホフマン時代から文化部で芸術文化助成を担当してきたディーター・バッサーマンおよび、後任で現在の担当者であるヨハネス・プロムニッツ、造形芸術専門のズザンネ・クヤーに、複数回の聞きとり調査を行った。

82 Läffli, Stefan: Kulturangebot im Ballungsraum Frankfurt/Rhein-Main, Luzern., 2005.

83 美術フォーラム21刊行会『美術フォーラム21』第一一号、醍醐書房、二〇〇五年。山本育夫（編）『DOME（ミュージアム・マガジン・ドーム）』第四八号、日本文教出版、二〇〇〇年二月。二〇一七年現在、フランクフルトの文化局長は、イーナ・ハートヴィヒ（SPD）が務めている。今日のフランクフルトの文化局長の責務は、市立文化施設の維持・管理と、助成機関である文化部を介して文化の振興を行うことである。具体的には、学術、文学・映画・音楽、公共空間での芸術（パブリック・アート）、芸術家への助成、広域的な文化案件および国際交流である。ここでの「文化」は、七〇年代の転換以降、市政が中道右派のCDUに担われてもなお広くとらえる姿勢が、維持されている。文化局の二〇一七年度の予算規模は一億八六〇〇万ユーロ（約二四二億円弱：二〇一七年現在一ユーロ＝一三〇円換算）で、市予算総額の八パーセントを占める。この額は、ドイツの自治体では最大規模で、市は住民一人あたり換算で毎年三万円強の文化への歳出を行っている計算になる。この一億八六〇〇万ユーロの内、およそ半分の九七〇〇万ユーロが市の直営文化施設に、残り半分の約九二〇〇万ユーロが市の出資で設置した（必ずしも一〇〇パーセント出資とは限らない）文化施設や文化団体などに交付される。

84 この分野に対して日本では、文化庁から「博物館の管理・運営に関する研究（ミュージアム・エデュケータ研修など）に約五〇〇万円、「学芸員による地域活性化プログラム普及・啓発事業」に二三〇〇万円の予算が交付されている（二〇一七年度予定額）。「平成二九年度文部科学省・文化庁における博物館振興施策の概要について」日本博物館協会『博物館研究』Vol.52.No.4通算第五八六号、一〇—一一頁を参照した。「ミュージアム・エデュケータ研修」は、美術館・博物館の学芸員を対象に、博物館運営全体に教育的配慮をもって関わることができる専門人材を育成する研修とされる。しかし前者は、文化庁内部の「美術学芸課」、後者は「社会教育課」が担当しており、両者を結び付けて総合的に博物館・美術館の社会的意義を提示するドイツのような方法論は、とられていないようである。

85 並木誠士「日本における美術館教育の現場と課題」加藤哲弘／喜多村明里／並木誠士／原久子／吉中充代（編）『変貌する美術館——

86 現代美術館学II』昭和堂、二〇〇一年、美術フォーラム21刊行会、前掲誌、二〇〇五年。

87 日本博物館協会『博物館研究』Vol.52.No.1（通算第五八三号）、一四頁。組織・職員の配置状況については、「専門の部課係が置かれている館の割合がやや増えた一方で、『担当者もきまっていない』館も増えている」と指摘されている。日本博物館協会『平成二五年度　日本の博物館総合調査報告書』二〇一七年三月、二六頁。

88 戦後ミュージアムにおける教育・普及の国際的な実践とそれに伴う議論は、主に米国が牽引してきた。その理由は、各国がミュージアムをどのようなものとしてとらえてきたかという視点に関わっている。前川は、ミュージアムを二つのタイプに分類する。一つは、「作品鑑賞の場」としてミュージアムをとらえるもので、長い美術の歴史を背景に数多くの名作を保有し、展示し、鑑賞することで成立する。二つ目は、自国の美術の歴史が浅く、近代美術については作品を輸入することで補い、作品保有数に自ずと限界があることから、ミュージアムを「教育の場」としてとらえるものである。前川は、前者を「欧州型」、後者を「米国型」とし、日本の近代美術館は、（私立の美術館に多く見られるように）発足時においては「欧州型」として出発したのだが、七〇年代以降徐々に整備されていった公立美術館の多くは、「米国型」に属すと言う。前川公秀「美術館」加藤有次／鷹野光行／西源二郎／山田英徳／米田耕司（編）『博物館経営論』雄山閣、一九九九年、二〇三頁。ドイツのミュージアムは、ある程度までこの「欧州型」に属している。しかし終戦直後のドイツでは、従来の教養主義に対して批判的なまなざしが投げられるようになり、「ミュージアムの危機」が指摘される程に、既存のミュージアムの公共性が大きく揺らいでいったのである。

89 研究重視の伝統のほかにもう一つの背景としては、ナチ時代に一定のイデオロギーを植え付けるような美術の見方が政策的に推奨されたことが挙げられる。終戦直後は教育員やミュージアムでの教育に根強い警戒心があったことは、第一回のドクメンタの理念にも読みとることができる。アンドレア・フービン（秋野有紀訳）「ドクメンタIにおける教育的介入への抵抗」藤野／秋野／フォークト（編）、前掲書、二三五―二五二頁。

90 英国ではミュージアムの外に出向いて活動を行うことが多いためコミュニティ・エデュケータ、米国ではミュージアム・エデュケータと呼ばれるという。ドイツでは美術教育学を修了すれば美術教育員を名乗ることができ、その内、ミュージアムで働く者が「ミュージアム教育員」と呼ばれる。Herles, a.a.O., S. 11.

91 これは文化予算で賄われている職員のみで、フリーランスのミュージアム教育員などはここには入っていない。

92 「兼任」は、現在はミュージアムの研究者が、教育活動も担っていることを表すが、二〇一六年にはいなかった。

93 フランクフルト市文書館所蔵資料による。

こうした分類のほかに、単年、長期（五年）、コンセプト支援（三年程度）がある。コンセプト支援は、意欲的構想に中期的に支援する。

94 Bericht des Magistrats, B 385, Betreff: Größere Transparenz auch in der Museums- und Kulturverwaltung „Kooperationspool Museen“ „Mobilisierungsfonds“, 09.05.2003, S. 3.

95 二〇〇九年一〇月二七日に行ったフランクフルト・アム・マイン市文化局造形芸術専門担当係官ズザンネ・クヤーのインタビューと制度化された当時の市議会議事録による。Bericht des Magistrats, B 385, SS. 1ff.

96 Ibid.

97 クヤーは一二年前から市文化局において造形芸術支援を担当している。それ以前はミュージアムにおいて媒介の仕事を行ってきた。彼女は八六年にシュテーデル・ミュージアムが初めて「美術教育員」を制度化した際の最初の専任教育員でもあった。彼女は、二〇〇三年の「ミュージアムの河畔フェスティヴァル」を契機に市文化局が『文化の媒介（クルトゥーア・フェアミットルンク）』という冊子を作成・発行した経緯についても詳しく、教育学（ペダゴーギク）ではなく、媒介（フェアミットルンク）という表現を「わざわざ選んだ」経緯があったと説明してくれた。これによりフランクフルト・アム・マイン市においては、ミュージアムの現場の実践のみならず、市の文化行政も、この概念の選択に関する問題意識（文化的な公共性形成への意図）を共有しているのだということを確認できた。

98 Bericht des Magistrats, B 385, SS. 1ff.

99 こうした基金から資金提供を受けているミュージアムには一定の要求もなされる。例えば、二〇〇五年三月には市議会のＳＰＤの会派が、協働基金に参加する二六の全てのミュージアムと展示会場（そのうち市立のものは一一）に対し、常設展、特別展を問わず、少なくとも二か国語（ドイツ語、英語）でのギャラリーガイドを行うよう要請を出している。一九八〇年代から続くほとんどの常設展は、ドイツ語表記のみにとどまっていたため、そのことが問題とされ、二〇〇六年のサッカー・ワールドカップに備えてそうした議案が提出された。Sozialdemokratische Fraktion im Römer Frankfurt: Antrag der SPD-Fraktion im Römer, NR 1788, Frankfurter Museen und Ausstellungshäuser sollen sich vermehrt mehrsprachig präsentieren, 16. 3. 2005.

100 このカードを持参すれば、市の三三のミュージアム・展示場その他の関連施設において催される常設展・特別展に無料で入場できる。また有効期間中は、催しや展示の様子を案内する雑誌『アートカレイドスコープ』を無料で講読できるほか、「ミュージアムの夜」と「ミュージアムの河畔フェスティヴァル」にも無料で参加できる。二〇〇〇年（一九九九年一一月）に導入されたこの「ミュージアムの河畔カード」は、効果的な広告戦略によって認知度を高めることに成功し、そのことは直ちに売り上げ枚数に反映されたといわれている。翌二〇〇一年一〇月には、こうした「成功を受けて」、適用されるミュージアムが市立のものに限らず、シュテーデル美術協会やフランクフルト美術協会、ドイツ銀行の貨幣ミュージアムなどに拡大された。Vortrag des Magistrats, M 198, Betreff:

Erhebung von Eintritt in den städtischen Museen, 01.10.2001, SS. 1ff. この「カード」の利用者は年々増加しているといわれ、近年の詳しい数値はないが、二〇〇〇年は二八五九枚、二〇〇一年は三九八三枚、二〇〇二年は四六〇四枚（二〇〇二年一月一日にはユーロ導入のため、関係する全ての入場料とカードの値段に変更があった）、二〇〇三年上半期は四四七七枚が購入されている。Vortrag des Magistrats, M 194, Betreff: a) Neufestsetzung der Preise für die Museumsufer-Card, b) Familienfreundlicher Tag in Frankfurter Museen, 14.11.2003, S. 2.

101 ミュージアムは、正規の値段で賄われるはずであった分の差額を市から拠出される。「ミュージアムの河畔カード」の売上金は、雑費を引いた後、この「協働基金」に加算される。Vortrag des Magistrats, M 198, S. 2.

102 「ミュージアムの河畔カード」は、個人的な購入のほかに贈答用に使われることも多いことから、売り上げは、ドイツに数多ある年間入場カードの中でもとりわけ大きな割合を占めるといわれている。二〇〇四年五月一三日の市議会では、ドイツ国内にカードの売り上げでフランクフルトの「ミュージアムの河畔カード」に並ぶものはないという報告も見られる。Stadtverordnetenversammlung (XV. Wahlperiode): Wortprotokoll über die 33. Plenarsitzung der Stadtverordnetenversammlung am Donnerstag, dem 13. Mai 2004, 14.06.2004, S. 26.

103 Vortrag des Magistrats, M220.

104 Vortrag des Magistrats, M 198, SS. 1ff.

105 クヤーによれば、フランクフルトにおいては現在、ミュージアムにおける媒介的な行為や教育活動のコンセプトを市がミュージアムの間をとりもって調整し、市が掲げる何らかの理念に整合させるようなことは行っていない。各ミュージアムは、ミュージアム同士で、ディレクターのみならず、教育員（媒介者）たちが月に一度会合を開いて、情報交換を行っている。ただし、フランクフルト・ブック・フェアーが毎年どの国をパートナーに選ぶかということは市の文化行事全体にも影響を及ぼす。例えば、二〇〇三年はドイツにおけるロシア年であり、ブック・フェアーのパートナーもロシアであったため、必然的にそのことが二〇〇三年度の文化予算にも反映している。Bericht des Magistrats, B385, S. 3. 二〇〇九年のパートナーは中国であったため、「ミュージアムの河畔フェスティヴァル」での催しやシルン・クンストハレの中国芸術に重点を置いた展示〈Kunst für Millionen〉などにおいて、とりわけその大きな影響を確認することができる。

106 Stadtverordnetenversammlung, Wortprotokoll, 13. Mai 2004, SS. 25–36.

107 Reussner, a.a.O., S. 45; Puhan-Schulz, a.a.O.

108 Stadtverordnetenversammlung, Wortprotokoll, 13. Mai 2004, S. 26; Vortrag des Magistrats, M 198, SS. 1ff.

109 例年の参加者はおよそ四万人である。二〇〇九年四月二九日のギーセン紙は、今日のミュージアムを「しごく当然のこととして、全ての人のための芸術の場」と表現し、長い夜は、展示に関心があるかどうか確信の持てない人たちが、「様子見をする」機会なのだと位置付ける。Kultureller Schnupperkurs bei Nacht, Gießner Anzeiger, 29.04.2009. 多くの人出を伴うこの行事については、公園や道の清掃などに対する責任は市の文化担当局にあり、清掃業者に特別に支払う費用などもかかる。公園のゴミ問題に関しては、二〇〇四年五月一三日の市議会で、当時の文化局長であったハンス＝ベルンハルト・ノルトホーフがＦＤＰに追及されている。Stadtverordnetenversammlung, Wortprotokoll, 13. Mai 2004, S. 19.

110 最初に訪れたミュージアム、または前売りのチケットセンターで購入する長い夜のパスの料金には、全てのミュージアムへの入場料のほか、周遊バスの運賃も含まれている。

111 ドイツの都市のほかには、パリやアムステルダムなどが同様の催しを行っている。子どもたちは、通常は寝ていなければならない時間に家族で外出ができ、とりわけ楽しくて仕方ないといった様子である。このイベントはそうした意味で、子どもたちにとってミュージアムを身近にするための大きな影響力をもっており、サッカー・ワールドカップの中継がある夜同様に、「長い夜」が平日の場合には、次の日の始業時間を遅れさせる学校もある。ほかにも類似のイベントとして、「劇場の長い夜」「哲学の長い夜」を開催する自治体もみられる。日本では六本木でのアートナイトなどが類似のものであるが、東京都の条例で、青少年の夜間の外出には制限が設けられている。

112 二〇一七年度は、協働基金が六〇万ユーロ、活性化基金が二一〇万ユーロであった。二〇一八年現在、ミュージアムの作品購入などはメセナ活動やスポンサー資金で賄い、市の優先順位は一八歳以下の全ての児童青少年のミュージアム入場料を無償化することに向けられている。http://www.fr.de/frankfurt/kultur-in-frankfurt-mehr-geld-fuer-museen-a-1134018 [Letzter Zugriff am 19.12.2018.]

113 ただし自由経済は、画一化されたマス文化を促進する側面を持つ一方で、貨幣を用いさえすれば誰もが自由に多様な選択を行うことを容易にする多様性促進の側面も持っている。

114 この差は研究員の大半が博士号を持っていることを根拠にすることもできるが、それではなぜ教育員の分野での専門化は、博士号を授与するまでに進まなかったのかという批判に再び戻ることになる。

終章

1 Kilimann, Angela / Kotas, Ondřej / Skrodzki, Johanna: 45 Stunden Deutschland. Orientierungskurs Politik-Geschichte-Kultur, Klett, Stuttgart, 2012, S. 71.

2

この理解には社会システム論からの影響があると推察するが、ドイツの文化政策の文献の中で明示的に根拠として言及されているものを著者は目にしたことがない。日本の議論では、文化も政治や経済と伍する自律領域であるという考え方は、言説としては見られるものの、心の底からは信じられてはいない印象を受ける。例えば政治的議論の中では、他の自律領域の合理性の文化領域への侵入が度々見られる。経済領域の合理性である効率性を文化領域の部分的な刺激にするにとどめず、全体への支配原理にしようとするかのような議論である。

あとがき

本書は二〇一〇年にドイツ・ヒルデスハイム大学および東京外国語大学大学院（共同指導による学位授与協定に基づく）に提出した博士論文 „Kulturelle Daseinsvorsorge" als Aufgabe der Kommunalpolitik. Eine Untersuchung am Beispiel der Frankfurter Museumspolitik seit 1970 を改稿したものである。刊行にあたって、文化政策をめぐる日本の課題や関心を踏まえ、近年の研究動向や政治状況の変化を反映するために加筆修正を大幅に行った。博士論文に加筆修正を施したものと、書き下ろした文章とからなっている。以下は論文の初出である。

第一章　「ドイツの公共文化政策に見る国家と文化の接近――首相府文化国務大臣の設置と基本法改正をめぐる議論を中心として」日本ドイツ学会『ドイツ研究』第五二号、二〇一八年三月、九三―一一一頁。
「ドイツにおける文化振興の法制化をめぐる議論の陥穽としての『文化国家』――『文化国家』概念の形成とフランクフルト市民文化の成立過程の比較から」早稲田大学演劇博物館グローバルCOE紀要『演劇映像学二〇〇八』第一集、二〇〇九年三月、二九七―三一六頁。

第二章　博士論文と書き下ろしおよび前掲論文。

第三章　博士論文と書き下ろし。

第四章　「フランクフルト市における『万人に文化を』の試み――『新しい文化政策』における文化概念の変質と政策転換の分析」『文化政策研究大会２００５ in 浜松――報告集・論文集』第一号、静岡文化芸術大学、二〇〇六年三月。

「『万人に文化を』とミュージアム政策――フランクフルト・アム・マイン市における一九七〇年代初頭の政策を例に」東京外国語大学大学院ドイツ語学文学研究会『DER KEIM』Nr.31、二〇一〇年三月、八三――〇五頁。

第五章　博士論文と書き下ろし。

第六章　博士論文、書き下ろし、および前掲論文。

第七章　「戦後西ドイツにおける『ミュージアム教育員』制度化の背景と財源確保の手法」獨協大学『ドイツ学研究』第六九号、二〇一五年三月。四一―六三頁。

Museumspädagogik als Beitrag zur Konzeption Kultur für alle. Kulturpolitik für kulturelle Bildung in Frankfurt am Main seit 1970, Schneider, Wolfgang (Hrsg.): Kulturelle Bildung braucht Kulturpolitik: Hilmar Hoffmanns „Kultur für alle" reloaded. Universitätsverlag Hildesheim, Hildesheim, 2010, SS. 133–144.

本書は、様々な方々のご指導と励ましなしには完成しえなかった。この場で感謝の意を表したい。

ヒルデスハイム大学文化政策研究所所長のWolfgang Schneider先生には、博士論文の指導教授として、二〇〇六年から今日に至るまで大きな学恩を受けている。フランクフルト・アム・マイン市の「万人のための文化」を事例研究に終わらせないために、「文化的生存配慮」を理論化する議論に広く目を通すよう指導いただいた。ドイツ連邦議会文化諮問委員会の貴重な作業資料を事務局から提供していただけたのは、委員のお一人であった先生のお力添えによるところが大きい。

東京外国語大学大学院では、博士前期課程から研究室に受け入れて下さった谷川道子先生（現在、名誉教授）を始め、山口裕之先生、相馬保夫先生（現在、名誉教授）に博士論文完成に向けて、核心的で示唆に富む指導をしていただいた。

ドイツ演劇、ドイツ文学・メディア理論、ドイツ近現代史をご専門とする先生がたの鋭い鑑識眼と示唆によって、文化政策を無機質で合理性が要求される制度としてのみ観察するのではなく、地域に根差した多様性や社会・時代との相互影響、および現実政治のダイナミズムの中で生み落とされる文化的産物としてとらえる姿勢が培われた。

まぎれもなく「出発点」となった東京外国語大学での学部時代には、法学のゼミに受け入れて下さった高橋寿一先生（現在、専修大学教授）に、卒業論文執筆を通して学術論文の書き方、条文の緻密な解読、丹念な研究考察の方法を基礎から指導していただいた。本書籍化についても親身にご助言をいただき、先生の数々のご著書は大きな導きとなっている。

文化政策研究に関しては、学会や研究会でご助言や刺激をいただいた多くの方への感謝が尽きない。全ての方のお名前を挙げることはできないが、ドイツの文化政策に関しては、東京大学大学院教授の小林真理先生、神戸大学大学院教授の藤野一夫先生、東京外国語大学名誉教授の谷和明先生が二〇〇七年から、日本学術振興会「都市政策の課題と芸術文化の役割に関する研究」の一環で、ドイツで実施されていた文化政策の調査研究手法を間近に見つつ学ぶことができたことは、何よりの財産となっている。ドイツの文化政策に関心を持ちつつも何から着手して良いか分からなかった著者に、ヒルマー・ホフマンの『万人のための文化』を紹介し、政策を導く理念に目を向けることの大切さをご教示くださったのは小林先生である。博士論文提出後、二〇一〇年四月からは三年間、日本学術振興会特別研究員PDとして東京大学に受け入れていただき、日独の文化政策を架橋する上で、数々の有意義なご助言をいただいた。藤野先生には、政策実践を思想的に掘り下げることの大切さを学び、ドイツの文化政策が前提としている思考を読み解く鍵を幾つも与えていただいた。ドイツでも日本でも、実践の現場と関わることで知見を広げ、研究を磨く貴重な機会を数多く与えてもいただいた。谷先生には、社会文化に対する尽きることない情熱をもって、その意義と理論をご教示いただき、ハンブルクのファウストやモッテという伝説の社会文化センターを調査する機会も与えていただいた。

旧東独ゲルリッツにあるザクセン文化基盤研究所所長の Matthias Theodor Vogt 教授には、シニア・フェローを務めていらした藤野先生のご紹介で、ジュニア・フェローとしての研究滞在を可能にしていただいた。シニア・フェローの研究に圧倒されながら、東欧の同世代の多くの研究者と切磋琢磨できたのは、ゲルリッツならではの恵まれた環境であった。

早稲田大学教授の藤井慎太郎先生には、舞台芸術や独仏の文化政策の比較という観点から様々にご指導をいただいた。研究の最初期に、早稲田大学演劇博物館グローバルCOEのリサーチ・アシスタントおよび特別研究員に採用していただき、数々の研究会に参加し隣接領域の研究者と議論を交わす有意義な環境を与えていただいた。

國學院大學教授の藤野寛先生には、ドイツで博士号を取得された大先輩として、ドイツでの生活や研究に関する貴重なご助言を賜り、先生が留学していらした一九八〇年代後半のフランクフルトの様子を折に触れてご教示いただいた。本書執筆にあたっても、数々のご著書のある先生からの具体的なご助言は、目から鱗であると同時に心強い支えとなった。

また日本ドイツ学会でお世話になっている信州豊南短期大学教授の山口和人先生には、ドイツの法律用語について、様々に示唆に富むご助言をいただいてきた。長年、国立国会図書館の専門調査員を務めていらした先生の的確な用語選択についての数々のご助言は、自治体政策から連邦政府の研究へと領域を広げつつあった筆者にとって、貴重で不可欠のものとなった。

伊藤毅先生（青山学院大学教授／東京大学名誉教授）、阿曽村智子先生（学習院女子大学講師）、川村陶子先生（成蹊大学教授）、大塚敬子先生（獨協大学講師）を始め、世界遺産研究会の先生がたの学際的かつ国際的で、極めて重厚な議論にも実に多くのことを学ばせていただいている。国際法を軸に、都市建築史、外交、国際関係論、宇宙法などの専門家が集まる刺激的で目が開かれる議論の展開に、筆者は付いていくのがやっとであり、本書にその緻密な分析手法やスケールの大きな視点を十分に取りこめなかったことは悔やまれるが、自分の研究を批判的に検証する上で大きな導きとなっている。

日本文化政策学会の多くの仲間にも、研究を深めるにあたって刺激と有意義な示唆を与えてもらった。とりわけ国際比較の点から述べると、朝倉由希さん（文化庁地域文化創生本部 総括・政策研究グループ研究官）、菅野幸子さん（AIR

Lab アーノ・プランナー／リサーチャー）、長嶋由紀子さん（東京大学大学院人文社会系研究科研究員）、閔鎭京さん（北海道教育大学芸術文化政策研究室准教授）、作田知樹さん（Arts and Law／ファウンダー）には、各国の文化政策についての議論を通じて、視野を広げるための示唆を多く与えてもらっている。

　本書は資料収集や聞き取りにおいて、次に挙げる方々に一方ならぬご協力を賜った。Reinhard Tegethoff 氏、Astrid Mahler-Neumann 氏（ドイツ連邦議会文化諮問委員会「ドイツにおける文化」事務局）、Klaus-Jürgen Scherer 博士（社会民主的な文化フォーラム）、Kirsten Haß 氏（連邦文化基金）、Ulrike Blumenreich 氏（文化政策協会）、Vera Heyden 氏（プロイセン文化財財団ミュージアム研究所）、Torsten Wöhlert 博士（ベルリン都市州内閣官房）、Hilmar Hoffmann 博士、Dieter Bassermann 氏、Johannes Promnitz 氏、Susanne Kujar 氏、Gabriele Schuster 氏（フランクフルト・アム・マイン市学術芸術局、フランクフルト・アム・マイン市文化部）、Wolfhard Dobroschke 氏、Martina Körber 氏（フランクフルト・アム・マイン市市民・統計・選挙局）、Jörg Schulze-Bünte 氏（フランクフルト・アム・マイン市市史研究所）、Heike Krahl 氏、Beate Dannhorn 氏、Luisa Kunkel 氏（フランクフルト市歴史博物館）、Ingrid Sedlazek 博士、Chantal Eschenfelder 博士（シュテーデル・ミュージアム）、Klaus Görner 氏、Catarina Mantel 氏、Jule Hillgärtner 氏（フランクフルト現代美術館（ＭＭＫ））、Simone Boscheinen 氏（シルン・クンストハレ・フランクフルト）、Martina Zenser 氏（芸術家会館ムゾン・トゥルム・フランクフルト・アム・マイン）、またヒルデスハイムでの研究仲間であった Vera Timmerberg 氏（フォルクヴァンク芸術大学）、Alexander Henschel 博士（オルデンブルク大学）、Eberhard Ortland 博士（ミュンスター大学）にも様々に助けてもらってきた。

　ドイツ連邦公文書館、フランクフルター・ルントシャウ紙資料室、ハノーファー州立ゴットフリート・ヴィルヘルム・ライプニッツ図書館、ベルリン州立図書館にも、大変お世話になった。

　二〇一三年より奉職している獨協大学の同僚の方々にも、ドイツ語圏を共通項に多彩な専門領域の視点から多くの刺激を受け、様々な局面で支えてもらっている。歴史記述が多くなった第二章については、歴史学の教授である古田善文先生に、原稿にお目通しいただき、大変親身に貴重なご指摘を数多くいただいた。この場を借りて、あらためて心から御礼を申し上げたい。とはいえ、訳語・用語の選択を始め、本書に関わる最終的な責任は、著者にある。特任教授の上田浩二先生には、文化政策の理論と現場の乖離を考える上で避けては通れない多様な論点について、著者の視野が開かれる貴重なご示唆を折に触れて与えていただいている。また文化と社会の関係についての学生たちの率直で忌憚のない意見にも日々刺激を受けている。

本書のもととなる研究は、日本学術振興会若手研究者インターナショナル・トレーニング・プログラム（ITP-EUROPA）、早稲田大学演劇博物館グローバルＣＯＥプログラム「演劇・映像の国際的教育拠点」、ザクセン文化基盤研究所国際学術院コレギウム・ポンテス２００７、ＪＳＰＳ科研費 **JP10J08764**、**JP26770070**、**JP18K00216** の助成を受けた。出版に際しては、独立行政法人日本学術振興会平成三〇年度科学研究費補助金（研究成果公開促進費・学術図書）**JSPS** 科研費 **JP18HP5005** の助成を受けた。記して感謝したい。

また編集者の黒田結花さんをはじめ、美学出版のみなさんには大変お世話になった。自著を完成させることが初めての私に、黒田さんはいつも朗らかに、親身に的確な指摘をしつつ、本書を完成まで導いてくださった。心からの感謝を申し上げたい。

身近な家族はもちろんのこと、ここにお名前を挙げることができないほど多くの周囲の方々に日々支えられてきた。全ての方々にここで深い感謝の気持ちを捧げたい。

二〇一九年一月

秋野有紀

年表4（第7章関連） 1990年代以降のフランクフルトを中心としたミュージアム政策関連年表

1990年	統一不況でミュージアムが動員志向になり「イベント文化」「エデュテイメント」批判が一種の流行となる。
1997年	ベルリンで「ミュージアムの長い夜」開始。
1999年　12月	ミュージアムの河畔カード、市立の施設に導入。
2001年　10月	ミュージアムの河畔カード、市立以外の施設にも拡大。
2003年	PISAショック、学校教育の全日制への移行と地域社会における児童、青少年の文化的な教育、人格形成との摩擦が議論となる。
8月	ミュージアムの河畔フェスティヴァルに向けて市の文化局が無料冊子「クルトゥーア・フェアミットルンク」を作成。これ以降、市のミュージアムでは「ミュージアム教育学」「ミュージアム教育員」ではなく「フェアミットルンク（媒介・仲立ち）」を採用する動きが加速する。
2005年	ICOMイタリア会議を契機に「欧州のミュージアムでの20の職種」を整理（2008年発刊）。国によって異なる職種の呼び名に関する共通理解を形成する狙い。
	対話ミュージアム（新設）、開館。
3月	ミュージアム協働基金に参加するミュージアムと展示場に対し、市議会でSPDが、少なくとも2カ国語のギャラリー・ガイドを提供するよう提案。
2006年	ドイツミュージアム連盟とICOMドイツ委員会『ミュージアムのためのスタンダード』発行。ICOM規約の「取得、保存、研究調査、伝達／展示」を国内事情に照らし合わせ若干変更し、「蒐集、保存、調査研究、展示／媒介」をドイツのミュージアムの任務と定義。
2007年	ドイツ連邦議会文化諮問委員会『最終報告書』ドイツのミュージアムを「討議的ミュージアム」と定義。

1981年	8月	市の建築諮問委員会「ミュージアムの河畔に関する質問に対する調査意見報告」提出。
1982年	5月	緑の党が市議会で、ムゾン工場跡地全体を市民自治による社会文化施設にすることを発議。CDUとSPDがこれを否決。
	6月	ムゾン工場跡地はアマチュア市民の地区文化活動にではなく、対案的文化活動やプロでインディペンデントな文化活動のレジデンス拠点とする構想へ。
1983年		ヘルマン・グラーザー『住民の文化への権利』を出版。
1984年	6月	建築ミュージアム（新設、建築家はオズヴァルト・マティアス・ウンガース）、フィルム・ミュージアム（新設）開館。
1985年	1月	ジャック・ラング、国立建築ミュージアムを建設するためにフランクフルトのミュージアムを視察。建築ミュージアムとポンピドゥーセンターの協働契約を締結。
	4月	工芸博物館（1877年創設、建築家はリチャード・マイアー。現、応用芸術ミュージアム）開館。
1986年	2月	レーマーベルクの討論会にハーバーマスが登壇（シルン・クンストハレの開館記念行事）。歴史家論争へと繋がる契機となる。
		展示施設シルン・クンストハレ（新設）、開館。
1987年		西ドイツ全土で、専任のミュージアム教育員を置いているミュージアムは全体の5.97%という調査結果が公表される。
	1月	フランクフルト現代美術館（MMK）を現在の所在地に建設することについて市議会が議決。開館時にパフォーマンスを予定していたヨーゼフ・ボイスが前年に亡くなったため「鹿にあたった稲妻」を購入（交渉権を持っていたケルン市が財政難で権利を手放したため）。
	7月	市立ミュージアム10館におけるミュージアム教育員の制度化の進捗具合について、市議会にて各館の現状が報告される。
	8月	グリースハイム地区にフランクフルトで二番目に大きな市民文化の家が完成。
1988年	1月	フランクフルト国際アート見本市構想を計画。
	2月	オペラ座火災。
	11月	ユダヤ博物館（新設）、開館。
1989年	6月	先史原史博物館（1937年創設）開館。
1990年		彫刻博物館リービークハウス（1907年創設）、リニューアルオープン。
	9月	連邦逓信博物館（1957年創設、現、コミュニケーション・ミュージアム。）、開館。
	10月	シュテーデル・ミュージアム（1907年創設）、リニューアルオープン。
1991年		フランクフルト現代美術館（MMK）（新設、建築家はハンス・ホライン）、開館。

1972年	11月	歴史博物館の説明パネルをめぐり「ミュージアム論争」が勃発。
1973年		フランクフルト市立民俗学博物館、リニューアルオープン。
1974年		記録書籍（ドキュメンテーション）『公共の怒りとしての歴史あるいは、民主社会のためのミュージアム』出版。
	11月	ドイツ都市会議、学校と文化施設の協働についての勧告。
1975年	1月	ホフマン、市立総合市民大学構想に言及。市民大学での教員の増強が行われる。
	8月	民俗学博物館、ガストアルバイターを念頭に置いた展示「トルコ――われわれのまちに住む人々の祖国」開催。
1976年		芸術家会館ベターニエン（西ベルリン）で文化政策協会、第一回会合。
		ドルトムント市の文化局長アルフォンス・シュピールホフ「社会的な政策としての文化政策」を提唱。
	9月	市立工芸博物館、リニューアルオープン。
1977年		ドイツ都市会議、都市の発展計画策定資料として「都市のイメージ調査」が不可欠であると勧告。
	3月	市議会総選挙。市政が、SPDからCDUに政権交代。第一市長にヴァルター・ヴァルマン（CDU）が就任。
	3月	ハンス＝ユルゲン・モーク（CDU）「文化シーンの澱んだ空気を一掃する」と発言。
	3月	国際芸術家委員会（ハンブルク）でヨーゼフ・ボイス、クラウス・シュテークらがフランクフルトの文化政策の改革を停滞させないようCDUに求める声明を提出。
	6月	CDUヴェストエンド地区「マルキストのホフマン」解任を要求。
	10月	ディーター・ブロッホらグループ〈オムニブス〉が多文化行事オクトーバー・フェストを開催。ムゾン工場を文化的用途に使用する契機となる。
1978年	5月	CDU、FDP、SPDがミュージアムの河畔の予算を本格的に組むことについて合意。
	10月	ボッケンハイム倉庫跡地の利用をめぐり、市民イニシアティヴとホフマンが会合。
	11月	建築ミュージアムの新設計画を発表（現代美術館は当初、ここに含まれる計画であった）
1979年		フランクフルトのミュージアムへの来場者数が初めて100万人を超える。
		ドイツ都市会議「文化政策は第一に自治体政策である」と宣言。
	4月	ヒルマー・ホフマン『万人のための文化　展望と雛形』出版。その後、自治体文化政策の基本書となる。
	8月	ミュージアム発展計画草案、市議会文化委員会など関係各所に回付。
1980年	6月	アレンスバッハ世論研究所「都市のイメージ調査」の結果をフランクフルト市観光局に報告。
	7月	文化振興に関する英独会議（ロンドン）に合わせて『万人のための文化』英語版発売。
	9月	地区審議会「ミュージアムの河畔」の構想について、住民の関心の高さに応えて透明性を確保し、雛形を作成することを市議会に要請（11月に議決）。
	12月	シュペーア建築事務所「ミュージアムの河畔計画」を市議会に提出。
1981年		文化政策協会のメンバーが中心となり、ドイツ文化評議会設置の呼びかけ。
	2月	『万人のための文化』第二版（発行部数2万部）発売。
		市議会総選挙。CDUが「77年以前のフランクフルトに文化はなかった」というプラカートを作成、文化をめぐる総選挙と呼ばれた。

1900年代-	ミュージアムを拠点に市の文化財産の流入流出を戦略的にマネジメントする地域ディレクター、有力な人脈を紹介し作品を貸与、寄贈する有力市民、市政の強力なネットワーク構造が築かれ、フランクフルトの文化を醸成していく。 類似の地域ディレクターは各地に見られたといわれ、ドイツ統一後も地域色豊かな文化を維持する基盤となる。
1902年	シャウシュピール・ハウス、開館。
1904年	民俗学博物館、開館。
1907年	彫刻コレクションとリービークハウス、開館。

年表3　ホフマン時代のフランクフルトの文化政策と西ドイツの新しい文化政策の動向

1946年	フリードリヒ・マイネッケ『ドイツの破局』で「ゲーテの時代に引き返す道を探す」ことを提唱。
1957年　3月	連邦憲法裁判所、州の文化高権（教育制度に関連して）を認める判決。
1964年	ニュルンベルク市学校・文化局長にヘルマン・グラーザーが着任。
1968年	西ドイツ、学生運動が頂点に達する。
1969年　10月	ヴィリー・ブラント、首相就任後の施政方針演説で内政上の指針として「より多くの民主主義を敢行する」と宣言。
1970年　9月	ヒルマー・ホフマン「古典的な文化概念を超えて！ 現代の大都市の文化局長は、何をなすべきか」をフランクフルター・ルントシャウ紙に寄稿。
	フランクフルトの文化局長にヒルマー・ホフマンが着任。
	ホフマン、フランクフルター・ルントシャウ紙上で「万人のための文化」に言及。
1971年	ヴァルター・シェール外相が連邦議会で、対外文化政策における文化の概念を広くとらえることを提唱。
1月	アーティスト集団ザクセンハウゼン、SPD ザクセンハウゼン東支部、ホフマンと会合、地域の活性化に必要な支援を説明。
6月	ハンブルクに西ドイツ初の社会文化施設ファブリーク誕生。
12月	フランクフルトに自治体映画館コミュナール・キーノ誕生。商業映画館は反発。
1972年	ネークトとクルーゲがミュージアムをブルジョア的公共圏の一種と批判。
	欧州評議会アルク＝エ＝スナン会議総括宣言で、文化的表現の多様性が保障される諸条件を整えることは、あらゆる文化政策の中核的任務と宣言。
1月	フランクフルト行政裁判所、コミュナール・キーノを合法と判示。その後、西ドイツでは100館を超える自治体映画館が誕生。
9月	第一回レーマーベルクの討論会、開催（フランクフルト市立歴史博物館の再開記念行事）。登壇者をめぐって毎年、激しい議論が繰り広げられる。
10月	フランクフルト市立歴史博物館、リニューアルオープン（一部）。
11月	アーティスト集団ザクセンハウゼン、芸術家地区（後のミュージアムの河畔）の活性化を求めホフマンを会合に招待。
	ドイツ騎士修道院の館（ザクセンハウゼン）を役所のみならず文化行事にも活用することを文化局が発表。

年表2　造形芸術を中心とするフランクフルトの市民と市政による公共的文化振興意識の形成

1769年　4月	画家9名がツンフトからの開放とアカデミーの設立の建白書を市参事会に提出。フランクフルトにおける芸術の自律への意識の芽生え。
1780年代–	市民による公共ミュージアム設立への関心が芽生える。フランクフルトにおける芸術文化への有産市民の支援の登場。
1781年	フリーメイソンたちが、自由で美しい造形芸術と実用的な科学アカデミーの設立建白書を市参事会に提出するも、却下。
1792年	マインカイの都市整備
1793年	シュテーデル、美術財団の寄附行為を作成。
1803年	教会財産の世俗化。 宗教的主題の美術品や文化財が市の所有財産に。市は管理に困り、美術商に財の管理を委託。美術商により、公共展示が始まる。
1806年	市民が、市立ミュージアム創設建白書を提出するも、却下。市政に頼らず市民が主導する公共ミュージアム設立へ。 市が芸術協会（文学、絵画、音楽の保護と振興を目的とする市民の協会）に、美術品の一部売却。
1808年	ミュージアム協会、設立。
1815年	シュテーデルの美術財団の寄附行為、発効（市政の影響を徹底的に排除）。
	以降、市民によるミュージアム設立、文化協会設立が興隆を見せる。芸術文化領域において「自由」「平等」の宣言が相次ぐ。
1817年	ゼンケンベルク自然研究所設立。「全ての人」を対象に。
1830年代	有産市民、芸術の支援者として文化協会に積極的に関与。市民の後援に支えられ、自由な芸術文化活動が花開く。
1831年	『美術協会年鑑』、市民文化と陶冶における「平等」の呼びかけ。
1832年	美術協会、「宗教は関係ない」。 この頃、ほぼ全ての文化的な協会にユダヤ人の加入が認められるようになる。
1834年 （–1840年）	ゲーテ像の設置（フランクフルトの郷土愛の発露として）
1836年	カジノ協会、宗教的区分を撤廃。工業専門協会、セシリア協会、器楽協会、美術協会、物理学協会が続く。
1852年	ニュルンベルクにゲルマン・ナショナル・ミュージアム開館（「ドイツ」への精神な統一を意図）
1864年	フランクフルト市政、ユダヤ教徒に完全な市民権を認める。
	シラーの記念碑設置（フランクフルトにおける「ドイツ」的なものへの例外的共感）。
1866年	フランクフルト、プロイセンの支配下に。 文化領域での「フランクフルト」意識、むしろ高まる。
1877/78年	プロイセンへの対抗意識を内包したフランクフルト市立歴史博物館、市民主導で市政の協力も得て、開館。
1880年代–	工業化、市政の高度専門化。市政が文化行政にも着手。フランクフルトにおける近代文化行政の登場。
1880年	フランクフルト市立オペラ座（現、旧オペラ座）、開館。

1880年代半ば–	ドイツによる植民地政策拡張へ。
1895年頃まで	人民の精神的生活の奨励（産業発展への寄与）を含めた社会福祉を整備した国家＝文化国家。 この頃までは、ヒエラルキー型統治が念頭に置かれた。貴族主義的な文化国家論。
1895年 （–1905年）	普仏戦争勝利25周年、フランスに対して、不道徳やデカダンスのイメージを形成。 国民的記念碑や国民祭典、記念碑運動が活況を見せる。 自由主義的な国民的記念碑の伝統は弱まり、国民意識醸成のための皇帝と帝国の栄光の表象が増加。
	文化国家に関連する書物が相次いで出版された時期。 （1890年頃から教養が強調される。）
1898年	ハインリヒ・フォン・トライチュケ『政治学講義 ——ベルリン大学講義』芸術振興を文化国家の役割でもとりわけ強調。
1913年	諸国民戦争終結100周年、ヴィルヘルムⅡ世即位25周年。国民祭典、記念碑運動が盛り上がる。
1914年	サライェヴォ事件、第一次世界大戦勃発。「文化」に特殊ドイツ的な意味がさらに加わっていく。
	プレンゲ、トレルチらを中心に「1914年の理念」が提唱される。
	「93人のマニフェスト（文化世界に告ぐ）」発表、防衛戦争の体裁をとる。ドイツ「文化」対西欧「文明」の戦い。 言論の自由を制限、軍隊による新聞検閲、知識人・作家が国民意識の高揚を戦争記事で増幅（反戦意識を抑制）。
1916年	日本で文化政策が初めて本格的に論じられるきっかけとなったマックス・フェルヴォルンの翻訳が出版される。
1918年	トーマス・マン『非政治的人間の考察』
10月	戦争終結に向けた「文化諸国家」の研究。 文化国家。先進諸国という一般的用法も並行して存続。
11月	ドイツ革命、皇帝ヴィルヘルムⅡ世退位。社会民主党エーベルト政権、成立。
11月	ドイツ人民委員政府による声明。演劇検閲の廃止、意見表明の自由を人民に保障。
1919年　1月	第一次世界大戦の講和会議、ヴェルサイユで開催。
1月	ヴァイマル憲法制定国民議会、選挙。
2月	社会民主党、民主党、中央党からなるヴァイマル連合内閣、成立。
2月	ドイツ国内務省、諸邦委員会に政府第一草案（第三草案）を提出。ヴァイマル憲法条文案に「芸術」の文言が登場する。「芸術、学問及びその教授は、自由である」が提案される。
3月	第18回会議で、芸術家への実質的な社会保障の在り方を含めた条文が検討される。
4月	第21回会議で、「芸術」がなぜ冒頭に置かれるのかについて、芸術の教授の自由までをも含む意図ではないことが説明される。 カール・ハインリヒ・ベッカーの構想書（後の『ドイツ国の文化政策的任務』）、ドイツ国宰相官房次官補たちに回付。 大戦時のフランスの文筆家たちの戦争広告の威力を念頭に、国家的な芸術家の育成を強調。 対外政策においてのみならず、国内においてもドイツ国が、芸術振興を含めた文教管轄を持つことの重要性を主張。
8月	ヴァイマル憲法、制定。公布、発効。
1925年	ベッカーが文部大臣となり、フンボルトに学んで純粋な学問を重視する大学改革を行う。「文化国家」構築の試みと見なされている。

関連年表

1840年代	体操運動、合唱協会、全ドイツ的な学会、市民協会による国民的記念碑運動が興隆を見せる。
1842年	プロイセンによる体操禁止令、廃止。国民意識の形成を促す方向へ。
1848年	マルクス・エンゲルス『共産主義宣言』
2月	フランス2月革命。
3月	ベルリン、ウィーン、3月革命。ウィーン体制、終焉。
5月	憲法制定ドイツ国民議会(フランクフルト国民議会、議員の多くはかつてブルシェンシャフト運動を経験)
1852年	ヨハン・カスパール・ブルンチュリ『一般国家学』出版。法学の領域で文化国家を扱った初の書物。 法による予見可能な統治を行う体制(法治国家)を文化国家と法概念化。立憲君主制を意味する文化国家論。 国家による芸術への政策的関与を明確に念頭に置いた「文化国家」思想の登場(文化国家が法概念となる)。 公共の福祉への関心の一環で、人民の文化的生活への政策的関与にも焦点が当たる。
1862年　9月	ビスマルク首相に就任、「鉄血演説」で軍備拡大を主張。
1863年	自由主義左派が下院選挙で勝利。出版条例、撤廃。
1864年	ロテック・ヴェルカー編『国家事典』(ヴェルカー・ブロックハウス編第3版)。文化国家には、芸術振興の「義務」があると定義した最初期のもの。
1866年	普墺戦争。ドイツ連邦、解体。オーストリアと袂を分かち、プロイセン主導の小ドイツ主義へ。
1867年 (−1918年)	プロイセン主導のもと、北ドイツ連邦結成。南ドイツ諸邦とは、攻守同盟を締結。
	オーストリア＝ハンガリー帝国、成立。国内のハンガリー人勢力に譲歩。
1868年	関税同盟議会選挙(プロテスタント国家プロイセンに対するカトリック・バイエルンの自立意思の強さが示される)
1870年	普仏戦争。「国民戦争」とすることで対仏対抗意識によってドイツ統一を進めるプロイセンの意図。 フランス「文明」への敵対心をあおる戦争報道、南ドイツの反プロイセン意識弱体化、プロイセン勝利。
1871年　1月	ドイツ帝国、成立(連邦国家)。上からのドイツ統一が完成。課題は実質的、精神的なドイツ国民意識の醸成へ。 プロイセンは優位、指導性を持ったが、各邦国も憲法、政府、各種特権を保持。 22の君主国、3自由都市、直轄地アルザス・ロートリンゲンからなる連邦国家。
	文化闘争(1871年−)
1872年	プロイセン学校監督法、制定。カトリック教会の学校制度への監督権を排除、公・私立学校を国家に従属させる試み。
1873年	世界恐慌
1875年	社会主義労働者党、結成。社会主義運動、労働者運動成長の時期。
1877年	ルドヴィク・グンプロヴィチ、行政の合法性と適法性原則を求め、最高権力者をもその例外としないとする。 文化国家は、気高く理想的な人類の諸目的を遂行せねばならない。公的な芸術と学問の奨励を要請。 教養に優位を与え、陶冶された中流階級が、自由を保障された出版により意見形成を主導することに期待。
1878年 (−1890年)	社会主義者鎮圧法、制定。労働者に対する社会保障制度の整備(アメとムチの政策)。

関連年表

※年表は本文中で言及した文献および資料に基づき、作成した。

年表１　文化国家論とドイツの国民国家形成に関する年表

1796年（−1815年）	ナポレオン戦争
1802年	バイエルン、（領邦国家レベルの）国民国家建設のために義務教育導入。
1806年	イェーナの戦い（プロイセン）。神聖ローマ帝国消滅。 フィヒテ『現代の根本特徴――幸いなる生への導き』書物における「文化国家」の初出。キリスト教西洋を指す文化国家の用法。
1807年（−1808年）	ティルジット講話条約（プロイセン）。プロイセン国家的危機、「上からの改革」開始。
	シュタインの改革。 プロイセン都市条例制定。近代的・民主的都市行政、開始。 内務省教育局長官カール・ヴィルヘルム・フンボルトによる初等教育の義務教育化、独立のギムナジウムの開設、教員の資格試験制度、ベルリン大学創設（1810年）。 教育による国民意識の育成と並び、国家を権力機関から文化の育成機関に高める意図。プロイセンにおける初期文教国家論の萌芽。
1807年末（−1808年初頭）	フィヒテの連続講演「ドイツ国民に告ぐ」。共通の言語文化による「ドイツ国民」抽出の試み。 ドイツ的な初期文化国家論の登場。
1813年	ライプツィヒの戦い（諸国民戦争）、ナポレオン敗退。ドイツの国民意識、高まる。初期ナショナリズム運動の時代。
1814年	ウィーン会議。
1815年（−1848年）	ドイツ連邦、成立。※国家同盟であり、連邦国家ではない。35の君主主権国と4の自由都市が連邦議会を持つ。 復古的ウィーン体制。絶対王政が復活、絶対君主同士が同盟を結び、自由主義とナショナリズム運動を抑圧。
	ブルシェンシャフト、結成。フランスに対する対抗意識のもとに、学生・知識人が中心となり「ドイツ」の自由と統一を要求。
	ヨハン・ヤーコプ・ワーグナー『国制論』で当時のヨーロッパ世界の現実を「文化国家」の時代と診断。先進的統治体制を意味する文化国家論。 国家権力が「身分」ではなく「職権」に基づき行使される点に「文化国家」の基準を見いだす。 空間的境界は、西洋に限定していない。 人民・市民による統治機構を描き、脱封建制度的。 文化が民族・国民（Volk）というものの基盤になるととらえているが、文化の意味内容は曖昧（良心のようなもの）
1817年	ヴァルトブルク祭でブルシェンシャフト運動が頂点に達する。 立憲政府とドイツの統一を要求。「非ドイツ的」書物の焚書・焼却行為が領邦国家の支配者を刺激。
1819年	カールスバート決議。ドイツ連邦諸国政府によるブルシェンシャフト禁止。検閲強化
1820年代	ドイツ自由主義運動、弱まる。
1830年　7月	フランス7月革命、ドイツ自由主義運動を再び活発化。
1832年　5月	ハンバッハ祭 ナショナリズム運動が、手工業者・農民・労働者・女性をも含む大衆運動に。ドイツ連邦、対抗措置を講ずる。
1840年	ライン危機。ナショナリズムの大衆運動化への転換期。「文化国民」の成立期。

参考文献一覧

日本博物館協会『平成25年度　日本の博物館総合調査報告書』2017年3月。

文化庁地域文化創生本部事務局総括・政策研究グループ『平成29年度諸外国における文化政策等の比較調査研究事業報告書』2018年3月。

フォークト（編）『地域主権の国　ドイツの文化政策――人格の自由な発展と地方創生のために』美学出版、2017年。

藤野一夫／秋野有紀／マティアス・T・フォークト（編）『地域主権の国　ドイツの文化政策――人格の自由な発展と地方創生のために』美学出版、2017年。

ブルデュー・ピエール／ダンベル・アラン／シュナッペー・ドミニク（山下雅之訳）『美術愛好――ヨーロッパの美術館と観衆』木鐸社、1994年。

ヘンクマン・W／ロッター・K（編）（後藤狷士／武藤三千夫／利光功／神林恒道／太田喬夫／岩城見一監訳）『美学のキーワード』勁草書房、2001年。

ホイジンガ・ヨハン（磯見昭太郎他訳）『ホイジンガ選集5　汚された世界』河出書房新社、1991年。

ボウモル・ウィリアム・J＆ボウエン・ウィリアム・G（池上惇／渡辺守章監訳）『舞台芸術――芸術と経済のジレンマ』芸団協出版部、1994年。

保木本一郎「芸術の自由の憲法的統制――メフィスト決定」ドイツ憲法判例研究会（編）『ドイツの憲法判例（第2版）』信山社、2003年。

マイネッケ・フリードリッヒ（矢田俊隆訳）『世界市民主義と国民国家Ⅰ』岩波書店、1968年。

前川公秀「美術館」加藤有次／鷹野光行／西源二郎／山田英徳／米田耕司（編）『博物館経営論』雄山閣、1999年。

マルクーゼ／ヘルベルト（田窪清秀ほか訳）『文化と社会　上』せりか書房、1969年。

三島憲一『戦後ドイツ――その知的歴史』岩波書店、1991年。

宮地基「法廷におけるテレビ撮影と放送の自由」ドイツ憲法判例研究会（編）『ドイツの憲法判例 Ⅱ（第2版）』信山社、2006年。

宮田眞治／畠山寛／濱中春『ドイツ文化55のキーワード』ミネルヴァ書房、2015年。

宮本直美『教養の歴史社会学――ドイツ市民社会と音楽』岩波書店、2006年。

村上武則『給付行政の理論』有信堂高文社、2002年。

山本育夫（編）『DOME（ミユージアム・マガジン・ドーム）』第48号、日本文教出版、2000年2月。

吉見俊哉『視角都市の地政学――まなざしとしての近代』岩波書店、2016年。

――――『現代文化論――新しい人文知とは何か』有斐閣、2018年。

リンガー・F・K（西村稔訳）『読書人の没落――世紀末から第三帝国までのドイツ知識人』名古屋大学出版会、1991年。

レールス・ヘルマン／ショイアール・ハンス（編）（天野正治訳）『現代ドイツ教育学の潮流――W・フリットナー百歳記念論文集』玉川大学出版部、1992年。

渡辺中「ドイツにおける基本権の発展（1）」國士舘大學比較法制研究所（編）『比較法制研究』第8号、1985年。

「平成29年度　文部科学省・文化庁における博物館振興施策の概要について」日本博物館協会『博物館研究』Vol.52., No.4（通算第586号）。

Ⅴ　邦文報告書

秋野有紀「第4章　ドイツ」文化庁地域文化創成本部事務局総括・政策研究グループ『平成29年度諸外国における文化政策等の比較調査研究事業報告書』2018年3月。

――――「ドイツの都市文化政策について　フランクフルト市の文化政策　過去・現在・未来」『ゲルマニア』第10号、三秀舎、2007年。

菅野幸子「第2章　イギリス」文化庁地域文化創生本部事務局総括・政策研究グループ『平成29年度諸外国における文化政策等の比較調査研究事業報告書』2018年3月。

財団法人地域創造『これからの公立美術館のあり方についての調査・研究報告書』2009年。

長嶋由紀子「第5章　フランス」文化庁地域文化創生本部事務局総括・政策研究グループ『平成29年度諸外国における文化政策等の比較調査研究事業報告書』2018年3月。

日本学術会議「21世紀の博物館・美術館のあるべき姿――博物館法の改正へ向けて」2017年7月。

日本政策投資銀行大分事務所「文化芸術創造クラスターの形成に向けて――美術館からひろがる創造都市」2011年5月。

鈴木秀美「ノルトライン＝ヴェストファーレン州放送制度の合憲性――第6次放送判決」ドイツ憲法判例研究会（編）『ドイツの憲法判例 Ⅱ（第2版）』信山社、2006年。

芹澤齋「『有害図書』規制と芸術表現の自由――ヨゼフィーネ・ムッツェンバッハ事件」ドイツ憲法判例研究会（編）『ドイツの憲法判例 Ⅱ（第2版）』信山社、2006年。

相馬保夫「歴史展示のポリティックス――ドイツ歴史博物館をめぐる論争」『歴史学研究』第854号、2009年。

高田敏／初宿正典（編）『ドイツ憲法集　第6版』信山社、2010年。

高橋洋「公共放送に対するコマーシャル禁止の合憲性――ヘッセンドライ決定（第7次放送判決）」ドイツ憲法判例研究会（編）『ドイツの憲法判例 Ⅱ（第2版）』信山社、2006年。

高橋雅人『多元的行政の憲法理論――ドイツにおける行政の民主的正当化理論』法律文化社、2017年。

谷和明「ドイツにおける〈新しい文化政策〉と社会文化運動の生成と展開――大衆の文化生活への参加と寄与の促進」藤野一夫／秋野有紀／マティアス・T・フォークト（編）『地域主権の国　ドイツの文化政策――人格の自由な発展と地方創生のために』美学出版、2017年。

ダン・オットー（末川清／姫岡とし子／髙橋秀寿訳）『ドイツ国民とナショナリズム1770－1990』名古屋大学出版会、1999年。

豊泉周治／谷和明／清眞人「〈社会的なるもの〉と社会文化運動――ハーバーマス・ドイツ社会文化運動・日本」『社会文化運動へのインパクト』共同探求通信18、2001年。

中小路久美代／新藤浩伸／山本恭裕／岡田猛（編著）『触発するミュージアム――文化的公共空間の新たな可能性を求めて』あいり出版、2016年。

長嶋由紀子『フランス都市文化政策の展開――市民と地域の文化による発展』美学出版、2018年。

日本博物館協会『博物館研究』Vol.52, No.1（通算第583号）。

並木誠士「日本における美術館教育の現場と課題」加藤哲弘／喜多村明里／並木誠士／原久子／吉中充代（編）『変貌する美術館――現代美術館学 II』昭和堂、2001年。

成瀬治／山田欣吾／木村靖二『世界歴史大系 ドイツ史 3――1980年～現在』山川出版社、1997年。

西村貞二『フンボルト』清水書院、新装版、2015年。

二宮皓「高等教育サービスの自由化と WTO/GATS 問題」『広島大学大学院教育学研究科紀要』第3部、第52号、2003年。

根森健「風刺的表現の中でのナチスの標章の使用（刑法86a条）と芸術の自由の保障――ヒトラー・Tシャツ事件」ドイツ憲法判例研究会（編）『ドイツの憲法判例 Ⅱ（第2版）』信山社、2006年。

鉢野正樹『現代ドイツ経済思想の課題』文眞堂、2011年。

馬場哲『ドイツ都市計画の社会経済史』東京大学出版会、2016年。

浜田純一「連邦によるテレビ会社設立の合憲性」ドイツ憲法判例研究会（編）『ドイツの憲法判例（第2版）』信山社、2003年。

原野翹『行政の公共性と行政法』法律文化社、1997年。

ピエロート・ボード／シュリンク・ベルンハルト（永田秀樹／松本和彦／倉田原志訳）『現代ドイツ基本権』2001年、法律文化社。

樋口陽一／吉田善明（編）『解説　世界憲法集』第3版、1997年。

美術フォーラム21刊行会『美術フォーラム21――特集：崩壊する？「美術館」』Vol.11、醍醐書房、2005年。

ヒトラー・アドルフ（平野一郎／将積茂訳）『わが闘争　下　Ⅱ――国家社会主義運動』角川文庫、2016年。

平松毅「落書の「芸術の自由」該当性と強制送還の合憲性」ドイツ憲法判例研究会（編）『ドイツの憲法判例 Ⅱ（第2版）』信山社、2006年。

廣瀬肇／石川敏行／横山信二（編）『給付行政の諸問題――村上武則先生還暦記念』有信堂高文社、2012年。

フィヒテ ／ラインハルト・ラウト（編）（柴田隆行／量義治訳）「現代の根本特徴――幸いなる生への導き」『フィヒテ全集』第15巻、哲書房、2005年。

フービン・アンドレア（秋野有紀訳）「ドクメンタⅠにおける教育的介入への抵抗」藤野一夫／秋野有紀／マティアス・T・フォークト（編）『地域主権の国　ドイツの文化政策――人格の自由な発展と地方創生のために』美学出版、2017年。

藤野一夫「地域主権の国・ドイツ　文化の分権的形成と文化政策の基礎」藤野一夫／秋野有紀／マティアス・T・

邦文文献

秋野有紀「フランクフルト市における『万人に文化を』の試み――『新しい文化政策』における文化概念の変質と政策転換の分析」『文化政策研究大会2005 in 浜松――報告集・論文集』第1号、静岡文化芸術大学、2006年3月。

―――「ドイツにおける文化振興の法制化をめぐる議論の陥穽としての「文化国家」――「文化国家」概念の形成とフランクフルト市民文化の成立過程の比較から」早稲田大学演劇博物館グローバルCOE紀要『演劇映像学2008』、2009年3月。

―――「フランクフルトの都市文化政策――国際金融都市における住民志向の地道な政策」藤野一夫／秋野有紀／マティアス・T・フォークト（編）『地域主権の国　ドイツの文化政策――人格の自由な発展と地方創生のために』美学出版、2017年。

―――「文化教育の活性化のために――〈クルトゥーア・フェアミットルンク〉の意図と背景」藤野一夫／秋野有紀／マティアス・T・フォークト（編）『地域主権の国　ドイツの文化政策――人格の自由な発展と地方創生のために』美学出版、2017年。

―――「ドイツの公共文化政策に見る国家と文化の接近――首相府文化国務大臣の設置と基本法改正をめぐる議論を中心として」日本ドイツ学会『ドイツ研究』第52号、2018年3月。

芦部信喜／高橋和之補訂『憲法　第6版』岩波書店、2015年。

阿部照哉「学問の自由と大学の自治」ドイツ憲法判例研究会（編）『ドイツの憲法判例（第2版）』信山社、2003年。

荒木一郎「グローバリゼーションとGATS」『ジュリスト（No.1232），10月15日号』有斐閣、2002年。

アレント・ハンナ（志水速雄訳）『人間の条件』筑摩書房、1994年。

池上英洋『西洋美術史入門』筑摩書房、2012年 。

石田勇治（編著）『図説 ドイツの歴史』河出書房新社、2007年。

伊藤定良『近代ドイツの歴史とナショナリズム・マイノリティ』有志舎、2017年。

今井康雄『メディア・美・教育――現代ドイツ教育思想史の試み』東京大学出版会、2015年。

ヴィンクラー・H・A（後藤俊明／奥田隆男／中谷毅／野田昌吾訳）『自由と統一への長い道Ⅰ――ドイツ近現代史1789–1933年』昭和堂、2008年。

―――（後藤俊明／奥田隆男／中谷毅／野田昌吾訳）『自由と統一への長い道Ⅱ――ドイツ近現代史1933–1990年』昭和堂、2008年。

莵原明『変革期の基本権論――E.R. フーバー研究』尚学社、1991年。

エッカーマン（山下肇訳）『ゲーテとの対話（下）』岩波書店、2018年。

エリアス・ノルベルト（赤井慧爾／中村元保／吉田正勝訳）『文明化の過程（上）』法政大学出版局、2004年。

岡田暁生『音楽の聴き方――聴く型と趣味を語る言葉』中公新書、2009年。

小倉欣一／大澤武男『都市フランクフルトの歴史――カール大帝から1200年』中央公論社、1994年。

加藤哲弘／並木誠士／吉中充代／喜多村明里／原久子（編）『変貌する美術館――現代美術館学〈2〉』昭和堂、2001年。

加藤弘之『國法汎論』1872年。（国立国会図書館デジタルコレクション）

角松生史「E・フォルストホフ“Daseinsvorsorge“論における『行政』と『指導』」塩野宏先生古希記念『行政法の発展と変革　上巻』有斐閣、2001年。

菅野健／杉田孝夫（訳）「祖国愛とその反対――愛国的対話」早瀬明／菅野健／杉田孝夫（訳）『フィヒテ全集・第17巻――ドイツ国民に告ぐ・政治論集』哲書房、2014年。

木村周市朗『ドイツ福祉国家思想史』未來社、2000年。

小林孝輔『ドイツ憲法小史〈新訂版〉』学陽書房、1992年。

小林真理『文化権の確立に向けて――文化振興法の国際比較と日本の現実』勁草書房、2004年。

小林真理（編）『文化政策の現在１――文化政策の思想』東京大学出版会、2018年。

佐々木隆夫『国際公共財の政治経済学』岩波書店、2010年。

初宿正典『日独比較憲法学研究の論点』成文堂、2015年。

初宿正典／辻村みよ子（編）『新解説 世界憲法集』第4版、三省堂、2017年。

Hildesheim, Hildesheim, 2010.

Sedlacek, Ingrid: Das Erlangen ästhetischer Kompetenz oder: Kinder führen Kinder. In: Arbeitskreis Museumspädagogik Norddeutschland / Arbeitskreis Museumspädagogik Rheinland und Westfalen: [illegible] Museumspädagogik aktuell, Hamburg, Bonn, Hildesheim, 0/2001

Sievers, Norbert: „Neue Kulturpolitik“ Programmatik und Verbandseinfluß am Beispiel der Kulturpolitischen Gesellschaft, Kulturpolitische Gesellschaft Verlag, Hagen, 1988.

———: thema: Kulturelle Grundversorgung. Kultur als Pflichtaufgabe. In: Vorstand der Kulturpolitischen Gesellschaft e. V. (Hrsg.): Kulturpolitische Mitteilungen. Was ist »kulturelle Grundversorgung«, Nr. 106, III/2004, Kulturpolitische Gesellschaft e.V. Verlag, Bonn, 2004.

Spickernagel, Ellen / Walbe, Brigitte (Hrsg.): Das Museum. Lernort contra Musentempel, Anabas, Giessen, 1979.

Triepel, Heinrich: Quellensammlung zum deutschen Reichsstaatsrecht, Neudruck der 5. Auflage Tübingen 1931, Scientia Verlag Aalen, 1987.

Von Beyme, Klaus: Kulturpolitik in Deutschland. Von der Staatsförderung zur Kreativwirtschaft, Springer, Wiesbaden, 2012.

Vorstand der Kulturpolitischen Gesellschaft e. V. (Hrsg.): Kulturpolitische Mitteilungen, Nr.57, II/92, Kulturpolitische Gesellschaft e.V. Verlag, Bonn.

——— (Hrsg.): Kulturpolitische Mitteilungen. Was ist »kulturelle Grundversorgung«, Nr. 106, III/2004, Kulturpolitische Gesellschaft e.V. Verlag, Bonn, 2004.

——— (Hrsg.): Kulturpolitische Mitteilungen. »Kulturnation« – »Staatsnation«, Nr. 129, II/2010, Kulturpolitische Gesellschaft e.V. Verlag, Bonn, 2010.

——— (Hrsg.): Kulturpolitische Mitteilungen. Kultur für alle. Hilmar Hoffmann zum 85. Geburtstag, Nr. 130, III/2010, Kulturpolitische Gesellschaft e.V. Verlag, Bonn, 2010.

Wagner, Bernd: »Drei Jahre Rot-Grüne Kulturpolitik in Frankfurt/Main«. In: Vorstand der Kulturpolitische Gesellschaft e.V. (Hrsg.): Kulturpolitische Mitteilungen, Nr.57, II/92, Kulturpolitische Gesellschaft e.V. Verlag, Bonn.

———: »Kulturstaat« und »kulturelle Grundversorgung«. Ist ihre verfassungsmäßige Verankerung sinnvoll und hilfreich? In: Vorstand der Kulturpolitische Gesellschaft e.V. (Hrsg.): Kulturpolitische Mitteilungen. Was ist »kulturelle Grundversorgung«, Nr. 106, III/2004, Kulturpolitische Gesellschaft e.V. Verlag, Bonn, 2004.

Wagner, Johann Jakob: Der Staat, Würzburg, 1815. (Adam, Ulm, 1851)

Welzbacher, Christian (Hrsg.): Der Reichskunstwart. Kulturpolitik und Staatsinszenierung in der Weimarer Republik 1918–1933, wtv-campus, Weimar, 2010.

Weschenfelder, Klaus / Zacharias, Wolfgang: Handbuch Museumspädagogik. Orientierungen und Methoden für die Praxis. 3. überarb. und erw. Aufl., Schwann, Düsseldorf, 1992.

Winkler, Heinrich August: Der lange Weg nach Westen, Erster Band: Deutsche Geschichte vom Ende des Alten Reiches bis zum Untergang der Weimarer Republik, C.H. Beck, München, 2000.

Winkler, Heinrich August: Der lange Weg nach Westen, Zweiter Band: Deutsche Geschichte vom Dritten Reich bis zur Wiedervereinigung, C. H. Beck München, 2000.

Wolf-Csanády, Elisabeth: Wertewandel und Kulturpolitik in der Bundesrepublik Deutschland und Österreich, P. Lang, Frankfurt a.M. / Berlin / Bern / NY. / Paris / Wien,1996.

Wolfrum, Edgar: Rot-Grün an der Macht Deutschland 1998–2005, C.H.Beck, München, 2013.

Zehetmair, Hans: Kultur bewegt. Kulturpolitik für Bayern, Olzog, München, 2001.

Zerull, Ludwig: Kunst im Unterricht (Kunst + Unterricht Sonderheft, 1974), Friedrich, Velber bei Hannover, 1974.

———: Zur Lage der Museumspädagogik. In: Zerull, Ludwig: Museum und Schule (Kunst und Unterricht Sonderheft), Friedrich, Velber bei Hannover, 1976.

Reuning, Renate: Modell Nürnberg: Das Kunstpädagogische Zentrum. In: Zerull, Ludwig: Museum und Schule (Kunst und Unterricht Sonderheft), Friedrich, Velber bei Hannover, 1976.

Reussner, Eva M.: Publikumsforschung für Museen. Internationale Erfolgsbeispiele, transcript, Bielefeld, 2015.

Ringer, Fritz K. (übers. von Laermann, Klaus): Die Gelehrten. Der Niedergang der deutschen Mandarine 1890–1933, Klett-Cotta, Stuttgart, 1983. (Original: The Decline of the German Mandarins. The German Academic Community 1890–1933, HUP, Cambridge, Mass., 1969.)

Röbke, Thomas / Wagner, Bernd (Hrsg.): Jahrbuch für Kulturpolitik 2000. Bürgerschaftliches Engagement (Band 1), Klartext, Essen, 2001.

———: Aufgaben eines undogmatischen Kulturföderalismus. Einleitung.

Röhrs, Hermann; Flitner, Wilhelm: Richtungsstreit in der Erziehungswissenschaft und pädagogische Verständigung. Wilhelm Flitner zur Vollendung seines 100. Lebensjahres am 20. August 1989 gewidmet, Lang, Frankfurt a.M., 1989.

Roth, Ralf: Stadt und Bürgertum in Frankfurt am Main - Ein besonderer Weg von der ständischen zur modernen Bürgergesellschaft 1760–1914, R. Oldenburg, München, 1996.

Sauberzweig, Dieter: Kulturpolitik und Stadtentwicklung. In: Hoffmann, Hilmar (Hrsg.): Perspektiven der kommunalen Kulturpolitik. Beschreibungen und Entwürfe, Suhrkamp, Frankfurt am Main, 1974.

Schade, Peter: Grundgesetz der Bundesrepublik Deutschland. Rechtsstand vom 26. März 2009, Fachverl. Walhalla, Regensburg, 2009.

Scheidemann, Dieter: Der Begriff Daseinsvorsorge. Ursprung, Funktion und Wandlungen der Konzeption Ernst Forsthoffs, Muster-Schmidt, Göttingen, 1991.

Scheytt, Oliver / Zimmermann, Michael: Kulturelle Grundversorgung und gesellschaftliche Nachhaltigkeit. Überlegungen zu einem kulturpolitischen Schlüsselbegriff aus aktuellem Anlaß. In: Vorstand der Kulturpolitischen Gesellschaft e. V. (Hrsg.): Kulturpolitische Mitteilungen. Was ist »kulturelle Grundversorgung«, Nr. 106, III/2004, Kulturpolitische Gesellschaft e.V. Verlag, Bonn, 2004.

Scheytt, Oliver: Kulturstaat Deutschland. Plädoyer für eine aktivierende Kulturpolitik, transcript, Bielefeld, 2008.

———: Kulturverfassungsrecht. Kulturverwaltungsrecht. In: Klein, Armin (Hrsg.): Kompendium Kulturmanagement. Handbuch für Studium und Praxis (3. Auflage), Vahlen, München, 2011.

Schnabel, Franz: Deutsche Geschichte im neunzehnten Jahrhundert. Bd. 1: Die Grundlagen, Deutscher Taschenbuch Verlag, München, 1987.

Schneider, Wolfgang (Hrsg.): Kulturelle Bildung braucht Kulturpolitik. Hilmar Hoffmanns „Kultur für alle“ reloaded, Universitätsverlag Hildesheim, Hildesheim, 2010.

———: Kultur für alle. Lebenskunst als gesellschaftlicher Auftrag. In: Bundeszentrale für politische Bildung (Hrsg.): pocket kultur. Kunst und Gesellschaft von A – Z, westermann-druck, Braunschweig, 2008.

———: „Schützen und fördern“ Der Kulturstaat macht Kulturpolitik. In: Bundeszentrale für politische Bildung (Hrsg.): pocket kultur. Kunst und Gesellschaft von A – Z, westermann-druck, Braunschweig, 2008.

Schwencke, Olaf (Hrsg.): Plädoyers für eine neue städtische Kulturpolitik, Carl Hanser, München, 1974.

———: Braun-Stützer, Carola: Kulturpolitik ist Gesellschaftspolitik, Kulturpolitische Gesellschaft Verlag, Hagen, 1988.

———: Der Stadt Bestes suchen. Kulturpolitik im Spektrum der Gesellschaftspolitik. Arbeiten zur deutschen und europäischen Kulturpolitik aus 25 Jahren (1971–1996) nebst einem aktuellen Essay »Ach Kultur, Kulturpolitik«, Kulturpolitische Gesellschaft e. V., Bonn, 1997.

———: „Kultur als Lebensform“ heißt: Kulturelle Bildung für alle. In: Schneider, Wolfgang (Hrsg.): Kulturelle Bildung braucht Kulturpolitik. Hilmar Hoffmanns „Kultur für alle“ reloaded, Universitätsverlag

Societäts, Frankfurt am Main, 2006.

Hopp, Andrea: Jüdisches Bürgertum in Frankfurt am Main im 19. Jahrhundert, Franz Steiner Verlag, Stuttgart, 1997.

Hösch, Ulrich: Die kommunale Wirtschaftstätigkeit: Teilnahme am wirtschaftlichen Wettbewerb oder Daseinsvorsorge, Mohr Siebeck, Tübingen, 2000.

Huber, Ernst Rudolf: Zur Problematik des Kulturstaats, J. C. B. Mohr, Tübingen, 1958.

——— : Bedeutungswandel der Grundrechte, 1933, Archiv des öffentlichen Rechts, N.F.23, 1933=62.1933.

Hubin, Andrea: »Und so meinen wir auch, dass das Gespräch ohne Worte sein muss« documenta 1 und die Abwehr von Vermittlung. In: Mörsch, Carmen (Hrsg.): KUNSTVERMITTLUNG 2 Zwischen kritischer Praxis und Dienstleistung auf der documenta 12. Ergebnisse eines Forschungsprojekts, diaphanes, Zürich, 2009.

Jellinghaus, Lorenz: Zwischen Daseinsvorsorge und Infrastruktur. Zum Funktionswandel von Verwaltungswissenschaften und Verwaltungsrecht in der zweiten Hälfte des 19. Jahrhunderts. Vittorio Klostermann, Frankfurt am Main, 2006.

Jung, Otmar: Die Entwicklung des Kulturstaatsbegriffs von J. G. Fichte bis zur Gegenwart unter besonderer Berücksichtigung der Verfassung des Freistaates Bayern vom 2. Dezember 1946, Werner Blasaditsch, Augsburg, 1973.

Kilimann, Angela / Kotas, Ondřej / Skrodzki, Johanna: 45 Stunden Deutschland. Orientierungskurs Politik-Geschichte-Kultur, Klett, Stuttgart, 2012.

Kittel, Manfred: Marsch durch die Institutionen? Politik und Kultur in Frankfurt nach 1968, De Gruyter, München 2011.

Klausewitz, Wolfgang: Museumspädagogik. Museen als Bildungsstätten, Deutscher Museumsbund, Frankfurt am Main, 1975.

Klein, Armin: Kompendium Kulturmanagement. Handbuch für Studium und Praxis, Vahlen, München, 2004.

——— : Der exzellente Kulturbetrieb, Springer VS, Wiesbaden, 2008.

Leber, Fabian: Kulturpolitik aus dem Kanzleramt. Die Kulturpolitik der Regierung Schröder 1998–2002, Tectum, Marburg, 2010.

Leimbert, Peter; Müller, Karlheinz: Hessische Gemeindeordnung. Gemeindehaushaltsverordnung, Gesetz über kommunale Gemeinschaftsarbeit (KGG), Gesetz über den Umlandverband Frankfurt, Hessisches Kommunalwahlgesetz; Textausgabe mit Einführung, Verweisungen und Sachregister, 10. neubearb. Aufl., Boorberg, Stuttgart / Hannover, 1981.

Mandel, Birgit: Kulturvermittlung - zwischen kultureller Bildung und Kulturmarketing. Eine Profession mit Zukunft, transcript, Bielefeld, 2005.

Maunz, Theodor / Dürig, Günter (Hrsg.): Grundgesetz Kommentar, Band 1 Art.1–5, C.H. Beck, München, 2009.

Meinecke, Friedrich: Weltbürgertum und Nationalstaat. In: Herzfeld, Hans (Hrsg.): Friedrich Meinecke Werke, München, 1969.

Mörsch, Carmen (Ed.): documenta 12 education II: Between Critical Practice and Visitor Services Results of a Research Project, diaphanes, Zürich, 2009.

Negt, Oskar; Kluge, Alexander: Öffentlichkeit und Erfahrung. Zur Organisationsanalyse von bürgerlicher und proletarischer Öffentlichkeit, 2. Aufl., Suhrkamp, Frankfurt am Main, 1973.

Otto, Hans-Joachim: Politik für Museen. Über den Stellenwert von Museen in der Kulturpolitik. In: Deutscher Museumsbund e.V.: Museumskunde, Band 71, Heft 2, Holy-Verlag, Berlin, 2006.

Palm, Wolfgang: Öffentliche Kunstförderung zwischen Kunstfreiheitsgarantie und Kulturstaat, Schriften zum Öffentlichen Recht (Band 748), Duncker & Humblot, Berlin, 1998.

Puhan-Schulz, Franziska: Museen und Stadtimagebildung. Amsterdam – Frankfurt/Main - Prag. Ein Vergleich, transcript, Bielefeld, 2005.

Glaser, Hermann; Stahl, Karl Heinz: Bürgerrecht Kultur. Aktualisierte u. erw. Neuausg., Ullstein, Frankfurt a.M., 1983.

———: Kleine deutsche Kulturgeschichte von 1945 bis heute, S. Fischer, Frankfurt am Main., 2007.

Glungler, Wilhelm: Theorie der Politik. Grundlehren einer Wissenschaft von Volk und Staat, Fritz Und Joseph Voglrieder, München, Leipzig, 1938.

Goldmann, Margarethe: Veränderte Zeiten 20 Jahre Neue Kulturpolitik in der Praxis. In: Sievers, Norbert / Wagner, Bernd (Hrsg.): Blick zurück nach vorn. zwanzig Jahre Neue Kulturpolitik, Klartext, Essen, 1994.

Grote, Andreas: Model Berlin: Das Außenamt der Staatlichen Museen und der Verein Jugend im Museum. In: Zerull, Ludwig: Museum und Schule (Kunst und Unterricht Sonderheft), Friedrich, Velber bei Hannover, 1976.

Gülec, Ayse / Hummel, Claudia / Mörsch, Carmen / Parzefall, Sonja / Schötker, Ulrich / Wieczorek, Wanda (Ed.): documenta 12 education I: Engaging audiences, opening institutions Methods and strategies in education at documenta 12, diaphanes, Zürich, 2009.

Häberle, Peter: Der kooperative Verfassungsstaat - aus Kultur und als Kultur, Duncker & Humblot, Berlin, 2013.

Habermas, Jürgen: Strukturwandel der Öffentlichkeit. Untersuchungen zu einer Kategorie der bürgerlichen Gesellschaft, 6. Aufl. Suhrkamp, Frankfurt am Main, 1974.

Hansert, Andreas: Bürgerkultur und Kulturpolitik in Frankfurt am Main. Eine historisch-soziologische Rekonstruktion, Kramer, Frankfurt am Main, 1992.

Hartwich, Hans-Herman / Wewer, Göttrik (Hrsg.): Regieren in der Bundesrepublik V: Souveränität, Integration, Interdependenz. Staatliches Handeln in der Außen- und Europapolitik, Leske + Budrich, 1993.

Haversath, Peter: Zur Legitimation des Kulturstaats. Eine verfassungsrechtliche Untersuchung staatlicher Kunstförderung, Duncker & Humblot, Berlin, 2018.

Henckmann, Wolfbart; Lotter, Konrad (Hrsg.): Lexikon der Ästhetik, C.H.Beck, München,1992.

Hense, Heidi / Koch, Gerd: Das Museum als gesellschaftlicher Lernort. Aspekte einer pädagogischen Neubestimmung, Extrabuch Verl., Frankfurt (Main), 1985.

Herles, Diethard: Das Museum und die Dinge. Wissenschaft, Präsentation, Pädagogik, Campus, Frankfurt/ Main, 1996.

Historisches Museum Frankfurt (Hrsg.): Frankfurter Sammler und Stifter, Schriften des Historischen Museums Frankfurt, herausgegeben von Jan Gerchow, Henrich Editionen, Frankfurt/M., 2012.

Hoffmann, Detlef: Ein demokratisches Museum (I) Geschichte und Konzeption. In: Hoffmann, Detlef / Junker, Akmut / Schirmbeck, Peter (Hrsg.): Geschichte als öffentliches Ärgernis oder: ein Museum für die demokratische Gesellschaft, Anabas-Verlag, Fernwald, 1974.

———: Ein demokratisches Museum (II) Reaktion. In: Hoffmann, Detlef / Junker, Akmut / Schirmbeck, Peter (Hrsg.): Geschichte als öffentliches Ärgernis oder: ein Museum für die demokratische Gesellschaft, Anabas-Verlag, Fernwald, 1974.

Hoffmann, Hilmar (Hrsg.): Perspektiven der kommunalen Kulturpolitik. Beschreibungen und Entwürfe, Suhrkamp, Frankfurt am Main, 1974.

———: Kultur für alle. Perspektiven und Modelle, S. Fischer, Frankfurt am Main, 1979.

———: Kultur für alle. Perspektiven und Modelle, 2. Aufl., Fischer, Frankfurt a M., 1981.

———: Kultur für morgen. Ein Beitrag zur Lösung der Zukunftsprobleme, Fischer, Frankfurt a.M., 1985.

——— (Hrsg.): Gegen den Versuch, Vergangenheit zu verbiegen, Athenäum, Bodenheim, 1989.

———: Blick zurück nach vorn. Kultur für alle in Revision? In: Sievers, Norbert / Wagner, Bernd (Hrsg.): Blick zurück nach vorn. zwanzig Jahre Neue Kulturpolitik, Klartext, Essen, 1994.

———: Erinnerungen »Ihr naht Euch wieder, schwankende Gestalten«, Neufassung, Suhrkamp, Frankfurt am Main, 2003.

———: Lebensprinzip Kultur. Schriften und Aufsätze. Vorträge Leitartikel und Essays 1957–2006,

Andersen, Uwe / Wichard, Woyke (Hrsg.): Handwörterbuch des politischen Systems der Bundesrepublik Deutschland, 7. aktual. Aufl., Springer VS, Heidelberg, 2013.

Anschütz, Gerhard: Die Verfassung des Deutschen Reichs, Dritte Bearbeitung, 13. Aufl. Geoge Stilke, Berlin, 1930.

Art. Das Kunstmagazin, Nr.3, Gruner + Jahr AG & Co, Hamburg, März 1990.

Bäßler, Kristin / Fuchs, Max / Schulz, Gabriele / Zimmermann, Olaf: Kulturelle Bildung. Aufgaben im Wandel, Deutscher Kulturrat, Berlin, 2009.

Becker, Carl Heinrich: Kulturpolitischen Aufgaben des Reiches, Quelle & Mayer, Leipzig, 1919.

Benda, Ernst / Maihofer, Werner / Vogel, Hans-Jochen (Hrsg.): Handbuch des Verfassungsrechts der Bundesrepublik Deutschland, De Gruyter, Berlin / New York, 1995.

Bluntschli, J. C. (Durchgesehen von E. Loening): Allgemeine Staatslehre, 6. Aufl., J. G. Cotta'schen Buchhandlung, Stuttgart. 1886.

Bollenbeck, Georg: Bildung und Kultur: Glanz und Elend eines deutschen Deutungsmusters, Suhrkamp, Frankfurt/M., 1996.

Cornel, Hajo: Gespensterdebatten. Wider die Verrechtlichung der Kulturpolitik. In: Vorstand der Kulturpolitischen Gesellschaft e. V. (Hrsg.): Kulturpolitische Mitteilungen. Was ist »kulturelle Grundversorgung«, Nr. 106, III/2004, Kulturpolitische Gesellschaft e.V. Verlag, Bonn, 2004.

Council of Europe / ERICarts / Blumenreich, Ulrike: Compendium of Cultural Policies and Trends in Europe. Deutschland, 17th edition, Bonn, 2016.

Dann, Otto: Nation und Nationalismus in Deutschland 1770–1990, 3. Aufl., C.H. Beck, München, 1996.

Demirović, Alex: Kultur für alle - Kultur durch alle. Demokratische Kulturpolitik und soziale Transformation. In: Sievers, Norbert / Wagner, Bernd (Hrsg.): Blick zurück nach vorn. 20 Jahre Neue Kulturpolitik. Klartext, Essen, 1994.

Deutscher Museumsbund e.V. / Bundesverband Museumspädagogik e.V. in Zusammenarbeit mit dem Österreichischen Verband der KulturvermittlerInnen im Museums- und Ausstellungswesen und Mediamus, Schweizerischer Verband der Fachleute für Bildung und Vermittlung im Museum (Hrsg): Qualitätskriterien für Museen: Bildungs- und Vermittlungsarbeit, Berlin, 2008.

Deutscher Museumsbund e.V./ ICOM-Deutschland (Hrsg.): Standards für Museen, Kassel /Berlin, 2006.

Deutscher Museumsbund e.V./ ICTOP - International Committee for the Training of Personnel (Hrsg.): Museumsberufe. Eine europäische Empfehlung, Berlin, 2008.

Feldkamp, Michael F. (Hrsg.): Die Entstehung des Grundgesetzes für die Bundesrepublik Deutschland 1949: eine Dokumentation, P. Reclam, Stuttgart, 1999.

Fichte, Johann Gottlieb: Reden an die deutsche Nation, neu hrsg. von Medicus, Fritz, dritter unveränderter Neudruck, Felix Meiner, Leipzig, 1919.

———: Die Grundzüge des gegenwärtigen Zeitalters. In: Oesterreich, Peter Lothar (Hrsg.): Johann Gottlieb Fichte Schriften zur Angewandten Philosophie Werke II, Deutscher Klassiker, Frankfurt am Main, 1997.

Forsthoff, Ernst: Die Verwaltung als Leistungsträger, W. Kohlhammer, Stuttgart / Berlin, 1938.

Geiss, Imanuel: Zum Streit ums Historische Museum in Frankfurt. In: Hoffmann, Detlef / Junker, Akmut / Schirmbeck, Peter (Hrsg.): Geschichte als Öffentliches Ärgernis oder: ein Museum für die demokratische Gesellschaft, Anabas-Verlag, Fernwald, 1974.

Geis, Max-Emanuel: Kulturstaat und kulturelle Freiheit. Eine Untersuchung des Kulturstaatskonzepts von Ernst Rudolf Huber aus verfassungsrechtlicher Sicht, 1. Aufl., Nomos, Baden- Baden, 1990.

———: »Kulturstaat« oder »Bürgerrecht auf Kultur«? In: Schwencke, Olaf (Hrsg.): Kulturföderalismus und Kulturförderung. Neue Bundesstaatlichkeit im Kulturstaat Deutschland?, Hagen / Loccum, 1992.

Genscher, Hans-Dietrich: Der Fortschritt bracht Leute wie Hilmar Hoffmann. In: Vorstand der Kulturpolitischen Gesellschaft e. V. (Hrsg.): Kulturpolitische Mitteilungen. Kultur für alle Hilmar Hoffmann zum 85. Geburtstag, Nr. 130, III/2010, Kulturpolitische Gesellschaft e.V. Verlag, Bonn, 2010.

Frankfurter Rundschau, 27.4.1985.
Frankfurter Rundschau, 6.9.1985.
Frankfurter Rundschau, 4.1.1986.
Frankfurter Rundschau, 5.4.1986.
Frankfurter Rundschau, 9.4.1986.
Frankfurter Rundschau, 23.5.1986.
Süddeutsche Zeitung, 5.2.1987.
Frankfurter Rundschau, 7.2.1987.
Frankfurter Rundschau, 14.2.1987.
Eine Ampel statt Beuys! In: Frankfurter Rundschau (Lokalanzeiger), 21.5.1987.
Frankfurter Rundschau, 23.5.1987.
Frankfurter Rundschau, 22.8.1987.
Frankfurter Rundschau, 8.4.1988.
Frankfurter Rundschau, 5.5.1988.
Hoffmann bestätigt - mit weniger Stimmen denn je. In: Frankfurter Rundschau, 18.6.1988.
Naumann, Michael: Zentralismus schadet nicht. Die Kulturhoheit der Länder ist Verfassungsfolklore. Es darf und muss eine Bundeskulturpolitik geben. In: Zeit Online, 2. November 2000.
Kultureller Schnupperkurs bei Nacht. In: Gießner Anzeiger, 29.04.2009.
Frankfurter Rundschau, 30.07.2009.
Peitz, Christiane: Bundestagswahl - Was die Parteien für die Kultur planen. In: Die Tagesspiegel, 22.09.2017.
Göpfert, Claus-Jürgen: Einer, der immer Brücken baute. Der Frankfurter Kulturpolitiker Hilmar Hoffmann ist im Alter von 92 Jahren gestorben. In: Frankfurter Rundschau, 2.6.2018.
Heißt der Schaumainkai bald nach Hilmar Hoffmann? In: Frankfurter Rundschau, 21.8.2018.

Ⅳ　二次資料

欧文文献

Abelein, Manfred: Die Kulturpolitik des Deutschen Reiches und der Bundesrepublik Deutschland, Westdt. Verlag, Köln, 1968.
Adorno, Theodor W. / Becker, Hellmut / Kadelbach, Gerd: Erziehung zur Mündigkeit. Vorträge und Gespräche mit Hellmut Becker 1959–1969, Suhrkamp, Frankfurt am Main, 1970.
Akino, Yuki: „Kulturelle Daseinsvorsorge" als Aufgabe der Kommunalpolitik. Eine Untersuchung am Beispiel der Frankfurter Museumspolitik seit 1970, Univ.-Diss., Hildesheim, 2010.
――――: Museumspädagogik als Beitrag zur Konzeption Kultur für alle. Kulturpolitik für kulturelle Bildung in Frankfurt am Main seit 1970. In: Schneider, Wolfgang (Hrsg.): Kulturelle Bildung braucht Kulturpolitik: Hilmar Hoffmanns "Kultur für alle" reloaded. Universitätsverlag Hildesheim, Hildesheim, 2010.
――――: Die Politik der kulturellen Bildung in Frankfurt am Main seit 1970. In: Wada, Tadahiko / Colangelo, Stefano (Ed.): Culture allo specchio - Arte, letteratura, soettacolo e società tra il Giappone e l´Europa, Casa editrice Emil di Odoya srl, Bologna, Italy, 2013.
――――: Die Kulturpolitik Japans am Wendepunkt. In: Vorstand der Kulturpolitischen Gesellschaft e. V. (Hrsg.): Kulturpolitische Mitteilungen. Zukunft der Bibliotheken, Nr. 161, II/2018, Kulturpolitische Gesellschaft e.V. Verlag, Bonn, 2018.
Alsleben, Brigitte; Wermke, Matthias: Duden - Das Herkunftswörterbuch. Etymologie der deutschen Sprache, 4. neu bearb. Aufl. Duden, Mannheim, 2007.
Ammann, Jean-Christophe: Kulturfinanzierung. Dokumentation des Symposiums zur Art Frankfurt 1995, Lindinger + Schmid, Regensburg, 1995.

Kultur, in der Bismarck zum Schnapsbrenner schrumpft. In: Die Welt, 4.8.1976.
Frankfurter Rundschau, 24.9.1976.
Süddeutsche Zeitung, 20.11.1976.
Frankfurter Rundschau, 2.12.1976.
Frankfurter Rundschau, 22.3.1977.
Süddeutsche Zeitung, 23.3.1977.
Hoffmann „Rote Konterbande für eine schwarze Stadt?" In: Der Spiegel, 4.4.1977.
Hoffmanns Kultur. In: Stuttgarter Zeitung, 4.4.1977.
Frankfurter Rundschau, 12.4.1977.
Rheinischer Merkur, 27.5.1977.
Frankfurter Rundschau, 31.5.1977.
Frankfurter Rundschau, 11.6.1977.
Frankfurter Rundschau, 26.10.1977.
Frankfurter Rundschau, 5.5.1978.
Frankfurter Rundschau, 15.6.1978.
Frankfurter Rundschau, 23.12.1978.
Frankfurter Rundschau, 20.1.1979.
Zwischen Kunst und Bürgern auf der Brücke. In: Frankfurter Neue Presse, 17.3.1979.
Jürgen Kolbe über Hilmar Hoffmann: Kulturvorarbeiters Utopia. In: Der Spiegel 16/1979, 16.4.1979.
Brecht für die Villa Hügel. Hilmar Hoffmanns demokratischer Kulturkampf. In: Stuttgarter Zeitung, 18.4.1979.
Das Kulturporträt: Hilmar Hoffmann. Hemmungslose Lust an der unkonkreten Utopie, Handelsblatt, 27.4.1979.
Jens Wendland: Allen Rollen gerecht? Hilmar Hoffmanns „Kultur für alle" oder: die Krise des Kulturdezernent? In: Süddeutsche Zeitung, 12.5.1979.
Der Praktiker als Theoretiker. Anmerkungen zu Hilmar Hoffmanns „Kultur für alle". In: Frankfurter Rundschau, 19.5.1979.
Kultur für uns alle? Gesammelte kulturpolitische Bekenntnisse Hilmar Hoffmanns. In: Frankfurter Allgemeine Zeitung, 28.6.1979.
Ein Praktiker der modernen Kulturarbeit. In: Welt der Arbeit, 12.7.1979.
Ein Buch der Hoffnung, das ziemlich traurig macht. In: Tagesanzeige (Zürich), 1.9.1979.
Kunst bedeutet Demokratie. In: Die Zeit, 19.10.1979.
Frankfurter Rundschau, 28.12.1979.
Förderung für Bürgerkultur. Etatmittel für Aktivitäten in den Stadtteilen. In: Frankfurter Rundschau, 19.3.1980.
Frankfurter Rundschau, 18.9.1980.
Frankfurter Rundschau, 28.11.1980.
Frankfurter Rundschau, 4.12.1980.
Frankfurter Rundschau, 28.2.1981.
Michels, Claudia: Traumfabrik von und für den Bürger. In: Frankfurter Rundschau, 10.3.1982.
Frankfurter Rundschau, 6.4.1982.
Frankfurter Rundschau, 19.5.1982.
Den Optimismus hat er noch nicht verlernt - Aus Anlaß der Wiederwahl von Hilmar Hoffman: Ein Gespräch mit dem Kulturdezernenten. In: Frankfurter Allgemeine Zeitung, 4.6.1982.
Frankfurter Rundschau, 29.5.1984.
Frankfurter Rundschau, 3.11.1984.
Frankfurter Rundschau, 3.1.1985.
Frankfurter Rundschau, 22.2.1985.
Frankfurter Rundschau, 24.4.1985.

Fort vom klassischen Kulturbegriff! Welche Aufgaben hat heute der Kulturdezernent einer Großstadt zu erfüllen? In: Frankfurter Rundschau, 19.9.1970.
Einiges wird in Bewegung geraten. Frankfurt wartet auf einen neuen Kulturdezernenten / Gespräch mit Hilmar Hoffmann. In: Frankfurter Allgemeine Zeitung, 25.9.1970.
Hoffmann wurde Dezernent. In: Frankfurter Rundschau, 16.10.1970.
Frankfurter Rundschau, 13.11.1970.
Städtisches Kino und „Nulltarif" beim Theater Neuer Kulturdezernent hielt Antrittsrede Für Chancengelegenheit in der Kultur. In: Frankfurter Rundschau, 13.11.1970.
Volksbildungsrede des neuen Kulturdezernenten Nulltarif fürs Theater / Alte Oper als Kommunikationszentrum? / Kommunales Kino. In: Frankfurter Allgemeine Zeitung, 13.11.1970.
Frankfurt hat jetzt eine Chance. In Frankfurter Rundschau, 30.11.1970.
Gegen Musentempelkodex. Schwerpunkte künftiger Kulturpolitik. In: Frankfurter Allgemeine Zeitung, 01.12.1970.
Frankfurter Rundschau, 19.12.1970.
Museum auf dem früheren Friedhof? In: Frankfurter Allgemeine Zeitung, 9.1.1971.
Frankfurter Rundschau, 11.1.1971.
Gespräch mit Hilmar Hoffmann, Kultur in unwirtlicher Stadt. In: Frankfurter Allgemeine Zeitung, 19.2.1971.
Frankfurter Rundschau, 16.3.1971.
Frankfurter Rundschau, 29.4.1971.
Brackert, Giesela: Kleines Hoch in Sicht. Aus der Arbeit des Frankfurter Kulturdezernenten Hilmar Hoffmann. In: Die Zeit, 30.4.1971.
Frankfurter Rundschau, 29.2.1972.
Frankfurter Rundschau, 12.5.1972.
Frankfurter Rundschau, 6.6.1972.
Frankfurter Rundschau, 23.10.1972.
Frankfurter Rundschau, 24.11.1972.
Frankfurter Rundschau, 20.3.1973.
Die Welt, 28.3.1973.
Frankfurter Rundschau, 28.3.1973.
Frankfurter Rundschau, 15.6.1973.
Ein unpolitisches Museum wäre ein Widerspruch. Kultur als öffentlicher Prozeß. In: Frankfurter Rundschau, 30.6.1973.
Gespräch mit Hoffmann. Aus einem kleinen einen großen Kreis von Kennern machen. In: Stuttgarter Zeitung, 28.9.1973.
Frankfurter Rundschau, 9.11.1973.
Die Verlorene Erinnerung und die Kulturpolitik. Das Museum und die Verantwortung der Gesellschaft - Zu den Auseinandersetzungen über Museumspolitik. In: Frankfurter Allgemeine Zeitung, 18.4.1974.
Frankfurter Rundschau, 25.6.1974.
Frankfurter Rundschau, 5.7.1974.
Kunst interessierte Kinder wenig. In: Frankfurter Rundschau, 2.8.1974.
Frankfurter Rundschau, 6.8.1974.
Frankfurter Rundschau, 21.10.1974.
Frankfurter Rundschau, 18.1.1975.
Frankfurter Rundschau, 14.6.1975.
Frankfurter Rundschau, 8.8.1975.
Frankfurter Rundschau, 22.8.1975.
Frankfurter Rundschau, 13.5.1976.

Deutscher Bundestag 16. Wahlperiode: Einsetzung einer Enquete-Kommission „Kultur in Deutschland“, (Drucksache 16/196), 14.12.2005.

Deutscher Bundestag 16. Wahlperiode: Schlussbericht der Enquete-Kommission „Kultur in Deutschland“ (Drucksache 16/7000), 11.12.2007.

Deutscher Bundestag Enquete-Kommission „Kultur in Deutschland“ Sekretariat: Tätigkeitsbericht der Enquete-Kommission „Kultur in Deutschland“ 15. Wahlperiode (EK-Kultur AU 15/154), Berlin, 15.11. 2005.

Deutscher Bundestag: Schlussbericht der Enquete-Kommission Kultur in Deutschland (Schriftenreihe der Deutscher Bundestag, 694), Bonn, 2008.

Deutscher Bundestag 19. Wahlperiode: Entschließungsantrag. Zu der dritten Beratung des Gesetzentwurfs der Bundesregierung. Entwurf eines Gesetzes zur Änderung des Grundgesetzes (Drucksache 19/6169), 27.11. 2018.

Deutscher Bundestag 19. Wahlperiode: Stenografischer Bericht, 72. Sitzung, Berlin, (Plenarprotokoll 19/72, 8479). 14.12.2018.

Presse- und Informationsamt der Bundesregierung: Im Bund mit der Kultur. Kultur- und Medienpolitik der Bundesregierung, Berlin, Aug. 2016.

Raabe, Paul: Kulturelle Leuchttürme Brandenburg, Mecklenburg-Vorpommern, Sachsen, Sachsen-Anhalt, Thüringen (ein Blaubuch nationaler Kultureinrichtungen in der Bundesrepublik Deutschland), Leipzig, 2002.

The Press and Information Office of the Federal Government: The Culture and Media Policy of the German Federal Government, Berlin, 2012.

Wissenschaftliche Dienste Deutscher Bundestag: Kulturpolitik Formen und Bereiche der Bundeskulturpolitik im föderalen Staat (WD 10 - 3000 - 034/15). Ausarbeitung vom 17.4.2015.

その他の機関

Deutscher Kulturrat: „Kultur als Daseinsvorsorge!“, Berlin, 29.09.2004.

Deutscher Kulturrat: Staatsziel Kultur. Bundesrat lehnt Initiative des Landes Berlin ab. Deutscher Kulturrat bedauert Entscheidung des Bundesrats, Berlin, 10.10.2008.

Deutscher Städtetag: Standortfaktor Kultur. Positionspapier des Deutschen Städtetages, Berlin, 2013.

Entschließung des Europäischen Parlaments vom 13. Januar 2004 zum Grünbuch über die Dienstleistungen von allgemeinem Interesse [A5-0484/2003]

EUR-Lex, Document 52003DC0270, Grünbuch zu Dienstleistungen von allgemeinem Interesse /* KOM/2003/0270 endg. */

European Union: Culture Statistics, Publications Office of the European Union, Luxembourg, 2016.

Konsolidierte Fassung des Vertrags über die Arbeitsweise der Europäischen Union: Protokoll (Nr. 26) über Dienste von allgemeinem Interesse. (Document 12008M/PRO/26), 9.5.2008.

Statistische Ämter des Bundes und der Länder (Hrsg.):Kulturfinanzbericht, Wiesbaden, 2016.

The Summaries of EU legislation: Weißbuch zu Dienstleistungen von allgemeinem Interesse. (Document l23013b), 12.5.2004.

UNESCO: Cultural Policy in the Federal Republic of Germany, Paris, 1973.

Verhandlungen der Verfassunggebenden Deutschen Nationalversammlung, Bd. 336: Anlagen zu den Stenographischen Berichten. Nr. 391: Bericht des Verfassungsausschusses, Berlin, 1920.

III 新聞資料（日付順）

Hoffmann gilt als Favorit. In: Frankfurter Rundschau, 11.9.1970.

SPD-Beirat klar für Hoffmann. In: Frankfurter Rundschau, 16.9.1970.

Mehrheit für Hoffmann. In: Frankfurter Rundschau, 16.9.1970.

——— für das Jahr 1994. Heft 43, Berlin 1995.
——— für das Jahr 1995. Heft 45, Berlin 1996.
Staatliche Museen zu Berlin - Preußischer Kulturbesitz Institut für Museumskunde Berlin: Statistische Gesamterhebung an den Museen der Bundesrepublik Deutschland für das Jahr 1996. Heft 48, Berlin 1997.
——— für das Jahr 1997. Sonderfragebogen: Museumspädagogik – Heft 50, Berlin 1998.
——— für das Jahr 1998. Heft 52, Berlin 1999.
——— für das Jahr 1999. Heft 53, Berlin 2000.
——— für das Jahr 2000. Heft 54, Berlin 2001.
——— für das Jahr 2001. Heft 55, Berlin 2002.
——— Monika Hagedorn-Saupe, Henry Kleinke, Anett Meineke, Sabine Thänert, Lange Nacht der Museen - eine empirische Untersuchung in Berlin. Heft 56, Berlin 2003.
——— für das Jahr 2002. Heft 57, Berlin 2003.
——— für das Jahr 2003. Heft 58, Berlin 2004.
——— für das Jahr 2004. Heft 59, Berlin 2005.
Staatliche Museen zu Berlin - Preußischer Kulturbesitz Institut für Museumsforschung: Statistische Gesamterhebung an den Museen der Bundesrepublik Deutschland für das Jahr 2005. Heft 60, Berlin 2006.
——— für das Jahr 2006. Heft 61, Berlin 2007.
——— für das Jahr 2007. Sonderfragebogen: Museumspädagogik – Heft 62, Berlin 2008.
——— für das Jahr 2008. Heft 63, Berlin 2009.
——— für das Jahr 2009. Heft 64, Berlin 2010.
——— für das Jahr 2010. Zusatzfrage: Vermittlungsangebote; ausländische Mitbürger – Heft 65, Berlin 2011.
——— für das Jahr 2011. Heft 66, Berlin 2012.
——— für das Jahr 2012. Heft 67, Berlin 2013.
——— für das Jahr 2013. Heft 68, Berlin 2014.
——— für das Jahr 2014. Heft 69, Berlin 2015.
——— für das Jahr 2015. Zusatzfrage: Vermittlungsangebote; ausländische Mitbürger; Geflüchtete – Heft 70, Berlin 2016.
——— für das Jahr 2016. Heft 71, Berlin 2017.

II 政府機関刊行物・公共機関報告書

ドイツ連邦共和国連邦議会・連邦政府刊行資料

Bundesministerium der Justiz und für Verbraucherschutz: Vertrag zwischen der Bundesrepublik Deutschland und der Deutschen Demokratischen Republik über die Herstellung der Einheit Deutschlands, 1990.
Deutscher Bundestag: Dokumente - Monika Grütters plädiert für Staatsziel Kultur im Grundgesetz, Berlin, 15.10.2018.
Deutscher Bundestag 10. Wahlperiode: Kulturförderungspolitik der Bundesregierung, (Drucksache 10/2237), 31.10.1984.
Deutscher Bundestag 12. Wahlperiode: Bericht der Gemeinsamen Verfassungskommission (Drucksache 12/6000), 05.11.1993.
Deutscher Bundestag 15. Wahlperiode: Einsetzung einer Enquete-Kommission Kultur in Deutschland, 01.07.2003.
Deutscher Bundestag, 15. Wahlperiode Enquete-Kommission „Kultur in Deutschland“: Kurzprotokoll der 19. Sitzung (öffentlich) der Enquete-Kommission „Kultur in Deutschland“ (Protokoll-Nr. 15/19), 20.09.2004.
Deutscher Bundestag 15. Wahlperiode: Zwischenbericht der Enquete-Kommission Kultur in Deutschland Kultur als Staatsziel (Drucksache15/5560), 01.06.2005.

Staatszielbestimmungen“ der Enquete-Kommission des Bundestags „Kultur in Deutschland“ am 20. September 2004.

Schriftliche Stellungnahme, Prof. Dr. Bodo Pieroth zur öffentlichen Anhörung zum Thema „Kulturellen Staatszielbestimmungen“ der Enquete-Kommission des Bundestags „Kultur in Deutschland“ am 20. September 2004.

Schriftliche Stellungnahme, Prof. Dr. Max-Emanuel Geis zur öffentlichen Anhörung zum Thema „Kulturellen Staatszielbestimmungen“ der Enquete-Kommission des Bundestags „Kultur in Deutschland“ am 20. September 2004.

Schriftliche Stellungnahme, Prof. Dr. Dr. h.c. mult. Peter Häberle zur öffentlichen Anhörung zum Thema „Kulturellen Staatszielbestimmungen“ der Enquete-Kommission des Bundestags „Kultur in Deutschland“ am 20. September 2004.

フランクフルト・アム・マイン市統計局所蔵資料

Frankfurt am Main Haushaltsplan 1970–1993.

Deutscher Städtetag: Statistisches Jahrbuch deutscher Gemeinden 61. Jahrgang, Waisenhaus, Braunschweig 1974.

――――: 63. 1976.

――――: 65. 1978.

――――: 67. 1980.

――――: 69. 1982.

――――: 71. 1984.

――――: 75. 1988.

――――: 77. 1990. (100 Jahre 1890–1990).

――――: 80. 1993.

――――: 81. 1994.

プロイセン文化財財団ミュージアム研究所所蔵資料

Staatliche Museen Preußischer Kulturbesitz Institut für Museumskunde Berlin: Erhebung der Besuchszahlen an den Museen der Bundesrepublik Deutschland samt Berlin (West) für das Jahr 1981. Heft 4, Berlin 1982.

―――― für das Jahr 1982. Heft 6, Berlin 1983.

―――― für das Jahr 1983. Heft 8, Berlin 1984.

―――― für das Jahr 1984. Heft 14, Berlin 1985.

―――― für das Jahr 1985. Heft 16, Berlin 1986.

―――― für das Jahr 1986. Heft 18, Berlin 1987.

―――― für das Jahr 1987. Heft 23, Berlin 1988.

―――― für das Jahr 1988. Heft 28, Berlin 1989.

―――― mit Besuchszahlenangaben zu den Museen der (ehemaligen) DDR für das Jahr 1989. Heft 31, Berlin 1990.

―――― Erhebung der Besuchszahlen an den Museen der Bundesrepublik Deutschland für das Jahr 1990. Heft 34, Berlin 1991.

Staatliche Museen zu Berlin - Preußischer Kulturbesitz Institut für Museumskunde Berlin: Erhebung der Besuchszahlen an den Museen der Bundesrepublik Deutschland für das Jahr 1991. Heft 36, Berlin 1992.

―――― für das Jahr 1992. Sonderfragebogen: Museumspädagogik – Heft 38, Berlin 1993.

―――― für das Jahr 1993. Heft 40, Berlin 1994.

―――― Monika Hagedorn-Saupe, Annette Noschka-Roos, Museumspädagogik in Zahlen, Erhebungsjahr 1993. Heft 41, Berlin 1994.

Die 17. Sitzung des Personal- und Organisationsausschusses: Abstimmung, 27.11.1986.
Dieter Stoodt: Gutachtliche Anmerkungen, 6.2.1973.
Haupt- und Finanzausschuß, 04.12.1986 - CDU und SPD gegen Grüne (Enthaltung).
Hauptamt, Sondergeschäftsanweisung für den Arbeitsstab Kultur, 11.6.1971.
Historisches Museum Dom-Römerberg - Bereich Frankfurt am Main: Baubuch B, Frankfurt/Main, Juli, 1971.
Institut für Demoskopie Allensbach: Frankfurt - Nahbild und Fernbild. Demoskopische Daten für die Öffentlichkeit, Druckerei und Verlagsanstalt Konstanz GmbH Am Fischmarkt, Abschluss des Berichtes 18. Juli 1980.
Institut für Stadtgeschichte Frankfurt am Main: Die Creme mit der Tiefenwirkung. Zur Geschichte der Frankfurter Seifen- und Parfümeriefabrik J. G. Mouson & Co., W. Kramer & Co., Frankfurt am Main, 1999.
Johann Wolfgang Goethe - Universität Frankfurt am Main: Die Frankfurter Museen und ihr Publikum. Eine Untersuchung an zehn städtischen Museen, Juli 1994.
Kostenberechnung (Personalbezogen Folgekosten), §3068 (M 88) – bitten die SVV zu beschließen (-M 346, Vorg. B der SVV vom 05.07.1984) - Vortrag des Magistrats, 01.11.1986. (M 346).
Kulturdezernat der Stadt Frankfurt am Main (Hrsg.): Historisches Museum in Frankfurt am Main: eine Dokumentation zur Neueinweihung des Historischen Museums, Mousiol, Frankfurt am Main, 1972.
Kultur- und Freizeitausschuss: Einstimmige Annahme, 11.06.1981.
Magistrat der Stadt Frankfurt am Main Dezernat Planung (Hrsg.): Speerplan Museumsufer Frankfurt am Main Dezember 1980.
Magistrats-Beschluß, Nr. 1237, 24.6.1974.
Magistratsbeschluss, Nr. 782.
Mitteilungen des Deutschen Städtetages: Bildungauftrag der Museen. Nr. 254/72, 21.3.1972.
Niederschrift des Kulturausschusses. Betr.: Konzeption des Historischen Museums- Vortrag Stadtrat Hoffmann, 4. 6. 1973
Niederschrift über Besprechung am 23.4.1969 im Dienstzimmer von Herrn Stadtrat Dr. vom Rath.
Päffli, Stefan: Kulturangebot im Ballungsraum Frankfurt/Rhein-Main, Vorschläge für eine strukturelle Optimierung aus finanzwissenschaftlicher Sicht, Gutachten im Auftrag des Bundeslandes Hessen, Luzern, 2005.
Presse- und Informationsamt der Stadt Frankfurt a.M: Mitteilungen der Stadtverwaltung Frankfurt a.M., 1970/ Nr. 47. Amtliches Bekanntmachungsblatt, 21. November 1970., D 4811 C. (Hoffmann, Hilmar: Kulturarbeit ist heute praktische Bildungsarbeit.)
Protokoll-Auszug der Stadtverordneten-Versammlung Frankfurt am Main VII. Wahlperiode, §888, 23.10.1969.
Sozialdemokratische Fraktion im Römer Frankfurt: Antrag der SPD-Fraktion im Römer, NR 1788, Frankfurter Museen und Ausstellungshäuser sollen sich vermehrt mehrsprachig präsentieren, 16.3.2005.
Städtebaubeirat der Stadt Frankfurt A. M.: Stellungnahme zu den Fragen des Museumsufers, August 1981.
Stadtverordnetenversammlung (XV. Wahlperiode): Wortprotokoll über die 33. Plenarsitzung der Stadtverordnetenversammlung am Donnerstag, dem 13. Mai 2004, 14.06.2004.
Stadtverordnetenversammlung, Wortprotokoll, 13. Mai 2004.
Vorgang. Beschluss d. Stv-V., §4194, 13.2.1979.
Vorgang. Beschluss d. Stv-V., §4366, 28.2.1980.
Vortrag des Magistrats, M 194, Betreff: a) Neufestsetzung der Preise für die Museumsufer-Card, b) Familienfreundlicher Tag in Frankfurter Museen, 14.11.2003.
Vortrag des Magistrats, M 198, Betreff: Erhebung von Eintritt in den städtischen Museen, 01.10.2001.

ドイツ連邦議会諮問委員会「ドイツにおける文化」事務局提供資料

Schriftliche Stellungnahme von Prof. Dr. Ulrich Karpen zur öffentlichen Anhörung zum Thema „Kulturellen

参考文献一覧

I 一次資料

文書館資料

ドイツ連邦公文書館

BArch R32/1.
BArch R32/470.
BArch R 43-I/1863.
BArch R703/140.

フランクフルト・アム・マイン市文書館

Archiv Frankfurt a.M., Stadtverordnetenversammlung Frankfurt am Main III/5-1987, Sig. 2326.
Institut für Stadtgeschichte Frankfurt am Main: Historisches Museum, III/13-1997. Sig. 84.
Institut für Stadtgeschichte Frankfurt am Main: Historisches Museum, Nr. 80.
Institut für Stadtgeschichte Frankfurt am Main: Magistratsakten, III/13-1997, Sig. 84.
Institut für Stadtgeschichte Frankfurt am Main: Magistratsakten, Nr. 10.404.
Institut für Stadtgeschichte Frankfurt am Main: Manuskripte, S6a/398.
Institut für Stadtgeschichte Frankfurt am Main: Manuskripte, S6a/582.
Institut für Stadtgeschichte Frankfurt am Main: Museum für Vor- und Frühgeschichte, III/2-1997, Sig.59.
Institut für Stadtgeschichte Frankfurt am Main: Sammlung Personengeschichte: S2/7.019.
Institut für Stadtgeschichte Frankfurt am Main: Sammlung Personengeschichte: S3/L, 23.582.
Stadtarchiv Frankfurt a.M., Kulturamt, III/2-2002, Sig. 2.116.
Stadtarchiv Frankfurt a.M., Stadtverordneten-Versammlung, 672.
Stadtarchiv Frankfurt a.M., Stadtverordneten-Versammlung, II/9-1992, 3.009.
Stadtarchiv Frankfurt a.M., Stadtverordneten-Versammlung, III/13-1998, Sig. 3955.
Stadtarchiv Frankfurt a.M., Stadtverordneten-Versammlung, III/13-1998, Sig. 4.298.

Anfrage Betr.: Konzeption des Historischen Museums (A 590), 13.3.1974.
Antrag der CDU-Fraktion Betr.: Schrifttafeln im Historischen Museum, 1.11.1972.
Archiv Frankfurt a.M., Stadtverordnetenversammlung III/5-1987, Sig. 2326, Schrifttafeln im Historischen Museum.
Bauer, Margrit (Hrsg.): Entwurf für einen Museumsentwicklungsplan der städtischen Museen in Frankfurt am Main, Frankfurt a. M., 1979.
Bericht des Magistrats, 16.3.1981, B 183.
Bericht des Magistrats, 16.3.1981. B 184.
Bericht des Magistrats an die Stadtverordneten-Versammlung, B270, 13.7.1987.
Bericht des Magistrats, B 385, Betreff: Größere Transparenz auch in der Museums- und Kulturverwaltung „Kooperationspool Museen" „Mobilisierungsfonds", 09.05.2003.
Beschluß: 11. Dez 1986 (M 346, M 88)
Betr.: Gutachten zum Historischen Museum, 22.2.1973.
Der Magistrat an die Stadtverordneten-Versammlung (B 190), 20.5.1974.
Der Magistrat an die Stadtverordneten-Versammlung, Betr. Museumspädagogen, Bericht B 253. 24.6.1974.
Der Magistrat an die Stadtverordneten-Versammlung. Betr.: Schrifttafeln im Historischen Museum, 5.3.1973.
Die 17. Sitzung des Kultur- und Freizeitausschusses: Abgelehnt, CDU gegen SPD und Grüne. 27.11.1986.

ら

り

れ

わ

索　引

【著者紹介】
秋野 有紀（あきの ゆき）

2010年　ヒルデスハイム大学（文化政策研究所）、東京外国語大学大学院地域文化研究科博士後期課程修了。Dr. phil.
日本学術振興会特別研究員、獨協大学外国語学部ドイツ語学科専任講師を経て、
現　在　獨協大学外国語学部ドイツ語学科准教授。
文化庁「諸外国における文化政策等の比較調査研究事業」会議委員。
主　著　『地域主権の国　ドイツの文化政策──人格の自由な発展と地域創生のために』（共編著）美学出版、2017年、「ドイツの公共文化政策に見る国家と文化の接近──首相府文化国務大臣の設置と基本法改正をめぐる議論を中心として」日本ドイツ学会『ドイツ研究』第52号、2018年、Die Kulturpolitik Japans am Wendepunkt, Fachzeitschrift Kulturpolitische Mitteilungen, Heft 161, II/2018.

文化国家と「文化的生存配慮」
ドイツにおける文化政策の理論的基盤とミュージアムの役割

2019年2月28日　初版第1刷発行

著　者──秋野有紀
発行所──美学出版
〒113−0033 東京都文京区本郷2−16−10　ヒルトップ壱岐坂701
Tel 03（5937）5466 Fax 03（5937）5469

装　丁──右澤康之
印刷・製本─創栄図書印刷株式会社

ISBN978－4－902078－54－1　C3030